IL
SisTeMa
PeRioDico

주기율표

프리모 레비 지음 | 이현경 옮김

돌베개

Il sistema periodico
by Primo Levi

Copyright ⓒ 1975 Giulio Einaudi editore s. p. a.
All rights reserved.
Originally published in Italy by Giulio Einaudi editore, s. p. a.
Korean translation rights ⓒ 2007 Dolbegae Publishers

이 책의 한국어판 저작권은 Giulio Einaudi editore s. p. a.와 독점 계약한 도서출판 돌베개에 있습니다.
저작권법에 의해 한국 내에서 보호를 받는 저작물이므로 무단전재나 복제, 광전자 매체 수록 등을 금합니다.

옮긴이 이현경

한국외국어대학교 이탈리아어과와 동대학원을 졸업했다. 이탈리아 대사관에서 주관하는 제1회 번역문학상을 수상했다. 옮긴 책으로 『사랑의 학교』, 『바우돌리노』, 『존재하지 않는 기사』, 『나무 위의 남작』, 『작은 일기』, 『권태』, 『미의 역사』, 『빗나간 내 인생』, 『Q』, 『선사시대 사랑 이야기』 등이 있다.

화학용어 감수 이정모

연세대학교 생화학과를 졸업하고 독일 본 대학교 화학과에서 박사과정을 수료했다. 지은 책으로 2001년 과학기술부 선정 우수과학도서상을 받은 『달력과 권력』과 『해리포터 사이언스』 등이 있다.

주기율표

프리모 레비 지음 | 이현경 옮김 | 이정모 화학용어 감수 | 서경식 해설

2007년 1월 12일 초판 1쇄 발행
2025년 1월 20일 초판 14쇄 발행

펴낸이 한철희 | 펴낸곳 주식회사 돌베개 | 등록 1979년 8월 25일 제406-2003-000018호
주소 (10881) 경기도 파주시 회동길 77-20 (문발동)
전화 (031) 955-5020 | 팩스 (031) 955-5050
홈페이지 www.dolbegae.co.kr | 전자우편 book@dolbegae.co.kr

책임편집 김희진 | 편집 이경아·윤미향·김희동·서민경·정은영
표지디자인 박정은 | 본문디자인 박정영·이은정 | 인쇄·제본 영신사

ISBN 978-89-7199-265-4 03880
책값은 뒤표지에 있습니다.

이 도서의 국립중앙도서관 출판시도서목록(CIP)은 e-CIP 홈페이지
(http://www.nl.go.kr/cip.php)에서 이용하실 수 있습니다.(CIP제어번호: CIP20066002896)

주기율표

차례

아르곤	7
수소	33
아연	44
철	57
칼륨	77
니켈	94
납	121
수은	143
인	161
금	186
세륨	204
크롬	216
황	234
티타늄	240
비소	245
질소	254
주석	267
우라늄	277
은	290
바나듐	305
탄소	325

프리모 레비와 필립 로스의 대담 338
프리모 레비 작가 연보 359
작품 해설 374

아르곤

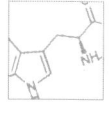

우리가 숨쉬는 공기 속에는 이른바 비활성 기체라고 하는 것들이 있다. 이것들은 박식하게도 그리스어에서 따온 진기한 이름을 갖고 있는데, 각각 '새로운 것'(네온), '숨겨진 것'(크립톤), '움직임 없는 것'(아르곤), 그리고 '낯선 것'(제논)이라는 뜻을 지닌다. 이들은 정말로 활성이 없어서, 그러니까 자신들의 처지에 만족하고 있어서 어떤 화학 반응에도 개입하지 않고 다른 원소와 결합하지도 않는다. 바로 이런 이유 때문에 비활성 기체는 수세기 동안 사람들의 눈에 띄지 않고 지낼 수 있었다. 다만 1962년 한 부지런한 화학자의 오랜 독창적인 노력 끝에, '낯선 것'(제논)이 극도로 탐욕스럽고 활발한 플루오린과 잠깐 동안 결합하도록 하는 데 성공한 일이 있었을 뿐이다. 그런데 이 업적이 너무나 뜻밖의 일로 여겨져서 그 화학자는 노벨상까지 받았다. 또 이러한 비활성 기체를 가리켜 귀(貴)한 가스라고도 한다. 물론 여기서 모든 귀한 가스는 정말 활발하지 못한 것인지, 또 모든 비활성 가스는 귀한 것인지에 대해서는 논란의 여지가 있다. 그리고 마지막으로 비활성 기체는 희유(稀有) 가스로 일컬어지기도 한다. 그 가운데는 공기의 1퍼센트를 차지할 정도로 상당히 많은 양이 존재하는 아르곤, 곧 '움직임 없는 것'이 있는데도 말이다. 다시 말해, 그 양은 이 지구상에서 생명체의 흔적이 유지되는 데 없어서는 안 되는 이산화탄소보다도 스무 배 또는 서른 배나 더 많은 양이다.

내가 알고 있는 게 얼마 되지는 않지만 우리 선조들•은 바로 그러한 기체들과 비슷한 데가 많다. 그들 모두가 물질적으로 활발하지 않은 것은 아니었다. 그런 것은 그들에게 허용되지 않았다. 오히려 반대로 아주 활동적이었거나 그랬어야만 했다. 먹고살아야 했고 '일하지 않으면 먹지도 말라'는 지배적인 도덕률이 있었기 때문이다. 하지만 그들 내면의 정신만큼은 열심히 움직이기보다는, 세상사와 무관한 생각, 재치 있는 대화, 고상하고 세련되며 대가 없는 토론에 빠져 있었다는 데에는 의심의 여지가 없다. 그들이 남겼다는 행적들이 제각기 성격이 다르면서도 모두 공통적으로 정적인 데가 있고, 품위 있는 절제의 태도, 큰 강처럼 흐르는 삶의 대열 변두리로 자발적으로(혹은 수긍하여) 물러서는 태도가

• 이탈리아의 피에몬테 지방에 정착한 유대인.

서려 있는 것은 결코 우연이 아니다. 그들은 고귀하고 활동적이지 않았으며 드물었다. 그들의 역사는 유럽과 이탈리아에 있는 다른 걸출한 유대인 공동체들에 비하면 빈약하기 짝이 없다. 우리 선조들은 1500년쯤 스페인에서 나와 프로방스를 거쳐 피에몬테에 닿았던 것으로 보인다. 이것은 지명에서 유래하는 몇몇 전형적인 성씨를 보면 알 수 있다. 예컨대 베다리다/베다리드, 메밀랴노/몽멜리앙, 세그레(이것은 레리다를 지나서 스페인 북동부로 흐르는 에브로 강의 지류 이름이다), 포아/퐈, 카발리온/카바용, 밀리아우/미요가 그 예다. 몽펠리에와 님 사이에 있는 론 강 하구 근처의 뤼넬이라는 작은 도시 이름은 히브리어 야레아흐(달, 이탈리아어로는 루나)로 번역되었는데, 여기서 피에몬테 유대인 성씨인 야라크가 나왔다.

 토리노로 들어왔다가 배척되거나 별로 환영받지 못한 조상들은 피에몬테 남부의 여러 농업지역에 정착하였다. 그들은 그곳에 비단 짜는 기술을 소개해주었다. 그런데도 그들은 가장 번성했던 시절에도 아주 보잘것없는 소수민족의 지위를 벗어나지 못했다. 그들은 특별히 사랑받지도, 미움받지도 않았다. 특별히 박해를 받았다는 이야기도 전해 내려오지 않는다. 하지만 의혹의 눈초리, 은근히 드러나는 적대감과 조롱이 그들과 주민 사이를 갈라놓는 벽이 되었던 게 틀림없다. 이러한 상황은 1848년 혁명으로 자유화되고 도시 이주가 있은 후 몇 십 년이 흘러도 바뀌지 않았다. 아버지가 베네 바지에나에서 보낸 어린 시절에 대해 내게 해준 이야기가 사실이라면 말이다. 아버지 말씀에 따르면, 또래 아이들이 하굣길에 아버지를 (큰 악의 없이) 놀리곤 했는데, 자기네 윗도리의 옷자락을 당나귀 귀 비슷한 모양으로 움켜쥐어 보이며 인사하고는 "유대인들은 돼지 귀, 당나귀 귀를 좋아한다지" 하고 노래를 불렀다고 한다. 귀에다 비유하는 것은 너무 제멋대로 가져다 붙인 것이다. 그리고 그런 몸짓은 원래 경건한 유대인들이 예배당에서 경전 읽기를 요청받을 때 서로 나누는 인사를 불경스럽게도 우스꽝스레 흉내낸 것이었다. 이 인사는 기도할 때 두르는 숄의 가장자리를 서로 보이는 것인데, 여기에 달린 장식 술은 그 수와 길이, 형태가 전례 규범에 상세하게 정해져 있는 것으로 신비스런 종교적 의미가 가득 담겨 있다. 하지만 그때 그 아이들은 자신들의 제스처가 어디서 유래하는 것인지 모르고 있었다. 말이 나온 김에 말이지만, 내 기억으로 기도 숄에 대한 모독은 반유대주의만큼이나 오래되었다. 나치스 친위대는 추방한 사람들에게서 뺏은 기도 숄로 속옷을 만들어 수용소에 갇힌 유대인들에게 나누어주었다.

    늘 그렇듯이 거부 반응은 상호 간에 일어나는 것이다. 소수민족 편에서는 대칭 장벽을 세워놓고 모든 기독교도(구윔, 나렐림: 이교도, 할례를 받지 않은 자들)와 대립하였다. 이렇게 해서 지방적인 규모로 그리고 평화로운 목가적 배경 속에서 선민의 서사시적이고도 성서적인 상황을 재현하였다. 이러한 근본적인 위상 전환은 우리 아저씨들(이탈리아의 피에몬테 방언으로는 바르바)과 아주머니들(그 방언으로는 마냐)이 지닌 선량한 위트의 밑거름이 되었다. 이들은 담배 냄새 풍기는 현명한 가부장들과 집안 살림의 여왕들로, 자신들을 자랑스럽게 "이스라엘의 백성"으로 규정했다.

여기서 '아저씨'라는 말은 아주 넓은 의미로 이해해야 한다는 것을 독자들에게 미리 알려두는 게 좋을 성싶다. 우리는 먼 친척이라도 나이가 많으면 아저씨라고 부르는 관습이 있다. 공동체 안에서 나이가 많은 사람들은, 거슬러 올라가다 보면, 결국 모두가, 혹은 거의 모두가 서로 친척이기 때문에 아저씨의 수가 많아지는 것은 당연하다. 아저씨들과 아주머니들이 아주 아주 나이가 많아진 경우(이건 자주 있는 일이다. 우리는 노아 시절부터 장수하는 민족이니까 말이다)에는 이름 앞에 붙이는 '바르바'나 '마냐'라는 수식어가 이름과 점점 하나가 되고, 여기에 독특한 애칭 접미사와 또 히브리어와 피에몬테 방언이 비슷하게 동화된 것이 확실해 보이는 소리가 함께 나타나서 복잡하고 좀 이상하게 들리는 호칭으로 굳어져버리는 경향이 있다. 이러한 호칭은 시간이 흘러도 변하지 않고 한 세대에서 다음 세대로 전해 내려왔다. 여기에는 오랜 세월 동안 그 이름을 지녔던 사람들의 사건과 추억, 이야기가 함께 담겨 있다. 그렇게 해서 나온 것이 바르바이오투(엘리야 아저씨), 바르바사킨(이삭 아저씨), 마냐이에타(마리아 아주머니), 바르바무이신(파이프의 빨부리를 좀더 편안하게 물 수 있도록 돌팔이 의사에게 자기 아래 앞니 두 개를 빼달라고 했다는 이야기가 전해지는 모세 아저씨), 바르바스멜린(사무엘 아저씨), 마냐비가이아(카르마뇰라에서 시집올 때 흰 노새를 타고 얼음 덮인 포 강을 따라 올라와 살루초로 들어온 아비가일 아주머니), 마냐푸링아('새'를 뜻하는 히브리어 십보라에서 이름을 따온 체포라 아주머니, 아주 아름다운 이름이다).

야곱 할아버지는 그보다 더 먼 옛날에 살았던 게 분명하다. 그분은 옷감을 사러 영국에 갔다온 적이 있고 그래서 "체크 양복을 입고" 다녔다. 그의 동생인 바르바파르틴(보나파르트 아저씨: 아주 잠깐이지만 처음으로 해방을 가져다준 나폴레옹을 기념하기 위한 이름)은 아저씨의 대열에서 떨어져 나왔다. 하느님께서 그에게 너무나도 견딜 수 없는 아내를 주셨기 때문이다. 그래서 그는 스스로 세례를 베풀어 수도사가 되었고, 될 수 있으면 아내에게서 멀리 떨어져 있으려고 선교사가 되어 중국으로 떠났다.

빔바 할머니는 아주 예뻤으며 타조 털 목도리를 하고 다녔고 남작부인이었다. 할머니와 그의 가족 모두는 나폴레옹에게서 남작의 칭호를 받았는데, 그들이 그에게 '망오드', 곧 돈을 빌려주었기 때문이다.

바르바루닌(아론 아저씨)은 키가 크고 체격이 좋았으며 생각이 과격했다. 그래서 포사노에서 도망쳐 토리노로 왔고 여러 가지 일을 했다. 카리냐노 극장에서 〈돈 카를로스〉에 출연하는 엑스트라로 고용되기도 했는데, 그때 자기 가족들에게 초연을 보러 오라고 편지했다. 나탄 아저씨와 알레그라 아줌마가 와서 객석에 앉았다. 막이 오르고 알레그라 아줌마가 자기 아들이 블레셋 사람*처럼 무장하고 있는 것을 보자 있는 힘을 다해 소리 질렀다. "아론, 너 지금 무슨 짓하고 있니? 어서 그 칼을 내려놓거라!"

• 필리스틴 사람. 기원전 12세기에 이스라엘 민족이 팔레스타인에 당도할 무렵 팔레스타인 남해안 지방에 정착한 에게 지방 출신의 한 민족. 이스라엘 민족과는 계속해서 분쟁을 일으켰는데 우월한 무기와 군사조직 덕택에 우위를 점하다가 기원전 10세기경 다윗 왕에게 패배했다.

바르바미클린은 좀 모자란 사람이었다. 그는 아퀴에서 존중과 보호를 받았는데, 모자란 사람들도 하느님의 자녀이므로 바보라고 불러서는 안 되기 때문이다. 하지만 어떤 비신앙인이 그에게 칠면조도 복숭아 나무처럼 씨를 뿌리면, 곧 깃털을 밭고랑에 심으면, 가지가 나와 거기에 칠면조가 매달려 자라게 된다고 믿게 하여 그를 놀림감으로 만든 뒤부터 사람들은 바르바미클린을 "칠면조 재배자"라고 불렀다. 덧붙여 말하면, 칠면조는 유머 넘치고 온화하고 질서 있는 이 가족 세계에서 이상하게도 중요한 위치를 차지하고 있었다. 아마도 그것이 이런 분위기와 반대되는, 뻔뻔스럽고 눈치 없고 성마른 성질들을 보이는 탓에 놀림감이 되기에 충분하기 때문일 것이다. 아니면 아마도 좀더 단순한 이유로는 유월절에 그놈을 희생시켜 그 유명한, 거의 의례화된 칠면조 미트볼을 만들기 때문일 것이다. 예를 들면, 파치피코 아저씨도 칠면조 암컷 한 마리를 길렀고 그 칠면조와 정이 아주 많이 들었다. 그 아저씨네 집 건너편에 음악가 라테스 씨가 살았는데, 그 칠면조는 라테스 씨만 보면 꽥꽥거리고 귀찮게 굴었다. 그래서 라테스 씨는 파치피코 아저씨에게 칠면조를 좀 조용히 시켜달라고 부탁했다. 그러자 아저씨는 "분부대로 하겠습니다. 칠면조 부인, 조용히 좀 하세요!"라고 대답했다.

가브리엘레 아저씨는 랍비여서 "바르바 모레누", 곧 "우리 스승 아저씨"로 통했다. 늙고 눈이 거의 멀었지만 그는 뙤약볕이 내리쬐던 날 베르추올로에서부터 살루초로 걸어서 돌아온 적이 있었다. 그날 아저씨는 지나가는 마차를 세워서 태워줄 것을 부탁했다. 마부와 얘기를 나누다가 자기가 탄 마차가 죽은 기독교인을 묘지로 실어 나르는 영구차라는 것을 깨닫게 되었다. 아주 고약한 일이었다. 왜냐하면 구약성서의 「에스겔서」 44장 25절에 기록되어 있듯이, 사제는 죽은 사람을 만지거나 죽은 자가 누워 있는 방에만 들어가도 부정을 타고 이레 동안 정결하지 못한 상태에 있게 되기 때문이었다. 그는 벌떡 일어나서 소리를 질렀다. "난 지금 '페가르타'(죽은 여자)와 여행을 하고 있소! 마차를 세우시오!"

그누르 그라시아디우와 그누르 쿨룸부는 서로 다정한 적이었다. 전하는 이야기에 따르면 이들은 까마득한 옛날부터 몬칼보 시市의 좁은 길을 사이에 두고 서로 얼굴을 맞대고 살았다고 한다. 그누르 그라시아디우는 프리메이슨이었고 아주 부자였다. 그는 자신이 유대인인 것을 조금 부끄러워했고 그래서 '구이아', 곧 기독교도 여자와 결혼했다. 땅에 닿을 정도로 긴 금발머리를 하고 있었던 그녀는 그에게 부정을 저질렀다. 이 여인은 비록 이교도인 기독교인이었지만 마냐 아우실리아라고 했는데 이것은 후대에 그녀의 존재가 어느 정도 묵인되었음을 말해준다. 그녀는 어느 선장의 딸이었는데, 선장은 사위인 그누르 그라시아디우에게 덩치가 큰 알록달록한 앵무새 한 마리를 선물한 적이 있었다. 이 앵무새는 가이아나에서 왔고 "너 자신을 알라"를 라틴어로 말하는 버릇이 있었다. 그누르 쿨룸부는 가난했고 마치니* 추종자였다. 그는 그누

● Giuseppe Mazzini(1805~1872): 이탈리아 독립·통일기의 혁명가. 공화주의에 입각한 '청년이탈리아당'을 만들어 중앙집권적 군주제를 반대하고 연방제 통일을 호소했으나 실패했다.

르 그라시아디우의 앵무새를 보고는 자기도 등에 깃털이 없는 까마귀 한 마리를 사서 말하는 법을 가르쳤다. 앵무새가 "노스케 테 입숨" 하고 외치면 까마귀는 "에두를 것 없이 바로 말해" 하고 대꾸했다.

그런데 가브리엘레 아저씨의 '페가르타', 그누르 그라시아디우의 '구이아', 빔바 할머니의 '망오드', 그리고 지금 이야기할 '하베르타'에 대해서는 설명이 좀 필요하다. 하베르타는 히브리어에서 온 것으로 꼴과 뜻이 모두 온전하지 못하고 함축적인 의미가 풍부하다. 이것은 원래 하베르(동료)를 여성형으로 만든 것으로 하녀를 뜻한다. 하지만 한 지붕 밑에 데리고 있어야 하는 태생이 미천하고 풍습과 믿음이 다른 여자라는 뜻이 깔려 있다. 하베르타는 청결하지 못하고 버릇없기 쉬우며, 그 속성상 어쩔 수 없이 집주인들의 관습과 대화에 악의 어린 호기심을 보인다. 그래서 집주인들은 하베르타와 함께 있는 자리에서는 자기들만 아는 은어를 사용할 수밖에 없다. 은어에는 지금까지 말한 것 말고도 당연히 하베르타란 말도 포함되었을 것이다. 이러한 은어는 이제 거의 사라졌지만 몇 세대 전만 해도 수백 단어와 표현에 달했는데, 대부분 히브리어 어근에 피에몬테 방언의 접미사와 어미를 붙여 만들었다. 이렇게 대충 훑어만 보아도 그것이 감쪽같고 비밀스러운 기능이 있음을 알 수 있다. 구윔(이교도)이 있는 자리에서 그들에 대해 이야기할 때나, 그들이 세운 억압 정권에 대해 그들이 알아듣지 못하게 욕이나 저주로 답할 때 쓰는 아주 약삭빠른 언어인 셈이다.

이 은어에 대한 역사적인 관심은 빈약하다. 이 언어를 말하는 사람의 수가 몇 천 명을 넘지 않았기 때문이다. 하지만 이 언어에 담긴 인간미는 크다. 주변부에 속한 언어, 과도기에 있는 언어가 모두 그렇듯이 말이다. 사실 이 언어에는 탄복을 자아내는 희극적 힘이 담겨 있다. 이 희극성은 피에몬테 방언으로 짜내려간 이야기의 질감과 히브리어에서 낚아챈 장식들이 대조를 이루는 데서 생겨난다. 피에몬테 방언은 내기를 할 때말고는 글로 쓰이는 법이 없으며 거칠고 냉정하고 무뚝뚝하게 들린다. 또 아버지들의 언어인 히브리어는 성스럽고 엄숙하며 켜켜이 쌓인 지층 같고 수천 년 동안 빙하의 표면처럼 매끈하게 갈고닦인 것이다. 하지만 이러한 대조는 또 다른 본질적 대조를 반영하고 있는데, 디아스포라의 유대교가 그것이다. 이것은 이교도들(곧 구윔) 사이에 흩어져서 살아가는 이들의 하루하루의 비참한 유배 생활과 그들의 성스러운 소명 사이의 모순이다. 좀더 일반적인 것으로 이 언어가 반영하는 또 다른 대조는 인간의 조건 속에 내재해 있다. 인간은 반인반마의 켄타우로스와 같은 존재, 영혼과 육신, 성령과 먼지가 한데 뭉친 존재이기 때문이다. 유대 민족은 흩어진 후 오랜 세월 동안 슬픔 속에서 그러한 모순을 살아왔다. 하지만 그들은 거기에서 지혜와 함께 웃음도 끌어냈다. 이 웃음은 사실 성서와 예언서에는 없는 것이다. 웃음은 이디시어 곳곳에 배어 있으며, 또 온건한 범위 내에서 이 땅에 계신 우리 아버지들의 엉뚱한 말씀 속에도 스며 있다. 나는 그 말씀들이 사라지기 전에 그것을 여기에 기록해두고 싶다. 잘못 받아들이면 불경스럽게 여겨질 수도 있는 회의적이고 온건한 그 말씀 속에는 하느님과의 정겹고도 당당한 친밀함이 가득하다. '누스뉴르'(우리 주님), '아도나이 엘로에누'(주님께 찬양을), '카도스 바루휘'(사랑하는 주님).

　이 언어의 뿌리에 굴욕적인 측면이 있음은 자명하다. 예컨대 '태양', '인간', '낮', '도시' 같은 단어들이 없다. 쓸 일이 없었기 때문이다. 반면에 '밤', '숨다', '돈', '감옥', '꿈'(하지만 이 단어는 주로 '바할롬', 곧 '꿈속에서'라는 표현으로만 쓰인다), '훔치다', '목매달다'와 같은 단어들은 있다. 그 밖에도 멸시를 표현하는 단어들도 적지 않다. 이것들은 사람을, 특히 고용인들을 판단할 때 자주 쓰인다. 예컨대 기독교인 상점의 계산대 앞에서 한 부부가 구입을 망설일 때 서로 나누는 말이다. '불운'을 뜻하는 히브리어 '차라'의 장엄복수형•인(지금은 그런 의미로 쓰이지 않는다) '은 사로드' ń saròd가 그런 예다. 이 말은 가치가 빈약한 물건이나 사람을 서술할 때 쓰인다. 점잖은 축소형인 '사로딘'도 있으며, 이와 함께 또 잊지 않고 싶은 것은 사악한 단어들이 연결된 "저 사로드는 망오드가 없어"라는 말이다. 이 말은 뚜쟁이가 지참금도 없는 못생긴 처녀를 놓고 하는 말이다. '하시뤼드'는 돼지를 뜻하는 '하시르'의 추상집합명사로 추잡함, 탐욕스러움에 대략 해당하는 말이다. 히브리어에는 프랑스어의 '위'u에 해당하는 소리가 없고, 그 대신 이탈리아어식의 '우'u 발음을 지닌 '우트'ut라는 어미가 있는데, 이것은 추상명사(예컨대 왕을 뜻하는 '멜레흐'에서 왕국을 가리키는 '말후트'가 나왔다)를 만드는 데 쓰인

• 신이나 왕 귀족 등을 지칭할 때만 사용하는 특수한 형태의 복수변화형.

다. 하지만 여기에는 은어로 쓰일 때 나타나는 강한 멸시의 어감은 없다. 이러한 말들이 전형적으로 그리고 효과적으로 쓰이는 또 다른 장소는 상점인데, 주인과 점원 사이에서 손님들에 대해서 말할 때 쓰인다. 19세기 피에몬테 지방에서는 옷감 무역을 주로 유대인들이 장악하고 있었는데, 그때부터 일종의 전문화된 하위-은어가 나왔고, 이것은 꼭 유대인들만이 아니라, 점원이었다가 주인이 된 자들의 입을 통해서도 전해 내려와 같은 업종의 상점들에 널리 퍼지게 되었다. 이 은어는 오늘날에도 여전히 살아 있는데, 자신들이 히브리어 단어들을 말하고 있음을 우연히 알게 되면 놀랄 게 틀림없는 사람들조차도 그 말을 쓰고 있다. 예컨대 물방울 무늬 드레스를 가리켜 '키님 드레스'라고 하는 사람들이 많다. 여기서 '키님'은 하느님이 애굽(이집트)에 내린 열 가지 재앙, 곧 유대인들이 유월절 의식을 치를 때 열거하고 찬송하는 재앙들 가운데 셋째인 '이(蝨)의 습격'에 나오는 '이'를 말한다.

또 덜 점잖은 말들도 상당수 있는데, 아이들 앞에서는 원래의 의미대로 쓰고, 다른 경우에는 욕을 대신해 쓰기도 한다. 후자의 경우에는 상응하는 이탈리아어나 피에몬테 방언과는 달리, 앞에서 언급했던 것처럼 남들이 알아듣지 못한다는 이점 외에도 입을 더럽히지 않고서도 마음을 달랠 수 있다는 이점도 있다.

틀림없이 관습을 연구하는 학자들의 흥미를 끌어낼 만한 말들도 있는데, 가톨릭 신앙에 관계된 것들에 빗대는 몇몇 단어들이다. 이 경우에 속하는 말들은 원래의 히브리어 형태에서 아주 많이 멀어져버렸는데 여기에는 두 가지 이유가 있다. 첫째, 만일 이교도들이 알아들을 경우 신성을 모독했다고 비난받을 위험이 따르기 때문에 철저한 비밀 유지가 필요했다. 둘째, 이런 원형 왜곡에는 단어에 내포된 신비롭고 성스러운 의미를 부정하고 말살하려는 의도가 숨어 있다. 그렇게 모든 초자연적 가치를 벗겨버리는 것이다. 같은 이유로 모든 언어에서 악마는 암시적이고 완곡한 호칭을 많이 갖고 있다. 따라서 악마의 이름을 직접 말하지 않고서도 악마를 가리킬 수 있게 된다. 교회(가톨릭)는 '투네바'라고 했는데 그 어원을 재구성할 수는 없지만 아마도 히브리어에서 소리만 따온 것으로 보인다. 반면에 유대교 예배당을 가리켜서는 자부심 섞인 겸손한 태도로 단순히 '스콜라'(학교), 곧 배움과 키움의 장소로 불렀다. 이와 마찬가지로 랍비는 '랍비' 또는 '랍베뉘'(우리의 랍비)라는 단어 대신 '모레누'(우리의 스승) 또는 '하함'(현자)으로 불렀다. 사실 스콜라에서는 이교도들의 불쾌한 할트룀에 시달릴 필요가 없다. '할트룀' 또는 '한트룀'은 가톨릭의 의식儀式들과 미신성을 말한다. 이것은 다신교적이고 무엇보다도 형상들("너희는 내 앞에서 다른 신을 모시지 못한다. 너희는 [……] 어떤 것이든지 그 모양을 본떠 새긴 우상을 섬기지 못한다. 그 앞에 절하며 섬기지 못한다."「출애굽기」20장 3~5절)로 넘쳐나고 그래서 우상숭배적이기 때문에 유대인들에게는 견딜 수 없는 것이다. 혐오감이 담긴 이 말도 뿌리가 모호하며 히브리어에서 온 것이 아님이 거의 확실하다. 하지만 다른 유대풍의 이탈리아어 은어들에는 '할토'라는 형용사가 있는데, 이것은 바로 '미신적인'이란 의미가 있으며 형상을 숭배하는 기독교인을 가리킬 때 쓰는 말이다.

'아-잇샤'는 성모를 말한다(단순히 여자라는 뜻이다). 당연히 예상된 일이지만, 암호와 같아서 완전히 해독할 수 없는 말이 있는데 '오도'가 그것이다. 불가피하게 그리스도를 지칭할 수밖에 없는 상황에 있을 때 목소리를 낮추고 주위를 조심스럽게 살피면서 쓰는 말이다. 유대인의 모습으로 온 하느님을 살해한 민족이라는 오명이 아직도 살아 있기 때문에 그리스도에 대해서는 될 수 있으면 언급을 회피하는 것이 상책이다.

다른 많은 단어들은 바로 19세기에 태어난 유대인들이 히브리어 원전으로 다소 유창하게 읽고 또 적어도 부분적으로는 대체로 뜻을 이해했던 의례서와 성서에서 따온 것들이다. 하지만 이것들이 은어로 쓰일 때는 원래 의미를 변형시키거나 의미 영역을 임의로 확대하는 경향이 있었다. '쏟다'라는 뜻의「시편」79장 6절("그 격분을 당신을 모르는 저 이방인들에게 쏟으소서. 당신 이름을 부르지 않는 나라들에게 터뜨리소서")에 나오는 '샤포흐'라는 어근을 취하여, 우리의 옛날 어머니들은 가정에서 쓰이는 표현으로 '세포흐를 하다'라는 말을 만들었다. 이것은 어린아이들이 토하는 것을 부드럽게 나타내는 말이다. '숨'을 뜻하는 뤼아흐(또는 복수형 뤼호드)에서는 생리적 현상을 나타내는 데 쓰이는 '뤼아흐를 내보내다', 곧 '방귀 뀌다'가 나왔다. 이것은 성서를 통해 선택된 백성이 그들의 창조주와 얼마나 친밀한 관계였는지 엿볼 수 있게 해준다. 그 말의 실제 쓰임새를 보여주는 예로는 레지나 아주머니가 다윗 아저씨와 함께 포 가(街)에 있는 플로리오 카페에 앉아서 했던 말이 전해온다. "다윗, 지팡이를 내리쳐요. 다른 사람들이 당신의 뤼호드 소리를 듣지 못하게요." 허물없는 부부 사이의 애정 어린 친밀함을 보여주는 대목이다. 지팡이는 당시 사회적 지위를 나타내는 상징이었다. 오늘날 일등석을 타고 기차여행을 하는 것과 마찬가지로 말이다. 우리 아버지를 보면 지팡이가 두 개 있었는데, 대나무로 된 것은 주중에 가지고 다니셨고 주일에는 손잡이가 은도금된 말라카 지팡이를 들고 다니셨다. 아버지는 지팡이를 몸을 의지하는 데 쓰지 않고(그럴 필요도 없었다) 유쾌한 기분으로 공중에 휘두르거나 무례하게 구는 개를 쫓을 때 쓰셨다. 요컨대 지팡이는 당신이 항간의 사람들과는 다르다는 것을 보여주는 일종의 홀(笏)이었다.

'베라하'는 경건한 유대인이라면 하루에 100번도 넘게 입에 올릴 법한 축복과 감사의 말이다. 믿음이 깊은 유대인은 사실 아주 기쁜 마음으로 그렇게 한다. 그렇게 해서 영원한 하느님과 수천 년 동안 해온 대화를 계속 이어나가기 때문이다. 베라하를 말할 때마다 하느님을 찬양하게 되고 그분의 은혜에 감사하게 되는 것이다. 우리 증조부인 레오닌 할아버지는 카살레 몬페라토에 사셨고 평발이었다. 집 앞의 오솔길이 자갈로 되어 있어서 그 길을 걸을 때마다 괴로워하셨다. 어느날 아침 집에서 나와 오솔길이 판석으로 포장된 것을 발견하자 가슴 깊숙한 곳에서 이런 외침이 우러나왔다. "이 포장 판석을 만든 이교도들에게 베라하(축복)를!" 하지만 저주의 말도 있었는데, 좀 이상하게 연결된 표현인

'메다 메슈나'가 그것이다. 이것은 직역하면 '이상한 죽음'이다. 그러나 사실은 사고를 뜻하는 피에몬테 방언을 그대로 흉내낸 것이다. "우산 모양의 메다 메슈나나 당해라"라는 수수께끼 같은 저주를 하신 분도 레오닌 할아버지였다.

정말 잊을 수 없는 사람은 바르바리쿠다. 시공간적으로 너무나 가까이 있었던 사람이어서 (단지 한 세대 차이로) 엄밀한 의미에서 아저씨가 되지 못했다. 그에 대해서는 개인적인, 그래서 더욱 또렷하고 복합적인 기억이 남아 있다. 지금까지 언급한 전설적인 인물들과 마찬가지로 그도 완고한 태도를 고수하지 않았다. 바르바리쿠에게는 이 글을 시작하면서 언급했던 비활성 기체에 대한 비유가 딱 들어맞는다.

그는 의학을 공부해 훌륭한 의사가 되었지만 세상을 좋아하지는 않았다. 다시 말해 사람, 특히 여자, 초원, 하늘을 좋아했지만 일, 자동차 소음, 출세를 위한 음모, 일용할 양식을 얻기 위해 아옹다옹 사는 것, 의무, 일정과 마감을 싫어했다. 요컨대 1890년 카살레 몬페라토 시市의 분망한 삶을 특징지었던 모든 것을 싫어했다. 그는 탈출하고 싶었지만 그렇게 하기에는 너무 게을렀다. 그의 친구들과 그를 사랑했던 여인(그는 간간이 발현되는 박애 정신 덕에 그녀를 참아낼 수 있었다)은 그를 설득하여 대서양 횡단 증기선에 동승할 의사를 뽑는 시험을 보게 했다. 그는 경쟁에서 쉽게 이겼고 제노바에서 뉴욕까지 여행했는데, 이 여행이 처음이자 마지막이 되었다. 제노바로 돌아오는 길에 사직서를 낸 것이다. 미국이 "너무 시끄럽다"는 게 이유였다.

그후 바르바리쿠는 토리노에 정착했다. 그에게는 몇 명의 여자가 있었는데 모두가 그와 결혼함으로써 그를 구원하려고 했다. 하지만 그는 결혼 생활도, 잘 차려진 병원과 일상적인 의사 활동도 너무 구속이 된다고 생각했다. 1930년쯤에는 쪼그라든 노인이 되었는데, 소심하고 무기력하고 추레하고 지독한 근시였다. 그는 뚱뚱하고 교양 없는 이교도 여자와 살았는데, 이따금 그 여자에게서 벗어나려고도 해봤지만 완강하게 그렇게 하지는 않았다. 가끔은 여자를 "미친 년", "암탕나귀", "큰 짐승"이라고 부르기도 했지만 거기에는 신랄한 어조가 담기지 않았고 사실은 설명하기 어려운 다정스런 구석도 있었다. 이 이교도 여자는 "심지어 그에게 '샴데'(세례: 글자 그대로만 해석하면 '파괴'라는 뜻이 된다)까지 받게 하려고" 했다. 세례는 그가 늘 거부해온 일인데, 종교적 신념 때문이 아니라 새로운 일에 대한 의지와 관심이 없었기 때문이다.

바르바리쿠에게는 형제자매가 열두 명이나 있었는데 이들은 바르바리쿠의 동거녀를 반어적이고도 잔혹하게 "마냐 모르피나"(모르핀 아줌마)라고 불렀다. 여기서 반어적이라 한 것은, 극히 제한된 의미일 경우를 제외하면 이교도면서 애가 없는 그 가련한 여인이 "마냐"로 불릴 수는 없었기 때문이다. 사실 여기서 마냐라는 말은 완전히 그 반대의 뜻, 곧 마냐가 아닌 사람, 다시 말해 가족에게서 따돌림당한 외톨이로 이해되었다. 그리고 잔혹하다고 한 것은, 그 호칭에는 그녀가 바르바리쿠의 처방전 용지를 마음대로 썼으리라고 넌지시 알려주는, 아마 근거도 없고 그래서 무자비한 암시가 들어 있기 때문이다.

그 두 사람은 보르고 반킬리아(토리노 시市의 한 구역. 예전에는 빈민가였다)에 있는 불결하고 너저분한 다락방에서 살았다. 아저씨는 인간적인 지혜와 진단의 직관이 풍부한 훌륭한 의사였지만, 하루 종일 그 개집 같은 방에서 다리를 쭉 뻗고 누워서 책이나 오래된 신문을 읽으며 시간을 보냈다. 근시 때문에 맥주잔 바닥만큼이나 두꺼운 안경을 끼고서도 인쇄물을 눈앞 3인치까지 끌어당겨야 했지만 주의 깊고 기억력 좋고 다방면으로 읽는, 지칠 줄 모르는 독서가였다. 그가 자리에서 일어나는 경우란 환자가 그를 부르러 사람을 보냈을 때뿐이다. 아저씨가 돈을 내라고 요구한 적이 거의 한 번도 없었기 때문에 이런 일은 자주 있었다. 환자들은 도시 변두리에 사는 가난한 사람들이어서 이들에게 달걀 대여섯 개나 채소밭에서 기른 상추, 심지어 너덜너덜해진 신발까지도 보답으로 받곤 했다. 그는 전차를 탈 돈이 없어서 걸어서 환자들을 방문했다. 그는 길거리에서 근시의 뿌연 시야 속으로 희미하게 아가씨의 모습이 잡히면, 곧장 그곳으로 다가가 한 발짝 떨어져서 여자 주위를 빙빙 돌며 유심히 살피는 통에 사람을 놀래기 일쑤였다. 그는 거의 먹는 게 없었고 또 대개는 그러고 싶은 욕구도 없었다. 그는 분별력과 위엄을 지닌 채 아흔이 넘어서 세상을 떠났다.

바르바리쿠처럼 피나 할머니도 세상을 거부하고 살았다. 이 할머니는 이름이 모두 피나인 네 자매 가운데 하나였다. 자매들이 그렇게 이름이 똑같았던 것은 네 여자아이들을 브라에 사는 같은 유모에게 차례로 보냈기 때문인데, 그 유모의 이름이 델피나였고, 그녀는 자기가 키우는 아이들을 모두 자기 이름으로 불렀던 것이다. 피나 할머니는 카르마놀라에 있는 아파트 2층에서 살았고 코바늘 뜨개질 솜씨가 아주 뛰어났다. 나이가 여든여섯이 되자 카우당아, 곧 몸이 약간 불편해지는 증상이 찾아왔다 — 요즘은 드문 일이지만 이상하게도 당시 여자들은 모두 그런 증상을 겪었다. 그때부터 세상을 뜰 때까지 20년 동안 할머니는 밖에 나가지 않았다. 안식일에는 제라늄이 가득 피어 있는 작은 발코니로 나가, 연약하고 창백한 모습으로 '스콜라'(시나고그: 예배당)에서 나오는 사람들에게 손을 흔들어 인사했다. 하지만 들리는 얘기가 사실이라면 젊었을 때는 전혀 딴판이었던 게 분명하다. 이야기인즉 할아버지가 학식과 덕망이 높은 몬칼보의 랍비를 손님으로 집에 모시고 온 적이 있는데 그때 할머니는 부엌 찬장에 달리 대접할 게 아무것도 없어서 손님 몰래 돼지고기 커틀릿을 내놓았다고 한다. 할머니의 남자 형제인 바르바라플린(라파엘)은 바르바로 승격되기 전에 '첼린의 모세의 아들'로 알려져 있었는데 이제는 나이가 지긋하고 군수품 사업으로 돈을 벌어 부자가 되었다. 그런 그가 가시노에서 온 아주 아름다운 돌체 발라브레가에게 반해 사랑에 빠진 적이 있다. 그는 직접 고백할 엄두는 내지 못하고 연애편지를 썼는데 부치지 못했다. 그러고는 자기가 직접 열정적인 답장을 써서 자기 자신에게 보냈다.

한때 바르바였던 마르킨도 불행한 사랑을 했다. 그는 수산나(히브리어로 백합이라는 뜻)에게 반해 사랑에 빠졌다. 수산나는 쾌활하고 경건한 여인으로 수백 년 전부터 내려오는 거위 살라미소시지 만드는 법을 알고 있었다. 이 소시지는 껍질로 창자 대신 거위의 목을 사용했다. '라손 아코데쉬'('성스러운 언어', 곧 우리가 지금 여기서 다루고 있는 은어)에 '목'을 나타내는 말이 세 가지나 전해 내려오는 것도 이 때문이다. 첫째 '마하네'는 중립적인 것으로 전문용어로도 쓰이고 일반적인 의미로도 쓰인다. 둘째 '사바르'는 "사바르가 부러지게"(부리나케)처럼 비유할 때만 쓰인다. 셋째 '하네크'는 함축적인 의미가 풍부한데, 목을 막거나 조르거나 자를 수 있는 생명의 통로임을 암시하며, "먹다가 하네크에 걸려라"와 같이 저주할 때 쓰인다. '하니케세'는 목매달다는 뜻이다. 어쨌든 마르킨은 수산나의 점원 겸 조수였는데 비밀스런 제조장에서뿐만 아니라, 살라미소시지, 성스러운 장식물, 액막이, 기도서 따위가 진열장에 어지럽게 널려 있는 가게에서도 일했다. 그러나 수산나는 마르킨을 퇴짜 놓았고 그는 비열하게도 살라미 제조법을 어느 '고이'(남자 이교도)에게 팔아먹음으로써 복수했다. 그런데 그 고이는 살라미 제조법의 가치를 제대로 알아보지 못했던 것 같다. 수산나가 죽고 난(이것은 까마득한 옛날 일이다) 뒤부터는 이름과 전통에 걸맞은 거위 살라미소시지를 시장에서 찾아볼 수 없게 되었으니까 말이다. 마르킨 아저씨는 그 치사한 앙갚음 때문에 아저씨라는 칭호를 받을 자격을 상실했다.

시대적으로 가장 멀리 떨어져 있으며 놀라울 정도로 비활성적이고, 전설과 믿지 못할 이야기의 두꺼운 베일에 가려 있고, 아저씨라는 자질이 골수에까지 박혔던 분은 키에리의 바르바브라민이다. 우리 외할머니의 삼촌인 아저씨였다. 그는 이미 젊은 나이에 그 지방 귀족들에게서 키에리와 아스티 사이에 있는 수많은 농장들을 사들이는 방법으로 큰 부자가 되었다. 그의 친척들은 물려받을 재산을 믿고 자신들이 가진 것을 연회, 무도회, 파리 여행 등으로 흥청망청 쓰기까지 했다. 그런데 그의 어머니, 곧 밀카(여왕) 아주머니가 병이 들어 몸져눕게 되었는데, 그녀는 남편과의 오랜 언쟁 끝에 얼마 전까지만 해도 한사코 반대했던 하베르타, 곧 하녀를 집안에 들이는 일을 승낙했다. 사실 그녀는 선견지명이 있어서 여자를 집안에 두려고 하지 않았던 것이다. 아니나 다를까 바르바브라민은 하베르타에게 곧바로 빠지고 말았는데, 그가 성스럽지 않은 여자를 가까이한 것은 아마 그때가 처음이었을 것이다.

그 하베르타의 이름은 전해지지 않았지만, 그녀의 됨됨이에 대한 몇 가지는 남아 있다. 그녀는 풍만하고 예뻤고 아주 눈부신 '할라비오드'(가슴: 고전 히브리어에는 이 말이 없지만 젖을 뜻하는 '할라브'라는 말은 있다)를 가지고 있었다. 물론 그녀는 구이아(여자 이교도)였고 무례했고 글을 읽고 쓸 줄 몰랐다. 하지만 요리는 잘했다. 그녀는 '나 풍알타' 'na pônalatà, 곧 농부의 딸이었고 맨발로 집안을 돌아다녔다. 아저씨는 이 모든 것에 반해버렸다. 그녀의 발목, 그녀의 거침없는 언행, 그녀의 요리 등 모든 것이 마음에 들었다. 그래서 그녀에게는 아무 말도 걸지 않았지만, 부모에게는 결혼하겠다고 말했다. 부모님은 펄쩍 뛰었고 아저씨는 자리에 누웠다. 그는 22년 동안이나 침대를 떠나지 않았다.

바르바브라민이 그 긴 세월 동안 무엇을 했는지에 대해서는 설이 분분하다. 그가 대부분의 시간을 잠과 놀이로 보냈으리라는 데는 이견이 없다. 경제적으로 파멸했다는 것도 확실하다. 이제 더 이상 채권의 "이자표를 떼는" 일을 하지 않았기 때문이고, 농장 관리를 어느 '맘세르'(비열한 놈)에게 맡겼더니 그자가 농장을 제 하수인에게 헐값에 팔아넘겼기 때문이다. 밀카 아주머니가 예견한 대로 아저씨는 가족과 일가친척을 모두 파산 지경에 빠뜨렸고 그들은 그 결과에 대해 지금까지도 한탄하고 있다.

또 그가 그때 책을 읽고 공부해서 나중에는 지혜롭고 정의로운 사람으로 인정받았으며, 침대에서 키에리의 저명인사들의 대리인을 영접하여 분쟁을 해결해주었다는 이야기도 있다. 또 그 하베르타가 아저씨의 침대로 가는 길을 모르지는 않았을 거라고도 했고, 적어도 처음 몇 년 동안은 아저씨가 자청했던 격리 생활이 밤에 몰래 아래에 있는 카페로 내려가서 당구를 치는 일로 중단되기도 했다는 이야기도 있다. 하지만 어쨌든 그는 100년의 거의 4분의 1이라는 세월을 침대에서 지냈다. 밀카 아주머니와 솔로몬 아저씨가 돌아가시자 그는 그 하베르타와 결혼해서 그녀를 확실하게 자기 침대 속으로 끌어들였다. 그가 그동안에 다리를 가누지 못할 만큼 허약해졌기 때문이다. 죽을 때 그는 가난뱅이였지만 나이와 명성으로는 부자였다. 그는 마음에 평화를 간직한 채 1883년 삶을 마쳤다.

거위 살라미소시지의 수산나 말리아 할머니, 곧 우리 친할머니의 사촌이었다. 말리아 할머니는 1870년 무렵 스튜디오에서 찍은 사진 몇 장 속에서는 교태가 넘쳐 흐르게 치장을 한 요염하고 깜찍한 여인의 모습으로 계속 살아 있지만, 아주 어린 시절 내 기억 속에는 살갗이 쭈글쭈글하고 쉽게 흥분하며, 칠칠치 못하고 지독한 난청에 시달리는 노인으로 남아 있다. 이상한 일이지만, 요즘도 장롱들의 맨 위 서랍에서 값비싼 물건들이 발견되곤 한다. 화려하게 반짝이는 금은박이 박힌 검정 레이스 숄, 정교한 비단 자수품, 네 세대를 거치면서 좀이 슨 담비 털가죽 토시, 할머니 이름의 머리글자가 새겨져 있는 순은 식기 등이 거의 50년이 지난 지금도 마치 휴식을 모르는 그녀의 유령이 집안에 출몰하듯 나오고 있다.

한창때의 할머니는 뭇 남자들을 "애끓게 하는" 여자로 알려져 있었다. 할머니는 일찍이 과부가 되었는데, 우리 할아버지가 그녀의 부정에 절망해 목숨을 끊었다는 소문이 돌았다. 그녀는 자식 셋을 스파르타식으로 키웠고 대학 공부까지 시켰다. 하지만 느지막한 나이에 어느 늙은 기독교도 의사의 청혼을 받아들여 결혼했다. 의사는 품위 있고 과묵하며 수염을 기른 남자였다. 할머니는 젊은 시절에 남자들의 사랑을 많이 받는 예쁜 여자들이 주로 그렇듯 인심이 후했지만 재혼한 뒤부터는 인색하고 엉뚱한 행동을 보이기 시작했다. 그녀의 가족들에 대한 사랑(예전에도 그다지 큰 편은 아니었다)은 세월이 지나면서 완전히 식어버렸다. 할머니는 그 의사와 함께 포 가(街)에 있는 음침하고 빛이 들지 않는 아파트에서 살았다. 그 집은 겨울에는 작은 프랭클린 난로만으로 난방을 했다. 그녀는 이제 아무것도 버리지 않았다. 그 어떤 것도 언젠가는 쓸모가 있기 때문이다. 치즈 껍질이나 초콜릿 과자의 은박지까지도 버리지 않았는데, 은박지로는 은색 공을 만들어 선교단체에 보내어 "흑인 아이를 자유롭게 해주도록" 했다. 아마도 자신의 마지막 결정에서 실수한 것이 아닐까 두려워서 포 가 5번지에 있는 스콜라와 산토타비오 교구의 교회를 번갈아 다녔고, 심지어는 불경스럽게도 고해를 하러 다니기도 한 것 같다. 그녀는 1928년 여든이 넘은 나이에 세상을 떠났다. 빗질하지 않은 헝클어진 머리에 검은 옷을 입고 할머니처럼 반쯤 미친 이웃집 여자들로 구성된 합창단이 와서 거들어주었는데, 마담 쉴림베르그라고 부르는 마귀할멈 같은 여자가 주동이 되었다. 할머니는 신장이 제 기능을 못해 고통스러워하는 가운데서도 마지막 숨을 거두는 순간까지 쉴림베르그를 감시했는데, 매트리스 밑에 숨겨둔 '마프테흐'(열쇠)를 그 여자가 찾아서 망오드와 '하팟심'(보석: 이것은 나중에 모두 가짜로 드러났다)을 훔쳐갈지 모른다는 두려움 때문이었다.

할머니가 돌아가시자 아들들과 며느리들은 집안에 산더미처럼 쌓인 유품들을 보고 당혹감과 역겨움을 감추지 못했고 그것을 살펴보는 데만도 여러 주일이 걸렸다. 말리아 할머니는 세련되고 우아한 물건들과 구역질 나는 잡동사니를 구분도 하지 않고 마구잡이로 한데 모아두었다. 정교하게 조각된 호두나무 장롱에서는 빛을 보고 놀란 빈대들이 수도 없이 쏟아져나왔고, 곧 이어서 한 번도 사용한 적이 없는 린넨 시트와 헝겊으로 기운 닳고 닳아 비쳐 보일 정도가 된 시트, 커튼, 양면으로 사용할 수 있는 다마스크 비단 이불이 나왔다. 박제한 벌새 수집 표본은 손을 대자마자 부서져 먼지로 변했다. 지하실에는 값비싼 포도주 수백

병이 보관되어 있었는데, 모두 식초로 변해버린 상태였다. 또 의사의 것으로 보이는 코트가 여덟 벌 발견되었는데, 모두 갓 만든 것처럼 새것이었고 나프탈렌 좀약으로 채워져 있었다. 그리고 한 벌 더 나왔는데, 이것은 할머니가 그에게 입도록 허락한 유일한 것으로 온통 헝겊으로 꿰매고 짜깁기한 데다 칼라는 기름때에 절어 반질반질했고 호주머니 안쪽에는 프리메이슨 상징이 있었다.

    나는 할머니에 대한 기억이 거의 없다. 아버지는 할머니를 (3인칭으로 부를 때조차도) '마만'이라고 불렀고, 자식 된 도리 때문에 크게 드러내지는 않았지만 할머니 이야기를 할 때면 그 엉뚱한 행동을 은근히 즐기시는 듯했다. 일요일 아침만 되면 아버지는 나를 데리고 말리아 할머니 집으로 가셨다. 우리는 포 가를 천천히 걸어 내려갔다. 아버지는 계속해서 걸음을 멈추셨는데, 마주치는 고양이마다 멈춰 서서 쓰다듬어주었고, 송로버섯만 보이면 일일이 냄새를 맡아보았으며, 고서적이 보이면 모두 들추어보셨다. 아버지는 '인제녜'(엔지니어)였는데, 호주머니는 늘 책으로 꽉 차 있었고, 프로슈토햄(향신료를 사용한 이탈리아 햄)을 살 때 곱셈 계산이 맞는지 로그자로 다시 검산을 했기 때문에 푸줏간에서 모르는 사람이 없었다. 아버지는 프로슈토햄을 가벼운 마음으로 사지는 못하셨다. 아버지는 종교보다는 미신을 더 믿는 분이어서 '카셰뤼트'(유대교의 식사 규율)의 규칙을 어길 때는 기분이 좋지 않으셨지만 프로슈토햄을 너무나 좋아해서 가게의 진열장 앞에서 유혹을 받으면 매번 굴복하셨다. 그럴 때마다 한숨을 쉬었고 작은 목소리로 욕설을 내뱉으며 곁눈질로 나를 쳐다보셨는데, 내가 어떤 판결을 내릴지 두려워하시는 것 같았고, 나도 공범으로 가담해주기를 바라시는 것 같기도 했다.

우리가 포 가에 있는 아파트 계단을 올라가 문 앞에 이르면 아버지는 초인종을 눌렀고 문을 열어주러 나오시는 할머니의 귀에 대고 이렇게 소리를 질렀다. "얘가 학교에서 일등을 해요." 할머니는 마지못한 빛이 역력한 가운데 우리를 들어오게 했고, 할머니의 안내를 받아 먼지가 쌓인 채 아무도 기거하지 않는 방들을 지났다. 그 방들 가운데 하나는 이상한 기구들로 꽉 차 있는 의사의 서재로 거의 버려진 집 한구석 같아 보였다. 의사의 얼굴은 거의 보기 힘들었다. 사실 나는 그를 보고 싶은 마음이 전혀 없었다. 언젠가 아버지가 어머니에게 하시는 얘기를 엿듣고 난 뒤부터 그랬는데, 그는 말을 더듬는 아이가 치료하러 자기에게 오면 아이의 혀 밑에 있는 주름띠라는 부위를 가위로 자른다는 것이다. 우리가 거실에 들어가면 할머니는 바로 은밀한 곳에서 초콜릿 과자 상자를 꺼내오셨다. 늘 같은 상자였는데 거기서 과자를 하나 꺼내 내게 주셨다. 그 초콜릿은 벌레 먹은 것이었고, 나는 당황하여 그것을 재빨리 호주머니에 집어넣어 눈에 보이지 않게 했다.

수소

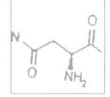

1월이었다. 식사를 마치고 얼마 되지 않아 엔리코가 나를 데리러 왔다. 자기 형이 등산을 가면서 자기에게 실험실 열쇠를 맡겼다고 했다. 나는 단숨에 옷을 입고 그와 함께 거리로 나섰다.

엔리코와 걸어가는 동안 나는 그의 형이 열쇠를 실제로 맡긴 게 아니라는 사실을 알았다. 그가 했던 말은 압축적인, 그러니까 완곡한 표현이었는데 알아들을 준비가 된 사람에게 흔히 하는 그런 말이었다. 그의 형은 보통 때와는 달리 열쇠를 숨겨놓지 않았다. 그렇다고 가져가지도 않았다. 뿐만 아니라 형은 엔리코에게 열쇠를 만져서는 안 된다는 사실과 만지면 어떤 벌을 받을지 상기시키는 일마저 잊어버린 채 등산을 가버렸다. 결론부터 말하면, 몇 달을 기다려온 끝에 열쇠가 겨우 우리 손에 들어온 것이다. 엔리코와 나는 이 기회를 놓치지 않기로 결심했다.

우리는 열여섯 살이었고 나는 엔리코에게 끌렸다. 그는 아주 적극적인 성격은 아니었다. 공부도 썩 잘하는 편은 아니었다. 하지만 그에게는 우리 반 다른 아이들과 특별히 구별되는 장점들이 있었고, 그는 어느 누구도 할 수 없는 일을 했다. 그에게는 침착하면서도 고집스러운 용기가 있었다. 자신의 미래에 어떤 일이 벌어질지 예감하고 그것에 무게와 형체를 부여할 줄 아는 조숙한 능력을 지니고 있었다. 그는 우리가 때로는 플라톤을, 다윈을, 나중에는 베르그송을 거론하며 벌이는 끊임없는 토론을 거부했다(그렇다고 비웃은 것은 아니다). 그는 저속하지 않았다. 또 스포츠를 좋아하는 남성적인 면이 있었는데 그런 능력을 과시하지도 않았다. 거짓말도 하지 않았다. 그는 자신의 한계를 인식하고 있었지만 절대 "이봐, 난 정말 바보인가봐" 하고 말하는 법이 없었다(다른 사람들은 위안을 얻기 위해 혹은 불쾌감을 토로하기 위해 자주 그런 말을 한다).

엔리코의 환상은 평범하면서도 느렸다. 그도 우리들처럼 꿈을 꾸며 살았지만 그의 꿈은 현명하면서도 둔했다. 또 실현 가능했으며 현실에 근접해 있었고 낭만적이지도 우주적이지도 않았다. 그는 천국(공부나 스포츠에서의 성공, 새로운 친구와의 만남, 미숙하고 허무한 사랑)과 지옥(나쁜 성적, 후회, 가끔씩 영원히 사라지지 않을 듯 결정적으로 드러나는 열등감)을 오락가락하는 내 고통스러운 흔들림을 이해하지 못했다. 그의 목표는 항상 도달 가능한 것이었다. 그는 성적이 오르길 꿈꾸었고 관심이 없는 것들도 끈기를 가지고 열심히 공부했다. 그는 현미경을 갖고 싶어했고 그것을 얻기 위해 경주용 자전거를 팔았다. 그는 장대높이뛰기 선수가 되고 싶어 1년 동안 매일 밤 체육관에 다녔다. 그렇다고 잘난 척하지도 않았고, 손목이나 발목을 삐는 일도 없었다. 목표로 정한 3.5미터에 이를 때까지 체육관에 다니는 일은 계속되었고, 목표에 도달하자 그만두었다. 그후에 그는 어떤 여자를 사랑하게 되었고 그녀를 얻었다. 그는 조용히 살 수 있을 만큼의 돈을 벌고 싶어했으며 10여 년간 단조롭고 지루한 일을 계속한 끝에 그 돈을 마련했다.

당시 우리는 우리가 화학자가 되리라는 사실을 의심하지 않았다. 하지만 각자의 기대와 희망은 달랐다. 엔리코는 아주 이성적으로 화학이 돈벌이와 안정된 삶을 위한 도구가 되어주길 바랐다. 나는 전혀 다른 것을 원했다. 내게 화학은 미래의 모든 가능성을 담은, 무한한 형태의 구름이었다. 이 구름은 내 미래를 번쩍이는 불꽃에 찢기는 검은 소용돌이로 에워쌌는데, 마치 시나이 산을 어둡게 둘러싼 구름과 비슷했다. 모세처럼 나도 그 구름 속에서 내 율법이, 내 내부와 내 주변, 세계의 질서가 나타나주길 기다렸다. 나는 책을 읽는 데 질리기 시작했다. 비록 무분별할 정도로 탐독을 계속하긴 했지만 말이다. 그래서 나는 최고의 진리에 도달하는 새로운 열쇠를 찾으려고 애썼다. 열쇠는 분명히 존재한다고 생각했고, 나 자신과 세계에 대한 어떤 거대한 음모 때문에 학교에서는 그것을 얻을 수 없을 거라고 확신했다. 학교에서는 수많은 개념들을 내게 주입시켰고 난 부지런히 그것들을 소화했지만 그것들이 내 피를 따뜻하게 해주지는 못했다. 나는 봄이면 싹이 돋는 것을 바라보았고 화강암에서 운모가 반짝이는 것을 보았으며 내 손을 들여다보았다. 나는 속으로 말했다. "이게 뭔지 알게 될 거야. 이 모든 것을 알게 될 거야. 하지만 **그들이** 원하는 식으로 알고 싶지는 않아. 난 가까운 길을 찾을 거야. 자물쇠를 열 도구를 내가 직접 만들 거야. 억지로라도 문을 열 거야." 우리를 둘러싼 모든 것, 그러니까 낡은 나무 책상과 유리창 너머 지붕 위에서 빛나는 태양, 6월 하늘에 쓸데없이 날아다니는 깃털 같은 것들이 모두 신비로웠다. 이 모든 것들이 저마다 그 신비를 밝혀달라고 졸라대는 마당에 존재와 인식의 문제에 대한 강의를 듣는 것은 피곤하고 구역질 나는 일이었다. 모든 철학자들과 이 세상 모든 사람들이 다 모인다고 작은 모기 한 마리를 만들어낼 수 있을까? 아니, 그것을 이해조차 못 할 것이다. 이것은 수치스럽고 혐오스러운 일이다. 다른 길을 찾아야 한다.

엔리코와 나는 화학자가 될 것이다. 우리는 우리의 노력과 능력으로 신비의 내밀한 부분을 모두 훑어버릴 것이다. 우리는 프로테우스●의 목을 조를 것이다. 플라톤에서 아우구스티누스, 아우구스티누스에서 토마스 아퀴나스, 토마스 아퀴나스에서 헤겔, 헤겔에서 크로체에 이르는, 결론이 나지 않는 프로테우스의 변신의 고리를 잘라버릴 것이다. 우리

● 그리스 신화에서 바다의 예언을 하는 노인. 그는 과거와 현재와 미래의 모든 것을 알지만 자기가 아는 것을 말해주기 싫어했다. 그래서 답을 얻으려면 그가 낮잠 자는 틈을 타 포획해야 했는데 세상의 모든 형태로 변신할 수 있는 프로테우스는 쉽게 잡히지 않았다고 한다.

는 그에게 말을 걸 것이다.

이게 우리의 계획이었기 때문에 우리는 그 어떤 기회도 놓칠 수가 없었다. 엔리코의 형은 신비스런 분위기에 화를 잘 내는 인물로 엔리코는 이런 형에 대해 이야기하는 것을 별로 내켜하지 않았다. 엔리코의 형은 화학을 전공하는 대학생이었는데 어느 마당 끄트머리 구석에 실험실을 만들었다. 그곳은 크로체타 광장에서 갈라져 들어가는 이상하게 생긴 좁고 구불구불한 뒷골목에 있었다. 지나칠 정도로 기하학적 형태를 지닌 토리노에서 그 골목은 유난히 두드러져 보였는데, 마치 포유동물의 진화된 구조 속에 갇힌 흔적기관과도 같았다. 실험실 역시 흔적기관이었다. 선조에게서 물려받았다는 의미가 아니라, 오히려 실험실 내부가 극도로 빈약했기 때문이다. 타일을 붙인 작업대가 하나 있을 뿐 시험관은 거의 없었다. 시약이 담긴 20여 개의 긴 플라스크가 있었지만 먼지가 너무 많이 앉아 있었고 거미줄까지 쳐져 있었다. 실험실 안은 어두컴컴했고 매우 추웠다. 우리는 함께 걸으며 "실험실 입장권을 따낸" 지금 무슨 일을 해야 할지 이야기했다. 하지만 머릿속은 복잡한 생각뿐이었다.

선택지가 너무 많아서 곤란한 것 같았다. 하지만 그보다 더 근본적이고 본질적인 난처함이 있었다. 우리들의, 우리 가족의, 우리 계층의 오래된 위축감과 관련 있는 난처함이었다. 우리 손으로 무엇을 할 수 있겠는가? 아무것도 없다. 아니 거의 없다. 여자들은 그렇지 않다. 우리 어머니와 할머니들에게는 민첩하고 활기 넘치는 손이 있었다. 바느질과 요리를 하고, 일부는 피아노를 연주하고, 수채화를 그리고, 수를 놓고,

머리를 땋을 줄 알았다. 하지만 우리는? 우리 아버지들은?

우리들의 손은 거칠면서 동시에 허약했고 퇴화하고 있었으며 감각이 없었다. 우리 육체 중 가장 훈련되지 않은 부분이었다. 우리들의 손은 어린 시절 최초의 기본적인 놀이를 경험한 뒤 글씨 쓰는 법만을 배웠다. 그 외에는 아무것도 하지 않았다. 우리들의 손은 우리가 기어오르려는 나무 몸통을 꽉 붙들 줄은 알았다. 우리(엔리코와 나)는 자연스러운 욕구에 따라 그리고 인류의 기원으로 거슬러 올라가 최초의 조상에게 경의를 표하고 싶은 마음 때문에 나무에 오르길 좋아했다. 하지만 우리들의 손은 망치의 육중하고 균형 잡힌 무게를, 너무나 조심스러워 만지는 것조차 금지되어온 날카로운 칼들의 무서운 힘을, 솜씨 좋게 짜인 목재의 결을, 철·납·구리의 비슷하면서도 서로 다른 유연성을 알지 못했다. 인간이 도구를 만드는 존재라고 한다면 우리는 인간이 아니었다. 우리는 그 사실을 알고 있었고 그래서 괴로웠다.

실험실의 유리는 우리를 매혹시키면서도 두렵게 했다. 유리는 깨지기 때문에 절대 만져서는 안 되는 것이었다. 하지만 유리를 직접 만져보니 그 성질이 다른 어떤 것과도 다르고 독특하며, 신비하면서도 변덕스럽다는 게 드러났다. 이 점에서는 물과 비슷했다. 하지만 물에 필적할 만한 것은 없다. 물은 인간과 생명 자체와 직결되어 있는 것인데, 우리에게 늘 친숙한 것이고 여러 면에서 없어서는 안 되는 것이기 때문이다. 따라서 물의 유일무이성은 익숙함의 베일에 가려 드러나지 않는다. 하지만 이와 달리 유리는 인간의 작품으로, 역사도 그리 오래되지 않았다.

유리는 우리 최초의 희생물, 아니 좀더 정확히 말하자면 우리 최초의 적이었다. 크로체타의 실험실에는 지름과 길이가 다양한 유리 시험관들이 있었는데 모두 먼지로 뒤덮여 있었다. 우리는 분젠버너에 불을 붙이고 일을 시작했다.

유리관을 휘는 일은 쉬웠다. 불꽃에 유리관을 가만히 들고 있기만 하면 되었다. 얼마의 시간이 흐르자 불꽃이 노란색이 되었고 그와 동시에 유리는 약하게 빛을 냈다. 그 순간 유리관을 휠 수 있었다. 휘어진 곡선은 완벽한 형태와는 거리가 멀었지만 본질적으로 무슨 일인가 일어난 것이다. 새롭고 자유로운 형태를 만들어갈 수 있게 되었고 잠재성이 현실태로 변했다. 아리스토텔레스가 생각한 게 바로 이런 것이 아니었을까?

구리나 납으로 된 관도 휠 수 있었다. 하지만 우리는 발갛게 달구어진 유리관만이 지닌 유일한 성질을 알게 되었다. 유리관이 유연해졌을 때 양쪽의 차가운 끝을 재빨리 잡아당겨서 아주 가는 섬유를 만들어낼 수 있다는 것이다. 그때 섬유는 모든 경계를 넘어설 정도로 가늘어서 불꽃에서 올라오는 뜨거운 공기만으로도 위로 날아오를 수 있었다. 실크처럼 부드럽고 유연했다. 그러면 크고 무겁고 단단하던 유리는 어디로 사라진 걸까? 실크의 면이 넓고 무거운 형태를 갖는다면 유리처럼 유연하지 않은 단단한 것이 될 수 있을까? 엔리코가 내게 들려준 이야기에 따르면, 그의 할아버지의 고향에서는 어부들이 누에가 많이 자라서 고치를 만들려고 나뭇가지 위로 필사적으로 기어오를 때 누에를 잡는다고 했다. 그것들을 움켜쥐고 손가락으로 몸통을 반으로 자르면 굵고 거칠고 잘 끊어지지 않는 견사가 나왔고 어부들은 나중에 그것을 낚싯줄로 사용한다고 했다. 믿기 어려운 이야기이긴 했지만 그와 동시에 혐오스러우면서도 매혹적인 이야기였다. 누에를 죽이는 그 잔인한 방법과 경이로운 자연을 무의미하게 이용하는 태도는 혐오스러웠지만 자유롭고 대담하며 독창적인 행동은 매혹적이었다. 그것은 신화적인 창조자의 역할을 상상하게 해주었다.

유리관은 불 수도 있었다. 하지만 그리 쉬운 일은 아니었다. 작은 유리관 끝을 막고 있는 힘껏 다른 쪽 끝을 불면, 눈으로 보기에 아주 아름답고 거의 완벽한 공 모양의 방울이 생겼다. 하지만 그 벽은 아주 약했다. 잠깐 동안 아주 힘껏 불어대자 비눗방울처럼 무지개 빛을 띠었다. 이것은 분명한 실패의 징조였다. 방울이 메마른 소리를 내며 터져버렸다. 달걀 껍질처럼 얇은 유리 조각들이 땅바닥에 흩어졌다. 이것은 어떻게 보면 받아 마땅한 벌인 것 같기도 했다. 유리는 유리였다. 그것은 비눗방울과 비슷한 척해서는 안 되었다. 조금 과장해서 말하자면 이 사건에서는 이솝 우화의 교훈도 떠올릴 수 있었다.

유리와 한 시간 동안 씨름을 하고 나니 우리는 피곤하고 창피해졌다. 벌겋게 달아오른 유리를 너무 오래 들여다보았기 때문에 우리의 두 눈은 따가웠고 물기가 말라버렸다. 두 발은 꽁꽁 얼었고 손가락은 화상 투성이였다. 게다가 유리를 가공하는 일은 화학이 아니었다. 우리가 실험실에 온 목적은 원래 딴 데 있었다. 우리의 목적은 화학 교과서에 너무나 피상적으로 서술되어 있는 현상들 가운데 적어도 하나쯤 우리 눈으로 직접 확인해보고, 우리 손으로 직접 일으켜보는 것이었다. 가령 아산화질소를 만들어볼 수도 있었는데, 이것은 세스티니와 푸나로가 쓴 책에는 '웃음가스'라는 그다지 적절하지도 진지하지도 않은 용어로 기술되어 있었다. 그걸 마시면 실제로 웃게 된다는 말인가?

아산화질소는 질산암모늄을 조심스럽게 가열하면 얻을 수 있다. 실험실에는 질산암모늄이 없었다. 하지만 암모늄과 질산은 있었다. 정확한 양을 미리 계산할 수 없어서 리트머스 시험지에 중성 반응이 나타날 때까지 그 둘을 섞었다. 그러자 혼합물이 엄청나게 뜨거워지면서 흰 연기가 뭉게뭉게 피어올랐다. 이어서 반응이 끝난 혼합물에서 수분을 제거하기 위해 그것을 끓이기로 했다. 얼마 안 있어 실험실은 안개 같은 것이 자욱하게 끼어 숨이 막힐 지경이 되었다. 웃음도 전혀 나오지 않았다. 다행히도 우리는 실험을 중단했다. 폭발성 있는 질산암모늄을 부주의하게 가열했다가는 무슨 일이 일어날지 몰랐기 때문이다.

실험은 간단하지도 아주 재미있지도 않았다. 주위를 둘러보니 흔한 건전지 하나가 구석에 있었다. 그래, 그걸 해보는 거다. 물을 전기분해 해보는 거야. 그것은 결과가 확실한 실험이었다. 집에서도 여러 번 해본 것이었다. 이제 엔리코를 실망시키지 않겠지.

나는 비커에 물을 붓고 거기에 소금을 한 줌 집어넣어 녹였다. 그리고 잼을 담았던 빈 유리병 두 개를 그 속에 엎어놓았다. 그 다음에 고무피복이 있는 구리선 두 개를 찾아내서 건전지의 양쪽 극에 연결하고 그

선들의 끝을 각 유리병 속으로 넣어 고정시켰다. 양쪽의 구리선 끝에서 작은 공기 방울들이 솟아오르기 시작했다. 자세히 살펴보면 음극 쪽이 양극 쪽보다 거의 두 배나 더 많은 기포를 내놓는 것을 알 수 있을 것이다. 나는 잘 알려져 있는 반응식을 칠판에 썼고, 그렇게 쓴 대로 일이 진행되고 있다고 엔리코에게 설명해주었다. 엔리코는 별로 납득이 안 가는 눈치였다. 하지만 날은 벌써 어두워졌고 몸이 반쯤 얼어붙은 것 같았다. 우리는 손을 씻었고, 밤으로 만든 푸딩 한 조각을 사먹고 집으로 갔다. 전기분해는 저 혼자 계속 진행되도록 내버려두고 말이다.

다음날에도 여전히 접근은 자유로웠다. 음극 쪽의 유리병은 이론을 고분고분 잘 따라서 기체로 거의 다 차 있었다. 양극 쪽의 병은 절반 정도 차 있었다. 나는 엔리코에게 그것 보라고 말했다. 나는 할 수 있는 데까지 뻐기면서 전기분해까지는 아니더라도 일정 성분비의 법칙을 증명하기 위해 그것을 이용한 것은 내 발견이고, 비밀리에 내 방에서 실시한 끈질긴 실험들의 결과라고 엔리코에게 은근히 주입시켜보려 했다. 하지만 엔리코는 기분이 나쁜지 모든 것에 의심을 나타냈다. "그게 수소와 산소라는 걸 어떻게 믿어?"라고 퉁명스럽게 대꾸했다. "거기에 염소가 들어 있으면 어떡할래? 너 거기에 소금을 넣었잖아?"

그의 반발에 나는 모욕을 느꼈다. 어떻게 감히 엔리코가 내 말을 의심할 수 있는 거지? 이론가는 바로 난데. 오로지 나뿐인데. 엔리코는 비록 실험실의 주인(어느 정도에서만 그리고 '한 다리 건너서')이긴 하지만, 사실 그것말고는 내세울 만한 게 없는 입장이니까 비판을 자제했어야 했다. "곧 알게 될 거야" 하고 나는 말했고, 음극 쪽의 유리병을 조심스럽게 들어올려 주둥이가 밑으로 향하게 잡고는 성냥을 켜서 그 유리병 주둥이 근처로 가져갔다. 폭발이 있었다. 작지만 날카롭고 성난 것이었다. 유리병은 산산조각이 났다(다행히도 나는 그것을 가슴보다 높지 않게 들고 있었다). 내 손에는 야유의 상징처럼 뻥 뚫린 병 바닥만이 남았다.

일어난 일을 따져보면서 우리는 그곳을 떠났다. 나는 다리가 조금 후들거렸다. 그 일을 다시 떠올리니 끔찍했지만, 그와 동시에 가설을 입증하고 자연의 힘의 고삐를 풀어보았다는 다소 바보 같은 자부심도 생겼다. 그러니까 그것은 수소였다. 태양과 별들 속에서 타고 있는 것이고, 영원한 침묵 속에서 뭉치면서 온 우주를 구성하고 있는 바로 그것이었다.

아연

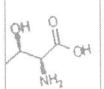
다섯 달 동안이나 우리는 통조림 속의 정어리처럼 강의실에 빽빽이 들어앉아 그리고 존경심으로 가득 차서 P교수의 일반화학 및 무기화학 강의를 들었다. 그의 강의는 잡다한 인상을 주었지만 모두 흥미진진했고 새로웠다. 아니, P교수의 화학은 우주의 동력도, 진리의 열쇠도 아니었다. P는 그저 회의적이고 냉소적인 노인일 뿐이었다. 그는 모든 형태의 수사학을 거부했으며(그렇기 때문에, 또 바로 그 점에 의해서만, 그는 반파시스트이기도 했다) 똑똑했고, 고집스럽고, 서글픈 위트가 넘치는 사람이었다.

그가 시험을 치르는 방식에 대해 전해 내려오는 에피소드들이 있었는데, 그는 잔인할 정도로 냉혹하게 그리고 편견을 심하게 드러내면서 시험을 치게 했다고 한다. 그의 단골 희생양은 평범한 여자들, 그 다음에는 수녀와 신부들, 그리고 "군인처럼 옷을 입고" 나타나는 사람들이었다. 그가 화학연구소와 개인 실험실을 운영하면서 거의 병적으로 구두쇠 노릇을 한다는, 출처가 아주 의심스러운 소문도 나돌았다. 이를테면 타다 남은 성냥개비들을 버리지 말라고 학교 직원들에게 명령해서 지하실에는 쓰다 만 성냥이 들어 있는 상자들이 쌓여 있다는 이야기며, 오늘날까지도 코르소 마시모 다첼리오의 한 구역에서 무미건조한 엉터리 이국 분위기를 자아내고 있는 연구소의 이상한 뾰족탑들을, 오래전 그가 젊었을 때 직접 나서서 짓게 했다는 이야기도 있다. 해마다 그곳에서 한 차례씩 불결하고 비밀스런 제례를 치를 목적으로 말이다. 그 제례란 지난 한 해 동안 쌓인 누더기 조각과 거름종이를 태우는 일이다. 거기서 나온 재는 그가 직접 구두쇠처럼 꼼꼼하게 분석해서 값어치 있는 물질을(그리고 아마도 값어치가 덜한 물질까지도) 추출해냈는데, 일종의 부활 의식과도 같은 그 일에는 그의 충실한 기술자이자 직원인 카셀리만 참여할 수 있었다고 한다. 또 그가 자신의 학자 생활 전부를 입체화학의 어떤 이론을 깨부수는 데 바쳤다는 얘기도 들렸는데, 실험이 아니라 논문을 통해 그렇게 했다고 한다. 실험은 이 세상의 이름 모를 어느 한 귀퉁이에서 누군가가, 곧 그의 막강한 경쟁자가 했고, 그 사람이 『헬베티카 케미카 악타』Helvetica Chemica Acta라는 저널에 결과를 발표하면 P 교수는 그것을 보는 족족 찢어버렸다는 것이다.

 이런 소문들이 사실이라고 장담할 수는 없다. 하지만 그가 실험실에 들어올 때면 늘, 그의 눈에 충분히 낮은 불꽃을 고르게 유지하고 있는 분젠버너는 하나도 없었다는 것, 그래서 우리로서는 버너를 아예 죄다 꺼두는 게 현명한 처사라고 생각한 것은 사실이다. 또 실제로 그는 학생들에게 호주머니에 든 독수리가 그려진 5리라짜리 동전을 이용해 질산은을 제조하도록 했고, 염화니켈은 하늘을 나는 벌거벗은 여자가 있는 20첸테시모짜리 동전에서 얻도록 했다. 그리고 내가 처음으로 허락을 받아 그의 연구실에 들어가보았을 때 흑판에 멋진 글씨로 "나는 죽어서도 살아서도 장례식은 원하지 않는다"라는 글이 써 있는 것을 본 것도 사실이다.

나는 P에게 호감이 갔다. 그의 강의가 보여주는 분명함과 엄격함이 마음에 들었다. 시험 볼 때, 규정에 있는 파시스트 셔츠 대신에 우스꽝스럽고 손바닥만 한 검정 턱받이를 걸치고 나와서 보여주었던 그의 거침없는 쇼는 정말 재미있었다. 그가 뻣뻣하게 움직일 때마다 턱받이가 윗도리의 접은 깃 사이에서 삐죽 나와 펄렁거렸다. 나는 그가 쓴 교재 두 권을 높이 평가했다. 그 책들은 거의 강박증이 엿보일 만큼 명료하면서 간결했고, 넓게는 인간 부류 전체, 좁게는 게으르고 멍청한 학생들을 쌀쌀맞게 경멸하는 태도로 가득 차 있었다. 학생이란 원래 그 정의가 그렇듯 게으르고 멍청하니까 말이다. 어쩌다 아주 운이 좋아 그렇지 않다는 것을 그에게 증명해 보일 수 있는 학생은 그 자신과 같은 부류로 대접을 받았고, 짧지만 확실한 칭찬의 말을 들었다.

이제 다섯 달이라는 마음 졸이던 기다림의 시간이 다 지나갔다. 여든 명의 신입생들 가운데 스무 명이 그중 덜 게으르고 덜 멍청한 학생들로 뽑혔다. 남학생이 열넷, 여학생이 여섯 명이었다. 그리고 우리에게 조제 실험실의 문이 열렸다. 우리들 가운데 어느 누구도 그곳에서 정확히 무슨 일이 벌어질지 몰랐다. 그것은 그가 독창적으로 생각한 것으로, 말하자면 미개인들의 의식儀式을 현대적이면서도 기술적으로 각색한 것이었다. 곧 그의 백성들을 갑자기 책과 책상이라는 온상에서 뽑아내 눈을 찌르는 연기 속으로, 손을 태우는 산酸의 곁으로, 이론과 맞지 않는 실천적인 사건들 속으로 옮겨심는 것이었다. 나는 그런 통과의례의 유용성 내지 필요성에 대해서 이러쿵저러쿵하고 싶지는 않다. 다만 그것이 이루어지는 방식의 무자비함을 보면, P가 심술궂음에 천부적 자질이 있고 위계질서에 따라 거리를 유지하고 우리를 경멸하는 데 사명감을 느낀다는 것은 확실했다. 우리가 선택한 길을 가는 데 힘이 되어주고, 위험과 함정을 알려주고, 손쉬운 요령을 전수해주는 말 한 마디, 글 한 줄을 주지 않았다. 길을 떠나는 데 먹을 양식을 주지 않는 것과 같았다. 나는 그가 근본적으로 야만인이고 사냥꾼임에 틀림없다는 생각을 자주 했다. 사냥을 떠나는 사람은 총, 좀더 쉽게는 활과 화살을 가지고 숲 속으로 들어가기만 하면 된다. 성공하느냐 실패하느냐는 오로지 자신에게 달려 있다. 기회를 잡으면 좋아라. 때가 닥치면, 이런저런 점을 치는 것 따위는 아무런 소용이 없다. 이론은 중요하지 않다. 길을 가면서 배울 수 있을 뿐이다. 다른 사람들의 경험은 쓸모없고, 중요한 것은 직접 맞붙는 것이다. 쓸모 있는 자가 살아남는다. 허약한 눈이나 팔, 코를 가진 자는 되돌아서서 직업을 바꿔라. 앞에서 말한 여든 명 가운데 서른 명이

2학년 때 직업을 바꾸었고, 그후에 또 스무 명이 그렇게 했다.

P교수의 실험실은 정돈이 잘되어 있었고 깨끗했다. 우리는 하루에 다섯 시간씩 그곳에 머물렀다. 오후 두 시부터 저녁 일곱 시까지 말이다. 입구에서 조교가 각각의 학생들에게 조제 과제를 정해주었다. 그 다음에 우리는 '공급소'로 갔다. 그곳에서는 털북숭이 카셀리가 외국이나 국내에서 들여온 원료를 넘겨주었다. 이 학생에게는 대리석 한 조각을, 저 학생에게는 브로민 12그램을, 또 다른 학생에게는 약간의 붕산을, 그 다음 학생에게는 찰흙 한 주먹을 건네주었다. 카셀리는 의혹의 눈초리를 감추지 않은 채 이 유물들을 우리에게 맡겼다. 그것은 과학의 빵, P의 빵이었다. 결국 그것은 그의 물건, 그가 관리하는 물건이기도 했다. 우리 미숙한 문외한들이 잘못 사용하여 무슨 일이 벌어질지도 모를 상황이었다.

카셀리는 쓰라림과 반발이 가득 찬 마음으로 P를 사랑했다. 그는 40년 동안 그에게 충성을 다한 것 같았다. 그는 그의 그림자면서 이 땅에 있는 그의 화신이었다. 그리고 대리자 역할을 하는 모든 이들이 그렇듯이, 아주 흥미 있는 인간 표본이었다. 무슨 말이냐 하면, 권위를 상징하면서도 자기 자신에게는 권위가 없는 사람이었다. 예를 들면 교회의 성물지기, 박물관 안내원, 학교 직원, 간호사, 변호사나 공증인의 심부름꾼, 매니저 같은 사람들이었다. 이들은 정도의 차이는 있지만, 자기 주인의 실체를 자신의 틀에 부어넣으려고 애쓴다. 마치 가정假晶•이 생길

• 어떤 광물이 그 광물 고유의 결정형結晶形을 갖지 않고 다른 광물의 결정형을 갖는 것.

때처럼 말이다. 이들은 이따금 그것 때문에 괴로워하기도 하고 곧잘 즐거워하기도 한다. 이들에게는 뚜렷이 구분되는 행동양식이 두 가지 있는데, 자기 자신이 되어 행동하느냐, 아니면 "자신의 직무에 따라" 행동하느냐 하는 것이다. 주인의 성격에 너무 깊숙이 물들어 정상적인 인간관계가 힘들어서 독신으로 사는 경우도 자주 있다. 최고의 권위자를 가까이 하고 그에게 복종하는 것이 당연한 수도원 같은 곳에서는 독신생활이 사실 의무이고, 당연한 일이었다. 카셀리는 겸손하고 말이 없는 사람이었다. 슬퍼 보이지만 자부심으로 가득 찬 그의 두 눈에서는 다음과 같은 사실을 읽을 수 있었다.

— 그는 위대한 과학자다. 그리고 그의 '조수'인 나도 조금은 위대하다.
— 내가 아무리 초라해도 그가 모르는 것 중에 내가 알고 있는 것이 있다.
— 나는 그 자신보다 그에 대해 더 잘 안다. 나는 그가 어떻게 행동할지 예측할 수 있다.
— 나는 그를 지배하고 옹호하며 보호한다.
— 나는 그를 사랑하기 때문에 그를 나쁘게 말할 수 있다. 하지만 너희들은 그렇게 해서는 안 된다.
— 그가 말하는 원칙은 옳다. 하지만 그것을 엄밀하게 적용하지 않고서 "옛날에는 이렇지 않았는데" 하고 말할 뿐이다. 만일 내가 여기 없다면······.

······ 하지만 사실 카셀리는 P보다 훨씬 인색하게, 새로운 변화를 훨씬 더 싫어하며 연구소를 운영했다.

첫날 나는 운 좋게도 황산아연을 조제하라는 과제를 받았다. 그것은 그렇게 어려운 일이 아니었다. 기초적인 화학량을 계산하고, 아연 입자들을 미리 희석시켜둔 황산으로 산화시키기만 하면 된다. 그 다음에 농축시키고 결정화해서 펌프로 건조시킨 후 씻어서 다시 결정화하면 끝이다. 징코zinco, 징크zinc, 칭크zinck,* 이것은 빨래할 때 쓰는 함석통을 만드는 재료일 뿐 상상력을 크게 자극하는 원소가 아니다. 회색이고 염鹽은 색깔이 없다. 독성이 없고 뚜렷한 색깔 반응도 보이지 않는다. 한 마디로 말해 아연은 지루한 금속이다. 인류가 이 금속을 알게 된 지는 200~300년 되었다. 그러니까 아연은 구리와 같은 영광스런 고참도 아니고, 아직도 발견의 떠들썩함 속에 놓인 갓 선보인 원소들 축에도 못 낀다.

카셀리는 내게 아연을 건네주었고, 나는 내 자리로 돌아가서 작업에 들어갈 준비를 했다. 나는 호기심과 동시에 겁이 났고 조금은 안달도 났다. 마치 열세 살로 되돌아가 예배당의 랍비에게 '바르 미츠바'**의 기도를 히브리어로 암송해야 했던 때와 같은 기분이었다. 내내 기다렸지만 조금은 두려운 순간이 온 것이다. 정신의 위대한 적대자, 물질Materia과 만날 시간인 것이다. '휠레'(그리스어로 물질, 질료質料라는 뜻)는 기이하게도 메틸, 부틸 등과 같은 알킬기基***의 어미語尾 속에 스며들었다.

- 이탈리아어, 영어, 독일어로 모두 아연이라는 뜻
- '율법의 아들'이라는 뜻의 히브리어로 유대교에서 치르는 13세 남자의 성인식을 일컬음.
- 사슬모양 포화탄화수소에서 한 개의 수소를 제외한 나머지 원자단. 탄소와 수소로만 이루어진 탄화수소는 유기화합물의 가장 기본이 되는 틀이며 여기서 각종 작용기와 치환기가 붙으면 물질의 성질이 달라진다.

다른 원료인 아연의 파트너 황산은 카셀리에게서 받아올 필요가 없었다. 그것은 사방에 널려 있었다. 물론 농축된 것이어서 물로 희석시켜야 했다. 그리고 조심해야 했다. 책에는 거꾸로 작업해야 한다고 적혀 있다. 그러니까 물에다 산을 부어야지 거꾸로 하면 안 된다. 산에 물을 부으면 전혀 무해해 보이던 그 기름 같은 것이 미쳐서 날뛰게 된다. 이 정도는 중학생들도 다 안다. 그런 다음 아연을 묽은 황산 용액에 집어넣었다.

강의록에 자세한 내용이 쓰여 있었는데, 처음 읽을 때는 그냥 지나치고 넘어갔다. 그 내용에 따르면 부드럽고 예민하며 산에 고분고분해서 한 입에 먹히는 아연도 불순물 없이 아주 순수한 경우에는 행동이 완전히 달라진다. 그럴 경우 아연은 어떤 결합도 완강히 거부한다. 여기서 우리는 서로 충돌하는 두 가지 철학적 결론을 이끌어낼 수 있다. 악에서 지켜주는 보호막 같은 순수함에 대한 찬미와, 변화를 일으켜서 생명력을 불어넣어주는 불순함에 대한 찬미가 그 둘이다. 나는 메스꺼울 정도로 도덕주의적인 첫째 것을 버리고, 내 마음에 드는 둘째 것에 대해 생각하느라 꾸물거리고 있었다. 바퀴가 돌아가고 삶을 이루기 위해서는 불순물이, 불순물 중의 불순물이 필요하다. 잘 알고 있듯이, 땅도 무엇을 키워내려면 그래야 한다. 불일치, 다양성, 소금과 겨자가 있어야 한다. 파시즘은 이러한 것들을 원하지 않을 뿐 아니라 금하기까지 한다. 그러니까 너는 파시스트가 아냐. 파시스트는 모두가 똑같기를 원하는데, 너는 그렇지가 않아. 얼룩 하나 없는 미덕이란 존재하지 않는다. 만일 그런 게 존재한다면 정말 혐오스러울 것이다. 시약장 속에 있는 황산구리 용액을 꺼내서 지금 가지고 있는 황산에다 한 방울만 떨어뜨려보라. 반응이 시작되는 게 보일 것이다. 아연이 살아 활발하게 움직이고, 수소 기포가 하얀 모피처럼 아연을 둘러쌀 것이다. 그럼 됐다. 마술이 벌어진 것이다. 그럼 이제 그것을 제 운명에 맡겨놓고 실험실을 한 바퀴 돌면서 무슨 새로운 일이 있는지, 다른 학생들은 무엇을 하는지 구경하면 된다.

다른 학생들은 여러 가지 일들을 하고 있었다. 어떤 아이들은 태연하게 보이려는 듯 휘파람까지 불어가며 열심히 각자의 휠레 입자에 몰두하고 있었다. 다른 아이들은 이리저리 돌아다니거나, 창밖으로 이제 완전히 초록빛이 된 발렌티노 공원을 쳐다보고 있었다. 또 구석에서 담배를 피우며 잡담하는 아이들도 있었다.

한쪽 구석의 배기후드 앞에 리타가 앉아 있었다. 나는 그녀에게로 다가갔다. 그녀가 나와 똑같은 요리를 하고 있는 것을 보고 속으로 기뻤다. 여기서 기쁘다고 한 건, 오래전부터 리타의 주위를 맴돌면서 그녀에게 말을 걸 만한 멋진 이야기를 마음속으로 준비해왔으면서도 결정적인 순간이 되면 말을 꺼낼 용기조차 못 내고 다음날로 미루곤 했기 때문이다. 내가 용기를 못 낸 것은 체질적으로 숫기가 없고 자신감이 모자란 탓도 있지만, 그게 아니더라도 왠지 리타에게는 접근할 엄두도 못 내게 하는 힘이 있었다. 그녀는 무척 말랐고 창백했으며, 슬퍼 보이면서도 자신감이 느껴졌다. 그녀는 좋은 성적으로 시험에 합격했지만, 공부해야 하는 것들에 대해서 내가 느끼는 것과 같은 진정한 흥미를 느끼지는 못했다. 그녀는 친구가 없었고 아무도 그녀에 대해 아는 게 없었다. 그리고 거의 말이 없었다. 바로 이런 이유들 때문에 나는 그녀에게 마음이 끌렸다. 수업시간에 그녀 옆에 앉으려 애썼고, 그녀가 내게 마음을 열어주지 않아 실망하고 무시당했다고 느꼈다. 사실 절망스럽기도 했다. 그런 적이 한두 번이 아니었던 것 같다. 실은 그 시기에 나는 내가 영원히 남자의 고독 속에서 살아야 하는, 여인의 미소를 영원히 단념해야 하는 저주를 받았다고 생각했다. 하지만 여인의 미소는 내게 공기처럼 불가결한 것이었다.

그날 내게 기회가 찾아왔고, 그 기회를 그냥 허비해서는 안 될 것이 분명했다. 그 순간 리타와 나 사이에 다리가 놓였다. 아연으로 된 작은 다리, 허약하지만 건널 수 있는 다리였다. 자, 이제 첫걸음을 내디뎌보자.

나는 리타 주위를 맴돌면서 운 좋은 상황이 하나 더 있음을 알았다. 그녀의 가방 밖으로 누런 빛깔의 표지에 빨간색 테두리가 있는 낯익은 책이 비죽 나와 있었다. 표지 그림은 까마귀가 부리로 책을 물고 있는 거였다. 제목은? '마'와 '의'자밖에 보이지 않았다. 하지만 그것만으로도 충분했다. 그 책은 내가 그 무렵 몇 달 동안 양식으로 삼았던 것으로, '마魔의 산'에서 마술에 홀린 듯 유형의 삶을 사는 한스 카스토르프에 관한 시간을 초월한 이야기였다. 나는 그 책에 대해 리타에게 물었고, 초조하게 대답을 기다렸다. 마치 내가 그 책을 쓰기라도 한 듯이. 하지만 나는 곧 그녀가 그 소설을 완전히 다른 각도에서 읽고 있음을 알게 되었다. 바로 로맨스*로 읽었던 것이다. 리타는 한스와 마담 쇼샤의 관계가 어떻게 될지에만 관심을 기울였고, (내가 볼 때) 아주 흥미로운 정치적·신학적·형이상학적 논쟁, 곧 휴머니스트인 세템브리니와 유대인이면서 예수회 수사인 나프타가 벌이는 논쟁은 무자비하게도 건너뛰었다.

하지만 상관없었다. 그래도 논쟁할 만한 분야가 하나 있으니까 말이다. 오히려 본질적이고 근본적인 토론이 될 법한 것이다. 나는 유대인이었고 그녀는 아니기 때문이다. 나는 아연에 화학반응을 일으키는 불순물이며, 소금과 겨자다. 확실히 불순물인 것만은 틀림없다. 그 당시 『인종옹호』**라는 잡지가 발행되기 시작했으며 거기에는 주로 순수함에 대한 이야기만 있었고, 나는 내가 순수하지 못하다는 데 자부심을 갖기 시작했으니까 말이다. 사실 나는 그 잡지가 나오기 전까지는 내가 유대인이라는 사실을 대수롭게 여기지 않았다. 나 스스로도, 또 기독교인 친구들과 교제할 때도 내 출신성분을 좀 별나지만 거의 신경 쓸 것 없는 사실로, 예컨대 사람이 코가 비뚤어졌다든지 주근깨투성이라든지 하는 것처럼 사소하고 우스운 특이함으로만 여겼다. 유대인은 크리스마스 때 트리 장식을 하지 않는 사람, 살라미소시지를 먹어서는 안 되지만 그래도 먹는 사람, 열세 살이 되면 히브리어를 조금 배워야 하지만 그러고 나면 잊어버리는 사람이다. 그런데 『인종옹호』에 따르면 유대인은 인색하고 교활하다고 한다. 하지만 나는 유별나게 인색하거나 교활하지 않았

- * '소설'을 뜻하는 이탈리아어 'romanzo'에는 '로맨스'라는 뜻도 있다.
- ** La Difesa della Razza: 1938년 창간된 이탈리아의 반유대주의 잡지.

고, 우리 아버지도 마찬가지셨다.

그러니까 리타와 함께 토론할 만한 거리가 많았다. 하지만 대화는 내 의도대로 진행되지 않았다. 나는 리타가 나와 다르다는 것을, 겨자가 아니라는 것을 금방 알아차렸다. 그녀는 가난하고 병약한 상점 주인의 딸이었다. 그녀에게 대학은 지식의 전당이 아니라, 학위·직업·수입으로 이어지는 험난한 가시밭길이었다. 그녀는 어린 시절부터 일을 했다. 아버지를 도와 가게에서 점원으로 일했고, 또 토리노 시내를 자전거를 타고 돌아다니며 배달과 수금을 하기도 했다. 하지만 이런 것들이 나와 그녀 사이를 갈라놓지는 못했다. 오히려 그 반대로 나는 그런 것들을 대단하게 여겼다. 사실 그녀와 관계된 것은 모두 내게 경이로운 것이었으니까. 가꾸지 않은 거친 손, 수수한 옷차림, 확고한 눈빛, 구체적인 슬픔, 내 말을 수용할 때 보이는 유보적인 태도 등이 그랬다.

이렇게 해서 내 황산아연은 농축이 되어 형편없이 바뀌었다. 얼마 안 되는 하얀 가루로 남았는데, 황산은 숨막히는 김을 만들면서 모두, 아니 거의 모두 증발해버렸던 것이다. 나는 그것을 제 운명에 맡겨두고 리타에게 집까지 바래다주겠다고 제안했다. 날은 어두웠고 그녀의 집은 꽤 먼 곳에 있었다. 내가 설정한 목표는 객관적인 기준으로 보면 소박하지만, 내게는 비할 데 없이 대담한 것이었다. 길을 절반 정도 갈 때까지 나는 어찌할 바를 몰랐고 벌겋게 달아오른 석탄 위를 걷는 듯했다. 나는 앞뒤도 없는 이야기를 숨 돌릴 새도 없이 떠벌려서 나 자신과 그녀를 정신없게 만들었다. 결국 나는 흥분으로 몸을 떨면서 그녀의 팔짱을 끼었다. 그녀는 뿌리치지는 않았지만 그렇다고 내 팔을 꼭 끼고 있지도 않았다. 그래도 나는 그녀와 보조를 맞추었고 기분이 날아갈 듯 승리감에 도취되었다. 어둠, 공허, 그리고 앞으로 다가올 혹독한 시절에 대항하는, 비록 작지만 결정적인 전투에서 승리했다는 느낌이었다.

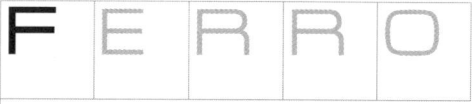

철

화학연구소 밖은 밤이었다. 유럽에 드리워진 밤이었다. 체임벌린*은 놀림감이 된 채 뮌헨에서 돌아왔고, 히틀러는 총 한 방 쏘지 않고 프라하로 입성했으며, 프랑코는 바르셀로나를 정복하고 마드리드에 눌러앉았다. 삼류 해적 파쇼 이탈리아는 알바니아를 점령했고, 당장이라도 큰 재앙이 닥칠 것 같은 예감이 끈끈한 이슬처럼 집과 거리 위로, 조심스런 대화와 반쯤 잠든 양심 속으로 내려앉아 엉겨붙었다.

* Arthur Neville Chamberlain(1869~1940): 영국의 정치가. 1937년 총리가 되었다. 고조되는 파시즘의 광풍 속에서 유화정책으로 전쟁회피를 꾀하였으나 성공하지 못했다. 1938년 뮌헨회담에서 히틀러의 요구대로 체코슬로바키아의 주데테란트를 독일에 무혈로 내어주는 내용의 '뮌헨협정'을 체결하여 비판을 받기도 했다.

하지만 밤은 연구소의 두꺼운 벽을 뚫고 들어오지 못했다. 파시스트 정권의 최고 걸작품인 '검열'은 우리를 세상에서 격리시켜 새하얗게 마취된, 어중간한 상태에 붙잡아놓았다. 우리들 가운데 서른 명 정도가 첫 시험의 어려운 관문을 간신히 통과해서 2학년 때 들어가는 정성定性 분석 실험실에 들어갈 수 있었다. 우리는 하느님의 집으로 들어가는 사람처럼 발걸음을 조심스럽게 떼어놓으며 연기에 검게 그을린 넓은 홀 안으로 들어갔다. 내가 아연과 씨름했던 예전 실험실에서의 실험은 이제 우리에게 아이들 놀이 같아 보였다. 마치 우리가 어릴 때 소꿉장난으로 요리하던 것과 같았다. 양이 너무 적거나 순도가 많이 떨어질지라도, 어떤 식으로든 늘 결과물은 나왔던 것이다. 사실 구제 불능의 바보거나 삐딱하게 어깃장을 놓는 학생들만이 마그네사이트에서 황산마그네슘을, 브로민에서 브로민화칼륨을 얻는 데 실패했다.

그런데 이곳은 달랐다. 이곳에서는 일이 심각하게 진행되었다. '마테르 마테리아'●와의, 적대적인 어머니와의 대결은 더욱 치열하고 직접적이었다. 오후 두 시에 금욕적이면서 주의가 산만한 인상을 주는 D교수가 우리에게 어떤 가루 1그램씩을 나누어주었다. 우리는 다음날까지 정성분석을 마쳐야 했다. 다시 말해, 거기에 어떤 금속과 비금속이 들어 있는지 보고하라는 것이다. 문서를 통해 보고해야 했는데, 불확실함과 망설임은 허락되지 않았고 예와 아니오가 분명하게, 마치 조서를 쓰듯

● mater materia: 라틴어로 '물질이라는 어머니'. materia(물질)는 mater(어머니)에서 파생된 말로 만물의 생성을 상징한다.

기록해야 했다. 매번 결정과 결단을 내려야 했다. 이런 성숙하고 책임 있는 행동은 파시즘이 우리에게 훈련시키지 않은 것일 뿐 아니라 담백하고 깨끗한 좋은 냄새를 풍기는 것이었다.

철과 구리처럼 소박하고 솔직하게 자신을 숨기지 못하는 원소들이 있는가 하면, 비스무트Wismut나 카드뮴처럼 잘 속이고 겉잡을 수 없는 원소들도 있었다. 장황하고 대대로 내려온 체계적 연구의 틀, 이른바 '방법'이라는 게 있었고 그것은 (이론적으로는) 결코 빠져나갈 수 없는 술이 고운 빗이자 강력한 압착롤러였다. 하지만 나는 이따금 진지전투처럼 판에 박힌 소모적인 일보다는 돌격전투와 같이 재빠르고 즉흥적인 습격을 하면서 나만의 길을 개척하는 것이 더 좋았다. 수은을 비말飛沫로 승화시킨다든지, 나트륨을 염화물로 변환시키고 그것이 깔때기 형태의 막대로 나타나는 것을 현미경으로 확인했다. 이렇게든 저렇게든 여기서 '마테리아'와의 관계는 달라졌고, 그것은 변증법적인 변화였다. 그것은 펜싱과 같은 둘만의 대결이었다. 동등하지 않은 두 적대자의 대결이었다. 한쪽에는 물음을 던지는 자, 곧 아직 털도 안 난 새처럼 방어력 없는 풋내기 화학자가 아우텐리트의 교본을 유일한 동맹으로 삼아 옆구리에 끼고 있었다. (힘든 경우에는 도움을 요청하기 위해 곧잘 D교수를 불렀지만 그는 양심적으로 중립을 지키면서 자기 의견을 내놓기 꺼려했다. 이건 아주 현명한 태도였다. 사람은 입을 열면 잘못 말할 수도 있기 마련인데, 교수가 말을 잘못해서는 안 되기 때문이다.) 그리고 다른 한쪽에는 수수께끼 같은 대답만 하는 자, 곧 교활하게 소극적이며 우주만큼 나이가 많고 놀라운 속임수를 구사하는, 스핑크스처럼 엄숙하고 교묘한 마테리아가 서 있었다. 그 당시 나는 독일어를 배우기 시작했는데 '우어슈토프'* 라는 단어와 그 접두사 '우어'Ur에 매혹되어 있었다. 그 접두어는 사실 까마득한 근원, 태고의 시공간을 의미한다.

이곳에도 산·부식제·불·폭발에서 우리를 보호하는 법에 대해 가르쳐주려고 말을 많이 내뱉는 사람은 아무도 없었다. 연구소의 거친 도덕률은 우리들 가운데서 물리적으로 그리고 직업적으로 살아남기에 가장 적합한 자들을 고르는 자연도태의 과정을 기대하는 듯했다. 환기후드도 몇 개 없었다. 모두들 교본의 지침에 따라 양심적으로 체계분석을 하면서 염산과 암모니아를 듬뿍 공기 중으로 날려보냈기 때문에 실험실에는 늘 짙은 염화암모늄 안개가 뿌옇게 고여 있었고, 창문에는 작은 결정들이 내려앉아 반짝거리고 있었다. 사람을 죽일 수도 있는 황화수소 가스가 있는 방에도, 종종 자기들만의 공간을 찾는 단짝들이나 혹은 혼자 간식을 먹으려는 외톨이들이 들어갔다.

안개와 분주한 침묵 속에서 누군가 피에몬테 사투리 억양으로 "눈티오 보비스 가우디움 마그눔. 하베무스 페룸"** 하고 외치는 소리가 들렸다. 그때가 1939년 3월이었는데, 며칠 전에 콘클라베(교황선출 비밀회

- Urstoff. 원소를 뜻하는 말이지만 글자 그대로 해석하면 '원초적인 요소'라는 뜻이 된다.
- ** Nuntio vobis gaudium magnum. Habemus ferrum: '너희들에게 큰 기쁜 소식을 전하겠다. 우리는 철을 가지게 되었다'라는 뜻의 라틴어. 교황이 새로 선출되었을 때 "하베무스 파팜" Habemus Papam 하고 외치는 소리를 패러디한 것.

의)가 그와 거의 비슷한 소리("하베무스 파팜")로 장엄하게 공표를 마무리하는 것으로 해산한 바 있었다. 콘클라베는 에우제니오 파첼리 추기경을 베드로 성당의 교황 성좌에 앉혔다. 많은 사람들이 그에게 희망을 걸었는데, 사람이든 물건이든 뭔가에 희망을 걸 수밖에 없던 상황이었다. 그렇게 신성모독의 공표를 공포한 사람은 바로 평소에 말이 없던 산드로였다.

우리들 가운데서 산드로는 외톨이였다. 그는 보통 키에 말랐지만 근육질이었고 아무리 추운 날에도 외투를 입지 않았다. 학교에 올 때는 낡은 코르덴 반바지에 무릎까지 오는 양털 홈스펀 양말을 신었고, 가끔은 짧은 검정색 케이프를 두르고 다녔는데, 내 눈에는 꼭 레나토 푸치니* 같아 보였다. 그의 손은 크고 못이 박여 있고, 얼굴 윤곽은 뼈가 튀어나오고 울퉁불퉁하며 햇볕에 그을렸고, 짧게 깎아 솔처럼 빳빳하게 선 머리칼 아래로 납작한 이마가 보였다. 그는 농부처럼 길고 느린 걸음걸이로 걸었다.

몇 달 전에 인종에 관한 법률이 공포되었다. 그래서 나도 외톨이가 되었다. 내 기독교인 학우들은 예의바른 사람들이었다. 그들뿐 아니라 교수들도 내게 적대적인 말과 행동을 하지 않았다. 하지만 나는 그들이 뒤로 물러서는 것을 느꼈고, 나도 조상 대대로 내려온 행동방식에 따라 그들과 거리를 두었다. 우리가 서로 나누는 시선에는 아주 미약하지만

● Renato Fucini(1843~1921): 이탈리아 토스카나 지방의 시인·소설가.

분명히 느낄 수 있는 불신과 경계심이 늘 번득였다. 너희는 나를 어떻게 생각하는가? 나는 너희에게 대체 무엇인가? 여섯 달 전과 마찬가지로, 미사를 보러 가지 않을 뿐 너희와 같은 사람인가? 아니면 "너희들 중에서 너희를 비웃지 못하는"• 유대인인가?

나는 산드로와 나 사이에 뭔가가 싹트고 있음을 놀랍고도 즐거운 마음으로 지켜보았다. 그것은 서로 비슷한 이들끼리의 친구 관계는 결코 아니었다. 오히려 그 반대였는데, 서로 자라온 배경이 달라서 우리에겐 "서로 맞바꿀 물건"이 많았다. 마치 서로가 모르는 멀리 떨어진 지역에서 온 상인들의 만남과 같았다. 그것은 또 스무 살짜리들의 자연스럽고 놀라운 친밀함도 아니었다. 나는 산드로와는 한 번도 거기까지 도달해본 적이 없었다. 얼마 안 있어 나는 그가 통이 크고 날카로우며, 끈질기고 대담해서 조금 무례하기까지 하지만, 속을 알 수 없고 길들여지지 않은 성격의 소유자라는 것을 알았다. 그래서 비록 우리 나이가 머릿속이나 바깥에 꽉 차 있는 것들을 상대에게 쏟아내고 싶은 욕구와 본능, 능청스러움을 갖춘 나이이기는 했지만(그런데 이런 나이란 꽤 오래 지속될 수 있지만 한 번이라도 타협을 하게 되면 끝나버린다), 산드로의 냉담한 껍질은 뚫리지 않았다. 그리고 두텁고 비옥하게 느껴졌던 그의 내면세계에서도 아무것도 새어 나오지 않았다. 어쩌다가 연극에서나 나올 법한

• 단테의 『신곡』의 천국편 제5곡 81행 "그대들 중에 유대인이 비웃지 못하게 하시라"를 염두에 둔 말. 유대인에게 비웃음 살 행동을 하지 말라는 말인데 중세에 가장 업신여겨지던 민족인 유대인마저도 신과의 약속을 잘 지키는데 기독교도들이 약속을 안 지킬 수 없다는 뜻으로 쓰임.

앞뒤가 잘린 암시적인 말을 내뱉는 것이 전부였다. 그는 말하자면 사람과 수십 년을 같이 지내면서도 자신의 신성한 털가죽 너머의 속내는 드러내지 않는 고양이와 같은 성격을 지녔다.

우리는 서로에게 줄 것이 많았다. 나는 산드로에게 우리가 마치 음이온과 양이온 같다고 말했는데, 그는 그 비유에 수긍하지 않는 눈치였다. 그는 세라 디브레아에서 태어났는데 아름답지만 인색한 곳이었다. 그는 벽돌공의 아들이었고 여름에는 목자牧者로 시간을 보냈다. 영혼을 이끄는 목자가 아니라, 양을 치는 목자였다. 목가를 읊는 언어적 사치나 괴벽 때문이 아니라, 즐겁고 흙과 풀이 좋고 마음을 넉넉하게 해주기 때문에 그 일을 했다. 그는 보기 드물게 흉내를 잘 내는 재주가 있었다. 소나 닭, 양, 개에 대한 이야기를 할 때는 변신하여 그 동물들의 눈빛과 움직임, 울음소리를 흉내내면서 아주 즐거워했는데, 마치 마법사가 동물로 둔갑한 것처럼 보였다. 그는 내게 여러 식물과 동물들에 대해 가르쳐주었지만, 정작 자신의 가족에 대해서는 많은 이야기를 하지 않았다. 그의 아버지는 그가 어릴 때 돌아가셨다. 그들은 단순하고 가난한 사람들이었고, 아이가 총명했기 때문에 집에 돈을 보탤 수 있게 공부를 시키기로 결정했다. 그는 이런 결정을 피에몬테 사람답게 진지하게 받아들였지만 신이 나지는 않았다. 그는 중학교와 고등학교의 긴 여정을 최소의 노력으로 최대의 성과를 거두려는 자세로 지나왔다. 카툴루스*와 데카

* Gaius Valerius Catullus(BC 84~54): 고대 로마 공화정 말기의 서정시인.

르트에는 취미가 없었고, 오로지 오르는 일에만 관심이 있었다. 그래서 일요일은 스키를 타거나 암벽을 오르는 일로 보냈다. 그가 화학을 선택한 것은 그나마 그것이 다른 학문들보다는 낫다고 생각했기 때문이다. 화학은 눈으로 직접 보고 만질 수 있는 것들을 다루는 일이요, 목수나 농부로 일하는 것보다 힘이 덜 드는 밥벌이 수단이었던 것이다.

우리는 물리학을 함께 공부하기 시작했다. 내가 그 당시 혼란스럽게 키워나가고 있던 몇 가지 생각을 산드로에게 설명하려고 애쓰자 그는 놀란 표정을 감추지 않았다. 내가 했던 말들은 이런 것들이었다. 인간의 고귀함, 수만 년 동안 시행착오를 거치면서 얻은 그 고귀함은 물질을 정복하는 데 있으며, 내가 화학을 전공하게 된 이유는 바로 그 고귀함에 충실하기 위함이다. 물질을 정복한다는 것은 그것을 이해한다는 것이며, 물질을 이해하는 것은 우주와 우리 자신을 이해하는 데 필요하다. 따라서 우리가 요 몇 주 동안 힘들게 풀이법을 배워온 멘델레에프의 주기율표는 한 편의 시이며, 우리가 중·고등학교에서 소화해온 그 어떤 시보다도 고귀하고 경건하다. 그리고 잘 생각해보면, 주기율표는 압운押韻까지도 들어맞는다! 지도 위의 세계와 실재 세계의 사이의 잃어버린 고리, 다리를 찾는 사람은 멀리 있는 게 아니다. 그것은 바로 여기 아우텐리트 교본 속에, 연기로 가득 찬 실험실 안에, 우리 미래의 직업 속에 있다.

그렇게 마침내 근본적인 상황에 도달했다. 그가, 정직하고 마음이 열린 청년인 산드로가 파시스트의 진리에서 풍기는 고약한 냄새가 하늘을 더럽히고 있음을 알아채지 않았을까? 그는 생각하는 사람이 생각하지 말고 믿으라고 강요받는 것을 치욕으로 받아들이지 않았을까? 그는 모든 독단, 입증되지 않은 모든 단언과 명령에 혐오를 느낀 것이 아닐까? 그렇다. 그는 정말 그렇게 느꼈다. 그렇다면 그가 우리의 학문에서 새로운 존엄성과 당당함을 느끼지 못했을 리가 없고, 우리를 키우고 있던 화학과 물리학이 우리의 생명에 없어서는 안 될 자양분뿐만 아니라 그와 내가 찾고 있었던 파시즘의 해독제가 되어주고 있었다는 사실을 간과했을 리 없다. 이 학문들은 분명하고 경계가 뚜렷하며, 단계마다 검증이 가능하고 라디오와 신문처럼 거짓말과 공허함이 난마같이 뒤얽힌 것이 아니었기 때문이다.

산드로는 냉소적이지만 주의깊은 태도로 내 말을 귀 기울여 들었고, 내 말이 너무 번드르르해지면 점잖고도 짤막한 몇 마디로 내 기세를 꺾기도 했다. 하지만 그의 내면에는 뭔가가 무르익고 있었다(물론 내 덕분만은 아니었다. 그 당시 몇 달 동안은 불길한 사건들로 넘쳐났으니까). 그 뭔가는 새로운 것이면서 동시에 옛것이었기 때문에 그는 괴로웠다. 그때까지만 해도 살가리,* 런던,** 키플링만 읽어온 그가 하루아침에 독서광이 된 것이다. 뭐든지 닥치는 대로 소화하여 머릿속에 담았고, 자기 내면의 모든 것들이 자연스럽게 정돈되어 삶의 체계가 잡혔다. 그러면

• Emilio Salgari(1862~1911): 이탈리아의 모험소설 작가.
•• Jack London(1876~1916): 미국의 소설가. 대표작으로는 개를 주인공으로 하여 생존본능, 야성, 폭력 등이 지배하는 적자생존의 세계를 묘사한 『야성의 절규』가 있다.

서 공부도 시작했다. 그의 평균 성적은 C에서 A로 껑충 뛰었다. 또 속으로 고맙고 보답하고 싶은 마음이 들었던지 이제는 자기가 직접 나서서 내 가르침에 관심을 기울이기 시작했고 거기에 있는 허점을 내게 이해시키려 했다. 물질이 우리의 스승이 될 수도 있고 또 더 나은 것이 없는 탓에 우리의 정치 학교가 될 수도 있다는 내 말이 물론 옳을 수도 있지만, 자기는 다른 형태의 물질과 다른 교사에게 나를 인도해주고 싶다고 했다. 그것은 정성분석 실험실의 이상한 분말들이 아니라, 진정한, 영원 불변의, 진짜 우어슈토프인 동네 뒷산의 바위와 얼음이었다. 그는 내가 물질에 대해 논할 자격을 갖추지 못했음을 힘들이지 않고 입증해 보였다. 내가 대체 그때까지 엠페도클레스의 4원소(흙, 공기, 물, 불)와 교류나 친분을 조금이라도 쌓아올리길 했던가? 난로에 불을 붙이는 법을 알기나 했던가? 급류를 건너가 보기나 했던가? 하늘에서 폭풍이 이는 것을 알기나 했던가? 씨앗에서 싹이 트는 것은? 아니다. 그러니까 그에게도 내게 줄 중요한 가르침들이 있었다.

 그렇게 해서 우리 사이에는 결속이 생겨났고, 내게는 들뜬 시절이 시작되었다. 산드로는 철로 된 사람 같았고 실제로도 아주 먼 선조 때부터 내려온 관계에 의해 철에 묶여 있었다. 그의 이야기로는 그의 아버지의 아버지들은 대대로 카나베세 골짜기에서 땜장이와 대장장이로 살아왔다고 한다. 그들은 대장간의 석탄불로 못을 만들었고, 마차 바퀴에 벌겋게 달군 쇠테를 둘렀고, 귀가 먹을 정도로 두들겨서 철판을 만들었다. 산드로 자신도 바위에 쇠로 된 붉은 핏줄이 보이면 친구를 만난 느낌이라고 했다. 그는 겨울에 느닷없이 스키 생각이 나면 스키를 녹슨 자전거에 묶고 이른 아침부터 길을 나서서 눈 있는 곳이 나올 때까지 페달을 밟았다. 돈 한 푼 없이 한쪽 호주머니에는 아티초크(지중해 연안이 원산지인 국화과의 식용식물) 하나, 다른 쪽에는 양상추만 가득 넣어 갔다. 그리고 저녁이나 다음날 돌아왔는데, 잠은 건초 헛간에서 잤고 폭풍과 배고픔이 크면 클수록 행복과 건강함을 더 많이 느꼈다고 한다.

그는 여름에 혼자 길을 나설 때는 길동무로 개를 데리고 갈 때가 많았다. 작고 누런 잡종 개였는데, 풀이 죽은 인상이었다. 산드로는 자기 특기인 동물 흉내를 내면서, 그 개가 강아지일 적에 고양이 때문에 겪은 불행한 사건에 관해 이야기해주었다. 강아지가 갓 태어난 새끼 고양이들에게 너무 가까이 다가가자, 어미 고양이가 발끈하여 '카악' 하는 소리를 내며 털을 곤두세웠다. 하지만 강아지는 그 신호가 뭘 뜻하는지 아직 배우지 못했기 때문에 바보처럼 그 자리에 그대로 서 있었다. 고양이가 강아지에게 달려들어 도망가는 강아지를 따라잡아 코를 할퀴었다. 그때 개는 영원히 지워지지 않을 정신적 충격trauma을 받았다. 개는 치욕을 느꼈고, 그래서 산드로는 개에게 천으로 된 공을 건네면서 그것을 고양이로 생각하라고 일러주었다. 아침마다 공을 던져주며 모욕에 대한 복수를 하게 만듦으로써 개의 명예를 회복시켜주었다. 또 똑같은 목적으로 개를 산으로 데려가서 재미있게 해주었다. 그는 개를 로프의 한쪽 끝에 묶고 다른 쪽 끝에는 자기 몸을 묶은 후 개를 반반한 바위 위에 앉혀두고 자기는 벼랑을 기어올랐다. 로프가 끝까지 다 풀리면 그는 다정한 눈빛으로 로프를 천천히 끌어당겼다. 개는 주둥이를 위로 곧추세우고 네 발은 거의 수직에 가까운 벼랑에 댄 채 걷는 법을 배웠는데, 마치 꿈을 꾸는 듯 낮은 소리로 낑낑거렸다고 한다.

산드로는 기술보다는 본능에 의지해 암벽을 기어올랐고 자신의 악력을 믿었으며, 튀어나온 바위에 매달릴 때는 얄궂게도 규소·칼슘·마그네슘에게 인사했는데, 그것들을 식별하는 방법을 광물학 시간에 배웠기 때문이다. 그는 어떤 식으로든 자신에게 비축되어 있는 힘을 바닥까지 다 퍼 쓰지 않았을 때는 하루를 허비했다는 느낌을 갖는 듯했고, 오히려 힘을 모두 소진했을 때 눈빛에 더욱 생기가 감돌았다. 그는 앉아서 지내는 생활을 하면 눈 뒤에 지방이 끼어 건강을 해치게 된다고 설명해주었다. 일을 열심히 하면 지방이 소모되고 눈이 다시 안공 깊숙이 들어가서 더욱 밝고 날카로워진다고 했다.

그는 자신의 모험에 대해서는 극도로 말을 아꼈다. 그는 (나처럼) 남에게 떠벌리기 위해 무슨 일을 하는 부류의 인간이 아니었다. 그는 대단한 말을 좋아하지 않았다. 사실 그는 말 자체를 싫어했다. 말하는 법도 산 타기와 마찬가지로 어느 누구에게서 배워본 적이 없는 것 같았다. 그는 말할 때 아무도 쓰지 않는 방식으로 했다. 핵심만 말했던 것이다.

그는 필요하면 30킬로그램이나 되는 배낭을 메고 가기도 했지만, 보통은 배낭 없이 여행했다. 호주머니만으로 충분했다. 이미 얘기했듯이 그 속에는 야채, 빵 한 덩이, 주머니칼, 경우에 따라서는 누더기가 다 된 이탈리아 등반클럽의 등반안내서, 그리고 비상시 수선 도구로 쓸 철사 한 타래가 들어 있었다. 그가 등반안내서를 가지고 간 것은 그것에 대한 믿음 때문이 아니라, 그 반대의 이유 때문이었다. 그는 그것이 족쇄로 느껴졌고 그래서 거부반응을 보였다. 게다가 그것이 그에게는 가짜로, 눈과 바위가 종이와 뒤섞인 혐오스런 잡종으로도 보였다. 그는 그것을 헐뜯기 위해 산으로 가져갔다. 안내서의 틀린 곳을 잡아냈을 때는 그것이 자기 자신과 동료 등산객들에게 치명적일 수 있는 것임에도 불구하고 행복해했다. 그는 이틀 동안 식사를 하지 않고도 걸을 수 있었다. 다시 말해 세 끼를 한꺼번에 먹고 떠나는 것이다. 그에게는 어떤 계절이든 상관없었다. 겨울에는 스키를 탔지만 시설이 잘되어 있고 현대적인 스키장에서 타는 것은 아니었다. 그런 곳은 무뚝뚝한 말 한 마디로 경멸하면서 피했다. 우리는 산을 오르기 위해 물개 모피를 구입할 만큼 돈이 넉넉하지 않았기 때문에, 그가 나에게 거친 삼베 조각을 꿰매어 옷 만드는 법을 가르쳐주었다. 그 옷은 스파르타식 훈련도구로 물을 빨아들였다가 동태처럼 뻣뻣하게 얼어버렸다. 산을 내려갈 때는 그것을 허리에 감지 않으면 안 되었다. 그는 새로 내린 눈을 헤쳐나가는 힘겨운 여정 속으로 나를 끌어들였다. 사람의 흔적이라곤 하나도 없는 그곳에서 그는 야만인처럼 본능적으로 길을 찾아나아가는 듯했다. 여름에 우리는 산막에서 산막으로 옮겨다니면서 햇볕·피로·바람 때문에 취한 듯 몽롱했고, 한 번도 사람 손이 미치지 않은 바위에 닿아 우리의 손끝이 까졌다. 그렇다고 유명한 산 정상에 이른 것도 아니고 기억에 남을 만한 모험을 찾아나선 것도 아니었다. 그런 것은 그에게 전혀 중요하지 않았다. 중요한 것은 자신의 한계를 아는 것이고 자신을 시험하고 향상시키는 것이었다. 아마도 그는 한 달 두 달 지나면서 스스로에게 (그리고 나에게) 더욱 더 가까이 다가오는 철의 미래에 대해 준비시킬 필요를 어렴풋하게나마 느꼈던 것 같다.

산에 있는 산드로를 보면, 세상과 화해할 수 있었고 유럽을 짓누르고 있는 악몽을 잊을 수 있었다. 그곳은 그의 터전이었다. 그는 그곳에 맞게 만들어져 있었다. 마모트(기니피그)처럼 말이다. 그도 그럴 것이 그는 마모트의 찍찍거리는 소리와 주둥이 모양을 잘 흉내냈다. 산에 있으면 그는 행복했고, 그 행복은 조용하면서도 전염력이 있었다. 마치 불을 켰을 때의 빛과 같았다. 그는 내게 땅과 하늘과 새롭게 친교하는 법을 일깨워주었다. 그런 하늘과 땅 속으로 내 자유에 대한 갈망과 솟구치는 힘이, 나를 화학으로 이끈 사물들을 인식하고자 하는 열망이 스며들어 갔다. 동틀 무렵 눈을 비비면서 마르티노티 산막의 좁은 문을 나서면, 하얗고 어두운 산들이 해와 거의 닿을 듯 우리 주위에 우뚝 서 있었는데, 지난 밤 생긴 듯 새롭기도 하고 헤아릴 수 없을 만큼 오래되기도 한 것들이었다. 그것들은 섬이며 별천지였다.

우리가 늘 멀리 그리고 높은 곳에만 간 것은 아니다. 봄과 가을에 산드로의 왕국은 암벽타기 연습장들이다. 여러 군데에 있었는데, 토리노에서 자전거로 두세 시간 걸리는 거리에 있었다. 요즘도 사람들이 거기에 가는지 궁금하다. 볼크만 탑이 있는 짚더미 꼭대기, 쿠미아니의 세 이빨, 파타누아바위(벗은 바위라는 뜻), 플로, 즈바루아 등등이었는데, 이름이 투박하고 소박했다. 마지막의 즈바루아는 산드로 자신이, 아니면 신비에 싸인 그의 형이 발견한 것으로 생각된다. 산드로가 자기 형을 소개시켜준 적은 없었지만, 암시적인 몇 마디 말로 미루어 볼 때 그의 형이 그를 대하는 방식은 그가 일반 사람들 대하는 것과 비슷했던 게 분명했다. 즈바루아는 '겁주다'* 라는 뜻의 '즈바루에'에서 딴 이름이다. 즈바루에는 나무딸기와 관목 덤불이 빽빽이 들어선 평범한 언덕에서 100미터 정도 솟아 있는 것으로 화강암 각재를 세워놓은 듯했다. 크레타 섬의 늙은이**처럼 그곳은 발치부터 꼭대기에 이르기까지 틈새가 벌어져 있었는데, 틈새는 위로 갈수록 좁아지기 때문에 암벽을 오르는 사람이 결국에는 바깥 벽면으로 나와서 오를 수밖에 없었다. 바로 여기가 모두가 겁을 먹게 되는 지점이다. 당시 그곳에는 하켄이 딱 하나 박혀 있었는데, 자비롭게도 산드로의 형이 남겨놓은 것이다.

 그 바위들은 우리와 비슷한 부류의 애호가들 20~30명만이 찾아오는 특이한 곳이었다. 그들은 이름만 알든 얼굴만 알든 모두 산드로가 아는 사람들이었다. 우리는 오르기 시작했다. 기술적인 문제가 없지는 않았다. 땀 냄새에 이끌려온 쇠파리들이 귀찮게 윙윙거리는 소리가 우리를 둘러쌌다. 단단하고 좋은 돌로 된 암벽을 오르다 보면 종종 고사리와 딸기(가을에는 검은딸기)가 자라는, 계단처럼 평탄한 풀밭이 나타나기도 했다. 갈라진 바위틈에 뿌리를 내린 가냘픈 작은 나무줄기를 붙잡고 올

● 표준 이탈리아어로는 '스파우라레' spaurare다.
●● 단테의 『신곡』 지옥편 제14곡에 나오는, 크레타 섬의 이다 산 꼭대기에 서 있는 늙은이 상(像).

라가는 경우도 적지 않았다. 몇 시간 후에 우리는 꼭대기에 닿았는데, 사실 그곳은 꼭대기가 아니라 젖소들이 우리를 무심한 눈길로 쳐다보는 평화로운 초원인 경우가 대부분이었다. 그러면 우리는 오래된 쇠똥과 갓 싼 쇠똥이 깔려 있는 오솔길을 따라 쏜살같이 내려와 몇 분 만에 우리의 자전거에 다시 올랐다.

훨씬 더 힘든 모험을 했던 때도 몇 번 있었다. 결코 한가로운 소풍이 아니었다. 경치를 구경할 시간은 마흔 살쯤 되면 많이 생길 거라고 산드로가 말했다. "가는 거지?" 2월의 어느날 그가 나에게 물었다. 날씨가 좋으니까 저녁 때 'M의 이빨'로 겨울등반을 가자는 말이었다. 몇 주 전부터 그렇게 해오고 있었다. 우리는 여관에서 밤을 보내고 다음날 떠났다. 그렇게 이른 시각은 아니었다. 떠나는 시각은 대중없었다(산드로는 시계를 좋아하지 않았다. 그는 시계의 묵묵히 계속되는 충고를 방자한 간섭으로 여겼다). 우리는 대담하게 안개 속으로 뛰어들었고 오후 한 시쯤에 거기서 빠져나와 빛나는 햇빛 속에서 정상으로 가는 산등성이에 서게 되었다. 그러나 잘못 짚은 곳이었다.

한 100미터 정도 다시 내려가 중간쯤에서 가로질러 넘어가면 다음 산등성이를 타고 오를 수 있을 거라고 나는 말했다. 아니면 그곳은 한 번 가봤으니까 그냥 계속 올라가서 다른 꼭대이긴 하지만 거기에 만족하는 게 더 좋을 것 같다고도 했다. 사실 그곳은 원래 목표했던 정상보다 40미터 정도밖에 낮지 않았다. 하지만 심보가 고약한 산드로는 내 제안에 대해 그것도 좋지만 "쉬운 서북쪽 산등성이를 따라"(이 말은 앞에서 말한 이탈리아 등반클럽의 등반안내서를 비꼬듯 인용한 것이었다)가도 30분 만에 M의 이빨에 닿을 수 있다고 아주 짧게 말했다. 그리고 길을 잘못 들어서는 사치도 스스로 허락하지 못한다면 스무 살일 자격이 없다고도 했다.

 그 쉽다는 산등성이는 사실 쉬울 수밖에 없는 초보코스였다. 여름에는 말이다. 하지만 우리가 갔을 때 그곳은 아주 불편한 상태라는 것을 곧 두 눈으로 보게 되었다. 바위가 햇빛을 받는 쪽은 축축하게 젖어 있었고, 그늘 쪽은 시꺼멓게 보이는 얼음으로 덮여 있었다. 바위의 커다란 두 돌출부 사이에는 녹아내리고 있는 눈구덩이가 있었고, 우리는 눈이 허리까지 차오는 그곳으로 빠져들었다. 다섯 시쯤에 우리는 정상에 도착했다. 나는 날개를 접고 질질 끌려가는 새처럼 고통스러웠고, 산드로는 사악한 유쾌함에 사로잡혀 날아갈 듯 가벼웠는데, 그 모습을 보니 밉살스럽기 그지없었다.

 "그런데 내려갈 때는 어떻게 해?"

 "두고 보면 알아." 그가 대답했다. 그리고 이상한 말을 덧붙였다. "최악의 사태가 벌어진다고 해봤자 곰고기를 맛보는 일 정도일 거야." 그렇게 해서 우리는 길고 길게 느껴졌던 그날 밤 내내 그것을, 곰고기를 즐겼다. 내려오는 데는 두 시간이 걸렸다. 그때 우리는 얼어붙은 자일의 시원찮은 도움을 받았다. 자일은 뻣뻣하게 말을 듣지 않고 얽히기만 했는데, 돌출부가 있는 곳마다 걸렸고 케이블카의 밧줄처럼 바위 위에서 소리를 냈다. 일곱 시에 우리는 얼어붙은 작은 호숫가에 닿았고 날은 어두웠다. 우리는 얼마 되지 않지만 남아 있던 고기를 먹었고, 바람막이로 별로 도움이 되지 않는 엉성한 돌담을 쌓고 바닥에 누워 서로의 몸을 붙인 채 잠을 청했다. 시간도 얼어붙은 듯 가지 않았다. 이따금 우리는 몸을 일으켜 세워서 피가 돌게 했다. 시간은 제자리에 머물러 있었다. 바람은 그칠 줄 몰랐고, 유령 같은 달은 계속 떠서 하늘의 같은 자리에 박혀 있었다. 달 앞으로는 갈가리 찢긴, 늘 똑같은 구름 조각들이 미친 듯 열을 지어 지나갔다. 우리는 산드로가 소중히 여기는 라머*의 책에 적혀 있는 대로 신발을 벗고 발을 배낭 속으로 밀어 넣었다. 아주 희미한 빛이 처음으로 보였는데, 그 빛은 하늘보다는 눈(雪)에서 발하는 것 같았다. 우리는 마비된 사지를 일으켜 세웠고, 우리의 눈은 잠을 못 자고 배가 고프고 잠자리가 딱딱해서 미친 사람 눈처럼 되었다. 그리고 우리의 신발도 얼어서 종소리가 났다. 신발을 신기 전에 암탉이 알을 품듯 품에 안아야 했다.

　　우리는 우리 힘으로 계곡으로 돌아왔다. 무슨 일이 있었나, 우리의 얼빠진 얼굴을 쳐다보며 낄낄거리는 여관 주인의 물음에 멋진 소풍을 갔다왔다고 퉁명스럽게 대답하고는 계산을 했다. 그러고는 위엄을 갖춘 채 그곳을 떠났다. 이것이 바로 곰고기 맛이었다. 많은 세월이 지난 지금 그것을 더 많이 먹어보지 못한 것이 후회된다. 삶이 내게 선사한 모든 좋은 것들 가운데 그 어떤 것도, 까마득한 옛날 일이긴 해도 그 고기

● Guido Lammer(1863~1945): 오스트리아의 자연주의 등반가.

맛을 내지 못했기 때문이다. 그 고기 맛이란 강인함과 자유의 맛, 실수도 할 수 있는, 자기 운명의 주인이 되는 자유의 맛이다. 그래서 나는 산드로가 의식적으로 나를 고생과 여행 속으로, 겉보기만 어리석어 보이는 여러 모험 속으로 인도해준 데 대해 정말 고맙게 생각한다. 이 모든 것들이 훗날 내게 도움이 되었다고 확신한다.

그것들은 산드로에게는 도움이 되지 않았다. 정확히 말해 오래도록 도움이 되어주지는 못했다. 산드로는 바로 그 산드로 델마스트로, 그러니까 행동당行動黨*의 피에몬테 지방 군사령부에서 최초로 전사한 사람이었다. 극도의 긴장감이 감돌던 몇 달이 지나고, 그러니까 1944년 4월에 그는 파시스트들에게 체포되었다. 하지만 그는 굴복하지 않고 쿠네오에 있는 파시스트 당사를 탈출하려고 했다. 그는 괴물과 다를 바 없는 사형집행 소년이 쏜 소형 기관총에 목 뒤를 맞아 살해당했다. 사형집행 소년은 살로**의 공화국이 소년원에서 모집한 그 사악한 열다섯 살 살인자들 가운데 하나였다. 그의 시신은 오랫동안 길거리에 방치되었다. 시민들이 그를 묻지 못하도록 파시스트들이 금지시켰기 때문이다.

오늘에 와서, 한 인간을 언어로 옷을 입혀 인쇄된 종이 위에서 다시 살게 하는 것이 부질없는 일임을 나는 잘 알고 있다. 특히 산드로와 같은 사람이 그렇다. 그는 책을 출간하거나 기념비를 세워 기릴 수 있는

●　1940년대 이탈리아의 반파시즘 지하운동단체.
●●　Salò: 제2차 세계대전 말기에 무솔리니가 정부를 두었던 곳.

종류의 사람이 아니다. 그는 기념비를 비웃었다. 그는 완전히 행동으로 살았다. 행동이 끝났으므로 그에게서 남은 것은 아무것도 없다. 바로 말 말고는 아무것도 없다. ☆

칼륨

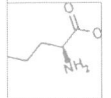

1941년 1월 유럽과 세계의 운명은 돌이킬 수 없는 듯 보였다. 착각에 빠진 사람들만 여전히 독일이 이기지 못할 거라고 믿고 있을 뿐이다. 둔감한 영국인들은 "자신들이 게임에서 졌다는 것을 알아차리지 못하고" 완강하게 공중폭격에 맞서 저항했다. 하지만 그들은 외톨이였고 모든 전선에서 피비린내 나는 패배를 맛보았다. 눈을 감고 귀를 막기로 작정한 사람들만 독일 천하의 유럽에서 유대인들에게 닥칠 운명을 믿지 않았다. 우리는 이미 포이히트방거*

---

* Lion Feuchtwanger(1884~1958). 뮌헨 출신의 소설가·극작가. 반전평화주의와 혁명을 주창하는 역사소설을 많이 썼으며 나치스를 반대하는 비판적 성격이 강했다. 대표작으로 『유대인 쥐스』가 있다.

의 『오퍼만 형제자매들』을 프랑스에서 몰래 입수했고, 팔레스타인에서 건너온, "나치스의 만행"들을 기술한 영어로 된 백서를 읽고 난 뒤였다. 우리는 그 가운데 절반만 믿었을 뿐이지만 그것만으로도 충분했다. 폴란드와 프랑스에서 수많은 난민들이 이탈리아로 들어와 있었고, 우리는 그들과 얘기를 나눈 적도 있었다. 그들은 기괴한 침묵의 베일에 가려진 대학살에 대해 세세한 사실들을 알지는 못했다. 하지만 그들 한 사람 한 사람은 모두가 전령傳令이었다. 욥에게 달려와 이렇게 말했던 전령 말이다. "저 홀로 살아남아 이렇게 왔습니다."

하지만 사실, 살아가려면, 우리 핏줄을 타고 용솟음하는 젊음을 어떤 식으로든 누려보려면, 스스로 알아서 눈을 감는 것밖에 방도가 없었다. 영국 사람들처럼 우리는 "아무것도 못 봤고", 우리를 위협하는 모든 것들을 미지의 것, 곧바로 잊혀질 것들의 구렁 속으로 밀어 넣었다. 또 모든 것을 내버리고 도망쳐 저 멀리 있는 동화 속의 나라로 옮겨가 살 수도 있었다. 마다가스카르, 영국령 온두라스처럼 국경을 개방해놓고 있는 몇 안 되는 나라들 가운데 하나를 골라서 말이다. 하지만 그렇게 하려면 많은 돈과 대단한 모험심이 있어야 했다. 그런데 나와 우리 가족, 친구들은 그 두 가지 가운데 어느 것 하나도 가진 것이 없었다. 그것도 그렇지만 가까이에서 자세히 살펴보면 사정이 그렇게 끔찍해 보이지만도 않았다. 우리 주변의 이탈리아, 정확히 말해 (여행을 별로 하지 않던 시절이니까) 피에몬테와 토리노는 우리에게 적대적이지 않았다. 피에몬테는 우리 자신을 알게 해준 우리의 진정한 고향이었다. 날씨가 좋으면 바로 눈앞에 보이고 자전거로도 갈 수 있었던 토리노 주위의 산들은 바로 우리 것이었고 그 무엇과도 바꿀 수 없는 것이었다. 그리고 그 산들은 우리에게 노력과 인내가 무엇인지 가르쳐주었고 작은 지혜도 심어주었다. 요컨대 우리의 뿌리는 피에몬테와 토리노에 있었다. 강인하지는 않지만 깊고 무성하고 기상천외하게 얽힌 그런 뿌리였다.

우리에게는, 더 일반화시켜 말하자면 우리 세대에게는, '아리아인'이든 유대인이든, 파시즘에 저항할 수 있고 또 해야만 한다는 생각이 아직 완전하게 자리 잡지 못하고 있었다. 당시 우리들의 저항은 소극적이었고 우리가 했던 일은 거절하기, 보호막 두르기, 물들지 않게 하기가 전부였다. 적극적인 저항의 씨앗은 우리에게 뿌리내려 자라지 못하고 몇 년 전 그 싹이 잘리고 말았다. 이 난도질과 함께 토리노의 마지막 영웅이자 증인들이었던 에이나우디, 긴즈부르그, 몬티, 비토리오 포아, 치니, 카를로 레비가 감옥에 가거나 연금되었고, 망명을 가거나 침묵을 강요당했다. 이 이름들은 우리에게 아무런 호소력이 없었고, 우리는 그들을 거의 모르는 것이나 다름없었다. 파시즘은 우리 주변에 반대자를 남겨두지 않았다. 우리는 아무것도 없는 데서 시작해야 했고, 우리의 반反파시즘을 '발명'해야 했다. 그것을 씨앗과 뿌리에서, 우리의 뿌리에서 끌어내야 했다. 우리는 우리 주변부터 찾기 시작해 그렇게 멀리까지 가지 않아도 될 길을 선택했다. 우리에게는 성서, 크로체, 기하학, 물리학이 확신의 원천으로 보였다.

우리는 탈무드 토라—유대의 역사 깊은 초등학교인 율법학교를 자랑스럽게도 그렇게 불렀다―의 체육관에 모였고, 다시 성서에서 정의와 불의 그리고 불의를 극복하는 힘을 찾는 법을 서로에게 가르쳐주었다. 거기서 아하스에로스와 느부갓네살이 새로운 압제자임을 인식하였다. 그런데 카도쉬 바루쿠, "거룩하신 분, 복되신 그분", 노예들의 쇠사슬을 풀어주고 이집트인의 전차를 물속에 잠기게 하는 그분은 어디에 계셨던가? 모세에게 율법을 받아적게 하고, 해방자였던 에즈라와 느헤미야에게 영감을 불어넣어주었던 그분은 이제 그 누구에게도 영감을 주시지 않았다. 우리 머리 위의 하늘은 말없이 조용했고 텅 비어 있었다. 그분은 폴란드의 게토*가 말살되도록 그대로 내버려두셨다. 그렇게 해서 우리가 혼자라는 생각이, 의지할 우리 편이 하늘에도 땅에도 없다는 생각이, 저항할 힘을 우리 내부에서 찾지 않으면 안 된다는 생각이 우리에게 서서히 그리고 혼란스럽게 싹텄다. 그래서 우리의 한계가 어디까지인지 알아보고자 했던 충동은 그렇게 이상하지 않았다. 우리는 수백 킬로미터를 자전거로 달리고, 우리가 잘 모르는 암벽을 악을 쓰며 악착스럽게 기어오르고, 배고픔과 추위, 피곤에 자발적으로 몸을 내맡기면서 인내하고 결정하는 법을 익히는 훈련을 했던 것이다. 하켄이 잘 박힐까 안 박힐까? 로프는 잘 지탱해줄까 아닐까? 이러한 것들도 확신의 원천이 되었다.

● 유대인 강제 거주 지역. 14세기 초부터 19세기까지 유럽 곳곳에 존재했다. 독일군은 1940년부터 동 유럽의 주요 도시에 게토를 재건했는데, 그곳은 곧 기아와 질병 수용소로의 강제연행 등으로 비극적인 죽음의 무대가 되었다. 바르샤바의 게토에서는 1943년 봄 대규모의 봉기가 일어났으나 결국 그곳에 있던 거의 모든 유대인이 학살됨으로써 진압되었다.

화학은 내게 더 이상 그러한 원천이 되어주지 못했다. 애초에 화학은 물질의 핵심으로 인도해주었고, 물질은 우리 편이었다. 파시즘에게 소중한 '정신'이 우리의 적이었으니까. 하지만 순수화학을 공부하는 4학년에 올라간 뒤로는 화학 자체, 혹은 적어도 우리가 화학이라고 배운 것이 내 의문에 해답을 주지 못한다는 사실을 더 이상 무시할 수 없었다. 브로모벤젠이나 메틸바이올렛을 가타르만의 방법대로 만드는 일은 재미있고 심지어 기분까지 몽롱하게 했지만, 아르투시의 조리법대로 요리하는 것과 별반 다르지 않았다. 왜 꼭 그 방법으로만 해야 하는가? 고등학교 때 파시즘 교리의 계시를 신물나게 주입 받은 터여서, 입증되지 않은 진리는 모두 따분했고 회의가 들었다. 화학에서 정리(定理)가 존재하기는 했던가? 아니었다. 바로 그래서 우리는 계속 나아가야만 했고, 단순히 '쿠이아'(사실 그 자체)에 만족하지 않고 근원으로, 수학으로, 물리학으로 거슬러 올라가야 했다. 화학의 근원은 사실 미천했다. 그 정도는 아니더라도 적어도 미심쩍은 데가 많았다. 연금술사들의 소굴, 혐오스러울 만큼 혼란스러웠던 그들의 생각과 언어, 노골적으로 금을 얻는 데 관심을 둔 점, 협잡꾼이나 마술사들에게서 흔히 볼 수 있는 레반트 지방식의 속임수가 바로 그러했다. 반면에 물리학의 근원에는 서양의 집요한 명료함이 있었고, 아르키메데스와 유클리드가 있었다. 나는 물리학자가 되고 싶었다. '루아트 코엘룸'(하늘이 무너질지라도) 어쩌면 학위가 없더라도 말이다. 히틀러와 무솔리니가 그렇게 하지 못하게 했으니까.

4학년 화학 과정에는 짧게나마 물리학 실험시간이 있었다. 하지만 단순히 점도나 표면장력, 회전력만을 측정했다. 그 시간은 젊은 조교가 맡아 지도했는데, 그는 큰 키에 말랐고 등이 약간 구부정했으며, 친절하면서도 수줍음을 많이 탔다. 그의 행동은 우리가 익숙하지 않은 방식을 따랐다. 우리의 다른 선생님들은 거의 예외 없이 자신들이 가르치는 과목의 중요성과 우월성을 확신하고 있는 듯한 모습을 보였다. 그중 몇몇은 그에 대한 확고한 신앙을 가지고 있었고, 나머지는 개인적인 능력, 자기 사냥터에 대한 자신감에 차 있었다. 하지만 그 조교는 거의 우리에게 용서를 구하는 듯한, 우리를 지지하는 듯한 태도를 보였다. 약간 당황한 듯이 점잖게 냉소적으로 짓는 그의 미소는 "여러분들이 이 낡아빠진 고물 실험도구로는 어떤 유용한 것도 만들어내지 못한다는 것을, 이러한 것들은 쓸모없는 주변적인 것이고 지식은 딴 곳에 있다는 것을 나도 알고 있어요. 하지만 이것은 여러분들과 나 역시 숙달할 수밖에 없는 직업적 기술이니까 너무 손해 보는 일은 하지 말고 될 수 있으면 많은 것을 배워두세요" 하고 말하는 듯했다. 요점만 말하자면, 그 수업을 듣는 모든 여학생들이 그에게 반했던 것이다.

그 몇 달 동안에 나는 이 교수 저 교수에게서 학생 조교 자리를 얻어내려는 부질없는 시도를 했다. 교수 중 몇몇은 입을 삐죽이며 심지어는 경멸하는 눈빛으로 인종법이 그것을 금하고 있다고 대답해주었고, 또 몇몇은 모호하거나 앞뒤가 맞지 않은 핑계로 대처했다. 네다섯 번 정도의 거절을 차분하게 받아들이고 난 뒤 어느날 저녁, 나는 자전거를 타고 집으로 가면서 낙심과 비탄의 짐이 등을 무겁게 짓누르는 것을 거의 온

몸으로 느낄 수 있었다. 맥이 빠진 채 발페르가칼루소 가(街)를 따라 페달을 밟고 있을 때 발렌티노 공원에서부터 얼어붙은 안개가 휘몰아쳐와 나를 스치고 지나갔다. 그새 밤이 되었고, 어둡게 보이도록 보라색으로 칠한 가로등 불빛은 안개와 어둠을 뚫지 못했다. 길 가는 사람은 많지 않았고 모두 서둘러 걸었다. 그런데 갑자기 그들 가운데 한 사람이 내 시선을 붙들었다. 그는 나와 같은 방향으로 느릿하게 성큼성큼 걷고 있었는데, 긴 검정 외투를 걸쳤고 모자는 쓰지 않고 있었다. 걷는 모습이 약간 구부정한 게 조교 같아 보였다. 조교가 맞았다. 나는 어떻게 해야 할지 모른 채 그의 곁을 지나갔다. 그러다 용기를 내서 가던 길을 되돌렸지만 또다시 선뜻 그에게 말을 건네지 못했다. 내가 그에 대해 알고 있는 게 대체 뭐였던가? 아무것도 없었다. 그도 무관심한 사람, 위선자, 심지어 적일지도 몰랐다. 잘못되어야 또 한 번 거절당하는 것뿐이라 생각하고는 단도직입적으로 그에게 연구소의 실험 일에 나를 써줄 수 있는지 물었다. 조교는 나를 놀란 눈으로 쳐다보았고, 내가 기대했던 장황한 이야기 대신 복음서에 나오는 두 단어로 답했다. "나를 따르라."

실험물리학 연구소의 내부는 먼지투성이였고 유령이 나올 것 같은 수백 년 된 고물들로 꽉 차 있었다. 유리 책장들이 죽 늘어서 있었는데, 누렇게 바랜, 쥐 파먹고 좀먹은 종이들로 가득 차 있었다. 일식을 관찰한 내용, 지진에 관한 기록, 지난 세기까지 거슬러 올라가는 기상보고서들이었다. 복도의 한쪽 벽에 10미터가 넘는 듯한 이상하게 생긴 트럼펫

이 있었다. 그것을 언제 누가 무엇 때문에 만들었는지, 그 쓰임새가 무엇인지는 이제 아무도 모른다. 아마도 숨겨져 있던 모든 것이 드러날 최후의 심판날을 알리려고 만든 것인지도 몰랐다. 또 제체시온 양식의 기력구汽力球, 헤론의 분수 장치, 그리고 여러 세대 전부터 강의실에서 실물교수용으로 사용되어온 낡고 거추장스런 온갖 장치들이 다 있었다. 이것은 이류 물리학의 열정적이고도 순진한 형태를 보여주는 것으로 개념보다는 전시 효과가 더 중요했다. 눈속임이나 마술은 아니었지만 거의 그런 수준이었다.

조교는 1층에 있는 작은 방으로 나를 데려갔다. 그 방은 그가 사는 곳으로 아주 다른 종류의 기구들로 꽉 차 있었는데, 한 번도 본 적이 없는 신기한 것들이었다. 어떤 분자들은 쌍극성이었다. 이들은 전기장에서 마치 미세한 나침반 바늘처럼 행동한다. 이들은 제각기 갈 길을 찾는데, 상당히 느린 것들도 있고 덜 그런 것들도 있다. 이들은 조건에 따라서 어떤 법칙을 잘 따르기도 하고 그렇지 않기도 하다. 방 안의 기구들은 바로 그러한 조건이 무엇인지, 잘 안 따르는 이유는 무엇인지를 밝히는 데 사용된다. 그 기구들은 자기를 써줄 사람을 기다리고 있었다. 하지만 그는 다른 일에 몰두하고 있었다(그 일은 천체물리학이라고 내게 설명해주었는데, 그 말을 듣는 순간 내 귀는 번쩍 뜨였다. 살아 있는 천체물리학자를 바로 내 눈앞에서 볼 수 있다니!). 게다가 얻어낸 물질을 측정하려면 먼저 그것을 정제해야 하는데 그는 거기에 필요한 몇 가지 처리방법에 서툴렀다. 그래서 화학자가 필요했고 환영받은 화학자가 바로 나였던 것이다. 그는 기꺼이 자리와 기구를 나에게 넘겨주었다. 내 자리는 2평방미터 크기의 테이블과 책상이었다. 기구들은 작은 한 가족을 이루었는데, 그 가운데 가장 중요한 것은 베스트팔 비중계*와 헤테로다인**이었다. 앞의 것은 내가 이미 알고 있는 것이었고, 뒤의 것과도 금방 친해질 수 있었다. 이것은 근본적으로 라디오 수신기와 다를 바 없는데 아주 미세한 주파수 차이도 밝혀내도록 고안되었다. 그리고 실제로도 그 장치는 조작자가 의자에서 몸을 옮기거나 손을 움직이기만 해도, 또 누군가 방에 들어오기만 해도 가차없이 반응해 집 지키는 개처럼 짖어댔다. 게다가 하루 중 어떤 시간대에는 신비한 메시지, 모르스 전신기 소리, 변조된 휘파람 소리, 변형된 토막토막 잘린 사람의 목소리가 뒤엉킨 듯한 소리를 냈다. 이 소리들은 알 수 없는 언어의 문장 같았고 어떤 때는 이탈리아 말처럼 들리기도 했지만 아무런 의미가 없는 암호화된 문장이었다. 이것은 전쟁을 알리는 라디오 소리들의 바벨탑이었고, 배나 비행기에서 내보내는, 어느 누군가가 또 다른 이에게 보내는, 산을 넘고 바다를 건너는 죽음의 소식들이었다.

　　조교는 내게 산 너머 바다 건너에 온사거라는 학자가 있다고 이야기해주었는데, 그에 대해서 아는 것이라고는 극성분자가 액체 상태로 있을 때 모든 조건에서 보이는 행동을 기술할 수 있는 반응식을 세웠다는 것 말고는 없다고 했다. 이 반응식은 묽은 용액의 경우에는 잘 들어

● 　액체의 비중을 재는 기구의 하나.
●● 　수신전파의 주파수를 낮은 주파수로 변환한 후 다시 복구하는 방식으로 수신하는 기구.

맞았다. 하지만 농축 용액, 순수한 극성 액체 그리고 이것의 혼합물에서 그 반응식을 검증해보려고 애쓴 사람이 있었는지 알려진 바가 없었다. 그 일이 바로 그가 내게 제안한, 내가 뒤도 안 돌아보고 열광하며 받아들인 일이었다. 곧 다양한 혼합 용액을 만들어 그것들이 온사거의 반응식을 따르는지 조사하는 일이었다. 맨 먼저 나는 그가 할 줄 모르는 일을 했다. 그 당시에는 분석하기 위해 순수한 물질을 얻는 일이 쉽지 않았다. 그래서 나는 몇 주 동안 벤젠, 클로로벤젠, 클로로페놀, 아미노페놀, 톨루이딘 따위를 정제해야 했다.

그 조교의 됨됨이를 아는 데는 몇 시간도 채 걸리지 않았다. 그는 나이가 서른이며 얼마 전에 결혼했고, 트리에스테 출신이지만 혈통은 그리스계고, 4개국어를 할 줄 알며 음악, 헉슬리, 입센, 콘래드, 그리고 내가 좋아하는 토마스 만을 사랑했다. 또한 물리학도 사랑했다. 하지만 오로지 목표만을 지향하는 모든 행동에 대해서는 불신을 품었다. 그러니까 그는 고귀하게 게으른 사람이었고 천성적으로 파시즘을 거부했다.

그가 물리학에 대해 보인 태도는 나를 당혹스럽게 만들었다. 그는 내 마지막 히포그리프•를 서슴지 않고 찔러 죽였는데, 이것은 실험실에 있을 때 그의 눈빛에서 읽을 수 있었던 '한계무용'限界無用에 관한 메시지를 분명히 확인시켜주는 것이었다. 우리의 그 하찮은 실습뿐 아니라, 물리학 전체가 그 본질상, 그것이 받은 소명召命상 주변적인 것이었다. 그

• 독수리의 머리와 날개를 가진 상상 속의 말. 16세기 초 이탈리아의 작가 아리오스토(Ludovico Ariosto, 1474~1533)가 지은 영웅서사시 『광란의 오를란도』에 등장한다..

것이 눈에 보이는 현상계에 법칙을 부여하는 것을 제 일로 삼는 한 말이다. 진리, 현실, 사물과 인간의 내밀한 본질은 다른 곳에 있고, 베일에 가려 있는 데 말이다(그 베일이 한 겹인지 일곱 겹인지는 정확히 기억이 안 난다). 그는 물리학자, 정확히 말하면 천체물리학자였다. 부지런하고 의욕적이었지만 환상 따위는 전혀 품지 않았다. 진실은 저 너머에 있었고, 망원경으로는 도달할 수 없는, 비법을 전수 받은 이들만이 알 수 있는 것이었다. 그것은 그가 애를 쓰며 경이로움과 마음에서 우러나오는 기쁨을 가지고 걷고 있던 길이다. 물리학은 운문이 아니라 산문이었다. 곧 정신을 훈련시키는 고상한 체조이고, 신께서 창조한 삼라만상의 거울이며, 인간이 이 행성을 지배할 수 있게 하는 열쇠였다. 하지만 그 삼라만상의 진보란, 인간과 행성의 진보란 어디까지 이루어진 것일까? 그의 길은 멀었고, 그는 이제 겨우 그 길을 떠난 것이다. 하지만 나는 그의 제자였다. 내가 그를 따르고 싶었던 것일까?

그것은 엄청난 요청이었다. 그 조교의 제자가 되는 일은 내게 매순간 기쁨이었으며 예전에 한 번도 경험해보지 못한 유대감을 느끼게 했다. 그 유대는 숨김이 없었고, 그 관계가 상호적이라는 것을 확신할 수 있었기 때문에 더욱 강렬했다. 나는 유대인이었고 최근의 격변으로 해서 배척 받고 의심의 눈초리와 폭력의 표적이 되었지만 아직 그 폭력에 저항해야 할 필요성에 사로잡히지는 않았다. 그런 내가 그에게 이상적인 말 상대가 되어주었음에 틀림없었다. 나는 어떤 메시지라도 적어 넣을 수 있는 백지와 같았으니까 말이다.

나는 조교가 제공한 새롭고 거대한 히포그리프를 타지 못했다. 당시 몇 달 동안에 독일군이 베오그라드를 파괴했고, 그리스의 저항을 돌파하고 크레타를 공중폭격했다. 이것이 바로 진리이며 현실이었다. 달리 빠져나갈 길이 없었다. 적어도 내게는 그랬다. 그냥 지상에 머물 수밖에 없었다. 더 나은 것이 없으니까 쌍극성 분자들을 가지고 놀고, 벤젠을 정제하고, 불확실하지만 바로 눈앞에 닥친 비극적일 게 틀림없을 미래를 준비할 수밖에 없었다. 그런데 벤젠을 정제하는 것, 그것도 전쟁과 폭격의 위협에 놓인 연구소의 어려운 사정 속에서 그렇게 한다는 것은 결코 사소한 일이 아니었다. 조교는 내게 자유재량권을 주었다. 그래서 나는 지하실부터 다락방까지 샅샅이 뒤질 수 있었고 모든 기구와 재료를 이용할 수 있었다. 하지만 구입은 할 수 없었다. 그도 마찬가지였다. 완전히 자급자족해야 하는 시기였으니까.

지하실에서 순도가 95퍼센트인 공업용 벤젠이 든 큰 병을 하나 발견했다. 없는 것보다는 나았지만 교과서에는 그것을 정류(精溜)해야 한다고 적혀 있었다. 정류한 다음 수분을 완전히 제거하기 위해 나트륨을 첨가하여 최종 증류를 해야 한다고 했다. 정류란 분별(分別)증류하는 것을 말하는데, 규정된 것보다 낮거나 높은 온도에서 끓는 성분들은 버리고 일정 온도에서만 끓는 '핵심'만 모으는 방법이다. 나는 그 무궁무진한 지하실에서 필요한 유리용기들을 찾아냈는데, 그중에는 비그럭스 분별증류관도 있었다. 그것은 레이스처럼 섬세한 것으로 입으로 불어 유리그릇을 만드는 직공의 초인적인 인내와 재능의 산물이었다. 하지만 (우리끼리의 말이지만) 그 효율성은 의문스러웠다. 그 중 보일러는 알루미늄으로 된 작은 주전자로 만들었다.

    증류는 아름답다. 무엇보다 느리고 철학적이며 조용한 작업이기 때문이다. 이 작업은 사람을 분주하게 하지만 다른 것들을 생각할 수 있는 시간을 준다. 자전거 타기와 비슷한 일이다. 또 증류가 아름다운 건 변신이 일어나기 때문이기도 하다. 액체에서 (보이지 않는) 증기로, 증기에서 다시 액체로 말이다. 위로 아래로 두 겹의 여행을 하는 사이 마침내 순수한 것에 도달한다. 이것은 모호하면서도 매혹적인 조건이다. 화학에서 출발했지만 그것을 훌쩍 넘어 먼 곳에 이르는 것이다. 결국 증류를 하면 수백 년 동안 신성시되어온 어떤 의식을 치르고 있다는 자각을 하게 된다. 그것은 거의 종교적인 행동으로 불완전한 물질에서 정수精髓를, '우시아'를, 영혼을, 그리고 무엇보다도 영혼을 북돋우고 마음을 따뜻하게 하는 알코올을 얻게 되는 일이다. 만족스러운 순도를 지닌 성분을 얻는 데 족히 이틀은 걸렸다. 이 일을 위해서 나는 자진해서 2층의 작은 방으로 물러났는데, 밖으로 불꽃을 뿜어내며 해야 하는 일이었기 때문이다. 그 방은 모두에게 버려진, 인적이 끊긴 곳이었다.

    이제 나는 나트륨을 가하여 두번째 증류를 해야 했다. 나트륨은 퇴화한 금속이다. 사실 여기서 금속이라고 말한 것은 화학에서 쓰는 뜻으로 말한 것이지 일상어의 의미대로 쓴 것은 아니다. 나트륨은 딱딱하지도 유연하지도 않다. 오히려 밀랍처럼 부드러운 편이다. 반짝이지도 않는다. 더 정확히 말하면, 아주 애지중지하며 잘 보관해야 반짝인다. 그렇게 하지 않으면 얼마 지나지 않아서 공기와 반응해 보기 흉한 거친 막이 생긴다. 물과 접촉하면 이보다 더 빨리 반응이 나타난다. 이때 나트륨은 물속을 떠돌게 되는데(물에 뜨는 금속이라!) 격렬하게 춤을 추면서 수소를 만들어낸다. 나는 연구소 안을 샅샅이 뒤졌지만 허탕이었다. 달나라에 간 아스톨포*처럼 나는 레테르가 붙은 작은 병 수십 개와 난해한 화합물 수백 가지, 수 세대 동안 아무도 손대지 않은 듯한 이름 모를 침전물들만 발견했을 뿐, 나트륨은 흔적조차 없었다. 대신 칼륨이 든 작은 유리병을 찾아냈다. 칼륨은 나트륨과 쌍둥이 형제다. 나는 그것을 가지고 내 은신처로 돌아왔다.

나는 벤젠이 든 플라스크에 칼륨을 "완두콩 반 개 크기만큼"(교과서에 적힌 대로) 넣고는 그 모두를 정성스럽게 증류했다. 작업이 끝날 무렵 착실하게 불꽃을 죽였고, 장치를 분리했고, 플라스크에 남아 있는 소량의 액체를 조금 식혔고, 끝이 뾰족한 긴 철사로 "완두콩 반 개 크기"의 칼륨을 찔러서 끄집어냈다.

칼륨은 이미 말했듯이, 나트륨의 쌍둥이 형제지만 공기와 반응하고, 물과는 더 강렬하게 반응한다. (나를 포함해서) 모두가 다 아는 사실이지만, 칼륨은 물과 반응할 때 수소를 생성할 뿐 아니라 연소까지 한다. 그래서 나는 그 "완두콩 반 개"를 성스런 유물처럼 다루었다. 그것

● 역시 아리오스토의 『광란의 오를란도』에 등장하는 인물이다. 이 작품에서 아스톨포는 히포그리프와 함께 달나라로 가는 헛된 꿈을 좇다 죽은 친구의 두뇌를 찾아 지구로 돌아오고 마지막 노래에서 히포그리프의 안장을 내려놓아 그를 풀어준다.

을 마른 거름종이 위에 올려놓고 돌돌 말아서 연구소 마당으로 내려가 작은 구덩이를 파고 그 귀신 붙은 송장을 묻었다. 그러고는 그 위를 흙으로 단단하게 다지고 나서 다시 내 일터로 돌아왔다.

나는 이제 비어 있는 플라스크를 집어서 수도꼭지 밑에 대고 물을 틀었다. 그 순간 갑자기 펑 하는 소리가 들렸고, 플라스크 주둥이에서 화염이 나와 세면대 바로 옆에 있는 창문으로 향했고 거기에 있는 커튼에 불이 붙었다. 아무리 원시적인 것이라도 불을 끌 만한 물건이 있기를 바라며 정신이 나간 사이, 창의 덧문이 새까맣게 그을리기 시작했고, 방 안은 이제 연기로 가득했다. 나는 간신히 의자 하나를 끌어다 놓고 커튼을 뜯어냈다. 나는 커튼을 바닥에 던지고는 미친 듯이 밟아댔다. 그렇게 하는 동안 내 눈은 연기로 반쯤 멀었고 내 관자놀이의 핏줄은 방망이질 쳤다.

벌겋게 달궈진 누더기의 불이 다 사그라들어 사태가 모두 진정되었을 때, 나는 잠시 그곳에 바보처럼 멍하게 서서 무릎이 후들거림을 느끼며 재앙의 잔해를 쳐다보지 않은 채 곰곰이 상황을 정리해보았다. 어느 정도 정신이 들자 나는 아래층으로 내려가 조교에게 있었던 일을 이야기했다. 비참한 상황에 있으면서 행복했던 때를 떠올리는 것보다 더 큰 고통이 없다는 게 사실이라면, 마음이 고요한 상태에서 조용히 책상에 앉아 고통스러웠던 일을 회상하는 것도 아주 깊은 만족을 준다는 것을 알게 되었다.

조교는 사건의 자초지종을 교양인다운 태도로 주의깊게 들어주었지만 표정에는 의혹의 빛이 역력했다. 하지만 이 여행에 나를 끌어들여 갖은 고생을 다 시키며 벤젠을 정제하도록 만든 장본인은 누구인데? 사실 한편으로는 내게 일어나 마땅한 일이었다. 이런 일은 비非신도에게 일어나는 법이니까. 신전의 정문 앞에서 안으로 들어가지 않고 빈둥거리며 노는 사람에게나 일어나는 일이다. 하지만 그는 아무 말도 하지 않았다. 그는 우선 임시방편으로 (늘 그랬듯이 마지못해) 위계적인 거리를 두면서, 빈 플라스크에는 불이 붙지 않는다고 지적해주었다. 그렇다면 플라스크가 비어 있지 않았던 게 분명했다. 물론 주둥이를 통해 들어온 공기 외에 적어도 벤젠 증기가 들어 있었던 것이 분명했다. 하지만 벤젠 증기가 차가운 상태에서 저절로 불이 붙는 것을 본 사람은 아직 아무도 없다. 그렇다면 그 혼합공기에 불을 붙일 만한 것은 칼륨밖에 없다. 그런데 내가 칼륨을 제거했던가? 전부 다?

나는 "전부 다"라고 대답했다. 그때 의심이 찾아왔다. 그래서 나는 사고현장으로 다시 갔고 플라스크 조각들이 아직도 바닥에 있는 것을 보았다. 그중 하나를 자세히 들여다보니 거기에 보일락 말락 하는 아주 작은 흰 점이 있었다. 나는 페놀프탈레인을 가지고 그것을 검사해보았다. 그것은 알칼리성을 띤 수산화칼륨이었다. 범인이 밝혀졌다. 플라스크 유리에 아주 작은 칼륨 입자가 들러붙어 있었던 게 분명하다. 그것은 내가 부어넣은 물과 반응하여 벤젠 증기에 불을 붙이기에 충분한 양이었다.

조교는 약간의 냉소가 섞인, 재미있다는 표정으로 나를 쳐다보았다. 뭔가를 하는 것보다 차라리 안 하는 게 낫고, 행동하는 것보다 관조하는 게 낫고, 인식할 수 없는 것의 문턱에 있는 자신의 천체물리학이 악취와 폭발, 시시하고 보잘것없는 비밀들이 뒤섞인 내 화학보다 낫다는 말을 하는 것 같았다. 나는 더 세속적이고 구체적인 또 하나의 도덕률을 생각했는데, 전투를 좋아하는 화학자라면 누구나 그에 동의할 수 있을 것이다. 즉 거의 같은 것(나트륨은 칼륨과 거의 같다. 하지만 나트륨을 썼더라면 아무 일도 일어나지 않았을 것이다), 실질적으로 같은 것, 유사한 것, '혹은'이라는 말을 붙일 수 있는 것, 대용품, 미봉책은 믿지 말아야 한다는 것이다. 그 차이는 아주 작을지 몰라도 결과는 엄청나게 다를 수 있다. 마치 철로의 선로변환기처럼 말이다. 화학자 일의 상당 부분은 바로 그러한 차이에 주의하고, 그것을 제대로 알고서 결과를 예상하는 것이다. 그리고 이것은 단지 화학자에게만 해당하는 일은 아니다.

니켈

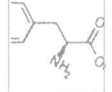

내 서랍 속에는 번쩍번쩍하게 장식된 증명서가 하나 들어 있다. 거기에는 우아한 서체로 "유대인 프리모 레비 110점 만점, 최우등으로 화학박사학위•를 수여한다"라고 적혀 있다. 그러니까 칭찬과 조소, 면죄, 단죄 등이 모두 섞여 있는 모호한 성격의 문서다. 증명서는 1941년 7월부터 서랍 속에 있었고, 지금은 11월 말이다. 세상은 파국으로 치닫고 있었지만 내 주변에는 아무 일도 일어나지 않았다. 독일군은 폴란드, 노르웨이, 네덜란드, 프랑스, 유고슬라비아로 밀물처럼 밀려들어갔고 러시아 평원을 칼로 무 자르듯이 파고들

• 이탈리아에서는 대학 졸업자에게 박사dottore라는 호칭을 붙인다.

었다. 미국은 외톨이가 된 영국을 도와주지 않았다. 나는 일자리를 구하지 못했고, 돈 되는 일이라면 뭐든지 찾아보느라 지칠 대로 지쳤다. 옆방에는 아버지가 종양에 굴복하여 생의 마지막 몇 달을 보내고 계셨다.

초인종이 울렸다. 키가 크고 마른 청년이 이탈리아 군대의 중위 제복을 입고 있었다. 나는 곧바로 그에게서 영혼들을 데려가는 심부름꾼, 메르쿠리우스(헤르메스), 더 좋게 말하면 고지告知 천사의 모습을 보았다. 누구나 의식적으로건 무의식적으로건 기다리고 있는 사람, 각자의 인생을 좋게든 나쁘게든 바꿔줄 하늘의 메시지를 갖고 오는 사람 말이다. 하지만 그 메시지가 무엇인지 그 사람이 입을 열기 전에는 아무도 모른다.

그는 억센 토스카나 사투리로 입을 열었는데, 레비 박사를 찾았다. 그가 찾는 사람은 믿기지 않았지만 바로 나였다(나는 아직도 박사라는 칭호에 익숙하지 않았다). 그는 공손하게 자신을 소개했고 내게 일자리를 제안했다. 누가 그를 내게 보냈을까? 또 다른 메르쿠리우스인 카셀리였다. 다른 사람의 명성을 위해 일하는 그 완고한 파수군 말이다. 내 학위 증서에 적힌 '최우등'이 실은 꽤 쓸모 있었던 것이다.

내가 유대인이라는 사실은 중위가 알고 있는 듯했다(게다가 내 성씨가 의심의 여지를 없애주었다). 하지만 그러한 사실이 그에게는 아무렇지도 않아 보였다. 더군다나 그는 그런 일이 어느 정도 구미에 맞는 듯했고, 인종법*을 어기는 일에 짜릿하고도 미묘한 쾌감을 느끼는 듯했다.

* 나치스의 뉘른베르크 법안을 모방해 1938년에 만들어진 일련의 조처들. 당시 이탈리아 내에 유대인은 약 4만 5,000명 정도였는데 1945년 4월 25일 파시즘이 결정적으로 붕괴될 때까지 이 법안

요컨대 그는 내 은밀한 동맹자였고 그도 내게서 동맹자를 찾았다.

그가 제안한 일은 비밀스러웠고 아주 매혹적이었다. "어딘가"에 광산이 있는데, 거기서는 쓸모 있는 물질(그것이 무엇인지는 말해주지 않았다)이 2퍼센트, 쓸모없는 것이 98퍼센트 나온다고 했다. 쓸모없는 물질은 근처 계곡에 버린다고 했다. 바로 그 물질 속에 니켈이 들어 있는데, 양은 적지만 아주 비싸기 때문에 그 물질을 재활용하는 것을 고려해볼 수 있다고 했다. 그는 그럴 생각이 있었고, 그것도 아주 많았지만 군복무를 해야 하기 때문에 시간이 거의 없다고 했다. 그래서 내가 대신 자기 생각을 실험실에서 검증해보고, 가능한 일이라면 자기와 함께 그것을 산업에 활용해보자고 했다. 그 일이 나로 하여금 그 "어딘가"로, 대충 설명된 어떤 곳으로 이주할 것을 요구한다는 점은 분명했다. 두 가지를 비밀로 한 상태에서 말이다. 먼저 내 신변을 보호하기 위해 내 이름과 남들이 혐오스러워 하는 내 출신을 아무도 알아서는 안 되었다. 그 "어딘가"는 군 당국의 감시를 받고 있었기 때문이다. 다음으로, 그의 계획을 보호하기 위해 그의 생각을 어느 누구에게도 발설하지 않겠다고 명예를 걸고 맹세해야 했다. 원래 한 가지 비밀이 있으면 다른 비밀도 굳건히 지키는 법이므로 어느 면에서는 불가촉천민인 내 신분이 그 일에 딱 맞았던 게 분명했다.

그런데 그의 생각은 무엇이고, 그 "어딘가"는 어디에 있는 것일까?

에 의해 약 8,000명의 유대인들이 목숨을 잃었다.

중위는 그 점에 대해서는 양해를 구했다. 내가 그 제의를 완전히 받아들이기 전에는 많은 것을 말할 수 없다고 했다. 당연한 일이었다. 어쨌든 그의 생각은 가스 상태의 어떤 쓸모없는 물질을 공략하는 것이고, 그 "어딘가"는 토리노에서 몇 시간 떨어진 거리에 있었다. 나는 즉시 가족들과 상의했다. 가족들은 찬성했다. 아버지가 편찮으셔서 집안에 돈이 급히 필요했다. 나로서도 조금도 주저할 것이 없었다. 아무 일도 하고 있지 않아서 맥이 빠져 있던 터였고, 화학에 대한 신념이 있었고, 또 그것을 시험해보고 싶은 마음이 굴뚝같았으니까 말이다. 게다가 중위가 호기심을 자극했고 마음에 들었던 것이다.

그가 마지못해 제복을 입고 있다는 것은 누가 봐도 알 수 있었다. 그가 나라는 인물을 선택한 데는 단지 유용성이라는 기준만 작용했던 것이 아닌 게 분명했다. 그는 파시즘과 전쟁에 대해 이야기할 때 극도로 말을 아꼈고 유쾌하게 말했지만 불쾌한 기색이 역력했다. 나는 그것을 어렵지 않게 알아차릴 수 있었다. 그것은 파시즘을 거부할 만큼 지성 있고 정직한 세대의 이탈리아 사람들이라면 누구나 갖고 있는 아이러니한 쾌활함이었다. 그들은 파시즘을 적극적으로 반대하기에는 너무나 회의가 많았고, 서서히 형체를 갖추고 있는 비극을 그대로 받아들이면서 미래를 절망하기에는 너무나 젊었다. 신의 뜻에 따른 인종법이 개입하여 나를 조숙하게 만들고 선택을 유도하지 않았더라면, 나도 그 세대에 속했을 것이다.

중위는 내가 동의했다는 것을 인정했고, 시간을 끌지 않고 곧바로 다음날 기차역에서 만나기로 약속했다. 준비는? 내게는 그렇게 많은 게 필요하지 않았다. 증명서는 필요없는 게 분명했고(나중에 보게 되겠지만 나는 익명으로 이름도 없이 혹은 가명으로 일하게 되었다), 두꺼운 옷 몇 벌이 필요할 텐데 등산복이면 될 것 같았고, 원한다면 가운 한 벌과 책도 갖고 갈 수 있었다. 나머지 것들은 문제가 없었다. 난방이 잘되는 방과 실험실, 가족과 같은 일꾼들과 함께하는 규칙적인 식사가 있을 테니까. 그리고 함께 지내게 될 동료들도 좋은 사람들이지만, 분명한 이유가 있으니까 그들과 너무 친하게는 지내지 말라고 충고했다.

우리는 떠났고, 기차에서 내려 하얀 서리로 빛나는 숲을 5킬로미터나 오른 끝에 광산에 도착했다. 성미가 급한 중위는 나를 감독에게 몇 마디 말로 줄여서 소개했다. 감독은 키가 크고 활기 넘치는 젊은 기술자였는데, 중위보다 훨씬 더 성미가 급해 보였고 내 이야기는 이미 다 들었던 게 분명했다. 나는 실험실로 안내되었는데, 거기에는 특이하게 생긴 존재가 나를 기다리고 있었다. 불붙은 듯 붉은 머리칼에다 흘겨보는 듯한, 심술과 호기심으로 가득 찬 초록색 눈을 지닌 열여덟 살가량의 억세게 생긴 아가씨였다. 그녀가 내 조수가 될 거라고 했다.

특별히 그날에 한해 사무실 구내에서 제공된 점심을 먹는 동안, 라디오에서 일본이 진주만을 공격해 미국에 선전포고했다는 뉴스가 흘러나왔다. 내 식사 동료들(중위 말고도 몇몇 사무직원들이 있었다)은 그 소식에 다양하게 반응했다. 중위를 포함한 몇몇은 자제하는 태도를 보이며 조심스럽게 나를 쳐다보았고, 다른 이들은 걱정 섞인 말을 보태었고, 또 다른 이들은 일본군과 독일군을 대적할 상대가 없다는 것이 또 입증되었다고 호전적으로 떠들어댔다.

이렇게 해서 그 "어딘가"의 위치가 확인되었다. 하지만 그곳에 대한 불가사의함이 사라진 것은 아니었다. 하기야 옛날부터 광산은 원래 신비한 곳이다. 땅속에는 꼬마 정령들이, '코볼트'(코발트!), '니켈'(니켈!)● 들이 우글거린다. 이들은 호의적일 때도 있어서 곡괭이 끝에 보물이 묻어나오게 해주기도 하고, 어떤 때는 사람을 속이거나 현혹시키기도 한다. 또 평범한 황철광을 금처럼 빛나게 만들기도 하고, 아연을 주석으로 변장시키기도 한다. 실제로도 '착각·눈속임·현혹'을 뜻하는 어원을 지닌 광물 이름들도 많다.

이 광산에도 신비함과 거친 마력이 있었다. 들쭉날쭉한 바위들과 나무 밑동들만 있는 평탄하고 황량한 언덕에는 깔때기 모양의 거대한 심연이, 지름이 400미터나 되는 인공 분화구가 있었다. 단테의 『신곡』일람표에 나오는 지옥 그림과 똑같았다. 그 둘레를 따라서 날마다 다이너마이트가 터졌다. 분화구의 벽은 최소한의 경사도만 유지하고 최대한 평평하게 되어 있어서 흐물흐물해진 덩어리들이 바닥까지 굴러 내려가기는 해도 한꺼번에 갑자기 무너져내리지는 않았다. 바닥에는 루시퍼 대신에 거대한 내리닫이 셔터가 있었고, 그 밑에는 긴 수평터널로 이어진 길지 않은 수직갱도가 있었다. 이 터널은 다시 광산 공장 바로 위의

● 독일어인 코볼트Kobold와 니켈Nickel은 독일 전설 속의 땅속 꼬마 정령을 가리킨다. 이 말에서 코발트, 니켈이라는 금속 이름이 나왔다.

언덕 기슭 바깥으로 통했다. 터널에서는 장갑기차가 왔다갔다 했다. 작지만 힘이 센 기관차가 짐차들을 하나씩 셔터 아래로 몰아서 짐이 다 실리면 그것을 다시 노천으로 끌고 갔다.

광산 공장은 터널 출구 아래의 언덕 기슭을 따라 계단식으로 들어서 있었다. 그곳에서는 광석이 거대한 분쇄기 속으로 들어가 부서졌다. 감독은 그 분쇄기를 내게 보여주면서 거의 어린아이처럼 신이 나서 설명했다. 그것은 종을 엎어놓은 것, 또 이렇게 표현해도 된다면 메꽃 부리처럼 생긴 것인데, 지름이 4미터나 되었고 육중한 강철로 만든 것이었다. 그 한가운데에는 위에 매달려 아래로 내려오는 거대한 추가 있었다. 추의 움직임은 거의 느낄 수 없을 정도로 느렸지만 기차에서 쏟아져내리는 돌덩이들을 눈 깜짝할 사이에 부숴버렸다. 부서진 암석은 아래로 눌려 압착되고, 다시 한 번 분쇄되어 사람 머리 크기만 한 덩어리 상태로 아래로 보내졌다. 이 모든 작업은 세상이 뒤집히는 듯한 시끄러운 소리와 저 아래 평지에서도 볼 수 있는 거대한 먼지구름을 일으키며 진행되었다. 이 돌덩이들은 다시 자갈 크기로 분쇄되고 건조되어서 체로 걸러졌다. 이러한 큰 수고의 최종 목적은 바위 속에 갇혀 있는 보잘것없는 2퍼센트의 석면을 뽑아내는 데 있다는 것을 어렵지 않게 알 수 있었다. 하루에 수천 톤씩 나오는 그 외의 것들은 계곡에 마구 쏟아버렸다.

한 해 두 해가 흐르면서 계곡은 천천히 흘러내리는 먼지와 자갈 사태로 메워졌다. 그 속에 아직 남아 있는 석면이 그 더미를 약간 질퍽하고 죽처럼 끈적거리게 만들어 마치 빙하처럼 보였다. 시커먼 바위들이 점점이 박힌 이 거대한 잿빛의 혀는 힘겹게 무거운 몸을 이끌고 1년에 10미터 정도를 아래로 뻗어 내려갔다. 이것이 계곡의 양쪽 벽면에 엄청난 압박을 가해서 암벽에는 깊은 홈들이 가로 방향으로 파여 있었다. 그리고 그 발치 맨 아래에 있는 건물들은 해마다 몇 센티미터씩 뒤로 물러났다. 그 건물들 중 하나에 내가 살고 있었는데, 바로 그렇게 소리 없이 떠다녔기 때문에 사람들은 그곳을 '잠수함'이라 불렀다.

주위는 잿빛 눈이 내린 것처럼 석면 천지였다. 책 한 권을 탁자 위에 놓아두었다가 몇 시간 후에 집어들면, 그 자국이 음화陰畵처럼 또렷이 남았다. 지붕에도 먼지가 두껍게 층을 이루고 있었는데, 비가 오는 날이면 그것이 해면처럼 물을 빨아들였다가 갑자기 땅바닥으로 미끄러져 내려와 박살나기도 했다. 안테오라는 이름의 현장주임은 검고 짙은 수염을 길렀고 살이 뒤룩뒤룩 찐 거인이었다. 그 이름처럼 자신의 힘을 어머니인 땅에서 퍼오는 것 같았다.* 그가 해준 이야기는 이러했다. 몇 년 전에 연일 쉬지 않고 내린 비로 광산 구덩이의 벽에서 수톤의 석면이 씻겨 내려가 깔때기 모양의 구덩이 바닥에 열려 있던 개폐문 위로 쌓였고, 결국 쥐도 새도 모르게 마개처럼 굳어버렸다. 모두 그 일을 대수롭지 않게 생각했지만 비는 계속해서 내렸고, 깔때기는 완전히 막혀서 석면 마개 위로 2만 입방미터의 물이 호수를 이루었다. 그래도 여전히 그 일을 어느

● 안테오라는 이름은 그리스 신화에 나오는 안타이오스에서 유래한다. 안타이오스는 바다의 신 포세이돈과 땅의 신 가이아 사이에서 태어난 거인으로, 헤라클레스와 싸워 쓰러질 때마다 어머니인 땅으로부터 힘을 얻어 원기를 회복했다. 결국 헤라클레스는 그를 번쩍 들어 땅에 닿지 못하게 한 뒤에 목을 졸라 죽였다.

누구 하나 심각하게 생각하지 않았다. 그러나 안테오는 그 일을 불길하게 생각하고는 당시의 감독에게 뭔가 조처를 취해야 한다고 주장했다. 유능한 현장주임이었던 그는 호수 밑바닥에서 뜸들이지 않고 바로 폭발하는 성능 좋은 수중 폭약을 사용하자고 했다. 하지만 몇몇 사람들이 이런저런 이유로 위험하기도 하고 개폐문이 파손될 수도 있으니 운영위원회의 의견을 듣는 것이 좋겠다고 반대했다. 아무도 결정을 못 했고 그러는 사이에 광산이 스스로 알아서 그곳의 악령과 함께 결정을 해버렸다.

똑똑한 사람들이 심사숙고하는 동안에 둔탁하게 우르르 하는 소리가 들렸다. 마개가 그만 항복했던 것이다. 물이 갱도와 터널 안으로 쏟아져 들어왔고, 화차들과 함께 기관차가 쓸려나갔고, 광산 시설은 폐허가 되었다. 안테오는 그 물난리의 흔적들을 내게 보여주었다. 그곳의 경사 지면을 따라 2미터 정도 올라간 곳에 있었다.

일꾼들과 광부들은 인근 마을 사람들인데, 산길을 따라 두 시간 정도 걸어서 출근했다. 사무원들은 현장에서 거주했다. 평지와는 5킬로미터밖에 떨어져 있지 않았지만 광산은 여러 모로 자율적인 작은 공화국이었다. 배급과 암시장이 판치던 시절 위쪽의 그곳에는 물자 문제가 없었다. 어떻게 하는지는 아무도 몰랐지만 모두가 모든 것을 가졌다. 사무원 대부분은 사무실 주변에 각자의 채소밭을 가지고 있었다. 일부는 닭장도 가지고 있었는데 닭들이 다른 집의 채소밭에 들어가 말썽을 부리는 일이 자주 일어났다. 그 때문에 말다툼과 반목이 끊이지 않았다. 이것은 그곳의 평온한 분위기와는 물론, 모든 일을 딱 부러지게 현실적으로 처리하는 감독의 성격과도 맞지 않았다. 감독은 자기 방식대로 그 매듭을 풀었다. 그는 플로베르 단총을 구입하여 사무실 벽에 걸어두었다. 누구든지 자기 채소밭에 남의 집 닭이 들어와서 파헤치는 것이 눈에 띄면 총으로 그 닭을 두 번까지 쏠 권리가 있었다. 하지만 닭은 현장에서 붙잡아야 했다. 닭이 그 채소밭 안에서 죽어야 쏜 사람의 소유가 될 수 있었다. 이것이 규칙이었다. 처음 며칠 동안에는 많은 이들이 재빨리 총을 집어들어 쏘았고, 당사자가 아닌 사람들은 그 결과에 내기를 걸었다. 그후로는 불법 침입이 사라졌다.

재미있는 이야기는 더 있었다. 시뇨르 피스타밀리오의 개에 대한 이야기도 그 가운데 하나였다. 그는 내가 그곳에 도착하기 몇 년 전에 벌써 떠나고 없었지만, 그에 대한 기억은 여전히 남아 있었다. 뿐만 아니라 흔히 그렇듯 미화되어 전설이 되어 있었다. 그러니까 시뇨르 피스타밀리오는 하급직원이 아닌 뛰어난 과장으로 상식 있는 독신이었고, 모든 사람들에게 존경을 받았다. 그의 개도 아주 훌륭한 독일산 셰퍼드였는데, 주인과 마찬가지로 정직했고 사람들에게 존중받았다.

어느 크리스마스 때였는데 사무실 아래 계곡에 있는 마을에서 아주 살찐 칠면조 네 마리가 사라져버린 일이 있었다. 모두들 대수롭지 않게 여겼다. 도둑이 들었거나, 여우 짓이거니 하며 곧 모두 잊어버렸다. 다음해 겨울이 왔고, 이번에는 칠면조 일곱 마리가 11월에서 12월 사이에 사라졌다. 사람들은 경찰에 신고했다. 하지만 시뇨르 피스타밀리오 자신이 어느날 저녁 술김에 입 밖으로 말을 내지 않았더라면 아무도 그 수수께끼를 풀지 못했을 것이다. 칠면조 도둑은 둘이었다. 그와 그의 개였던 것이다. 일요일이면 그는 개를 데리고 마을 농가를 돌아다니면서 어느 칠면조가 가장 아름답고 가장 보호를 못 받는지 개에게 보여주었다. 경우에 따라서는 어떤 전략이 가장 좋은지도 개에게 설명해주었다. 그러고 나서 그들은 광산에 돌아왔고, 밤이 되면 개를 풀어주었다. 개는 눈에 띄지 않게, 진짜 늑대처럼 벽을 따라 미끄러지듯 내려가서 닭장 주위의 울타리를 뛰어넘거나 닭장 밑으로 굴을 파고 들어가 칠면조를 소리 없이 죽였고 그것을 자신의 공범자에게로 가져왔다. 시뇨르 피스타밀리오가 칠면조를 내다 팔았는지는 확인되지 않았다. 가장 믿을 만한 이야기에 따르면, 그는 칠면조를 애인들에게 선물했다고 한다. 그의 애인들은 늙고 못생겼으며 피에몬테 지방의 알프스 자락 곳곳에 수없이 흩어져 있었다.

내가 들은 이야기는 그 밖에도 수없이 많았다. 그 이야기들을 종합해보면, 광산에서 살고 있는 50명 모두가 서로에 대해 반응했다. 수학의 순열조합에서처럼 늘 둘씩 짝을 지었다. 즉 모두가 제각각 다른 사람들과, 특히 모든 한 남자가 모든 여자(처녀든 결혼을 했든)와 관계를 맺었고, 여자들도 모든 남자와 관계를 맺었던 것이다. 나는 그냥 생각나는 대로 아무 이름이나 둘을, 더 쉽게는 성별이 다른 이름을 고르면 되었는데, 그렇게 해서 제삼자에게 "그 두 사람 사이에 무슨 일이 있었느냐"고 물으면 놀랍게도 화려한 이야기 보따리가 펼쳐졌다. 모두가 서로서로의 이야기를 알고 있었던 것이다. 나는 사람들이 왜 그런 사건들을, 대체로 복잡하게 얽혀 있고 늘 내밀한 그런 일들을 내게는 꺼리지 않고 말하는지 그 영문을 몰랐다. 반대로 나는 누구에게 그 어떤 것도, 내 본명조차도 말해줄 수 없는데 말이다. 하지만 그것은 내 별자리 탓인 것 같다(그렇다고 내가 그 점을 한탄하는 것은 절대 아니다). 별자리에 따르면 나는 사람들이 마음 놓고 많은 얘기를 할 수 있는 사람이다.

나는 아주 오랜 옛날의, 시뇨르 피스타밀리오보다 훨씬 더 이전 시절의 전설 같은 이야기 하나를 여러 판본으로 기록해두었다. 광산의 사무실들이 고모라 같은 도덕적 문란 체제로 운영되던 때가 있었다. 그 전설 같은 시절에는 저녁 5시 반을 알리는 사이렌 소리가 울려도 직원들 가운데 어느 누구도 퇴근하지 않았다. 그 신호에 맞춰 책상 여기저기에서 독한 술과 매트리스들이 튀어나왔고, 모든 것들이, 모든 사람들이 하나가 되는 광란의 술판이 벌어졌다. 앳된 속기사들과 머리가 벗겨진 회계사들, 감독부터 맨 아래의 미숙한 사환들에 이르기까지 모두가 모였다. 지겨운 광산 서류 업무의 쳇바퀴가 매일 저녁 갑자기 계급 구별이 없는, 끝 간 데를 모르는, 노골적인, 그리고 너무도 다양하게 얽혀드는 사통의 마당으로 바뀌었다. 우리가 있던 시절에는 직접 증언해줄 만한 사람이 아무도 살아 있지 않았지만, 대차대조표가 계속해서 재앙으로 달려가자 밀라노 행정 당국이 개입해서 과감한 정화작업을 벌였다고 한다. 시뇨라 보르톨라소 말고는 아무도 그 일을 보지 못했다. 그녀는 모든 일을 알고 있을 거라고 사람들은 내게 장담했지만, 그녀는 너무나 부끄러워하며 아무 말도 하지 않았다.

그렇지 않아도 시뇨라 보르톨라소는 어느 누구와도 말을 하지 않았다. 일 때문에 불가피한 경우를 제외하면 말이다. 그녀는 그 이름을 갖기 전에는 지나 델레 베네로 통했다. 열아홉 살 때 그녀는 이미 사무실에서 타이피스트로 일했는데, 그때 젊고 날씬하며 머리칼이 붉은 어떤 광부를 사랑하게 되었다. 그 남자는 그녀의 사랑에 실제로 응답은 하지 않고 다만 받아들이고 있다는 것을 몸으로 보여주었다. 하지만 그녀 가족들의 태도는 단호했다. 그들은 그녀가 공부하는 데 돈이 들었기 때문에 그녀가 처음 만나는 아무하고나 관계만 맺을 것이 아니라 결혼을 잘 해서 보답해주기를 바랐다. 그래도 그녀가 말을 듣지 않자 그들은 그 빨강머리를 버리든지 아니면 집과 광산을 떠나라고 요구했다.

지나는 스물한 살이 될 때까지 기다리기로 했다(2년밖에 남지 않았다). 하지만 빨강머리는 그녀를 기다려주지 않았다. 그는 일요일이면 다른 여자와 함께 나타났고, 그 다음에는 또 다른 여자와 함께였고, 결국에는 네번째 여자와 결혼했다. 지나는 그때 모진 결심을 했다. 자기가 사랑한 유일한 사람을 얻지 못할 바에는 다른 어느 누구에게도 가지 않을 거라고 말이다. 그렇다고 수녀가 되려고 한 것은 아니었다. 그녀의 생각은 현대적이었다. 그녀는 교묘하고도 잔인한 방법으로 자신에게 결혼을 영원히 금지시켰다. 즉 결혼을 하는 방법으로 말이다. 그녀는 그사이에 행정 당국에서도 탐내는 유능한 사무원이 되어 있었다. 무쇠처럼 단단한 기억력을 지니고 있었고 부지런함으로 소문이 나 있었다. 그래서 그녀는 부모와 상사, 모두에게 광산의 바보인 보르톨라소와 결혼하겠다고 선고했다.

보르톨라소는 중년의 막일꾼으로 노새처럼 튼튼했고 돼지처럼 지저분했다. 그는 진짜 바보는 아니었던 것 같다. 그보다는 오히려 피에몬테 사람들이 흔히 말하듯이 소금 값을 내지 않으려고 바보짓을 하는 사람들 축에 속했던 것으로 보인다. 저능한 사람들에게 부여되는 면책의 비호를 받으며 보르톨라소는 정원사의 직무를 극도로 태만하게 수행했다. 그 태만함은 거의 원시적인 교활함에 가까운 것이었다. 어쨌거나 신나게도 세상은 그에게 책임이 없다고 선언했고, 그가 어떤 짓을 해도 봐주고 먹여 살리기 위해 돌봐주어야 했다.

빗물을 빨아들인 석면은 추출하기가 힘들다. 그래서 광산에서는 우량계가 아주 중요하다. 우량계는 화단 한가운데에 설치되어 있었고, 감독이 직접 수치를 읽었다. 보트톨라소는 아침마다 화단에 물을 뿌렸는데 우량계에도 물을 뿌리는 버릇이 있었다. 그래서 석면 추출 비용계산에 필요한 데이터를 완전히 엉터리로 만들어버렸다. 감독은 (곧바로는 아니었지만) 그 사실을 알아차렸고, 그에게 그렇게 하지 말라고 명령했다. "그렇다면 감독은 그것이 바짝 마르기를 좋아하는 것이구먼" 하고 그는 짐작했다. 그래서 그때부터 비가 온 뒤에는 늘 기구 아래쪽의 밸브를 열어놓았다.

내가 도착했을 때는 상황이 한동안 안정되어 있었다. 지나, 이제는 시뇨라 보르톨라소라고 불러야 할 그녀는 나이가 서른다섯쯤 되어 있었다. 수수하면서도 아름다웠던 그녀의 얼굴은 이제 딱딱하게 굳어 긴장과 경계심 어린 가면으로 변했고, 오랜 독신 생활의 티가 역력했다. 사실 그녀는 처녀였던 것이다. 모두들 그 사실을 알고 있었다. 보르톨라소가 모두에게 그 일을 말하고 다녔기 때문이다. 결혼할 때 그렇게 계약했고 그 역시 아주 나중에서긴 하지만 그것을 받아들였다. 거의 매일 밤 그는 여자의 침대를 정복하려고 안간힘을 썼다. 하지만 그녀는 완강하게 자신을 보호했고 그 이후로도 계속 그랬다. 그녀는 어떤 남자도 자신의 몸에 손을 대지 못하도록 했는데, 더군다나 그런 남자는 말할 것도 없었다.

그 불행한 부부가 밤마다 벌이는 싸움은 광산의 전설이 되었고, 흔치 않은 재미있는 일 가운데 하나였다. 조용한 밤들이 처음으로 계속되던 어느날 밤 극성스러운 구경꾼 한 무리가 나를 초대했는데, 함께 가서 무슨 일이 벌어지는지 엿듣자고 했다. 나는 거절했고 그들도 얼마 안 있다가 실망한 채 집으로 돌아갔다. 〈작고 검은 얼굴〉*의 트롬본 연주 소리밖에 듣지 못했으니까. 그런 일이 이따금씩 있다고 그들은 말했다. 보르톨로소는 바보이기는 했지만 음악을 좋아해서 그런 식으로 분을 풀었던 것이다.

난 첫날부터 내 일과 사랑에 빠졌다. 비록 첫 단계에서는 단순히 암석 표본을 정량분석하는 일이었지만 말이다. 그것을 플루오르화수소산으로 녹이면, 암모니아와 함께 철이 떨어져 나왔고, 다이메틸글리옥심

* Facettanera: 파시스트 정권의 이탈리아가 에티오피아를 침공하던 때(1935~1936) 이탈리아에서 크게 유행한 노래.

과 함께 니켈(얼마나 적은 양이었던지! 붉은 침전물만 약간)이 나왔으며, 인산염과 함께 마그네슘이 나왔다. 늘 똑같은 일이, 그것도 하루 종일 되풀이되었다. 일 자체는 그러니까 별로 매력이 없었다. 매력적이고 새로웠던 것은 다른 곳에 있었다. 분석해야 할 표본은 이제 더 이상 이름 없는 가공된 가루나 물질화된 퀴즈가 아니었다. 그것은 바위의 조각, 땅의 속살, 폭약의 위력에 의해 땅에서 떨어져 나온 것이었다. 매일매일 나오는 분석자료를 통해서 지도와 땅속의 핏줄들에 대한 그림이 조금씩 완성되어갔다. 그리스어의 동사변화와 펠로폰네소스 전쟁사와 함께 했던 17년 동안의 학교생활이 끝난 뒤 처음으로, 내가 배웠던 것들이 내게 쓸모 있는 것이 되기 시작했다. 감정이라고는 전혀 없고 딱딱하기가 금강석 같았던 정량분석이 진지하고 구체적인 일의 일부가 되었다. 그것은 생명력을 얻어 진정한 일, 쓸모 있는 일이 되었다. 계획 속에 편입되었고 모자이크의 돌 하나가 되었다. 내가 따랐던 분석방법은 이제 더 이상 책 속의 도그마가 아니었다. 매일매일 검증되었고 이성과 시행착오가 세밀하게 함께 작용해서 우리의 목적에 맞게 다듬어졌다. 실수는 이제 더 이상 약간 우습기도 한 불운한 사건, 시험을 망치거나 성적을 떨어뜨리는 일이 아니었다. 실수를 한다는 것은 암벽을 타는 것과 같았다. 자신을 가늠해 알고 한 단계 더 높이는, 더욱 더 유능하고 쓸모 있게 만드는 일이었다.

실험실의 아가씨는 이름이 알리다였다. 그녀는 내가 신참자로 열광하는 모습에 전혀 동조하지 않고 그저 지켜보기만 했다. 사실 그녀는 뜻밖이라는 표정과 함께 약간 불쾌하다는 태도마저 보였다. 그녀와 함께 있는 것이 불쾌하지는 않았다. 그녀는 고등학교를 졸업했으며 핀다로스와 사포를 인용할 줄 알았고, 악의라고는 전혀 없는 지방 하급공무원의 딸로 약고 일하기를 싫어했다. 그녀는 중위에게 배워서 기계적으로 실행할 줄 아는 암석 분석은 말할 것도 없고 그 밖의 어느 것 하나에도 관심이 없었다. 그녀도 그곳 산 위의 모든 사람들처럼 여러 인물들과 관계를 맺었고, 앞에서도 말했듯이 내게는 고백을 들어주는 이상한 미덕이 있었기 때문에 내게는 그 일을 하나도 숨기지 않았다. 그녀는 막연한 경쟁심 때문에 많은 여자들과 싸웠고 많은 남자들과 약간 사랑에 빠지기도 했으며, 한 남자와는 깊은 사랑에 빠졌지만 약혼은 다른 남자와 했다. 그 남자는 기술부에서 근무하는 평범하고 눈에 안 띄는 얌전한 사람이었다. 그는 그녀와 같은 마을 출신이었고 그녀의 가족이 직접 딸의 배필로 고른 사람이었다. 그녀는 그 일에도 관심이 없었다. 그렇다면 그녀가 할 수 있는 일은? 반항하거나 가출하기? 아니다. 그녀는 좋은 집안의 아가씨였고 그녀의 미래는 아이와 요리였다. 사포와 핀다로스는 이미 과거의 것이 되었고, 니켈은 난해한 시간 때우기였다. 별로 달갑지 않은 결혼을 기다리는 동안 그녀는 실험실에서 건성으로 일했다. 침전물을 무성의하게 씻었고 니켈 다이메틸글리옥심의 무게를 달았다. 나는 그녀에게 분석 결과의 수치를 불리는 것은 합당한 일이 아니라는 것을 납득시키려고 애썼다. 그것은 그녀가 의도한 일이었다. 사실 그녀는 자주 그렇게 했다고 고백했는데, 그녀 말로는 그 일은 돈 들이지 않고 감독과 중위 그리고 나를 기쁘게 해줄 수 있는 일이기 때문이라고 했다.

중위와 내가 골몰했던 그 화학은 결국 무엇이었나? 부엌에서처럼 물과 불, 그 이상도 이하도 아니었다. 식욕을 돋우는 것과는 거리가 먼 부엌이었다. 집안에서와 달리 여기서는 역겨운 냄새가 코를 찔렀다. 하지만 이곳에도 앞치마, 섞기, 불에 손 데기, 하루의 마무리 설거지가 있었다. 알리다라고 해서 빠져나갈 길이 있던 건 아니다. 그녀는 이탈리아 사람 특유의 의심으로 주저하는 듯하면서도 솔깃해서, 토리노에서 내가 살아온 이야기를 들었다. 그 이야기들은 검열을 받듯 많은 부분이 삭제되었는데, 사실 그녀도 나도 내 익명성을 놓고 도박을 해야 했기 때문이다. 그런데도 뭔가 밖으로 새어나갔다. 적어도 내가 입을 다물고 있었던 바로 그것들에서 말이다. 몇 주 뒤에 나는 내가 더 이상 이름 없는 사람이 아님을 알게 되었다. 나는 레비 박사로 통했는데, 절대로 레비라고 불러서는 안 되었다. 2인칭으로 쓸 때도 그랬고 3인칭으로 쓸 때도 그랬다. 예의를 지켜 곤란한 일을 피하려는 거였다. 말하기 좋아하고 제멋대로인 광산의 분위기에서, 추방된 자라는 내 불확실한 상황과 겉으로 드러나는 내 태도의 부드러움 사이의 괴리는 눈에 띄었다. 그리고 알리다가 고백했듯이 이 사실은 지겹도록 입방아에 올라 다양하게 해석되었다. 파시스트 비밀경찰 OVRA의 요원이라는 설에서부터 시작해 고위층에 줄을 대고 있는 사람이라는 이야기까지.

계곡으로 내려가는 것은 불편했고 내 상황에서는 별로 신중하지 못한 일이기도 했다. 나는 어느 누구와도 자주 만나서는 안 되었기 때문에 광산에서 보내는 저녁 시간은 너무나도 길었다. 어떤 때는 하루 일과를 끝내는 사이렌이 울리고 난 뒤에도 실험실에 그냥 머물러 있거나, 저녁 식사를 끝내고 다시 그곳으로 돌아와 연구를 하거나, 니켈에 관한 문제에 골몰했다. 또 어떤 때는 잠수함 속의 내 수도원 독방에 틀어박혀 토마스 만의 『야곱 이야기』를 읽었다. 달이 밝은 밤이면 자주 광산의 황량한 주변을 걸으며 길고 고독한 산책을 했다. 분화구 가장자리까지 오르기도 했고, 돌을 쏟아내리는 울퉁불퉁한 잿빛 비탈을 절반 정도까지 내려가보기도 했다. 그곳은 정말로 분주한 땅의 정령들이 깃들어 있는지 삐걱거리고 부서지는 신비한 소리가 나면서 땅이 움직였다. 어둠의 정적은 저 멀리 보이지 않는 계곡 아래에서 간간이 들려오는 개 짖는 소리에 의해 깨어졌다.

이렇게 돌아다니는 일로 나는 토리노에서 죽음을 기다리는 아버지, 미군이 바타안에서 당한 패배, 독일이 크리미아에서 거둔 승리, 요컨대 열어둔 덫이 이제 막 닫히려고 하는 일이 주는 우울한 생각을 잊을 수 있었다. 그러한 산책은 내가 학교에서 배운 자연에 관한 수사修辭보다도 더 정직한, 어떤 새로운 유대감이 내 마음속에서 싹트게 해주었다. 그것은 나무딸기 덤불과 돌에 대한 유대감이었다. 그것들은 내 섬이고 자유였다. 곧 잃어버릴지도 모르는 자유였다. 그 평화롭지 못한 바위에게는 어딘가 부서질 듯 불안한 애착이 느껴졌다. 바위와 나는 이중의 인연을 맺었던 것이다. 첫번째는 산드로와 함께한 모험을 통해, 다음은 바로 이곳에서 화학자로서 그 속의 보물을 캐내려는 일을 통해. 어느 긴긴 며칠 밤 동안 이 돌에 대한 사랑과 석면의 고독으로부터 섬과 자유에 관한 두 개의 이야기가 탄생했다. 고등학교 시절 작문의 고문을 당한 뒤 처음으로 글을 쓰고 싶다는 생각이 들었다. 하나는 니켈 대신에 납을 사냥하고자 했던 먼 옛날 어떤 광부에 대한 환상적인 이야기였고, 다른 하나는 당시 우연히 보게 된, 트리스탄다쿠냐 섬에 관한 개설서에서 뽑아낸 것으로 모호하고 변덕스런 이야기였다.

토리노에서 군복무를 하던 중위는 일주일에 한 번만 광산에 들러 내가 하고 있는 일을 점검했고, 다음 주에 해야 할 일에 대한 지시와 조언을 했다. 거기서 그는 자신이 뛰어난 화학자며 끈기 있고 예리한 연구자임을 여실히 보여주었다. 짧은 입문기간이 끝나자, 매일매일 분석은 반복해야 했지만 일은 더욱 높은 수준의 모습을 갖추기 시작했다.

광산의 바위에는 정말 니켈이 들어 있었다. 하지만 양이 너무나 적었다. 우리의 분석 결과로는 평균 0.2퍼센트밖에 되지 않았다. 지구 반대쪽의 캐나다와 누벨칼레도니의 동료들과 경쟁자들이 얻어내는 광물에 비하면 웃음거리밖에 되지 않았다. 하지만 원료를 농축할 수는 없었을까? 중위의 지도를 받으며 나는 모든 가능성을 다 시험해보았다. 자력선광磁力選鑛, 부유선광浮游選鑛, 수력분급水力分級도 해보았고, 체로도 골라보았고, 중액重液을 써서 선별도 해보았고, 요동 테이블을 사용해보기도 했다. 소용이 없었다. 농축이 되지 않았다. 선별된 것을 다 조사해보아도 니켈 함량은 고집스럽게도 처음과 똑같았다. 자연이 우리를 돕지 않은 것이다. 그래서 우리는 결론을 내렸다. 니켈은 2가價철을 데리고 다니고 대리인처럼 그 자리를 대신한다는 것을, 눈에 보이지 않는 그림자나 아주 작은 동생처럼 그것을 따라다닌다는 것을 말이다. 니켈 0.2퍼센트, 철 8퍼센트로 말이다. 니켈과 반응하는 가능한 모든 시약들이 40배는 더 많은 양으로 적용되어야 했다. 물론 마그네슘은 거기서 제외시켰지만 말이다. 경제적으로 볼 때는 가망이 없는 시도였다. 지칠 대로 지쳐 있을 때 내 주위를 에워싸고 있는 바위와 알프스 자락에 있는 녹색 사문석蛇紋石이 눈에 들어왔는데, 그 바위들은 멀리 있는 별 같기도 하고, 절대적으로 보일 정도로 딱딱해 보이기도 했다. 그에 비해 이미 봄옷을 입은 계곡의 나무들은 우리와 같았다. 이들도 말은 못 하지만 더위와 추위, 즐거움과 고통을 느끼고 태어나고 죽는 인간과 같다. 바람이 불면 꽃가루를 뿌리고 신기하게도 태양의 여정을 쫓는다. 바위는 그렇지 않다. 바위는 생명력을 머금고 있지 않은, 태초부터 죽어 있는 것이다. 완전히 냉담한 수동성 그 자체다. 숨어 있는 정령을 잡으려면 보루 하나하나를 철거해야 하는 요새였다. 변덕스런 니켈 정령은 이리저리 튀며 잘 빠져나가고 사악하다. 뾰족한 귀가 있으며, 찾기 위해 곡괭이로 쪼면 늘 피할 준비가 되어 있고, 어디로 갔는지 흔적조차 찾지 못한다.

하지만 꼬마 요정, 니켈 정령, 코볼트의 시대는 지나갔다. 우리는 화학자다. 다시 말해 사냥꾼이다. 우리에게는 파베세•가 말한 것처럼 "어

• Cesare Pavese(1908~1950): 이탈리아의 시인·소설가. 제2차 세계대전 후 공산당에 가입하기도 했고 1950년에 자살했다. 대표작으로 『달과 화롯불』이 있다

른이 되어서 겪는 두 가지 경험", 곧 성공과 실패밖에 없다. 흰 고래를 죽이든지 난파되든지 둘 중의 하나였다. 불가해한 물질에 굴복해서는 안 되었다. 그냥 주저앉아서도 안 되었다. 우리는 실수를 하고 그것을 고치기 위해 얻어맞고 다시 한방을 되돌려주기 위해 존재한다. 우리가 무력하다고 느껴서는 안 된다. 자연은 무한하고 복잡하지만 지성이 뚫고 들어갈 수 없는 것은 아니다. 우리는 그 주위를 돌면서 찔러 보고 들여다보아야 한다. 들어갈 구멍을 찾거나 없으면 만들어야 한다. 매주 중위와의 대화는 마치 전투 작전을 짜는 듯했다.

우리가 했던 수많은 시도들 가운데는 암석을 수소로 정련하는 것도 있었다. 우리는 곱게 간 광물을 작은 배 모양의 자기에 담았고, 이것을 다시 석영 튜브 속에 넣었다. 외부에서 열을 가하면서 그 튜브 속으로 수소를 흘려보냈다. 그 수소가 니켈과 결합해 있는 산소를 떼어내어 니켈이 금속 상태로 환원되기를, 즉 벌거벗겨지게 되기를 바라는 마음에서 그렇게 했던 것이다. 금속 상태의 니켈은 철과 마찬가지로 자석에 끌린다. 따라서 그 가설에 따르면 단지 작은 자석만으로도 니켈을 그 나머지에서 홀로 또는 철과 함께 쉽게 분리시킬 수 있다. 하지만 처리가 끝난 뒤에 강력한 자석으로 그 광물 가루 현탁액을 휘저어도 아무런 소득이 없었다. 미량의 철만 건져 올렸을 뿐이다. 명백하고도 슬픈 사실은 그런 조건에서 수소는 그 어느 것도 환원시키지 못한다는 것이다. 철과 함께 있는 니켈은 규산염과 물과 결합하여 사문석의 구조 속에 견고하게 틀어박혀 있으면서 자신의 상태에 (말하자면) 만족하여 다른 것을 받아들이기를 거부하는 것이 분명했다.

하지만 누군가가 그 구조를 깨려고 시도했다면? 그 생각은 불이 켜지듯 번쩍 떠올랐는데, 어느날 내가 우연히 오래된 먼지투성이 도표를 하나 발견했을 때의 일이었다. 그 도표는 광산의 이름도 모르는 어느 선배가 만든 것으로 광산의 석면이 온도에 따라 무게가 줄어드는 것을 보여주었다. 석면은 섭씨 150도에서 약간의 물을 잃었으나 그 다음부터 약 800도에 이를 때까지는 거의 변화가 없어 보였다. 거기서부터 다시 급격히 떨어져서 무게가 12퍼센트나 줄어드는 것을 알 수 있었다. 그리고 그 지점에 작성자는 "부서지기 쉬운 상태로 됨"이라는 소견을 적어두었다. 그런데 사문석은 석면의 아버지다. 석면이 800도에서 분해된다면 사문석도 그렇게 되어야 할 것이다. 화학자란 모델 없이는 생각도 못 하고 살 수도 없으므로, 나는 이리저리 어슬렁거리면서 규소·산소·철·마그네슘으로 된 긴 사슬과 그 연결고리들에 조금씩 붙잡혀 있는 니켈을 떠올렸고 그것을 종이에 그렸다. 그러고 나서는 그 사슬들을 짓이겨서 짧은 동강들로 축소시켰다. 거기에는 동굴에서 파내어 이제 공격에 노출된 니켈이 함께 있었다. 내 기분은 그 옛날 알타미라 동굴의 암벽에 영양을 그려서 다음날 사냥이 잘되기를 바라는 사냥꾼의 심정과 다를 바 없었다.

신을 달래는 의식은 오래 걸리지 않았다. 중위는 아직 오지 않았지만 한두 시간 안에 도착할 것이다. 나는 정통이 아닌 내 작업가설을 그가 받아들이지 않을 거라고, 흔쾌히 받아들이지 않을 거라고 걱정했다. 하지만 나는 그렇게 하고 싶어서 좀이 쑤셨다. 이미 엎지른 물이었다.

즉시 착수하는 게 상책이었다.

가설보다 활기를 가져다주는 것은 없다. 호기심과 회의가 섞인 알리다의 시선을 받으며 나는 정신없이 일에 착수했다. 늦은 오후 시간이었기 때문에 그녀는 보라는 듯 계속 손목시계를 들여다보았다. 순식간에 기구를 설치해 온도를 800도에 맞추고, 탱크의 압력 조절기도 조정하고 자속계磁束計도 설치했다. 나는 재료를 30분 동안 가열했고, 그 다음 온도를 낮추고는 한 시간 동안 수소를 통과시켰다. 그사이에 날은 어두워져 알리다는 가고 없었다. 사방은 고요했다. 밤에도 일하는 선광 작업장에서 나오는 윙윙거리는 소리만 둔중하게 들려올 뿐이었다. 나는 나 자신이 무슨 음모를 꾸미는 사람 같다는 기분이 들기도 했고 연금술사 같다는 느낌도 들었다.

드디어 시간이 되자 나는 배 모양 자기를 석영 튜브에서 꺼냈고, 그것을 진공상태에 두고 식혔다. 이제 분말은 녹색이 아닌 누르스름한 빛을 띠었는데, 좋은 징조 같았다. 분말을 물속에 넣어 분산시킨 후 나는 자석을 집어들고 작업에 들어갔다. 자석을 물속에서 꺼낼 때마다 갈색 가루가 머리털처럼 붙어 나왔다. 나는 그것을 거름종이로 조심스럽게 닦아내어 따로 모아두었다. 한 번에 1밀리그램쯤 나오는 것 같았다. 분석이 신빙성을 얻으려면 적어도 1그램은 필요했다. 작업을 여러 시간 동안 해야 한다는 뜻이었다. 자정 무렵이 되어서야 작업을 끝냈다. 분리 작업을 중간에 멈췄다는 뜻이다. 분석작업의 시작을 한없이 기다릴 수가 없었기 때문이었다. 자력선광을 했기 때문에 (그래서 규산염이 거의 들어 있지 않을 것이었으므로) 그리고 결과가 너무 궁금해서 나는 당장에 약식 분석방법을 적용했다. 새벽 세 시에 결과가 나왔다. 평소에 볼 수 있었던 니켈 다이메틸글리옥심이라는 눈곱만 한 분홍빛 뜬구름이 아니라, 눈에 띄게 넉넉한 침전물 같은 것이었다. 그것을 여과하고 세척하고 말려서 무게를 쟀다. 최종 수치가 불로 쓴 글씨처럼 계산자 위에 나타났다. 6퍼센트가 니켈이고 나머지는 철이었다. 승리였다. 더 이상 분리하지 않아도 그 상태 그대로 전기 오븐을 만드는 데 바로 쓸 수 있는 합금이었다. 거의 먼동이 틀 무렵에 나는 잠수함으로 돌아갔는데, 빨리 가서 감독을 깨우고 중위에게 전화하고 이슬에 젖은 어두운 초원 위를 뒹굴고 싶은 마음뿐이었다. 나는 바보 같은 생각들만 했지, 지각 있고 슬픈 생각은 하지 않았다.

　나는 열쇠로 문을 하나 열었다고, 많은 문들을, 아마 모든 문들을 열 수 있는 열쇠를 갖게 되었다고 생각했다. 나는 여태껏 아무도 생각하지 못한, 캐나다나 누벨칼레도니에 있는 어느 누구도 생각해내지 못한 것을 해냈다고 생각했다. 나를 이길 자는, 나를 건드릴 자는 없다는 느낌이 들었다. 가까이 다가오는, 다달이 가까워오는 적들이 눈앞에 있다 해도 그랬다. 마침내 나를 생물학적으로 열등한 존재라고 선언했던 자들에게 결코 저열하지 않게 복수했다는 생각도 들었다.

　하지만 내가 찾아낸 추출방법이 산업에 이용될 수 있다면 생산된 니켈이 전부 파시스트 이탈리아와 히틀러 독일의 장갑차와 대포에 들어갈 것이라는 생각은 하지 못했다. 바로 그 몇 달 사이에 알바니아에서 니켈 광상鑛床이 발견되고 거기에 가려 우리 것은 빛을 보지도 못 할 거라는, 그와 함께 나의 계획도, 감독과 중위의 계획도 무산될 거라는 생각도 전혀 못했다. 며칠 뒤 내가 중위에게 결과를 알려주자마자 중위가 지적했듯이 내가 해석한 니켈의 자력선광법이 근본적으로 잘못되었다는 것도 전혀 눈치채지 못했다. 며칠 동안 나와 흥분을 함께 나누었던 감독이, 재료를 고운 분말 형태로 선별할 수 있는 자력선별기를 시중에서 구할 수 없고 내 방법은 거친 분말에는 무용지물이라는 것을 알고 나서 나와 자신의 열광에 김을 빼리라는 것도 예상하지 못했다.

하지만 이야기는 그것으로 끝나지 않는다. 그사이 여러 해가 지나 니켈 거래가 자유로워졌고 국제 니켈 가격이 하락하기는 했지만, 그 계곡에 잡석 형태로 엄청난 부富가 깔려 있고 그것을 누구라도 가질 수 있다는 소식이 여전히 상상력에 불을 지피고 있다. 광산에서 멀지 않은 곳의 지하실들과 마구간들, 곧 화학과 백색 마법이 만나는 경계지역에는 밤마다 잡석 더미 있는 곳으로 가서 회색 자갈들을 자루에 담아와 그것을 갈고 찌고 새로운 시약으로 처리해보는 사람들이 아직도 있다. 땅에 묻혀 있는 부, 곧 버려진 못 쓰는 돌 1,000킬로그램에 갇혀 있는 2킬로그램의 은백색 귀금속이 주는 매력은 아직도 사그라지지 않았다.

내가 당시 썼던 광물 이야기 두 편도 사라져버린 것은 아니었다. 그것들도 내 자신의 운명과 거의 흡사하게 파란 많은 운명을 겪었다. 폭격과 탈출을 겪어낸 것이다. 잃어버린 줄만 알았는데, 최근 수십 년 동안 잊고 있었던 문서들을 정리하면서 다시 찾았다. 나는 그것들을 버리고 싶지 않았다. 독자들은 다음 쪽부터 그 이야기들을 보게 될 것이다. 그 이야기들은 마치 죄수가 꾸는 탈출의 꿈처럼 이 호전적인 화학 이야기들 사이에 삽입되어 있다.

납

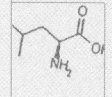

나는 로트문트라고 하며 티우다라고 하는 먼 곳에서 왔다. 우리는 그렇게 부르지만 이웃사람들, 다시 말해 우리의 적들은 우리를 다르게 부른다. 작사, 네메트, 알라만이라고 말이다. 우리나라는 이곳과 완전히 달라서 큰 숲과 강들이 있고 긴 겨울, 늪, 안개, 비가 있다. 나와 같은 언어를 쓰는 우리네들은 양치기, 사냥꾼, 전사들이다. 우리네들은 밭 가는 것을 좋아하지 않는다. 사실 밭 가는 사람들을 경멸하며, 그들의 밭으로 양떼를 몰고 가고 마을을 약탈하고 여자들을 노예로 삼는다. 나는 양치기도 아니고 전사도 아니다. 그렇다고 사냥꾼도 아니다. 물론 내 직업이 사냥과 그렇게 크게 다르지는 않지만 말이다. 나는 땅에 묶여 있지만 자유롭다. 하지만 농부는 그렇지 않다.

    내 아버지와 부계 쪽의 우리 로트문트들은 모두 늘 똑같은 일을 해왔다. 그것은 어떤 무거운 바위에 대해 아는 일, 먼 나라에 가서 그것을 찾고, 우리가 아는 방식으로 그것을 불에 달구고, 거기에서 검은 납을 뽑아내는 일이다. 옛날에 우리 마을 근방에 아주 큰 광상鑛床이 있었다. 우리 조상 중에 푸른 이(齒牙)의 로트문트로 불린 분이 계셨는데 그분이 그것을 발견하셨다고 한다. 우리 마을에는 납을 세공하는 사람들만 산다. 마을 사람들 누구나 납을 녹이고 가공할 줄 안다. 하지만 그 돌을 찾아내고, 신들이 인간을 속이려고 산의 곳곳에 뿌려놓은 무거운 돌들 가운데서 어느 돌이 진짜 납 광석인지 구별해내는 사람들은 우리 로트문트 집안뿐이다. 광맥이 땅속에서 자라도록 한 것은 신들이다. 하지만 신들은 광맥이 드러나지 않게 숨겨둔다. 광맥을 찾아내는 사람은 거의 신과 같다. 그래서 신들은 그런 사람을 사랑하지 않으며 그를 헷갈리게 하여 헤매게 만든다. 신들은 우리 로트문트들을 사랑하지 않는다. 하지만 우리는 개의치 않는다.

    그렇게 대여섯 세대가 지나고 나니 광상은 이제 고갈되어버렸다. 어떤 이들은 땅 밑으로 광상을 찾아 들어가보자고 혹은 터널을 파자고도 제안했고, 또 몸을 다치면서까지 직접 시도하기도 했다. 결국 좀더 신중한 사람들의 의견이 우세했다. 사람들은 모두 자신들의 원래 직업으로 돌아갔다. 하지만 나는 그러지 않았다. 우리가 없으면 납이 빛을 못 보듯이 우리도 납이 없으면 살지 못한다. 우리의 기술은 우리를 부자로 만들어준다. 하지만 우리를 일찍 죽게 만드는 기술이기도 하다. 어떤 사람들은 납이 우리 피 속으로 들어가 피를 서서히 묽게 만들어서 그렇다고 한다. 또 다른 이들은 그게 아니라 신들의 복수 때문이라고 여기기도 한다. 어쨌거나 우리 로트문트들은 우리 수명이 짧은 것에 조금도 신경쓰지 않는다. 왜냐하면 우리는 부자고 존경받고 세상을 구경할 수 있기 때문이다. 사실 이가 푸른색인 그 조상님의 경우는 예외다. 그분이 발견하신 광상은 예외적으로 풍부했기 때문이다. 대체로 우리 돌 사냥꾼들은 여행자이기도 하다. 사람들의 말에 따르면, 그분은 원래 태양이 차갑고 지지도 않는 먼 나라에서 오셨다고 한다. 그 나라 사람들은 얼음으로 된 집에서 살고, 바다에는 천 걸음 길이의 바다괴물들이 헤엄친다고 한다.

그렇게 정착생활을 한 지 여섯 세대가 지난 뒤 나는 다시 돌을 찾는 여행에 나섰다. 그 돌은 내가 직접 녹이거나 다른 사람들이 녹일 것이다. 그 사람들은 내게 금을 내고 그 기술을 배울 것이다. 우리 로트문트들은 마술사들이다. 납을 금으로 둔갑시키니까.

나는 젊을 때 혼자 남쪽으로 길을 떠났다. 4년 동안 이 나라 저 나라를 돌아다녔다. 평지는 피하고 계곡을 따라 산을 오르고 망치로 바위를 두드려보았으나 거의, 아니 하나도 찾지 못했다. 여름에는 들에서 일했고 겨울에는 바구니를 짜거나 가져온 금을 썼다. 이미 말했듯이 나는 혼자다. 우리에게 여자는 사내아이를 낳아 우리의 대가 끊기지 않도록 하는 데 필요할 뿐, 여행할 때는 데리고 다니지 않는다. 그래 봤자 무슨 소용이 있겠는가? 여자들은 돌 찾는 법을 배우지도 않으며, 사실 그들이 달거리를 할 때 돌을 만지면 돌이 죽은 모래나 재로 변한다. 그래서 길 가다 만나는 아가씨들이 더 낫다. 하룻밤 혹은 한 달 정도 보내는 데는 그들이 안성맞춤이다. 그들은 마누라와 달라서 내일을 걱정하지 않고 즐길 수 있다. 우리는 미래에 혼자 사는 것이 더 낫다. 살이 물렁물렁해지고 핏기가 없어지고, 배가 아프고 머리카락과 이가 빠지고, 잇몸이 잿빛을 띠게 되면, 혼자 있는 것이 더 나으니까.

그즈음 도착한 어느 마을에서는 날씨가 좋으면 남쪽의 산들이 길게 늘어서 있는 것이 보였다. 봄이 찾아와 나는 그 산에 닿아볼 결심으로 다시 길을 나섰다. 끈적끈적하고 축축한 흙에 신물이 났던 것이다. 그런 흙은 사기로 된 오카리나를 만드는 데나 필요할 뿐 아무짝에도 쓸모가 없고 가치도 신비함도 없다. 하지만 산은 다르다. 땅의 뼈인 바위가 그대로 드러나 있다. 바위는 징을 박은 신발이 닿으면 소리를 내므로 그 다양한 성질을 쉽게 구분할 수 있다. 평지는 우리에겐 아무런 쓸모가 없다. 나는 가장 쉽게 오를 수 있는 고개가 어디에 있는지 사람들에게 물어보았다. 또 그들에게 납을 가지고 있는지, 있다면 어디서 얼마를 주고 샀는지도 물었다. 그들이 낸 돈이 많으면 많을수록 더 열심히 근방을 뒤졌다. 가끔은 납이 무엇인지조차 모르는 사람들도 있었다. 내가 배낭에 늘 갖고 다니는 납덩이를 보여주면 그들은 그것이 무르다는 것을 알고는 비웃었고, 당신네 나라에서는 쟁기와 칼도 납으로 만드느냐고 조롱하듯 물었다. 하지만 나는 대개 그들의 말을 알아들을 수 없었고 그들도 내 말을 못 알아들었다. 내가 사용한 말은 빵, 우유, 잠잘 곳, 아가씨, 다음날 떠날 방향, 이런 것들이 전부였다.

내가 큰 고개를 넘은 것은 한여름이었는데, 한낮이면 태양이 머리 바로 위에 있었지만 초원에는 아직도 군데군데 눈이 남아 있었다. 조금 더 내려가니 양떼와 양치기, 오솔길이 보였다. 그리고 계곡의 바닥이 보였는데, 너무나 깊어서 그곳은 아직도 밤인 듯했다. 나는 계속해서 내려갔고 마을이 나타났다. 비교적 큰 마을 하나가 개울가에 있었는데, 그곳에는 산사람들이 가축, 말, 치즈, 모피, 그리고 포도주라고 하는 붉은 물을 다른 물건들과 바꾸려고 내려와 있었다. 나는 그들이 말하는 소리를 들을 때마다 웃음을 참기 어려웠다. 그들의 말은 거칠고 또렷하지 않은 웅얼거림이었고 짐승처럼 그렁그렁 하는 소리였다. 그런데도 그들은 우리와 비슷한 무기와 도구를 가지고 있고, 개중에는 우리 것보다 더 솜씨 좋고 정교한 것들이 있다는 것이 그저 놀라울 따름이었다. 여자들은 우리네 여자들처럼 실을 자았다. 그곳 사람들은 돌로 집을 지었는데 예쁘지는 않지만 튼튼해 보였다. 하지만 어떤 집들은 나무로 되어 있었는데, 땅에서 몇 뼘 정도 떨어져서 떠 있었다. 매끈한 석판이 얹혀 있는 대여섯 개의 통나무가 떠받치고 있었다. 내 생각엔 이 석판들은 쥐가 들어오지 못하게 하는 데 쓰는 것 같았다. 내가 보기에 이것은 아주 재치 있는 발명이었다. 지붕은 짚이 아니라 넓고 반반한 돌로 덮여 있었다. 그곳 사람들은 맥주를 몰랐다.

계곡의 양 벽을 따라 위쪽 바위에 구멍들이 나 있고 쇄석碎石들이 미끄러져 내리고 있는 것이 금방 눈에 띄었다. 이쪽으로도 광맥을 찾으러 누군가가 왔었다는 표시다. 의심을 살까봐 사람들에게 물어보지는 않았다. 나 같은 외지 사람은 이미 그 자체로도 의심을 사기에 충분했으니까 말이다. 개울 쪽으로 내려가자 물살이 꽤 빨랐다(내 기억으로 그 물은 탁하고 마치 우유를 섞은 듯 거무스름한 흰색이었는데 우리나라에서는 이런 걸 한 번도 본 적이 없었다). 나는 돌들을 하나하나 세밀히 살펴보는 일에 착수했다. 이것은 우리가 터득한 요령 가운데 하나다. 개울에 있는 돌들은 멀리서 온 것이고, 알아들을 만한 사람에게는 분명히 뭔가를 말해준다. 온갖 종류의 돌들이 조금씩 있었다. 부싯돌, 녹색을 띠는 돌, 석회암, 화강암, 철이 든 돌이 있었고, 심지어 우리가 갈메이다라고 부르는 돌도 조금 있었지만, 이것들은 모두 내 관심 밖의 것들이었다. 하지만 이렇게 생긴 계곡에, 붉은 바위에 흰 줄무늬가 있고 근방에 철이 많은 이런 계곡에 납 광석이 없을 리 없다는 생각이 머리를 떠나지 않았다.

    나는 개울을 따라 걸어 내려갔다. 사냥개처럼 물 위의 바위 사이를 건너뛰기도 했고, 할 수 있는 경우에는 그냥 걸어서 건너기도 했다. 눈은 땅에서 떼지 않은 채 말이다. 그러다 다른 작은 개울과 합류하는 곳을 지나쳐 조금 더 내려갔을 때 수만 개가 넘는 돌들 가운데서 하나가 눈에 띄었다. 다른 돌들과 거의 똑같이 생겼지만 거무스름하게 흰 바탕에 작은 검은 반점들이 찍혀 있는 돌이었다. 나를 멈춰 세운 그 돌은 긴장한 채 꼼짝도 않는 모습이 꼭 짐승의 위치를 가리켜주는 사냥개 같았다. 나는 그 돌을 집어올렸다. 무거웠다. 그 옆에 똑같지만 더 작은 돌이 하나 더 있었다. 우리에게 실수란 거의 없다. 하지만 확실히 해두기 위해 나는 그 돌을 깨서 호두알만 한 조각을 실험용으로 가지고 갔다. 다른 사람이나 스스로에게 거짓말을 하지 않으려는 진지하고 진정한 채굴자라면 겉모양만 보고 판단해서는 안 된다. 죽은 듯 보이는 바위 자체가 기만으로 가득 차 있기 때문이다. 바위는 종종 우리가 채굴을 하고 있는 동안에도 계속해서 자신의 성질을 바꾼다. 사람들 눈에 띄지 않으려고 몸의 색깔을 바꾸는 뱀처럼 말이다. 따라서 진정한 채굴자는 점토 도가니, 목탄, 부시와 부싯깃, 그리고 비밀이기 때문에 여기서 말할 수 없는 것으로 돌이 좋은 것인지 나쁜 것인지 확인하는 데 쓰는 도구 등 모든 것을 가지고 다닌다.

그날 저녁 나는 외딴곳을 찾았다. 그곳에 화덕을 만들고 그 위에 성층이 잘된 도가니를 얹었다. 도가니를 30분 동안 가열한 다음 식혔다. 그것을 깨뜨려 열어보니 반짝거리는 무거운 작은 원반이 보였는데 손톱으로도 긁혔다. 그 순간은 기쁨으로 가슴이 뛰고 오래 걸어서 생긴 다리의 피로도 사라졌다. 우리는 그것을 '작은 왕'이라고 부른다.

그렇다고 모든 게 끝난 것은 아니다. 해야 할 일 대부분은 아직 그대로 남아 있다. 개울을 다시 거슬러 올라가야 하고, 개울이 갈라지는 곳에서는 그 좋은 암석과 이어지는 곳이 왼쪽인지 오른쪽인지도 살펴보아야 한다. 나는 큰 개울을 따라 한참이나 올라갔고, 돌은 계속해서 나왔지만 갈수록 양이 줄었다. 그리고 계곡도 좁아져서 협곡으로 바뀌었는데, 너무 깊고 가팔라서 계속해서 오른다는 것은 엄두도 못 낼 일이었다. 나는 근처에 있던 양치기들에게 물어보았고, 그들은 손짓 발짓을 모두 동원하고 쓰고 소리까지 꽥꽥 질러가며 협곡을 돌아갈 길이 없다고 알려주었다. 하지만 넓은 계곡 쪽으로 내려가보면 그런 대로 웬만한 좁은 길이 나오는데 그 길을 따라가면 그들이 트링고인지 뭔지로 부르는 고개를 넘게 되면서 그 협곡이 있는 산을 내려가게 된다고 하였다. 계속 가면 음매 하고 우는 뿔 달린 짐승들이 있는 곳이 나온다고 했는데, 그렇다면 (내 생각엔) 초원, 양치기, 빵, 우유가 있다는 말이었다. 나는 길을 재촉했고, 그 좁은 길과 트링고를 어렵지 않게 찾았고, 그 길을 통해 너무나 아름다운 나라에 다다랐다.

내려가는 도중에 바로 눈앞에 낙엽송으로 뒤덮인 녹색빛의 계곡이 한 줄로 길게 펼쳐져 있는 것이 보였다. 그리고 그뒤로 멀리 한여름인데도 눈에 덮인 하얀 산들이 있었다. 계곡은 양치기 오두막과 양떼가 점점이 박힌 널따란 초원 위에 서 있는 내 발치에서 끝났다. 나는 피곤했다. 그래서 좀더 내려오다가 양치기들이 있는 곳에서 멈추었다. 그들은 불신의 눈초리를 보냈지만 금의 가치를 (그것도 너무나 잘) 알고 있었다. 그들은 나를 성가시게 하지 않고 며칠 동안 묵게 해주었다. 나는 이 기회를 이용하여 그들의 언어 몇 마디를 배워보려고 했다. 그들은 산을 '펜'이라 했고, 초원은 '차', 여름의 눈을 '로이사', 양을 '페아', 집을 '바이트'라고 했다. 그들은 돌로 되어 있는 집의 아랫부분에 가축을 가두어두었다. 집의 윗부분은 나무로 되어 있었는데, 앞에서 이미 말했던 돌 받침들이 받쳐주고 있었다. 그곳은 그들이 거주하는 곳이면서 건초와 양식을 보관하는 곳이었다. 그들은 퉁명스럽고 말수가 적은 사람들이었지만, 무기를 갖고 있지 않았고 나에게 함부로 하지도 않았다.

푹 쉬고 나서 나는 다시, 늘 그랬듯이 수계水系를 따라서 탐색에 나섰다. 그러던 중 낙엽송 계곡과 나란히 늘어서 있는, 길고 좁으며 초원도 숲도 없이 황량한 어느 계곡에 들어서게 되었다. 계곡물에는 좋은 돌이 많았다. 내가 찾고 있는 것에 가까이 다가왔음을 느꼈다. 사흘이 걸렸고 잠은 노천에서 잤지만 사실 거의 자지 못했다. 그만큼 조바심이 났던 것이다. 나는 별을 보며 밤을 새우면서 어서 날이 밝기만 기다렸다.

광상은 길에서 상당히 벗어난 가파른 협곡에 있었다. 시들시들한 풀 사이로 고개를 내밀고 있는 하얀 암석을 손에 넣는 것은 이제 시간 문제였다. 한 두어 뼘쯤 파기만 하면 검은 암석이 나올 것이다. 이 암석은 함량이 가장 풍부한 부분으로 내가 여태까지 본 적이 없는 아버지한테서 말로만 들은 거였다. 슬래그가 없는 탄탄한 돌로 백 명의 남자들이 백 년 동안 작업할 양이라고 했다. 그런데 이상했다. 누군가가 이미 왔다간 것이 분명했다. 바위로 반쯤 가려져 있는(그 바위는 누군가 거기에 갖다둔 게 틀림없었다) 갱도의 입구가 보였다. 그 갱도는 둥근 천장에 손가락만 한 종유석들이 매달려 있는 것으로 봐서 아주 오래된 것이 분명했다. 바닥에는 썩은 나무말뚝들과 삭아 문드러진 뼛조각 몇 개가 있었다. 이 뼈다귀는 여우들이 갖다놓은 게 틀림없다. 실제로도 여우나 늑대의 것으로 보이는 발자국들이 있었다. 하지만 진흙 바닥에서 반쯤 드러나 보이는 두개골은 사람의 것이 분명했다. 설명하기 어렵지만 언젠가 아주 옛날에, 아마도 대홍수 이전에 누군가가 어딘가로부터 와서 광맥을 발견하고는 아무에게도 말하지 않고 혼자서 광맥을 캐려다가 자신의 뼈를 그곳에 남긴 후 수천 년이 흐른 것이리라. 내가 오기 전까지 이런 경우가 적어도 몇 번은 있었을 것이다. 아버지의 말씀으로는 어느 갱도를 파보아도 죽은 사람의 뼈는 꼭 나온다고 하셨다.

한마디로 말해서 여기에 광상이 있었다. 나는 시험해볼 재료들을 모으고, 있는 힘을 다해 그곳 노천에다 용광로를 만들고, 내려가서 땔감을 가져오고, 등에 지고 갈 만큼의 납만 녹여서 다시 계곡 쪽으로 돌아왔다. 나는 목초지에 있는 사람들에게 아무런 이야기도 하지 않았다. 나는 다시 트링고를 넘었고 반대편에 있는 살레스라는 큰 마을에 닿았다. 마침 장날이었다. 나는 손에 납덩이를 들고 사람들이 볼 수 있게 했다. 몇몇 사람들이 걸음을 멈추고 그것이 얼마나 무거운지 들어보고는 이런저런 질문을 했는데, 나는 절반밖에 알아듣지 못했다. 납이 어디에 쓰이는지, 값은 얼마인지, 어디서 난 것인지, 뭐 이런 것들을 알고 싶어한 게 분명했다. 이윽고 양털로 짠 모자를 쓴, 좀 똘똘해 보이는 친구가 내게 다가왔다. 우리는 서로 말이 잘 통했다. 나는 그에게 이 물건은 망치로 두들겨 펼 수도 있다고 알려주었다. 때마침 그곳에 망치와 갓돌이 있는 것이 보였다. 나는 그것으로 얼마나 손쉽게 두꺼운 판과 얇은 판을 만들 수 있는지 직접 보여주었다. 그런 다음 얇은 판은 둥글게 말아서 벌겋게 달군 쇠로 이음매 부위를 녹여 붙이면 파이프를 만들 수 있다고 설명해주었다. 그곳 살레스 마을에서 쓰고 있는 나무파이프로 된 홈통들은 물이 새고 썩는다고 말해주었다. 청동파이프는 만들기가 어렵고 마실 물을 위해 쓸 경우 복통을 일으키지만, 납파이프는 영구적이고 아주 쉽게 이을 수도 있다고 이야기했다. 그리고 도박을 하는 심정으로 경건한 표정을 지으면서, 죽은 사람을 위해 관의 표면에 얇은 납판을 입히면 시신에 벌레가 생기지 않고 오히려 물기가 빠져 시신이 날씬해진다고, 그러면 영혼도 흩어지지 않게 되는 큰 장점이 있다고도 넌지시 해보았다. 또 납으로 죽은 사람을 기리는 작은 조각상을 만들 수도 있는데, 이것은 청동처럼 번쩍거리지도 않고 오히려 약간 어둡고 가라앉은 느낌을 주어서 죽음을 애도하는 데 적합하다고도 이야기했다. 나는 그가 상당히 관심이 많은 것을 보고, 사람이 눈에 보이는 것들을 넘어서 저 세상으로 가면 납이야말로 죽음의 금속으로 제격이라고 설명해주었다. 납은 죽음을 가져다주고, 그 무거운 성질은 추락하려 함인데 추락은 바로 죽은 자가 하는 것이고, 그 색깔도 핏기 없는 죽음의 색이며, 이 모든 것은 납이 행성들 중에서 가장 느린 죽음의 행성인 '투이스토'의 금속이기 때문이라고 했다. 또 내 생각에 납은 모든 다른 물질과 다르며, 지쳐 보이는 금속이라고 했다. 아마도 변신하는 데 지쳤고 그래서 더 이상 변신을 하려고 하지 않는 금속이라고 말이다. 생명력으로 가득했던 수많은 다른 원소들이 수천 년에 수천 년을 거듭한 아주 오래전에 스스로 불을 일으켜 타버리고 남은 재가 바로 납이라고 말이다. 이것들은 모두 진심으로 한 이야기다. 물건을 팔아먹으려고 꾸며낸 이야기가 아니다. 보르비오라는 이름의 그 남자는 입이 딱 벌어진 채 이 모든 이야기를 들었다. 그러고 나서 그는 내 말이 틀림없다고, 그 행성은 자기 마을에서 사투르노라고 부르는 신에게 바친 행성이며 풀 베는 큰 낫이 그 상징이라고 얘기해주었다. 이제 본론으로 들어갈 때가 된 것이다. 그가 내 장삿속 말들을 계속 되새기고 있는 동안에, 나는 광상과 녹이는 기술을 넘겨주고 납의 주요 용도를 자세히 가르쳐주는 대가로 30파운드의 금을 요구했다. 그는 청동 주화로 하는 게 어떻겠냐고 제안을 수정했는데, 그 주화에는 멧돼지가 새겨져 있었고 어디서 주조된 것인지도 알 수 없었다. 나는 그 돈에 침 뱉는 시늉을 하면서 금이 아니면 절대 안 된다고 했다. 그런데 금 30파운드는 걸어서 여행하는 사람에게는 너무 많은 양이다. 그건 누구나 아는 사실이고 보르비오도 그 사실을 알리라는 것을 나도 알았다. 그래서 우리는 20파운드로 낙착을 보았다. 그는 나보고 광상이 있는 곳까지 함께 가줄 것을 요구했다. 당연한 요구였다. 우리가 다시 계곡으로 돌아왔을 때 그가 금을 주었다. 나는 금괴 스무 개를 세어보았고, 그것이 진짜 금이고 무게도 제대로 나간다는 것을 확인했다. 그런 다음 우리는 성공적인 거래를 축하하기 위해 포도주를 취하도록 마셨다.

그것은 또 작별의 술이기도 했다. 그 고장이 마음에 들지 않아서가 아니라, 여러 이유로 해서 여행을 계속할 수밖에 없었다. 첫째, 올리브와 레몬이 자란다는 따뜻한 나라들이 보고 싶었다. 둘째, 바다가 보고 싶었다. 푸른 이의 우리 조상님이 건너오셨다는 폭풍우 치는 바다가 아니라, 소금을 만드는 미지근한 바다 말이다. 셋째, 잠잘 때나 술판을 벌일 때 누군가가 내 금을 훔쳐가지 않을까 걱정을 해가면서까지 그것을 등에 지고 다닐 이유가 없었다. 끝으로 바다 여행에 금을 쓰더라도 바다와 뱃사람들을 알고 싶었다. 뱃사람들은 납이 무엇인지 모르지만 그것이 필요할 것이기 때문이다.

그래서 나는 떠났고 두 달 동안이나 걸었다. 평지가 나올 때까지 높고 우중충한 계곡을 내려갔다. 평지에는 풀밭과 밀밭이 있었고, 나뭇가지 태우는 냄새가 진동했는데 그 냄새를 맡으니 갑자기 고향 생각이 밀려들었다. 가을에는 이 세상 어느 나라에서나 똑같은 냄새가 난다. 낙엽, 휴식하는 대지, 불타는 나뭇가지 더미, 즉 '영원'하리라고 생각했지만 끝나가는 것들에게서 나는 냄새 말이다. 두 줄기의 강이 만나는 지점에서 요새화된 도시가 나타났다. 우리나라에서는 볼 수 없는 큰 도시였다. 노예와 고기, 포도주, 지저분하지만 튼튼하고 머리가 헝클어진 여자아이들을 파는 시장이 있었고, 따뜻한 여인숙이 있었다. 나는 거기서 겨울을 보냈다. 우리 고향에서처럼 눈이 왔다. 나는 3월에 다시 길을 떠났다. 한 달 정도 걸으니 바다가 나타났다. 바다는 푸른빛이 아니라 잿빛이었고, 들소처럼 울부짖으며 삼킬 듯이 육지로 달려들었다. 바다는 결코 쉬지 않는다는, 이 세상이 시작되고 나서부터 한 번도 쉰 적이 없다는 생각에 이르자 용기가 꺾이는 것을 느꼈다. 하지만 나는 해변으로 난 길을 따라 계속해서 동쪽으로 내려갔다. 바다가 나를 매료시켰고 나는 거기서 눈을 뗄 수가 없었기 때문이다.

나는 또 다른 도시를 찾아서 거기에 머물렀다. 금이 바닥나기 시작했기 때문이다. 그곳 사람들은 어부들과 배를 타고 이곳저곳 아주 먼 나라에서 온 뜨내기들이었다. 그들은 물건을 사고팔았다. 밤에는 여자를 놓고 싸웠고 골목에서 서로 칼부림을 해댔다. 그래서 나도 가죽 칼집에 든 튼튼한 청동 칼을 하나 샀고, 옷 밑에 숨겨 허리춤에 차고 다녔다. 그곳 사람들은 유리를 알고 있었지만 거울은 몰랐다. 청동을 반들반들하게 닦아 만든 작은 거울만 가지고 있었다. 그것들은 서너 푼이면 살 수 있는 싸구려로 잘 긁히고 색깔을 제대로 비추지 못했다. 납만 있으면 유리 거울을 만드는 것은 어렵지 않다. 하지만 나는 그 비밀을 털어놓기 전에 뜸을 들였다. 그것은 우리 로트문트들만 알고 있는 기술이며, 프리가라는 여신이 우리에게 가르쳐주었다고 말했다. 그리고 다른 바보 같은 얘기들도 했는데 그들은 모두 곧이곧대로 받아들였다.

나는 돈이 필요했다. 그래서 주변을 살펴보다가 항구 근처에서 꽤 똑똑해 보이는 유리 제조자를 만났고 그와 거래했다.

그 사람에게서 많은 것을 배웠는데, 무엇보다도 유리를 입으로 불어서 부풀린다는 것을 알았다. 나는 그러한 방식이 아주 마음에 들었고, 그에게 부탁해서 그것을 배우기까지 하였다. 언젠가는 납이나 청동 녹인 것도 불어볼 수 있을 것이다(하지만 그것들은 너무 물렁해서 성공할지 의문이다). 하지만 나도 그에게 가르쳐준 게 있다. 아직 물렁물렁한 판유리 위에다 녹인 납을 부으면 그렇게 크지는 않지만 아주 빛나는 거울을 얻을 수 있는데, 그 거울은 흠집도 생기지 않고 수십 년 동안 쓸 수 있다는 것 말이다. 사실 그는 색유리와 알록달록해서 보기 좋은 창유리를 만들 수 있는 비법을 지닌 상당히 뛰어난 기술자였다. 나는 열성적으로 그와 공동 작업을 했고, 불어서 둥글게 된 유리를 가지고 거울을 만드는 방법도 고안해냈다. 납을 그 유리의 안쪽에 부어넣거나 표면에 칠하는 것이었다. 그것을 들여다보면 얼굴이 아주 크게 또는 아주 작게 보였고 완전히 일그러져 보이기도 했다. 여자들은 이런 거울을 좋아하지 않겠지만 아이들은 사달라고 떼를 쓸 것이다. 여름과 가을 내내 우리는 거울을 상인들에게 팔았고, 그들은 값을 잘 쳐주었다. 하지만 그러는 동안에도 나는 그들과 얘기를 나누었고, 그들 대부분이 알고 있던 어떤 지방에 관한 정보를 가능한 한 많이 모았다.

나는 바다에서 반평생을 보낸 그들이 기본 방위와 거리도 혼동하는 것을 보고 놀랐다. 하지만 한 가지에 대해서만은 모두 의견이 같았다. 곧, 남쪽으로 배를 타고 가다 보면, 1,000마일이라고 말하는 사람도 있고 그 열 배를 더 가야 한다는 사람들도 있었지만, 어쨌든 남쪽으로 가다 보면 태양을 먼지로 만들어버린, 이상한 나무와 동물들이 넘쳐나고, 피부가 검고 성질이 사나운 사람들이 사는 땅이 나온다는 것이다. 그런데 가다 보면 중간쯤에 이크누사라고 하는 큰 섬이 있는데, 이 섬은 금속으로 이루어진 섬이라고 많은 이들이 확신에 차서 말했다. 그들은 그 섬에 관한 아주 괴상한 이야기들을 해주었다. 그곳에는 거인들이 살지만 말, 소, 토끼와 닭은 아주 작다. 여자들이 명령을 내리고 전쟁을 하는 반면, 남자들은 가축을 돌보고 털실을 잣는다. 거인들은 식인종인데, 특히 외국에서 온 낯선 사람들을 잡아먹는다. 그곳은 극도로 음란한 땅이다. 남자들이 여자들을 서로 바꾸고 짐승들도 닥치는 대로 교접을 하여 늑대가 고양이와, 곰이 암소와 엉켜 붙는다. 여자들은 임신기간이 사흘밖에 되지 않으며, 사흘이 지나면 몸을 풀고 갓난애에게 "자, 어서 가서 가위를 가져오너라. 그리고 탯줄을 자르게 불을 켜라" 하고 말한다. 다른 사람들은 이런 이야기도 해주었다. 그 섬에는 해안을 따라 돌로 된, 산처럼 큰 성채들이 있다. 그 섬의 모든 것은 돌로 되어 있다. 창날, 마차바퀴, 심지어 여자들의 빗과 바늘까지도 돌로 만든 것이다. 요리할 때 쓰는 냄비도 마찬가지다. 그들은 사실 불에 타는 돌을 가지고 있어서 그 돌에 불을 붙여 냄비 밑에 둔다. 길가에는 보기만 해도 겁나는, 돌로 된 괴물들이 교차로를 지켜준다. 나는 심각한 표정을 지어 보이며 이 모든 이야기들을 들었다. 하지만 속으로는 웃음이 터져나왔다. 그동안 세상을 많이 돌아다녀봐서 사람 사는 곳은 어디나 같다는 것을 알고 있었기 때문이다. 말이 나온 김에 하는 말이지만, 나 역시 고향에 돌아가서 내가 가본 나라들에 대해 말할 때는 기꺼이 괴상한 이야기를 지어내곤 한다. 사실 이곳 사람들도 우리나라에 대해 터무니없는 이야기를 한다. 예컨대 우리나라의 들소들은 무릎이 없어서 들소를 잡고 싶으면 들소가 밤에 기대고 자는 나무 밑동에 톱질을 해두기만 하면 된다는 것이다. 그러면 들소의 무게 때문에 나무가 쓰러지고 들소도 같이 넘어져 다시는 일어서지 못한다는 것이다.

하지만 금속에 대해서는 모두 같은 이야기를 했다. 많은 상인과 선장들이 가공했거나 가공하지 않은 금속을 섬에서 육지로 싣고 왔다고 했는데, 이 사람들은 무식해서 그 이야기만 듣고는 어떤 금속을 말하는 것인지 알기 어려웠다. 게다가 그들은 모두 같은 언어를 쓴 게 아니었고, 또 어느 누구도 내가 하는 말을 알아듣지 못하기 때문에 용어의 혼란이 아주 컸다. 예를 들어 그들이 '칼리베'라고 말하면, 그것이 철을 말하는 것인지 은을 말하는 것인지 아니면 청동인지 도무지 알 길이 없었다. 또 다른 사람들은 철도 얼음도 모두 '시데르'라고 했다. 이들은 너무나 무지해서 산중의 얼음이 바위의 무게에 짓눌려 수백 년이 지나면 처음에는 수정이 되었다가 나중에 철광석으로 바뀐다고 주장했다.

결국 나는 여자들이나 할 법한 수다에 신물이 났고 이제 가서 이크누사 섬을 보고 싶었다. 나는 유리 제조자에게 내 사업의 지분을 넘겨주었고, 그 돈에다 내가 거울을 만들어 번 돈을 보태서 화물선을 탈 수 있는 뱃삯을 마련했다. 하지만 겨울에는 북풍이나 서풍, 남풍이나 남서풍이 불어 배가 떠나지 않았다. 한마디로 말해, 바람 방향이 전혀 맞지 않는다는 뜻인 것 같았고, 4월까지 할 수 있는 가장 좋은 일은 육지에 머물면서 술에 취하고, 셔츠를 걸고 주사위 노름을 하고, 항구의 여자들을 임신시키는 일이라는 것 같았다.

우리는 4월에 떠났다. 배에는 포도주 항아리들이 실려 있었다. 선주 말고도 일등항해사, 선원 네 명, 쇠사슬로 자리에 묶여 있는 노 젓는 사람 스무 명이 타고 있었다. 크리티 출신의 일등항해사는 대단한 거짓말쟁이였다. 그는 '귀큰이'라고 하는 사람들이 사는 나라에 대해 이야기해주었는데, 그들은 귀가 아주 커서 겨울에 귀로 몸을 감싸고 잘 정도라고 했고, 꼬리가 몸통 앞에 달려 있고 사람의 말을 알아들을 줄 아는 '알필'

이라는 동물에 대해서도 이야기해주었다.

나는 배 위에서의 생활에 적응하기가 힘들었다는 것을 고백하지 않을 수 없다. 발 밑의 바닥이 춤을 추고, 배가 왼쪽, 오른쪽으로 기울기도 하여 먹고 자는 일이 힘들고, 공간이 비좁아 서로 발을 밟기 일쑤였다. 게다가 쇠사슬에 매인 노 젓는 사람들이 너무나 사나운 눈으로 노려보아서, 그들이 사슬에 묶여 있지만 않다면 순식간에 나를 갈기갈기 찢어놓을 거라는 생각이 들 정도였다. 선주의 이야기로는 실제로 가끔 그런 일이 일어난다고 했다. 하지만 바람이 순조로워서 돛이 부풀면, 노 젓는 사람들이 노를 위로 들어올리고, 요술에 걸린 것처럼 고요하게 날아가는 느낌이 든다. 돌고래들이 물 위로 튀어오르는 것이 보이고, 선원들은 돌고래 주둥이의 표정을 보고 다음날 날씨를 알 수 있다고 주장했다. 배는 역청이 잘 칠해져 있었지만 용골은 구멍투성이였다. 좀조개 때문이라고 그들이 설명해주었다. 나는 항구에서도 정박해 있던 모든 배들이 좀먹은 것을 본 적이 있다. 어쩔 수 없는 일이라고 선장이기도 한 선주가 말했다. 그들은 배가 오래되면 해체시켜 태운다고 했다. 하지만 내게는 좋은 생각이 있었다. 그 생각은 닻에도 적용되었다. 닻을 쇠로 만드는 것은 어리석은 짓이다. 녹이 슬어 채 2년도 못 가기 때문이다. 그런데 고기잡이 그물은? 선원들은 바람이 좋으면 그물을 드리웠는데, 그 그물은 뜸이 나무로 되어 있고 돌이 발돌로 쓰였다. 돌이라! 이 돌이 납이라면, 네 배는 덜 거추장스러울 텐데. 물론 나는 누구에게도 그 말을 하지 않았다. 하지만 여러분들도 이해하게 되겠지만 나는 이미 이크누사의 속살에서 파낼 납을 생각하고 있었다. 너구리 굴 보고 피물皮物 돈 내어 쓰는 격이었다.

출발한 지 열하루가 지나자 섬이 보였다. 우리는 노를 저어 작은 항구로 들어갔다. 우리 주위에는 화강암 절벽이 있었고 노예들이 기둥을 깎고 있었다. 그들은 거인이 아니었고 잘 때 귀로 몸을 감싸지도 않았다. 그들은 우리와 같은 사람들이었고 선원들과도 말이 잘 통했다. 하지만 감시병들은 그들이 말하는 것을 금했다. 그곳은 바위와 바람의 섬이었다. 나는 그 모습이 마음에 들었다. 공기는 쓴 약초와 야생초 냄새로 가득했고, 사람들은 강하고 단순해 보였다.

이 금속의 땅은 걸어서 이틀 정도 걸리는 거리에 있었다. 나는 몰이꾼이 딸린 당나귀를 한 마리 빌렸는데, 이 놈은 정말 진짜였다. 이곳 당나귀들은 작지만(육지 사람들 말처럼 고양이만 한 것은 아니었다) 튼튼하고 힘이 셌다. 요컨대 소문에도 뭔가 진실이 있을 수 있다. 진실이 수수께끼처럼 언어의 베일에 가려 숨어 있을 수 있다. 예컨대 돌로 된 성채에 관한 이야기도 틀리지 않았다. 그 성채들은 산처럼 높지는 않지만, 견고하고 형태도 모두 똑같았고, 잘라낸 돌들이 정확히 맞물려 있었다. 다만 이상한 점은 모두들 그 성채들이 "옛날부터 늘 있어 왔다"고 말할 뿐 누가, 어떻게, 왜, 언제 그것들을 세웠는지에 대해서는 아무도 모른다는 것이다. 하지만 섬사람들이 외지인들을 잡아먹는다는 이야기는 완전히 거짓말이다. 그들은 여러 숙영지를 거쳐서 나를 광산으로 안내했는데, 허튼짓도 하지 않았고 마술도 부리지 않았다. 그들의 땅은 만인의 소유인 듯했다.

금속의 땅은 사람을 취하게 만든다. 마치 사냥개가 사냥감으로 가득한 숲으로 들어가 냄새를 맡을 때마다 온몸을 떨며 거의 미친 듯 이리저리 날뛰는 것과 같다. 그 땅은 바다 가까이에 있고 언덕들이 줄지어 있다. 이 언덕들의 꼭대기는 험한 바위산으로 되어 있다. 근처에도 저 먼 곳에도, 지평선에 이르는 곳까지 연기 기둥들이 피어오르는 것을 볼 수 있다. 그 연기는 자유의 몸이거나 노예로 일하는 사람들이 둘러싸고 있는 주조장들에서 나오는 것이다. 그리고 불타는 돌에 관한 이야기도 사실이다. 나는 내 두 눈을 거의 믿을 수가 없었다. 그 돌은 쉽게 불이 붙지는 않지만 일단 붙기만 하면 엄청난 열을 내고 오래 탄다. 그들은 그 돌을 어딘가에서 바구니에 담아 당나귀로 실어왔다. 그 돌은 검고 기름기가 있으며 잘 부서졌고 그렇게 무겁지도 않았다.

내가 이미 말했듯이, 그곳에는 분명 한 번도 본 적 없는 금속들이 다량 함유된 놀라운 돌들이 있다. 그 금속들은 돌 표면에 흰색, 보라색, 청색 줄무늬로 모습을 드러내고 있다. 그 땅 아래에는 믿을 수 없을 만큼 무진장한 광맥들이 실타래처럼 얽혀 있는 게 틀림없다. 나는 거기에 푹 파묻혀 두드려보고 파보고 실험해보고 싶었다. 하지만 나는 로트문트이고, 나의 돌은 납이다. 나는 즉시 일에 착수했다.

나는 그 땅의 서쪽 언저리에서 광상을 발견했다. 내가 보기에 그곳은 아직 아무도 탐색해보지 않은 것 같았다. 사실 구덩이도 터널도 잡석 더미도 없었다. 겉면에도 흔적조차 없었다. 겉으로 드러난 바위들은 다른 바위들과 똑같아 보였다. 하지만 바로 그 밑에 납이 있었다. 이에 대해서 나는 자주 이런 생각을 해왔다. 우리 굴 파는 사람들은 금속을 우리의 눈과 경험과 기술로 찾는다고 믿는다. 하지만 실제로 우리를 인도하는 것은 훨씬 더 심오한 것으로, 마치 연어로 하여금 강을 거슬러 올라가게 만드는, 혹은 제비로 하여금 둥지로 돌아오게 하는 힘이다. 우리의 일은 아마 수맥을 찾는 사람의 경우와 비슷할 것이다. 수맥을 찾는 사람은 무엇이 자신을 물 있는 곳으로 이끄는지 모른다. 하지만 뭔가가 있어서 그를 인도하고 그의 손가락 사이에 있는 막대기를 비틀리게 한다.

어떻게 해서 그렇게 되었는지 말할 수는 없지만, 바로 거기에 납이 있었다. 나는 내 발 밑에 흐릿한 것, 독을 품은 무거운 것의 존재를 느꼈다. 그것은 야생 꿀벌들이 벼락 맞은 나무 둥치에서 살고 있는 숲 속의 시내를 따라서 2마일이나 뻗어 있었다. 나는 서둘러서 나를 위해 땅을 팔 노예들을 샀고, 돈을 조금 떼어놓았다가 여자도 샀다. 그냥 즐기려고 산 것이 아니었다. 나는 신중을 기해 여자를 골랐다. 미모보다는 오히려 건강을 보고 택했다. 엉덩이가 큰지, 젊은지, 명랑한지 보았다. 내가 그런 식으로 여자를 고른 것은 여자가 내게 로트문트를 가져다주어 우리의 기술이 대가 끊어지지 않도록 하기 위해서였다. 나는 시간을 허비하지 않았다. 왜냐하면 내 손과 무릎이 떨리기 시작했고, 이도 흔들렸기 때문이다. 내 이는 바다를 건너온 우리 조상의 이처럼 푸른빛으로 변했다. 새 로트문트는 다가올 겨울의 끝 무렵에 태어날 것이다. 야자수가 자라고 바닷물이 졸아들어 소금이 되고 밤이면 들개들이 곰을 쫓으며 짖어대는 소리가 들리는 이 땅에서 말이다. 야생 꿀벌들이 있는 시냇가에 내가 세운 마을, 점점 잊혀지고 있던 우리나라 말로 이름 붙이고 싶었던 마을에서 말이다. 그 이름은 '바흐 데어 비넨'Bach der Binnen인데 '벌들의 시내'라는 뜻이다. 이곳 사람들은 마을의 이름을 일부만 받아들여, 이제는 내 언어가 된 그들의 언어로 '바쿠 아비스'•로 부르고 있다.

• Bacu Abis: 사르데냐 남서쪽에 위치한 작은 도시로, 19세기 중엽 피에몬테 출신 광산 기사가 갈탄 광산을 발견해, 바쿠스 아비스 광산 회사를 설립한 뒤 광산 도시로 발전했다. 잠시 광산이 쇠퇴했다가 제1차 세계대전 때 광산이 되살아났지만 파시스트 정부가 다른 광산들을 개발하면서 다시 쇠퇴했다.

MERCURIO

수은

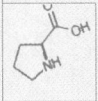

서명자 본인인 나 에이브러햄즈 상등병은 아내 매기와 함께 이 섬에서 14년 동안 살고 있다. 나는 이곳 주둔군에 배속되었다. 들리는 말에 의하면, 가까운 섬(가깝다는 것은 '가장 가깝다'는 말인데, 그 섬은 여기서 북동쪽으로 적어도 1,200마일은 떨어져 있고 세인트헬레나라고 부른다)에 중요하고도 위험한 인물이 유배되었는데, 그의 지지자들이 그를 탈출시켜 이곳에 숨길지도 모른다고 했다. 나는 그 이야기를 한 번도 믿지 않았다. 우리 섬은 이름이 '적막'이다. 그보다 더 적합한 이름은 찾기 어렵다. 그래서 그런 중요한 인물이 이런 섬을 찾을 리는 없다고 생각했다.

그는 배신자며 간부姦夫고, 교황절대주의자, 대중선동가, 허풍선이라는 소문이 떠돌았다. 그가 계속 살아 있는 동안은 열두 명의 다른 병사들이 우리와 함께 지내야 했다. 그들은 젊고 쾌활한 친구들로 웨일스와 서리에서 왔다. 그들은 또 훌륭한 농부들로 우리의 일손을 도왔다. 그러는 사이에 그 대중선동가는 죽었고, 그뒤 우리를 고향으로 데려가려고 포함砲艦이 한 척 왔다. 하지만 매기와 나는 옛날에 진 빚을 떠올렸고 그냥 여기 남아서 돼지나 돌보기로 했다. 우리 섬은 아래 그림과 같은 모습이다.

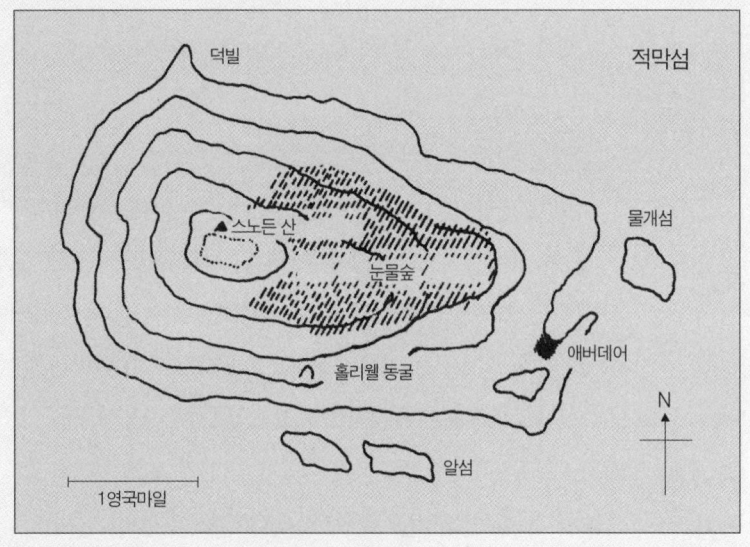

이 섬은 세상에서 가장 고독한 섬이다. 이 섬은 포르투갈인, 네덜란드인 그리고 그 이전에 이미 원시인들에 의해 여러 번 발견되었다. 그

원시인들은 스노든산의 바위에 기호와 우상을 새겨놓았다. 하지만 아무도 이 섬에 머물지 않았다. 1년의 절반은 비가 내리고, 땅에서는 사탕수수나 감자밖에 기를 수 없었다. 하지만 만족할 줄 아는 사람은 굶어죽을 염려는 없다. 북쪽 해변에 1년이면 다섯 달 동안은 물개가 득실거리고, 남쪽의 작은 섬 두 곳에는 갈매기 둥지가 넘쳐났다. 보트를 타고 가서 원하는 만큼 알을 줍기만 하면 된다. 갈매기 알은 물고기 비린내가 나지만 영양분이 많고 허기를 채울 수 있다. 이곳에 있는 모든 것에서는 물고기 비린내가 난다. 심지어 감자도 그렇고 그것을 먹는 돼지도 그렇다.

스노든 산의 동쪽 비탈에는 털가시나무와 이름 모를 다른 나무들이 자라고 있다. 가을에는 그 나무들에서 연푸른색의 통통한 꽃이 피는데, 씻지 않은 사람의 냄새가 난다. 그렇게 해서 겨울에는 딱딱하고 신맛 나는 열매가 열리는데 먹기에는 적당하지 않다. 그 나무들은 이상한 녀석들이다. 깊은 땅속에서 물을 빨아 머금어두었다가 비가 올 때 나뭇가지 끝으로 그 물을 토해낸다. 심지어 가물 때도 그곳 숲의 땅은 축축하다. 나뭇가지에서 흘러내리는 물은 마실 수도 있는데, 이끼 냄새가 나기는 하지만 울혈을 가라앉히는 효과가 있다. 우리는 도랑과 웅덩이를 만들어 그 물을 모아둔다. 이 숲―사실 이 섬에서 하나밖에 없는 숲이다―을 우리는 '눈물숲'이라고 이름 붙였다.

우리가 사는 곳은 애버데어다. 물론 도시는 아니다. 나무로 된 오두막 네 채가 있을 뿐이다. 그 가운데 두 채는 거의 내려앉았다. 하지만 웨일스 사람들 중 하나가 자신이 애버데어에서 왔다는 이유로 고집스레

이곳을 그렇게 불렀다. 덕빌은 섬에서 가장 북쪽 끝에 있는 지점이다. 향수병에 걸린 코크런 병사가 자주 그곳을 찾아가서 소금기 있는 안개와 바람을 맞으며 온종일을 보내곤 했는데, 그의 생각에 그곳이 영국과 가장 가까운 곳이기 때문이다. 그는 등대도 세웠다. 하지만 아무도 거기에 애써 불을 켜려고 하지는 않았다. 그곳 이름이 덕빌duckbill인 것은 동쪽에서 쳐다볼 때 꼭 오리주둥이처럼 생겼기 때문이다.

물개섬은 평평하고 모래가 많다. 겨울에 물개들이 새끼를 낳기 위해 거기로 온다. 홀리웰 동굴은 내 아내가 붙인 이름인데 그녀가 거기서 무엇을 보고 그랬는지는 모른다. 우리만 홀로 남게 되었던 어느 시기에 아내는 거의 저녁마다 횃불을 들고 거기로 갔다. 애버데어에서 거의 2마일이나 떨어져 있는 곳인데도 말이다. 아내는 그 안에 들어앉아서 실을 잣거나 뜨개질을 하면서 뭔지 모를 무언가를 기다렸다. 나는 아내에게 그것이 무엇인지 여러 차례 물어보았다. 아내는 뭔지 알 수 없는 대답만 했는데, 어떤 목소리가 들렸고 그림자가 보였다고 했다. 또 바다의 노도 소리조차도 들어오지 못하는 그 동굴 깊숙한 곳에 있으면 외로움이 덜할 뿐 아니라 보호 받는 듯한 느낌도 든다고 했다. 하지만 나는 매기가 우상숭배에 빠지지 않을까 걱정되었다. 그 동굴 안에는 사람과 동물의 형상처럼 보이는 둥근 돌들이 있었다. 그 맨 뒤에 있는 둥근 돌은 뿔이 달린 두개골이었다. 이 형상들은 사람 손으로 만든 것이 아님이 분명했다. 누가 있어서 그렇게까지 했으랴? 어쨌든 나로서는 그곳을 멀리하고 싶었다. 더군다나 동굴 안에는 땅의 뱃속에 복통이 일어난 듯 때때로 둔탁하게 꾸르륵 하는 소리와 함께 발밑이 뜨겁고, 뒤에 있는 깨진 바위틈에서 유황 냄새가 나는 김이 뿜어나와 더욱 그랬다. 요컨대 나는 그 동굴에 완전히 다른 이름을 붙이고 싶었다. 하지만 매기는 자기가 들었다고 주장하는 그 목소리가 언젠가 우리의 운명을, 이 섬과 온 인류의 운명을 알려줄 것이라고 말했다.

매기와 내가 단둘이 그 섬에 머문 지가 여러 해 되었다. 해마다 부활절이 되면 버턴의 포경선이 잠시 들러서 세상 돌아가는 소식과 식료품을 가져다주었고, 우리가 만든 훈제 베이컨을 조금 실어갔다. 하지만 그 뒤로 모든 것이 바뀌었다. 3년 전에 버턴이 네덜란드인 두 명을 이곳에 내려놓았다. 빌렘은 아직 애나 다름없었는데, 수줍음이 많고 금발에다 분홍빛 피부였다. 이마에는 문둥병처럼 보이는 은색의 짓무른 데가 있어서 그 어떤 배도 그를 태워주려 하지 않았다. 헨드릭은 나이가 많았다. 깡마른 데다 머리칼이 잿빛이고 이마는 주름투성이였다. 그는 그다지 분명하지 않은 이야기를 했는데, 싸움이 있었고, 그 싸움에서 보급계원의 머리를 때려 그가 죽었으며, 그래서 네덜란드에 가면 교수대가 자기를 기다리고 있다고 했다. 하지만 그의 말투는 선원 같지 않았고, 그의 손도 누굴 때릴 것 같지 않은 신사의 손이었다. 몇 달 뒤 어느날 아침 우리는 알섬의 어딘가에서 연기가 피어오르는 것을 보았다. 나는 무슨 일인지 알아보기 위해 보트를 타고 건너갔다. 난파 당한 이탈리아인 두 명이 있었다. 아말피에 출신 가에타노와 놀리에서 온 안드레아였다. 그들의 배는 써레바위에서 좌초되었고, 그들은 헤엄쳐서 목숨을 건졌다. 그들은 큰 섬에 사람이 살고 있다는 사실은 몰랐다. 단지 몸을 말리기 위해 나뭇가지와 새똥을 모아서 불을 피웠던 것이다. 나는 그들에게 몇 달 지나면 버턴이 다시 와서 그들을 유럽으로 데려다줄 수 있을 거라고 말했다. 하지만 그들은 깜짝 놀라며 거절했다. 그들이 그날 밤 겪었다는 일 뒤로 다시는 배에 발을 들여놓고 싶지 않다고 했다. 나는 그들을 설득해 내 작은 보트에 태우고 적막섬까지 100야드 되는 거리를 건너게 하는 데 상당히 애를 먹었다. 그들의 솔직한 심정은 차라리 그 형편없는 바위섬에 머물면서 죽을 때까지 갈매기 알이나 먹고살겠다는 것이었다.

적막섬에 공간이 부족하지는 않았다. 나는 그 네 남자를 웨일스 사람들이 버리고 간 오두막 한 곳에 묵게 했다. 그곳은 네 명이 지내기에 넉넉했다. 그들의 짐은 조촐했으니까. 헨드릭에게만 자물쇠로 잠긴 나무 트렁크가 하나 있었다. 빌렘의 짓무른 상처는 문둥병이 아니어서 매기가 알고 있는 약초를 압박붕대로 감아 붙여주었더니 몇 주일 만에 나았다. 그 약초는 냉이가 아니라, 숲 주변에서 자라는 먹기 좋은 즙이 많은 풀이었다. 물론 그것을 먹으면 이상한 꿈을 꾸기는 했다. 어쨌든 우리는 그것을 냉이라고 불렀다. 사실 매기는 압박붕대로만 그를 치료한 게 아니었다. 그와 함께 방에 틀어박혀 그에게 자장가 같은 노래를 불러주었다. 노래가 중간 중간 끊길 때도 있었는데 내게는 그 시간이 너무 길게 느껴졌다. 빌렘이 다 낫자 나는 기뻤고 걱정이 덜 되었다. 하지만 그 일이 끝나기 무섭게 이번에는 헨드릭과 신경에 거슬리는 행동을 하기 시작했다. 매기는 그와 함께 오랫동안 산보했고, 나는 그들이 일곱 개의 열쇠, 헤르메스 트리스메기스토스•, 모순된 것의 합일, 그리고 알 수 없는 이상한 것들을 놓고 이야기하는 소리를 들었다. 헨드릭은 스스로 창문이 없는 튼튼한 오두막을 지어 자신의 트렁크를 그 안에 두었고, 몇 날 며칠을 종일토록 그곳에 머물렀는데, 매기와 함께 있을 때도 있었다. 굴뚝에서 연기가 피어오르는 것도 보였다. 그들은 또 동굴로 가서 알록달록한 돌들을 가져 오기도 했다. 헨드릭은 그 돌을 '진사'辰砂라고 불렀다.

두 이탈리아인은 별로 걱정이 되지 않았다. 그들도 눈을 번뜩이며 매기를 쳐다봤지만 영어를 할 줄 몰랐기 때문에 말을 걸 수가 없었다. 더구나 그들은 서로 질투했고 하루 종일 서로에게서 눈을 떼지 않았다. 안드레아는 신앙심이 아주 깊은 사람이었고 얼마 안 있어서 나무나 구운 진흙으로 성상을 만들어 섬 전체를 채웠다. 그는 성모 테라코타를 매기에게 선물했다. 하지만 매기는 그것을 어떻게 해야 할지 몰라 부엌의 한쪽 구석에다 두었다. 요컨대 남자 넷에게는 여자 넷이 필요했던 게 누가 봐도 자명했다. 어느날 나는 그들을 불러 모아놓고 단도직입적으로 말했다. 다른 남자의 여자를 탐내면 안 되기 때문에 어느 누구라도 매기를 건드리면 지옥에 가게 될 거라고 말이다. 뿐만 아니라 같이 지옥에

• Hermes Trismegistus: 그리스어로 '세 배나 위대한 헤르메스'라는 뜻이다. 연금술의 창시자라고 알려진 전설 속의 인물이며 이집트의 토트Thoth 신을 가리키기도 한다. 토트는 학문의 신이며, 마술, 점성술, 연금술 등의 창시자로 알려져 있다.

떨어지는 한이 있더라도 내 손으로 직접 보내주겠노라고도 덧붙였다. 버턴이 배 짐칸에 고래 기름을 가득 싣고 다시 들렀을 때, 우리는 다함께 이구동성으로 신부감 넷을 구해달라고 정중하게 부탁했다. 하지만 그는 우리를 면전에 두고 큰 소리로 웃은 뒤 대체 무슨 생각을 하는 거냐고, 이 잊혀진 섬에서 물개들 틈에 터를 잡고 있는 그런 놈팡이와 결혼할 여자가 어디 있겠느냐고 했다. 설사 대가를 지불할 의향이 있다고 하더라도 우리가 가진 게 뭐가 있는가? 우리가 만든 소시지로는 불가능할 게 틀림없다. 돼지고기 반, 물개고기 반으로 만든 그 소시지는 비린내가 자신의 포경선보다 더 지독하니까 말이다. 그는 자리를 떴고 곧바로 돛을 올렸다.

그날 저녁 무렵 어두워지기 조금 전에, 섬 전체가 떠나갈 듯한 천둥소리가 들렸다. 얼마 안 있어서 하늘이 캄캄해졌고, 하늘을 덮고 있던 시꺼먼 먹구름이 불이 붙듯 밑에서부터 밝아졌다. 먼저 스노든 산 꼭대기에서부터 붉은 빛줄기가 빠르게 튀어나와 하늘로 솟구치고, 이어서 불타는 용암이 넓고 느린 물결을 이루며 흘러내리는 것이 보였다. 그 흐름은 우리 쪽을 향해 내려오지 않고 왼쪽으로, 곧 남쪽으로 비켜 내려갔는데, 솨 하는 소리와 우지직거리는 소리를 내며 산등성이와 산등성이를 타고 넘었다. 한 시간 후에 용암은 바다에 도착했고, 거기서 울부짖는 소리와 함께 사그라들며 거대한 수증기 기둥을 만들었다. 우리 중 어느 누구도 스노든 산이 화산일 거라는 생각은 못했다. 산꼭대기가 적어도 200피트 정도 둥글게 움푹 들어가 있는 모습에서 충분히 짐작할 수도 있었을 텐데 말이다.

그 장관은 밤새도록 계속되었다. 잠잠할 때도 있었지만 이내 다시 새로운 폭발이 이어졌다. 영원히 끝나지 않을 듯 보였다. 하지만 새벽녘이 되자 더운 바람이 동쪽에서 불어왔고, 하늘이 맑아지면서 시끄러운 소리도 차츰 잦아들어 웅얼거리는 소리로 바뀌었다가 이내 고요해졌다. 처음에는 노랗게 눈부시게 빛났던 용암의 껍질은 불타는 석탄처럼 붉게 변했고 햇빛이 들면서 완전히 꺼졌다.

무엇보다 걱정이 되었던 것은 돼지들이었다. 나는 매기에게 잠자리에 들라고 했고 네 남자에게는 나를 따라오라고 했다. 섬이 어떻게 변했는지 보고 싶어서였다.

돼지들에게는 아무 일 없었지만 녀석들은 달려와서 우리를 형제처럼 맞아주었다(나는 돼지를 나쁘게 말하는 사람들을 보면 참을 수가 없다. 돼지는 꽤 생각이 있는 동물이다. 그런 그들을 도살해야 할 때면 나는 정말 마음이 아프다). 북동쪽 산비탈에는 여기저기 땅이 갈라져 있었는데, 두 군데는 바닥이 보이지 않을 만큼 크게 갈라졌다. 눈물숲의 남서쪽 가장자리는 용암에 묻혔고, 그 옆으로 나란히 200피트 정도 폭으로 띠를 이루고 있는 곳은 물기가 완전히 말랐고 불에 타 있었다. 땅이 하늘보다 더 뜨거웠던 게 틀림없다. 불이 나무줄기를 타고 뿌리까지 내려가 원래 자신이 있었던 땅속으로 길을 냈으니까 말이다. 용암의 껍질은 터진 기포 자국투성이였고 가장자리가 깨진 유리조각처럼 날카로웠으며, 마치 치즈를 가는 거대한 강판처럼 보였다. 그것은 분화구의 남쪽 가장자리에 있는, 무너져 내려 귀때처럼 생긴 곳에서 흘러나온 것이었다. 반면 산의 정상을 이루고 있던 북쪽 가장자리는 이제 둥근 산등성이를 이루었고 예전보다 훨씬 더 높아 보였다.

홀리웰 동굴 안을 들여다보았을 때 우리는 놀라서 입을 다물지 못했다. 완전히 딴 동굴이 되어 있었다. 마치 카드 한 벌을 뒤섞어 놓은 것 같았다. 예전에 넓었던 곳이 좁아졌고, 낮았던 곳이 높아져 있었다. 한 곳은 천장이 내려앉았고 종유석들이 아래를 가리키며 매달려 있지 않고 황새 부리처럼 옆을 향해 있었다. 예전에 악마의 두개골이 있었던 안쪽의 후미진 곳은 이제 교회의 돔처럼 천정이 높은 널따란 홀이 되어 있었다. 그곳은 여전히 연기와 우지직거리는 소리로 가득 차 있어서 안드레아와 가에타노는 기를 쓰고 돌아가려고 했다. 나는 그들에게 매기를 불러오라고 했다. 그녀도 와서 자기 동굴을 봐야 했으니까. 그리고 예상했던 대로 매기는 흥분을 한 데다 동굴까지 달려오느라고 숨이 차서 헐떡이고 있었다. 이탈리아인 두 사람은 동굴 밖에 있었다. 아마도 자신들의 성인에게 기도를 드리고 연도連禱를 하고 있을 것이다. 매기는 사냥개처럼 동굴 안을 이리저리 뛰어다녔다. 그녀가 들었다고 했던 그 목소리들이 자기를 부르기라도 하듯. 그러더니 갑자기 등골이 오싹해질 정도로 비명을 질렀다. 돔 위의 하늘에 균열이 생기더니 거기서 뭔가 방울방울 떨어졌다. 물방울은 아니었다. 반짝이는 무거운 방울들이 바위 바닥에 떨어져 수없이 많은 작은 방울로 깨지며 멀리 굴러가버렸다. 조금 낮은 곳에 우물 같은 게 생겨났고 우리는 그게 수은이라는 것을 알았다. 헨드릭이 그것을 만져보았고 나 역시 손을 대보았다. 그건 차갑고 생기 있는 물질로 잔물결을 이루며 성난 듯이 흥분해서 움직였다.

헨드릭의 얼굴 표정이 바뀌는 듯했다. 그는 재빨리 매기와 눈길을 주고받았는데 난 그 의미를 이해할 수 없었다. 그러더니 우리에게 모호하고 혼란스러운 이야기를 했다. 매기는 그 말을 이해하는 눈치였다. 위대한 작업을 시작해야 할 때가 되었으며 하늘과 마찬가지로 땅도 그 이슬을 가지고 있다고 했고, 동굴은 세계의 정신spiritus mundi으로 가득 차 있다고 했다. 그러더니 대놓고 매기 쪽으로 돌아서서 말했다. "오늘 밤 이곳으로 오세요. 우리 둘이 등이 두 개 달린 짐승을 만듭시다." 그는 목에서 청동십자가가 달린 목걸이를 풀어 우리에게 보여주었다. 십자가에는 뱀이 매달려 있었다. 그는 십자가를 수은 웅덩이에 던졌다. 그러자 십자가가 그 위에서 떠다녔다.

주위를 잘 살펴보면 새로운 동굴에 생긴 틈이란 틈에서, 마치 새 술통에서 맥주가 흘러나오듯 수은이 떨어지고 있었다. 귀를 기울여보면 소곤거리는 소리가 낭랑하게 울려 퍼지고 있었다. 천장에서 떨어진 수은들이 바닥에서 수천 개의 알갱이로 깨지면서 나는 소리였고, 마치 용해된 은처럼 약하게 떨리며 흘러가다가 바다의 틈으로 빠져들어가는 작은 수은 개울에서 들리는 소리였다.

솔직히 말해 난 애초부터 헨드릭이 조금도 마음에 들지 않았다. 네 사람 중 내가 가장 좋아하지 않는 인물이었다. 하지만 그 순간에는 그가 두려웠고 분노와 극심한 혐오를 느끼게 했다. 그의 눈빛은 바로 수은의 빛처럼 불쾌하면서도 불안정했다. 그는 수은이 된 것 같았다. 혈액 속에 수은이 흐르고 눈에서도 흘러나오는 것 같았다. 그는 매기의 손목을 잡아끌고, 흰 담비처럼 걸어서 수은의 웅덩이들 속에 손을 담갔다. 그리고 갈증에 시달리던 사람이 물을 발견했을 때처럼 수은을 몸에 뿌리고 머리에도 들이부었다. 조금만 더 했다가는 그것을 마시기라도 할 것 같았다. 매기도 홀린 듯 그를 따라했다. 나는 잠시 망설이다가 칼을 꺼냈고 그의 멱살을 움켜잡고 바위벽에 그를 밀어부쳤다. 나는 그보다 훨씬 힘이 셌다. 그는 바람에 흔들리는 돛처럼 부들부들 떨었다. 나는 그가 누구인지 우리와 이 섬에서 원하는 게 무엇인지 알고 싶었다. 그리고 등이 두 개 달린 짐승이라는 게 무슨 뜻인지도.

 그는 잠에서 깬 사람처럼 즉시 말을 시작했다. 보급계원의 머리를 때려 죽였다는 것은 거짓말이라고 고백했다. 하지만 네덜란드에서 그를 기다리는 것이 교수대라는 말은 사실이라고 했다. 그는 네덜란드의 국회의원들에게 모래언덕의 모래를 금으로 바꿔주겠다고 약속했고 은화 10만 길더를 자금으로 얻어냈다고 한다. 그는 그 돈 중 일부만 실험에 사용하고 나머지는 방탕한 생활에 써버렸다. 그뒤 그는 감정가들 앞에서 자신이 고난의 실험experimentum crucis이라고 불렀던 그것을 시행하라는 요청을 받았다. 하지만 모래 1,000파운드에서 금은 두 조각도 채 나오지 않았다. 그래서 그는 창문을 뛰어넘어 정부의 집에 몸을 숨겼다. 그리고 아무도 모르게 케이프로 출발하는 첫 배에 올랐다. 그는 가방 속에 자신의 연금술 도구를 모두 챙겨넣었다. 짐승에 관해서라면, 간단하게 설명할 수 없는 문제라고 했다. 수은은 그런 그들 작업에 필수불가결한 요소가 될 수 있었다. 그것이 휘발성이 있는 불변의 정신이고, 더 정확히 말하면 본질적으로 여성적이며 황과 결합하기 때문이었다. 황은 남성적인 뜨거운 흙으로 '철학적인 알'을 얻게 해준다. 그 알이 바로 등이 두 개인 짐승이었다. 그 알 속에서 남성과 여성이 결합되고 뒤섞이기 때문이다. 정말 굉장한 이야기다. 그렇지 않은가? 명확하고 직선적이고 정말 연금술사다운 이 말을, 난 한마디도 믿지 않았다. 그와 매기 두 사람이야말로 바로 배를 맞대 등이 두 개인 짐승이었다. 잿빛 피부에 털투성이의 그와 하얗고 매끄러운 그녀가 동굴 안에서, 혹은 어딘지 알 수 없는 다른 곳에서, 혹은 아마도 내가 돼지들을 돌보는 사이 내 침대에서 그 짐승을 만들었으리라. 그런데 이제 와서 마치 이전에는 전혀 해보지 못한 양 수은에 흠뻑 취해 그걸 만들 준비를 서두르고 있던 것이다.

그 순간 진짜 화가 난 것으로 보아 어쩌면 내 피 속에도 벌써 수은이 떠돌고 있을지 몰랐다. 결혼한 지 20년이나 지나 내게 매기는 그다지 중요하지 않았다. 하지만 바로 그 순간 나는 그녀를 향한 욕망에 불탔다. 살인이라도 할 것 같았다. 하지만 나는 나 자신을 눌렀다. 아니 내가 여전히 헨드릭을 벽에 힘껏 밀어붙이고 있는 상황에서 한 가지 묘안이 떠올랐다. 나는 그에게 수은의 값어치가 어느 정도나 되는지 물었다. 그는 직업이 직업인 만큼 그것을 알고 있을 게 틀림없었다.

"1파운드에 12영국기니요." 그가 기어들어가는 목소리로 말했다.

"맹세할 수 있지!"

"맹세해요!" 그는 엄지손가락 두 개를 들어 두 손가락 사이로 침을 뱉었다. 아마도 금속을 변화시키는 연금술사들의 맹세법인 것 같았다. 하지만 나는 그가 분명히 진실을 말하게 하기 위해 그의 목 근처에 계속 칼을 들이대고 있었다. 나는 그를 풀어주었다. 그는 여전히 공포에 질린 채, 우리가 가지고 있는 것과 같은 이런 원료 그대로의 수은은 그다지 값이 많이 나가지 않지만, 위스키처럼 주철이나 테라코타 증류기로 증류해서 정제시킬 수 있다고 설명했다. 그리고 나서 통을 부수면 잔류물 속에 납이나 종종 은, 가끔은 금도 들어 있다는 것이다. 이것은 그들만의 비밀이었다. 하지만 자기 목숨을 살려주면 나를 위해 그렇게 해주겠다고 했다.

나는 그에게 전혀 아무것도 약속하지 않았다. 대신 수은으로 네 명의 신부 값을 지불하고 싶다고 했다. 아마도 질그릇 증류통이나 항아리를 만드는 일은 네덜란드의 모래를 금으로 바꿔놓는 일보다 훨씬 쉬울 게 틀림없었다. 서둘러야만 했다. 부활절과 버턴이 방문할 날이 다가오고 있었다. 부활절을 위해 나는 정제된 수은 1파인트가 들어갈 만한 항아리 마흔 개를 준비해놓고 싶었다. 항아리는 모두 똑같이 둥글고 매끄러웠으며 튼튼한 뚜껑이 덮여 있었다. 눈이 그것을 보면 자기 몫을 요구할 게 틀림없었기 때문이다. 다른 세 사람들의 도움도 받았고 나도 그를 도와주었다. 통과 항아리를 굽는 것은 걱정할 필요가 없었다. 안드레아가 성상들을 굽던 화덕이 벌써 있었다.

나는 증류하는 법을 금방 배웠다. 그래서 열흘 만에 항아리들은 모두 준비되었다. 각 항아리에 든 수은은 1파인트였지만 그 수은은 17파운드 이상의 무게가 나가서 두 팔을 쭉 뻗어야만 통들을 들어올릴 수 있었다. 그 통들을 흔들면 그 안의 살아 있는 동물이 흥분하는 것 같았다. 미가공된 수은을 찾는 일로 말하면 우린 아무것도 할 필요가 없었다. 동굴 안에는 수은이 넘쳐서 머리와 어깨 위로 수은이 떨어졌다. 집으로 돌아와보면 주머니와 장화 속에서, 심지어 침대 속에서도 수은을 발견할 수 있었다. 그래서 모두 조금씩 골치가 아파왔고 수은과 여자들을 바꿔오는 게 자연스러워 보이기 시작했다. 수은은 정말 희한한 물질이었다. 차갑고 손으로 잡기 어려웠고 항상 불안정했지만 그것이 고정되었을 때에는 거울보다 더 선명하게 물체를 반사했다. 만약 그릇에 수은을 넣고 굴리면 거의 30분 동안 굴러다녔다. 헨드릭의 신성모독적인 그 십자가 위에서 뿐만 아니라 자갈들, 심지어 납 위에서도 떠다녔다. 금에서는 그렇지 않았다. 매기가 그녀의 반지로 실험을 해보았지만 수은이 곧 바닥으로 떨어졌다. 그리고 우리가 그것을 다시 집어들었을 때는 주석이 되어 있었다. 간단히 말해 나는 이 수은이라는 물질이 마음에 들지 않았다. 빨리 이 문제를 해결하고 그로부터 자유로워지고 싶었다.

부활절에 버턴이 왔다. 그는 밀랍과 점토로 잘 밀봉한 항아리 마흔 개를 배에 싣고 아무런 약속도 없이 떠났다. 가을로 접어들던 어느날 저녁 우리는 빗속에서 버턴 배의 돛이 어렴풋이 나타나는 것을 발견했다. 그것은 점점 커지다가 뿌연 안개와 어둠 속으로 사라졌다. 우리는 그 배가 보통 때처럼 정박지로 들어오기 위해 날이 밝기를 기다리고 있는 거라고 생각했다. 하지만 아침이 되자 버턴도 그 배의 깃발도 흔적도 없이 사라지고 없었다. 대신 해변가에 바닷물에 흠뻑 젖어 온몸이 얼어버린 여인 넷이 두 명의 아이를 데리고 추위와 부끄러움 때문에 서로 꼭 달라붙은 채 앉아 있었다. 그 여인들 중 한 사람이 내게 말없이 편지를 한 장 내밀었다. 편지는 몇 줄 되지 않았다. 버턴은 외딴 섬에 사는 네 명의 이름 모를 남자들을 위해 네 명의 여자들을 찾느라 수은을 전부 다 지불했기 때문에 정작 자기는 한 푼도 챙길 수 없었다고 했다. 다음에 섬을 찾을 때, 수은이나 돼지 기름으로 10퍼센트 수수료를 요구할 것이다. 이 여인들은 최선의 선택은 아니었지만 더 나은 선택을 할 수도 없었다. 짜증나는 말다툼을 구경하고 싶지 않기 때문에, 그리고 그가 중개인도 뚜쟁이도 아닌 데다가 결혼을 승인해주는 신부는 더더욱 아니기 때문에 이 여인들을 재빨리 하선시키고 고래잡이 일로 돌아가는 게 나을 것 같다고 했다. 그렇기는 하지만 우리 영혼의 건강을 위해 가능한 한 근사하게 결혼식을 올리라고 조언했다. 그의 눈에 이미 우리 영혼이 그닥 건강해 보이진 않았지만 말이다.

나는 네 명을 밖으로 불러냈다. 그들에게 제비뽑기를 제안할 생각이었다. 하지만 나는 곧 그럴 필요가 없다는 것을 알게 되었다. 중년의 나이에 약간 뚱뚱하고 이마에 흉터가 있는 흑백 혼혈 여인이 있었는데 그녀가 계속 빌렘을 쳐다보고 있었고 빌렘도 호기심 어린 눈으로 그녀를 보았다. "저 여인을 원하나? 그럼 갖게!" 그는 그녀를 택했고 나는 최선을 다해 둘을 결혼시켰다. 즉 내가 그녀에게 그를 원하냐고 물었고 빌렘에게도 그녀를 원하냐고 물었다. 하지만 "부유할 때나 가난할 때나, 건강할 때나 병들었을 때나"라는 문장이 정확히 기억나지 않아서 즉석에서 생각해내 "죽음이 찾아올 때까지"로 서약을 마쳤다. 내 생각에는 아주 그럴 듯하게 들렸다. 이 두 사람의 결혼식이 끝나가고 있을 때 가에타노가 사팔뜨기 처녀를 선택한 것을 알 수 있었다. 아니 그녀가 가에타노를 선택했을 수도 있다. 두 사람은 손을 잡고 비를 맞으며 달려가고 있어서 나는 두 사람을 뒤쫓아가서 나 역시 달리는 채로 멀리서 두 사람의 결혼식을 치러줘야 했다. 이제 두 여인이 남았는데 안드레아는 삼십 대가량의 흑인 여인을 선택했다. 그녀는 사랑스럽고 우아하기까지 했으며 머리카락은 깃털 같았는데, 타조 깃털로 만든 목도리 같은 그 머리카락이 물에 흠뻑 젖어 있었다. 하지만 태도가 약간 애매했다. 조금 전까지 달렸기 때문에 숨이 차긴 했지만 난 그 두 사람에게도 결혼식을 해주었다.

 헨드릭과 작고 마른 여자가 남았다. 그 여인이 바로 두 아이의 엄마였다. 회색 눈의 그 여인은 마치 주변에서 벌어지는 광경과 자신은 무관하다는 듯, 하지만 그래도 재미있다는 듯 구경하고 있었다. 그녀는 헨드릭이 아니라 나를 보고 있었다. 헨드릭은 머리의 클립도 빼지 않은 채 방금 오두막에서 나온 매기를 보고 있었다. 매기는 헨드릭을 보았다. 그때 두 아이가 내 돼지 돌보는 일을 도와줄 수도 있을 거라는 생각이 들었다. 매기는 내게 자식을 낳아줄 수 없는 게 분명했다. 헨드릭과 매기는 둘이 함께 등이 두 개인 짐승을 만들고 중류를 하며 살아가면 아주 좋을 것 같았다. 그리고 회색 눈의 그 여인은 나보다 훨씬 어리긴 했지만 나는 그녀가 싫지 않았다. 오히려 유쾌하고 상쾌한 기분이 들었다. 마치 몸을 간질이는 것 같았다. 나비처럼 날아가서 그 여인을 잡고 싶었다. 그래서 내가 그 여인의 이름을 물었다. 그런 다음 증인들이 있는 자리에서 나 자신에게 큰 소리로 물었다. "다니엘 K. 에이브러햄즈 상등병은 여기 있는 레베카 에이브러햄즈를 아내로 맞이하겠는가?" 나는 그렇다고 대답했다. 그 여인도 동의했기 때문에 우리는 결혼했다. ♂

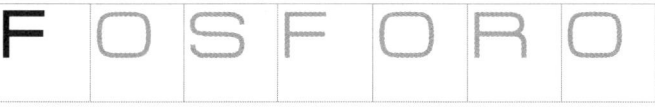

인

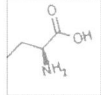

1942년 6월 나는 중위와 소장과 함께 솔직하게 대화했다. 나는 내 연구가 무용지물이 되어가고 있음을 알고 있었고 그들 또한 그랬다. 그래서 그들은 많지는 않겠지만 그래도 아직 법이 허용하는 일자리가 있을 테니 다른 일을 찾으라고 권했다.

일자리를 찾으며 허탕만 치던 어느날 아침, 광산의 전화로 누군가 나를 찾았는데 이는 아주 드문 일이었다. 수화기 너머에서 무뚝뚝하면서도 힘이 넘치는 듯한 밀라노 억양의 목소리가 들려왔다. 목소리의 주인공은 자신이 마르티니 박사 밑에서 일하고 있다면서 다음 일요일 토리노의 호텔 스위스에서 만나자고 했다. 그는 다른 자세한 것을 물어볼 사치를 허용하지 않았다. 하지만 그는 충성스런 시민이라면 응당 이탈리아어로 '알베르고 스비체라'라고 해야 할 것을 '호텔 스위스'라고 했다. 스타라체* 시대였던 그 당시에는, 사람들이 그런 사소한 일에 매우 주의를 기울였고 귀는 특정한 뉘앙스를 포착하도록 훈련되어 있었다.

벨벳, 미광과 커튼들로 꾸며진, 시대에 뒤떨어진 오아시스인 호텔 스위스의 로비foyer에서(용서해주길, 현관 휴게실에서) 마르티니 박사가 나를 기다리고 있었다. 그를 만나기 직전 수위가 해준 이야기대로 그는 너무나 전형적인 코멘다토레(중세 기사 계급 중의 하나)의 모습이었다. 그는 60대의 건장한 노인으로 보통 키에 갈색 피부였으며 거의 대머리였다. 그의 얼굴은 둔해 보였으나 눈은 작고 빈틈없어 보였고 칼날처럼 얇은 입술은 마치 경멸스러워 찡그린 듯 왼쪽으로 약간 일그러져 있었다. 이 코멘다토레 역시 처음 몇 마디를 나누자 모든 일을 빨리 진행시키는 사람이라는 게 드러났다. 그래서 나는 유대인과 비교했을 때 '아리아'계 이탈리아인들 대다수가 희한하게도 이렇게 서두르는 게 우연은 아니라는 것을 알게 되었다. 직관에 의해서든 계산에 의해서든 그것은 목적에 부합했다. '인종 옹호' 시기에 그들은 유대인에게 친절할 수 있었고 유대인을 도와줄 수 있었다. 심지어 유대인을 도왔다고 자랑할 수도 있었지만 훗날 이해나 동정을 베풀어야 할 일은 없게끔, 유대인과 인간적인 관계를 유지하지 않는 게, 너무 깊이 자기 신용을 떨어뜨리지 않는 게 바

* Achille Starace(1889~1945): 파시스트의 당 비서로 파시즘 관습과 파시즘 언어, 인종주의 법제를 실시하여 파시즘적 '새 인간'을 만들자는 운동을 주도했으며, 이탈리아의 순수한 관습을 지키기 위해 외국어 사용을 금지하려 애썼다. 'hotel'이나 'foyer' 같은 프랑스어식 단어들 또한 그가 금지했던 것들이다.

람직했다. 코멘다토레는 내게 몇 가지 물어보았고 수많은 내 질문에 애매하게 대답했다. 그리고 그가 기본적인 두 가지 점에서 현실적인 사람이라는 것을 보여주었다. 그가 제시한 첫 월급은 내가 감히 요구할 수도 없었던 액수여서 날 놀라게 했다. 또 그의 본사는 스위스에 있고 그도 스위스인이었다(그는 '스비세로'라고 발음했다). 그래서 나를 고용한다 해도 어려운 문제는 없었다. 솔직히 말해 그렇게 강렬한 밀라노 억양으로 표현된 그의 스위스주의가 이상하고도 우스꽝스럽게 생각되었다. 하지만 나는 그의 과묵한 태도가 옳다고 생각했다.

그가 소유주이자 사장으로 있는 공장은 밀라노 근교에 있었다. 그래서 나는 밀라노로 이사해야 했다. 공장에서는 호르몬 엑기스를 생산했다. 하지만 나는 아주 분명한 문제, 그러니까 효과적인 경구용 당뇨병 치료제 개발에 몰두해야 했다. 내가 당뇨병에 대해 알고 있는 게 대체 뭐가 있을까? 당뇨병에 대해 아는 것은 거의 없지만 외할머니께서 당뇨병으로 돌아가셨고, 아버지 쪽도 파스타를 즐겨 먹던 여러 전설적인 대식가 아저씨들이 노년에 그와 비슷한 병세를 보이셨다고 대답했다. 이런 이야기를 들을 때 코멘다토레는 주의를 집중했고 두 눈이 더욱 작아졌다. 기본적으로 인간에게 나타나는 실제 당뇨병 사례를 이용한다는 게 그에게 불쾌할 리 없다는 것을 금방 깨달았다. 그것을 바탕으로 그는 자신의 생각과 조제약을 시험해볼 수 있을 것이다.

그는 자신이 제안한 봉급은 곧 인상될 거라고 말했다. 연구실은 널찍하고 현대적이며 설비가 잘 갖춰져 있다고 했다. 공장에는 1만여 권이 넘는 장서를 갖춘 도서관이 있다면서, 마지막으로 마술사가 그의 모자에서 토끼를 꺼내듯 이런 말을 덧붙였다. 어쩌면 모르고 있을 수도 있는데(정말 난 몰랐다), 내 동창생이자 친구인 줄리아 비네이스가 그의 연구소에서 같은 주제로 연구하고 있다는 것이다. 뿐만 아니라 나를 추천한 사람도 바로 그녀였다. 천천히 결정해도 되었다. 2주 후 일요일에 호텔 스위스에서 그를 다시 만날 수 있었다.

다음날 당장 나는 광산에 사표를 내고 자전거, 라블레의 책, 라틴어가 뒤섞인 책들, 『마카로니』*와 파베세가 번역한 『모비딕』 그리고 곡괭이, 암벽 로프, 로그자와 녹음기 등 없어서는 안 될 물건들 몇 가지만 챙겨서 밀라노로 이사했다.

코멘다토레의 연구소는 그가 묘사했던 것과 크게 다르지 않았다. 광산 연구실에 비교하면 궁궐이었다. 나의 도착에 맞춰 벌써 작업대, 배기장치, 책상, 유리 실험도구들이 가득 든 장이 준비되어 있었다. 인기척 하나 없이 조용했고 질서정연했다. "내" 실험도구에는 파란 에나멜 유약으로 점이 찍혀 있었다. 다른 장에 들어 있는 것과 혼동되지 않게 하려는 것이었고 내가 "여기 이 실험실에서 파손한 것을 배상해야" 하기 때문이었다. 게다가 이 유리도구에 관한 문제는 내가 이 실험실에 도착한 날 코멘다토레가 전해주었던 수많은 규정들 중 하나에 불과했다. 그는 그 모든 규정들을 연구실과 공장 전체를 지탱하는 정신인 "스위스

• Macaronaeae: 테오필로 폴렝고Teofilo Folengo(1491~1544)가 쓴 중세 패러디 기사 문학 작품. 훗날 프랑수아 라블레가 폴렝고의 작품을 거의 모두 모방했다고 한다.

인다운 정확성"의 사례들로서 제시했다. 그러나 내 눈에 그것들은 피해망상과 한 끗 차이인, 재치 없는 구속의 집합체 같아 보였다.

공장의 활동, 특히 내가 맡게 될 임무는 혹시 있을지도 모를 산업 스파이들에게 절대로 노출되어서는 안 된다고 코멘다토레가 설명했다. 산업 스파이들이 외부인일 수도 있지만 직원과 공장 내의 직공일 수도 있었다. 그들을 채용할 때 가능한 한 주의를 기울이긴 했지만 말이다. 그러므로 내 연구주제와 그것의 진행상황에 대해서 그 누구와도 이야기해서는 안 되었다. 동료들과도 마찬가지였다. 아니 다른 사람들보다도 오히려 그들과 이야기해선 안 되었다. 이런 이유 때문에 모든 직원들에게는 특별한 출퇴근 시간표가 있었는데 그것은 단 두 칸으로 운행되는 도시에서 오는 전차 시간에 맞춘 것이었다. A는 8시에 B는 8시 4분에 C는 8시 8분, 이런 식으로 회사에 들어와야 했고 퇴근도 그와 비슷하게 해서 두 동료가 결코 같은 객차를 타고 출퇴근하는 일이 없게 했다. 지각하거나 조퇴하는 경우 막중한 벌금을 내기도 했다.

하루 일과 중 마지막 시간은, 당장 세상에 종말이 온다 해도, 실험도구를 해체하고 씻고 다시 제자리에 갖다놓는 일에 할애해야 했다. 일과가 끝난 뒤 누군가 실험실에 들어왔을 경우, 그날 낮에 실험실에서 진행했던 실험을 다시 해볼 수 없게 하기 위해서다. 매일 저녁 그날의 일지를 작성해서 봉투에 넣어 그에게 직접 전달하거나 그의 비서인 로레다나 부인에게 전달해야만 했다. 점심식사는 내가 원하는 곳에서 먹을 수 있었다. 점심 시간에 공장 직원들을 가둬두는 게 그의 의도는 아니었다.

그렇지만 주위에 변변한 식당이 없다고 했다. (그리고 이 말을 할 때 그의 입이 보통 때보다 더 일그러졌고 입술도 더 얇아졌다.) 그러므로 연구실에서 점심식사를 할 수 있도록 준비를 해오라고 내게 충고했고 내가 집에서 재료를 준비해오면 여공이 나를 위해 요리해줄 수 있을 거라고 했다.

도서관은 특히 지켜야 할 규정이 엄격했다. 어떤 이유로든 책을 공장 밖으로 가지고 나갈 수 없었다. 사서인 팔리에타 양의 동의가 있을 경우에만 열람할 수 있었다. 어떤 단어에 줄을 긋거나, 펜이나 연필로 간단한 표시를 하는 것도 아주 심각한 규정위반 행위였다. 책을 반납할 때 팔리에타는 모든 책을 한 페이지 한 페이지 세심하게 검토했다. 만약 어떤 흔적을 발견하게 되면 그 책은 파기되어야 했고, 낙서를 한 사람이 그 책을 대신 사놓아야 했다. 또 책갈피에 서표를 끼워놓거나 책장을 접어놓는 일 역시 금지되었다. "누군가" 그런 것들을 통해 관심 있는 일에 대한 흔적들을, 그러니까 공장의 활동에 관한 것을 찾아낼 수 있었고 결국은 비밀이 새나갈 수 있기 때문이다. 이런 시스템 내에서 열쇠가 중요한 건 두말할 필요도 없었다. 저녁이 되면 모든 것을, 분석저울까지도 자물쇠로 채웠다. 코멘다토레는 모든 자물쇠의 열쇠를 가지고 있었다.

연구실로 들어섰을 때 자신의 실험대에 너무나 침착하게 앉아 있던 줄리아 비네이스를 발견하지 못했다면, 이런 규정과 금지의 보따리 때문에 나는 한없이 불행했을 것이다. 그녀는 실험을 하고 있는 게 아니라 양말을 깁고 있었다. 나를 기다리고 있었던 것 같았다. 그녀는 허물없이 다정한 태도로 의미심장하게 얼굴을 찌푸리며 나를 맞았다.

우리는 대학 4년을 같이 다녔고 놀랄 만한 중매쟁이인 실험과목들을 모두 함께 들었는데 특별한 우정을 나누지는 않았다. 줄리아는 갈색 피부에 자그마한 체구를 가진 영리한 여자였다. 눈썹은 우아한 곡선을 그리고 있었고 얼굴은 날카로웠지만 피부에는 윤기가 흘렀다. 몸짓은 활기차면서도 정확했다. 이론보다는 실제에 더 열려 있었고 인간적인 따스함이 넘쳐났으며 경직되지 않은 가톨릭 신자로 마음이 너그럽고 깐깐하지 않은 성격이었다. 그녀는 마치 삶에 완전히 지쳐 삶이라는 게 전혀 대수롭지 않은 사람처럼 조그만 소리로 건성건성 말했다. 그녀는 거의 1년 전부터 이 연구소에서 일했다. 그렇다. 코멘다토레에게 나를 추천한 사람은 바로 그녀였다. 광산에서의 내 위치가 불안하다는 것을 그녀는 막연하게 알고 있었고 내가 이곳의 연구직에 적합할 거라고 생각했던 것이다. 그리고 솔직히 말하자면 혼자 지내는 게 따분했다. 그러나 그녀는 내게 헛된 꿈을 꾸게 하지는 않았다. 그녀에게는 사랑하는 사람이 있었다. 굉장히 사랑했다. 내게 설명하기에는 너무 복잡하고 혼란스러운 감정이었다. 그러면 너는? 없어? 여자친구 없어? 안타깝군. 그녀는 나를 도와주려 했다. 인종차별법이 어찌되었든 상관없이. 그런 비상식적인 것들이 뭐 그리 대수겠는가?

그녀는 코멘다토레의 이상한 고정관념들을 너무 비극적으로 받아들이지 말라고 충고했다. 줄리아는 겉으로는 질문도 하지 않고 남을 불편하게 하지도 않으면서 곧 모든 사람들에 대해 모든 것을 알아내는 능력이 있었다. 무슨 이유 때문인지 모르지만 나는 그런 능력이 없었다.

그러므로 내게 그녀는 관광 가이드이자 뛰어난 통역자였다. 그녀는 그 자리에서 요점을 알려주었다. 공장이라는 배경 뒤에 숨어 있는 도르래와 주요 등장인물들의 역할을 일러주었다. 코멘다토레는 바젤의 알려지지 않은 또 다른 주인에게 예속되어 있긴 했지만 이 공장의 주인은 바로 그였다. 그러나 명령하는 건 코멘다토레의 비서면서 정부인 로레다나였다(줄리아나는 뜰 쪽으로 난 창문으로 로레다나가 있는 곳을 가리켰다. 로레다나는 큰 키에 피부가 갈색이었으며 균형잡힌 몸매에 천박했고 약간 나이를 먹은 듯했다). 두 사람의 별장이 호숫가에 있었는데 "늙었지만 호색한"인 코멘다토레는 그녀와 호수에서 뱃놀이를 즐겼다. 사장실에 사진들이 있는데, 못 봤어? 인사부의 그라소 씨도 로레다나의 뒤에 있었는데, 지금으로서는 그가 이미 로레다나와 잠자리를 했는지 아닌지를 줄리아가 분명히 말해줄 수 없었다. 나중에 알게 되면 말해주기로 했다. 공장에서의 일은 어렵지 않았다. 그런 복잡한 관계가 오히려 일하는 것을 어렵게 했다. 해결책은 간단했다. 일을 하지 않으면 되었다. 그녀는 그 사실을 금방 눈치챘다. 그래서 1년 동안 조용히 한쪽으로 물러나서 거의 아무것도 하지 않았다. 아침이면 그저 눈요기 정도로, 실험도구를 조립했다가 저녁이 되면 규정대로 분해했다. 매일 제출하는 보고서는 그녀가 상상해서 썼다. 일과는 별도로 혼수준비를 하며 충분한 잠을 잤고 애인에게 장문의 편지를 썼다. 그리고 규정을 어기고 그녀의 사정권 안에 들어오는 사람이면 누구든 상관없이 말을 걸었다. 실험용 토끼를 돌보는 반쯤 귀가 먹은 암브로지오, 공장 열쇠를 전부 보관하는 어쩌면 파쇼의 스파이일지도 모를 미켈라, 코멘다토레의 말대로라면 식사 준비를 해줄 어린 여직공 바리스코, 스페인에서 용병으로 싸웠으며 여자들이 반할 만한 외모에 포마드를 바른 마이오키, 그리고 창백하고 사람을 피하는 듯한 모이올리와도 사심없이 대화했다. 모이올리의 자식 아홉은 인민당에 있었고 이 때문에 파시스트들이 그를 몽둥이질했다고 한다.

줄리아는 바리스코가 자기 사람이라고 분명하게 말했다. 바리스코는 줄리아를 좋아했고 헌신적이어서, 장기 치료약 생산부서에 가서 (그곳에서 일하는 사람이 아니면 출입이 금지되어 있었다) 간·뇌·부신낭과 다른 값비싼 내장들을 가져오는 일을 포함해서 그녀가 시키는 일은 무엇이든 했다. 바리스코에게도 애인이 있어서 줄리아와 그녀 사이에는 깊은 연대감이 흐르고 있었으며 서로 속마음을 터놓고 친밀한 관계를 유지하고 있었다. 청소를 맡고 있어 어느 부서든 자유롭게 출입할 수 있는 바리스코를 통해서 줄리아는 그물같이 치밀한 보호장치 속에서 약품이 생산된다는 것도 알게 되었다. 물·증기·진공·가스·나프타 등등을 위한 파이프들이 모두 지하에 묻혀 있거나 시멘트에 덮여 있어서 밸브에만 접근할 수 있었다. 기계들은 복잡한 뚜껑에 덮여 있었고 열쇠로 잠겨 있었다. 온도계와 압력계의 계기판에는 눈금이 그려져 있지 않았고 단지 당시 흔히 쓰이던 대로 색깔로만 표시가 되어 있었다.

물론 내가 일을 하고 싶고 당뇨병 연구에 흥미가 있다면 연구를 하면 되었다. 그 점에서는 우리 둘의 의견이 일치했다. 그렇지만 그녀의 협력은 기대할 수가 없을 것이다. 그녀의 생각은 다른 데 있었기 때문이다. 그래도 그녀와 바리스코에게 음식에 관한 것은 기대할 수 있었다. 그 두 여자는 결혼을 앞두고 요리 연습을 해야만 했기 때문에 배급카드를 잊게 할 만한 요리들을 만들어줄 수 있었다. 연구실에서 그런 복잡한 요리를 한다는 게, 내게는 규정에 어긋나는 것 같아 보였지만 줄리아는, 미라나 다름없는 바젤의 그 베일에 싸인 고문이 한 달에 한 번 연구실을 방문해서(게다가 이 방문도 충분히 시간을 두고 미리 알려주었다), 박물관 관람을 온 것처럼 주위를 한번 둘러본 뒤 입 한 번 떼지 않고 가버리는 것을 제외하면 이 연구실에는 사람의 그림자 하나 찾을 수 없었기 때문에 누구든 흔적을 남기지만 않는다면, 무슨 짓이든 하고 싶은 대로 할 수 있다고 했다. 지금까지 코멘다토레가 연구실에 발을 들여놓은 적은 단 한 번도 없었다.

내가 채용되고 며칠 후 코멘다토레가 나를 사장실로 불렀다. 그래서 그 기회에 진짜로 요트, 그것도 매우 소박한 요트를 탄 사진이 걸려 있는 걸 볼 수 있었다. 그는 이제 본격적으로 일을 시작할 때가 되었다고 말했다. 내가 제일 먼저 해야 할 일은 도서관에 가서 팔리에타에게 케른 박사가 쓴 당뇨병에 관한 논문을 빌리는 것이었다. 나는 독일어를 읽을 수 있었다. 왜 아니겠는가? 좋다, 그러므로 나는 바젤의 연구자들과는 달리 형편없는 프랑스어로 번역된 책이 아니라 독일어 원서를 읽을 수 있을 것이다. 그도 이 점을 인정했다. 그는 프랑스어로 번역된 것만 읽었는데 그다지 이해를 잘하지는 못했지만 케른 박사가 그 분야에 대해 잘 알고 있는 사람이라고 했다. 또 케른의 생각을 실제에 적용시키는 최초의 사람이 된다면 정말 멋질 거라고 확신했다. 물론 케른 박사가 다소 복잡하게 글을 쓰기는 했지만 바젤 사람들, 특히 미라 같은 고문은 경구용 항 당뇨제 문제에 지대한 관심이 있었다. 그러니까 케른 박사의 책을 빌려서 열심히 읽고 난 뒤 나중에 그 문제에 대해 토론을 할 수 있을 것이다. 그러나 그사이 시간을 낭비하지 않기 위해 일을 시작할 수도 있었다. 그 자신이 그런 저서에 응당 관심을 쏟아야 하지만 신경쓰고 몰두해야 할 생각들이 워낙 많다 보니 그럴 수가 없었다. 그렇기는 해도 거기에서 가장 중요한 두 가지 이론을 알고 있으니 그에 대해 실제로 실험해볼 수 있을 것 같다고 했다.

첫번째 이론은 안토시아닌 색소와 관련된 것이었다. 잘 알다시피 안토시아닌 색소는 빨간 꽃과 파란 꽃의 색소다. 그것은 쉽게 산화시킬 수도 있고 탈산화시킬 수도 있다. 포도당도 마찬가지다. 당뇨는 포도당의 산화 이상으로 생긴 것이다. "그러므로" 안토시아닌으로 포도당이 정상적으로 산화되게 할 수 있을 것이다. 수레국화에는 안토시아닌이 매우 풍부하다. 이런 점을 생각해서 그는 밭에다가 수레국화를 심게 했고 꽃잎을 따서 햇빛에 말리게 했다. 내가 거기서 안토시아닌 색소를 추출해 토끼에게 투약한 후 혈당을 체크해볼 수 있었다.

두번째 이론은 간단하면서도 동시에 복잡한 것으로, 그만큼 모호했다. 코멘다토레가 롬바르디아 식으로 해석한 바에 따르면, 케른 박사는 인산이 탄수화물의 신진대사작용에서 매우 중요한 역할을 한다고 생각했다. 여기까지는 별 반박의 여지가 없었다. 케른의 불명료한 원리를 토대로 코멘다토레 자신이 세운 가설은 그리 납득할 만한 것이 못 되었다. 그의 가설은 이상이 생긴 신진대사를 정상으로 되돌리기 위해서는 식물에서 추출한 약간의 인을 당뇨 환자에게 투약하기만 하면 된다는 것이다. 당시 나는 상사의 생각을 바꿀 수 있다고 생각할 정도로 젊었다. 그래서 두세 마디 반박했지만 곧 코멘다토레의 얼굴이 망치로 맞은 구리판처럼 일그러지는 것을 보았다. 그는 내 말을 끊더니 그의 제안이 제안이 아니라 명령으로 들릴 정도로 단호하게, 내게 많은 식물들을 실험하고 그중 가장 인이 풍부한 것을 골라서 인을 추출해 토끼에게 투약하라고 충고했다. 수고하시고 그만 가보시오.

이 면담의 결과를 줄리아에게 이야기하자 그녀는 즉각적이면서도 울분이 섞인 판단을 내렸다. 노인네가 미쳤다는 것이다. 그렇지만 그의 영역에 침범해 처음부터 너무 그를 진지하게 대하는 듯 행동해 그를 자극한 사람은 나였다. 내가 원했으니 이제 수레국화와 인과 토끼를 가지고 그 문제를 해결해야 했다. 내가 코멘다토레의 낡아빠진 공상에 나 자신을 바칠 정도로 이렇게 일에 미친 것은, 줄리아가 보기에는, 여자친구가 없어서 그런 거였다. 만약 여자 친구가 있었다면 안토시아닌 대신 그 친구를 생각했을 거라고. 줄리아가 자유롭지 않은 게 너무나 안타까운 일이었다. 왜냐하면 그녀는 내가 어떤 유형의 사람인지 알고 있기 때문이다. 나는 결단력이 없을 뿐만 아니라 문제 앞에서 달아나버리므로 손을 잡고 문제를 하나하나 해결해나갈 수 있게 해줘야 하는 사람이었다. 그렇지만 밀라노에 그녀의 사촌이 있었다. 그 사촌 역시 약간 수줍음을 탄다고 했다. 그녀가 나를 그 사촌과 만나게 해줄 수 있을 것이다. 이런, 나 역시 뭔가 노력을 해야만 했다. 한창 좋을 젊은 시절의 몇 년을 토끼에게 내던진 나 같은 사람을 만나는 건 그 사촌에게 상처를 줄 것이다. 줄리아에게는 약간 점쟁이 같은 면이 있었다. 손금을 볼 줄 알았고 예언을 하기도 했으며 미래를 알아맞히는 꿈을 꾸기도 했다. 나는 가끔 그녀가 나를 지난날의 고통에서 해방시켜주고 당장 약간의 기쁨이라도 안겨주려고 서둘렀던 것이, 어쩌면 내 앞에 준비된 운명을 막연하게 직감하고 있었기 때문일지 모른다고, 그러니까 무의식적으로 그것을 바꿔보려고 한 것일지도 모른다고 생각한다.

우리는 〈안개 낀 부두〉를 보러 갔다. 우리는 둘 다 그 영화가 멋지다고 생각했고, 솔직히 말하면 주인공들과 우리 자신을 동일시했다. 호리호리한 갈색 피부의 줄리아는 초록빛 눈동자의 우아한 미셸 모르강과, 온유하고 내성적인 나는 매혹적인 탈주병 터프가이로 살해당하고마는 장 가뱅과 동일시했던 것이다. 우스꽝스러운 일이었다. 게다가 영화에서 두 사람은 사랑했지만 우리는 그렇지 않았다, 안 그런가?

영화가 끝나갈 무렵 줄리아가 자기를 집까지 바래다달라고 했다. 나는 치과에 가야만 했다. 하지만 줄리아가 말했다. "안 데려다주면 지금 이렇게 소리지를 거야, '손 치워, 이 변태 자식아!'" 나는 반박해보려고 했지만 줄리아가 벌써 숨을 들이쉬고 깜깜한 극장 안에서 이렇게 소리치기 시작했다. "손……" 그래서 나는 치과의사에게 전화하고 그녀를 집까지 데려다주어야 했다.

줄리아는 암사자 같았다. 애인과 함께 시간을 보내기 위해서라면 사람 많은 기차에서 선 채로 여행을 열 시간이나 할 수 있었다. 코멘다 토레나 로레다나와 격렬하게 말다툼을 할 때면 즐거워하고 광채가 나지만 벌레와 천둥번개를 무서워했다. 실험대에 거미 한 마리가 기어다닌다고 그것을 쫓아달라고 나를 불렀다(하지만 나는 거미를 죽이지 않은 채로 계량 비커에 담아 화단으로 가져가야만 했다). 그래서 나 자신이 마치 레르네의 히드라와 대적하는 헤라클레스처럼 용감하고 힘이 있다는 생각이 들었고, 그와 동시에 그런 요구에 담긴 강렬한 여성적 감정을 감지할 수 있었기 때문에 흔들렸다. 격렬한 폭풍우가 몰아쳤다. 줄리아는 두 번의 천둥은 참아냈지만 세번째에는 내 품에서 피난처를 찾으려 했다. 내 품에 안긴 그녀의 따뜻한 체온이 느껴졌다. 꿈속에서나 친숙한, 현기증이 날 것 같은 새로운 느낌이었다. 그렇지만 난 그녀를 안아주지 않았다. 만약 그렇게 했다면 아마 그녀의 운명과 내 운명은 완전히 예측 불가능한, 흔히 있는 일반적인 미래를 향해, 원래의 여정에서 요란하게 벗어났을 것이다.

그때까지 한 번도 만나본 적이 없었던 사서는, 목에 걸린 쇠사슬과 배고픔 때문에 사나워지기로 결심한 불쌍한 개들 중의 하나인 경비견처럼 도서관을 지켰다. 더 정확히 말하면 『정글북』에서 왕의 보물을 지키는, 수백 년 동안 어둠 속에서만 살아 색깔이 하얗게 변한, 이빨 빠진 늙은 코브라 같았다. 가엾은 팔리에타는 거의 기형아 lusus naturae 같았다. 팔리에타는 키가 아주 작았고 가슴도 엉덩이도 빈약했으며, 밀랍같이 창백한 얼굴에 기운도 없이 허약해 보였고 기괴할 정도로 근시였다. 그녀는 두꺼운 오목렌즈 안경을 끼고 다녔는데 그 알이 얼마나 두꺼운지, 거의 흰빛에 가까운 그녀의 하늘색 눈을 앞에서 보고 있자면 너무나 멀어 보여서 그녀의 두개골 안쪽에 붙어 있는 것처럼 느껴질 정도였다. 그녀는 서른을 넘지 않은 게 분명했지만 젊은 시절이 아예 없었던 것처럼 보였고 도서관을 지키기 위해, 그늘 속에 있기 위해, 곰팡내가 밴 밀폐된 그 공기 속에서 살아가기 위해 태어난 것 같은 분위기였다. 그녀에 대해 아는 사람은 아무도 없었다. 코멘다토레 본인도 그녀에 관해 이야기할 때는 참지 못하고 짜증을 냈다. 줄리아도 아무 이유 없이, 동정심도 전혀 느끼지 못한 채, 여우가 개를 싫어하듯이 본능적으로 그녀를 증오한다고 시인했다. 그녀는 팔리에타에게서 나프탈렌 냄새가 나고 얼굴은 변비에 걸린 사람 같다고 말했다. 팔리에타는 내게 왜 꼭 케른 박사의 책을 빌려야 하는지 물었고 신분증을 보여달라고 했다. 적의를 품은 것 같은 분위기로 신분증을 자세히 살펴보더니 기록부에 사인하라면서 마지못해 내게 책을 넘겨주었다.

이상한 책이었다. 제3제국이 아니라면 그 어디에서도 저술되어 출판되기 힘든 책이었다. 저자가 완전히 무능한 것은 아니었지만 각 페이지마다 자신의 주장들이 논박당하지 않으리라고 믿는 사람의 오만함이 넘쳐났다. 그는 망상에 사로잡힌 예언자처럼, 당뇨 환자와 건강한 사람에게서 포도당의 신진대사작용을 시나이 산의 여호와가 그에게 알려준 것처럼, 아니 발할라의 보탄*을 통해 알게 된 것처럼 글을 썼다. 아니 열변을 토했다. 아마 내가 틀렸을 수도 있지만 나는 즉시 케른의 이론에 대해 분노 어린 불신을 느꼈다. 그렇지만 나는 그로부터 30년의 세월이 흐른 뒤에도 그 이론들이 재평가되었다는 이야기를 들은 적이 없다.

안토시아닌의 모험은 곧 끝났다. 그것은 기괴하게 난입한 수레국화, 하늘색의 연약한 꽃잎들, 얇은 감자튀김처럼 부서지기 쉽고 건조한 꽃잎들이 담긴 수많은 자루들과 함께 시작되었다. 변하기 쉽고 그 역시 그림 같지만 극도로 불안정한 색소들에서 액을 추출했다. 불과 며칠 동안 시도해보고 나서 토끼에게 투약을 하기도 전에, 코멘다토레로부터 연구를 정리하라는 허락을 얻었다. 나는 스위스인이며 현실적인 이 남자가 그런 광적인 환상에 빠져 있다는 것을 계속 이상하게 생각하고 있었다. 그래서 기회가 될 때마다 조심스럽게 내 의견을 피력해보려 했지만 그는 퉁명스럽게 교수들을 비난하는 게 내 임무가 아니라고 대답했다. 그는 내게 아무것도 하지 않고는 월급을 받을 수 없음을 분명히 하면서, 그러니 시간 낭비하지 말고 당장 인에 대한 연구를 시작하라고 권했다. 그는 인이 우리에게 놀라운 해결책을 가져다주리라 믿고 있었다. 그러니까 계속 인에 매달려야 했다.

나는 거의 확신 없이 일을 시작했다. 대신 코멘다토레가, 그리고 어쩌면 케른 역시, 이름과 진부한 생각이 주는 값싼 매력에 굴복했을 거라

● 북유럽 신화 속의 전쟁의 신. 영웅문학에서는 영웅들을 수호하는 신으로 나온다. '오딘'이라는 이름으로 더 널리 알려져 있으며 '보덴'이라 하기도 한다.

는 확신은 있었다. 사실 인은 매우 아름다운 이름('빛의 운반자'라는 뜻이다)을 가지고 있었다. 인은 인광을 냈다. 그것은 뇌 속에 들어 있고 생선 속에도 있었다. **그래서** 생선을 먹으면 똑똑해졌다. 인이 없으면 식물은 성장할 수 없다. 팔리레는 100년 전에 빈혈이 있는 아이들을 위해 포스파틴과 글리세로인산염을 개발했다. 인은 성냥의 머리 부분에도 있었고 나그네 앞을 날아다니는 기분 나쁜 도깨비불에도 들어 있었다. 그리고 실연으로 절망에 빠진 처녀들은 자살하려고 인을 먹었다. 인은 감정적으로 중성이 될 수 없었다. 생화학자면서 절반은 마법사처럼 보이는 케른 교수가 음험한 마법이 횡행하는 나치스의 궁전에서 인을 약으로 규정한 것은 충분히 이해할 수 있는 일이었다.

알 수 없는 손이 밤이면 내 실험대 위에 갖가지 식물들을 남겨놓았다. 하루에 한 가지씩. 특이하게도 식물들은 양파, 마늘, 당근, 우엉, 블루베리, 버드나무, 샐비어, 로즈마리, 찔레나무, 노간주나무같이 모두 집에서 기르는 것들이었다. 어떻게 선택된 식물인지 알 수가 없었다. 나는 매일 이런 식물들 속에서 무기물 인을 모두 추출했다. 나 자신이 수도펌프에 묶인 망아지 같다는 생각이 들었다. 이전 직장에서 잡석에서 니켈을 캐내는 일이 나를 흥분시켰다면, 지금 토끼에게 매일 인을 주사하는 일은 굴욕감을 줄 뿐이었다. 확신이 없는 일을 한다는 것은 고통스럽기 때문이다. 옆방에 줄리아가 있다는 사실만이 그나마 위안이 되었다. 그녀는 조그만 목소리로 "봄이 왔다네, 애들아, 일어나라"라고 노래했고 파이렉스 유리비커에 온도계를 넣어 요리했다. 종종 내게 와서 일하고 있는 나를 바라보며 약을 올리기도 하고 놀리기도 했다.

줄리아와 나는 알지 못하는 어떤 손이 우리가 없는 사이에 연구실에 들어와 겨우 감지할 수 있을 만한 흔적들을 남겨놓고 간다는 것을 알아차렸다. 저녁에 열쇠로 잠가 놓은 장이 아침이면 열려 있었다. 스탠드는 제자리가 아닌 딴 곳에 있었다. 열어놓았던 환기구는 닫혀 있었다. 비가 오는 날 아침 우리는 로빈슨 크루소처럼, 바닥에서 고무 밑창을 댄 신발의 흔적을 발견했다. 코멘다토레가 고무 밑창이 달린 신발을 신었다. "밤에 여기 와서 로레다나랑 자나봐." 줄리아가 결론을 내렸다. 하지만 나는 극도로 정리정돈이 잘된 그 연구실이 스위스인이 진행하고 있는, 뭔가 감지할 수 없고 비밀스러운 어떤 다른 일에 사용되고 있는 게 틀림없다고 생각했다. 우리는 일부러 항상 열쇠로 채워져 있는, 생산부서에서 연구실로 통하는 문의 안쪽에 이쑤시개를 꽂아놓았다. 아침이면 항상 이쑤시개가 바닥에 떨어져 있었다.

두 달 뒤 나는 40여 개의 실험결과를 정리하게 되었다. 인 함유량이 높은 식물은 샐비어, 애기똥풀과 파슬리였다. 나는 이쯤에서 인이 어떤 형태로 결합하게 되어 있는지 밝히고 인 성분을 분리해보는 게 좋겠다고 생각했지만 코멘다토레는 바젤에 전화를 하더니 그런 부수적인 연구를 할 시간이 없다고 분명하게 말했다. 추출액을 가지고 계속 실험하시오. 따뜻한 물과 압착기로 간단하게 하시오. 그리고 진공상태에서 농축시키시오. 토끼의 식도에 주입해서 토끼의 혈당을 체크하도록 하시오······.

토끼는 그다지 매력적인 동물이 아니다. 그들은 인간과 가장 거리가 먼 포유동물 중 하나다. 어쩌면 그들의 성질이 굴욕에 시달리고 소외당하는 인간과 닮았기 때문인지도 모른다. 토끼는 겁이 많고 조용하며 도망을 잘 쳤다. 토끼들은 먹이와 교미밖에 몰랐다. 난 아주 어린 시절 들고양이 몇 마리를 제외하고는 동물에 손을 대본 적이 전혀 없었다. 그래서 토끼를 보자 강한 거부감이 들었다. 줄리아도 나와 마찬가지였다. 다행히 바리스코는 토끼와도, 그 토끼들을 돌보는 암브로지오와도 매우 친했다. 그녀는 어떤 서랍 안에 적당한 도구 한 세트가 있는 것을 보여주었다. 폭이 좁고 기다란, 뚜껑이 없는 작은 상자였다. 토끼는 굴 속에 숨는 걸 좋아한다고 그녀가 설명했다. 그러니까 어떤 사람이 토끼 귀를 잡아(토끼의 귀는 자연산 손잡이였다) 이 상자 속에 넣으면 토끼들은 안심하고 더 이상 움직이지 않을 것이라는 설명이었다. 고무탐침과 가로로 구멍이 뚫린 작은 나무스핀들이 있었다. 그 스핀들을 토끼의 이빨 사이에 끼워야 했다. 그런 다음 그 스핀들을 통해 별로 애쓰지 않고 목에 탐침을 끼운 후, 위에 닿았다고 느껴질 때까지 아래로 밀어 넣으면 되었다. 나무가 아니면 토끼는 이빨로 탐침을 잘라 삼켜버려 죽고 말 것이다. 일반 주사기를 사용할 때처럼 탐침을 통해 추출액을 위 안으로 주입시키기는 쉬운 일이었다.

다음에는 혈당을 측정해야 했다. 쥐의 꼬리 역할을 하는 게 토끼 귀였다. 이번 경우도 마찬가지였다. 토끼의 혈관은 굵고 눈에 잘 띄었기 때문에 바늘로 찌르면 피 한 방울은 얻을 수 있었다. 여러 가지 처리방법에 대한 의문을 제기하지 않은 채, 크레첼리우스-자이퍼트Crecelius-Seifert법에 따라 진행했다. 토끼는 참을성이 있거나 고통에 둔감한 동물이었다. 이런 학대를 당해도 토끼는 전혀 고통을 느끼지 않는 듯했다. 다시 우리에 자유롭게 풀어주면 곧 조용히 마른 풀을 뜯었다. 다음번 실험에서도 전혀 겁을 내지 않았다. 한 달 후에는 눈을 감고도 혈당을 측정할 수 있었지만 우리의 인은 아무런 효과도 내지 못하는 것 같았다. 한 마리의 토끼만이 애기똥풀 추출액을 주입했을 때 혈당이 내려가는 반응을 보였지만 불과 몇 주 뒤 목에 커다란 종양이 생겼다. 코멘다토레는 토끼의 종양 부위를 수술하라고 했고 난 극심한 죄의식을 느끼며 그리고 몸서리를 치며 수술했다. 토끼는 죽었다.

    토끼들은 코멘다토레의 명령에 따라 암컷 수컷 모두 각각의 우리에서 독수공방 하며 지냈다. 어느날 야간폭격이 있었다. 다른 피해는 그다지 심각하지 않았으나 토끼 우리가 모두 부서졌다. 그리고 다음날 아침 우리는 토끼들이 다같이 조심스럽게 교미에 몰두해 있는 것을 발견했다. 토끼들은 폭격에도 전혀 놀라지 않았던 것이다. 자유의 몸이 되자마자 토끼들은 화단에 자기들 이름의 기원이 된 굴●을 팠다. 그리고 미세한 위험신호에도 중도에서 교미를 포기하고 그 굴속으로 몸을 피했다. 암브로지오는 토끼들을 찾아내서 새 우리에 가두느라 애를 먹었다. 혈당량 측정작업이 중단될 수밖에 없었다. 혈당 표시를 토끼에게 한 것이

● 이탈리아어로 토끼는 코닐리오고 굴은 쿠니콜로다.

아니라 우리에 해놨기 때문에 토끼들이 뿔뿔이 흩어지고 난 뒤, 어떤 토끼가 어떤 우리에 있었는지 식별해낸다는 건 불가능했다.

　토끼와 씨름하고 있을 때 줄리아가 왔다. 그녀는 느닷없이 내 도움이 필요하다고 말했다. 나는 자전거를 타고 공장에 출근한다. 맞다. 그녀는 바로 그날 저녁 당장 포르타 제노바에 가야 했다. 기차를 세 번이나 갈아타야 하는데, 몹시 급하고 중요한 일이었다. 그녀를 자전거 가로대에 태워 데려다줄 수 있지 않을까, 그렇지? 코멘다토레가 짜놓은 정신병자 같은 시간표에 따르면, 난 그녀보다 12분 먼저 퇴근을 하니, 모퉁이에서 그녀를 기다렸다가 가로대에 그녀를 태우고 출발하면 되었다.
　자전거를 타고 밀라노 시내를 돌아다니는 건 그 당시 전혀 무모한 일이 아니었다. 그리고 폭격이 일어나고 사람들이 피난을 떠나는 시기에 가로대에 사람을 태우고 달린다는 것은 분명 정상적인 일이었다. 가끔, 특히 밤이 되면 이방인들이 자전거를 태워줄 수 있을지 물어보는 일도 있었다. 시내의 끝에서 끝까지 데려다주면 4~5리라를 내겠다고 했다. 하지만 애초에 침착함과는 다소 거리가 먼 줄리아는 그날 밤 자전거에 탄 우리의 안전을 위태롭게 했다. 운전자의 뜻과는 달리 갑자기 핸들을 잡으면서 돌연 앉은 자세를 바꾸었고 손과 머리를 어지럽게 움직이며 자기 이야기를 해서 우리들의 무게중심은 예측할 수 없이 요동쳤다. 그녀는 처음엔 그저 일상적인 이야기들을 했다. 하지만 줄리아는 비밀을 마음속에 담아두는 그런 여자가 아니었다. 임보나티가를 반쯤 지났을 때 벌써 그녀는 모호함을 반쯤 벗어버렸고 포르타볼타가로 들어서자 분명하게 말했다. 그녀는 몹시 화가 나 있었다. **애인의** 부모가 결혼을 반대했기 때문이다. 그녀는 반격을 가하고 싶었다. 부모들이 왜 안 된다고 했는데?—부모님들이 보기에 내가 너무 안 예쁘대, 알겠어?—그녀가 화가 나서 핸들을 흔들며 으르렁거렸다.

"바보 같은 양반들이군. 내가 보기엔 넌 정말 예뻐." 내가 진지하게 말했다.

"좀 영리해져봐. 넌 아무것도 몰라."

"난 널 칭찬해주고 싶었을 뿐이야. 그리고 정말 그렇게 생각하고."

"지금은 때가 아니야. 네가 나한테 치근대려고 하면 땅에 쓰러뜨려 버릴 거야."

"너도 쓰러질 걸."

"넌 바보야. 자, 페달을 밟아, 늦겠다."

라르고 카이롤로에서 모든 것을 알게 되었다. 좀더 정확히 말하자면 사건의 모든 요인들을 파악하게 되었다. 그러나 폭풍처럼 연타를 날리는 사실들이 너무나 혼란스럽고 뒤죽박죽이어서 거기서 의미를 파악해내기가 쉽지 않았다.

무엇보다 나는 줄리아의 애인이 왜 이 매듭을 풀 충분한 의지를 보이지 않는지 이해할 수 없었다. 이건 상상할 수도 없는 일이었고 말도 안 되는 일이었다. 줄리아가 예전에 내게 묘사한 대로라면 그녀의 애인은 마음이 넓으며 일편단심이고, 그녀를 매우 사랑하는 진지한 사람이었다. 그는 머리가 헝클어진 채 분노를 터뜨리면서도 눈부시게 빛나는 이 여자, 지금 자전거를 모느라 여념이 없는 내 두 팔에 안겨 흥분해 있는 이 여자를 가졌다. 그런데 그는 밀라노로 달려와 자기 입장을 설명하는 대신, 나로서는 어딘지 알 수도 없는 어느 전선의 막사에 틀어박혀 조국을 지키고 있다. '이교도'이기 때문에 군복무를 하고 있는 것이다. 조상에게서 물려받은 유대식을 따라 내 용어대로 표현하자면 그는 '이교도'이고 그녀 역시 '이교도'였다. 그러니 두 사람은 서로 결혼할 수 있었다. 이런 생각을 하는 동안, 줄리아가 계속 내가 마치 돈 로드리고*라도 되듯이 나와 계속 말다툼을 하는 동안, 한 번도 본 적 없는 라이벌에 대한 어리석은 적개심 같은 것이 나를 사로잡았다. 나는 마음속에서, 아마도 생전 처음으로 구토를 일으킬 것 같은 일종의 공허감이 점점 커지는 것을 느꼈다. 그러니까 이것은 남들과 다르다는 것의 대가였다. 이것은 세상의 소금이 되기 위한 값이었다. 사랑하는 여자를 자전거 가로대에 태워줘야 하고, 사랑에 빠질 수조차 없을 정도로 그녀에게서 멀리 떨어져 있어야 한다. 그녀를 가로대에 태우고 그녀가 다른 남자의 여자가 될 수 있게 도와주기 위해 비알레 고리치아로 그녀를 데려다주고 내 인생에서 그녀를 사라지게 해야 한다.

비알레 고리치아 40번지 앞에는 벤치가 하나 있었다. 줄리아는 나더러 거기서 자기를 기다리라고 했다. 그러더니 바람처럼 대문 안으로

● 이탈리아의 소설가 알레산드로 만초니Alessandro Manzoni(1785~1873)의 역사소설 『약혼자들』에 나오는 신부.

사라졌다. 불안하고 고통스러웠던 나는 벤치에 앉아 내 생각이 제멋대로 흘러가도록 내버려둔 채 그녀를 기다렸다. 나는 내가 조금만 덜 친절한 남자였어야 한다고 생각했다. 아니 조금 덜 내성적이고 조금 덜 바보 같았어야 했다. 그리고 그녀와 나 사이에 동창생으로서의, 직장 동료로서의 추억밖에 남지 않은 것을 평생 후회할지도 모른다고 생각했다. 그리고 어쩌면 너무 늦은 것은 아닐지도 모른다고, 코미디 뮤지컬의 등장인물 같은 남자의 부모들이 확고부동하게 계속 반대해서 줄리아가 눈물을 흘릴 수도 있고 내가 그녀를 위로해줄 수 있을지도 모른다고 생각했다. 그리고 이러한 희망이 몹시 잔인하고 타인의 불행을 이용하려는 사악한 것이라고 생각했다. 그러다가 마침내 발버둥치다가 지쳐 물속에 가라앉아버리고 마는 조난자처럼 몇 년 동안 나를 지배해오던 생각 속에 다시 빠지고 말았다. 약혼자가 있다는 사실과 인종법은 어리석은 변명에 불과했다. 한 여인에게 다가가지 못하는 나의 무능력은, 죽을 때까지 나를 따라다니며 추상적이고 무익하고 갈 곳 없는 욕망에 오염된 인생을 살아가게 할, 항소할 수 없는 유죄판결 같은 것이었다.

줄리아는 두 시간 뒤에 나왔다. 마치 박격포에서 발사되는 포탄처럼 튀어나왔다. 어떻게 되었는지 물어볼 필요도 없었다. "내가 그분들을 굉장히 추켜올려줬어." 그녀는 얼굴이 빨개져서 계속 숨을 헐떡이며 말했다. 나는 진심으로 줄리아를 축하해주려고 있는 힘을 다했다. 하지만 줄리아에게는, 아무 생각도 하지 않았다는 말을 믿게 하거나 내 생각을 숨길 수가 없었다. 짐을 벗어던지고 승리로 들떠 있는 그녀가 내 눈을 똑바로 바라보다가 그 속에서 그늘을 발견하고 내게 물었다. "무슨 생각을 하고 있는 거야?"

"인 생각." 내가 대답했다.

줄리아는 불과 몇 달 뒤 결혼했다. 눈물을 흘리며 코를 풀고 바리스코에게 음식에 대해 세세하게 일러준 뒤 나와 헤어졌다. 그녀는 수많은 역경을 겪었고 자식들을 많이 두었다. 우리는 친구로 남아서 가끔 밀라노에서 만나 화학과 그 밖의 이성적인 이야기들을 했다. 우리는 우리의 선택과 인생이 우리에게 준 것들에 대해 불만을 갖지 않았다. 하지만 우리는 만날 때마다 어떤 베일, 숨결, 주사위 던지기로 인해 우리가 원래 우리의 것이 아니었던 두 갈래 길로 서로 비껴가게 된 것 같은 이상하면서도 불쾌하지 않은 생각을 했다(우리는 여러 번 서로 이런 감정을 묘사했었다).

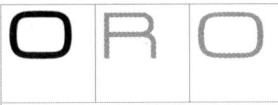

금

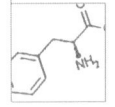

밀라노에 이주한 토리노 사람들이 뿌리를 내리지 못하거나 제대로 정착하지 못한다는 건 잘 알려진 사실이다.

1942년 가을 밀라노에는 토리노 출신의 친구 일곱 명이 있었다. 여러 가지 이유로 전쟁 때문에 생활하기에 부적당한 공간이 되어버린 대도시로 오게 된 젊은 남녀들이었다. 아직 부모님이 생존해 있는 사람들은 이렇게 말했다. "우리 부모님들은 폭격을 피하기 위해 시골로 피난 가셨어." 그래서 우리는 광범위하게 공동생활을 했다. 에우제는 건축가였다. 그는 밀라노를 재건하고 싶어했다. 그는 최고의 도시계획자는 붉은 수염의 프리드리히 황제라고 했다. 실비오는 법학 학위를 가지고 있었다. 하지만 얇은 반투명지로 된 작은 메모지에 철학 논문을 쓰고 있었고 운송 회사에서 일했다. 에토레는 올리베티사의 엔지니어였다. 리나는 에우제와 잠을 잤고 가끔 갤러리에서 일했다. 반다는 나 같은 화학자였지만 일자리를 구하지 못했고 그래서 페미니스트였던 그녀는 이 사실에 대해 늘 분노했다. 아다는 내 사촌으로 코르바치오 출판사에서 일했다. 실비오는 대학 학위를 두 개 가지고 있는 아다를 쌍박사라고 불렀다. 에우제는 그녀를 쿠지모•라고도 불렀는데 프리모의 사촌이라는 의미다. 아다는 이렇게 불러도 별 화를 내지 않았다. 난 줄리아가 결혼한 뒤 토끼들과 홀로 남게 되어 홀아비가 된 것 같은 기분, 부모를 잃은 고아가 된 기분이었다. 그래서 화학자들만이 알고 있는 엄숙한 시를 대중에게 알려주기 위해 탄소에 대한 대하소설, 엽록소의 광합성에 대한 소설을 쓰는 공상을 했다. 그리고 실제로 나중에 그걸 쓰게 되었다. 하지만 그건 오랜 세월이 흐른 뒤이다. 그 이야기는 이 책의 말미를 장식할 것이다.

내가 잘못 알고 있는 게 아니라면, 엔지니어가 시를 쓰는 건 품위 없는 일이라고 말한 에토레를 제외하고는 모두 시를 썼다. 세상이 전화(戰火)에 휩싸여 있을 때, 슬프고 몽롱하며 전혀 아름답지도 않은 시를 쓴다는 것은 이상해 보이지도 않았고 부끄러운 짓으로 생각되지 않았다. 우리는 파시즘에 반대한다고 선언했지만 거의 모든 이탈리아인들이 그랬듯이 파시즘은 우리에게도 영향을 미쳐 우리를 소외시키고 우리를 피상적

• 이탈리아어로 여자 사촌을 뜻하는 '쿠지나'와 레비의 이름인 '프리모'를 결합시킨 것.

이고 수동적이며 냉소적인 인간으로 만들어놓았다.

우리는 석탄이 없어 얼음장처럼 추운 집과 배급을 기꺼이, 심술궂은 기쁨을 느끼며 참아냈다. 그리고 영국인들의 야간폭격을 별 생각 없이 무관심하게 받아들였다. 그 폭격은 우리를 위한 것이 아니었다. 그것은 우리와는 너무나 거리가 먼 동맹인 연합군의 힘을 상징적으로 보여주는 잔인한 행위였다. 우리는 그 당시 굴욕을 느끼던 다른 이탈리아인들과 똑같은 생각을 했다. 그러니까 독일인과 일본인들이 무적이지만 미국인들 역시 마찬가지라고. 그래서 전쟁은 20~30년 동안 이렇게 지속될 수 있었다. 피투성이의 교착상태가 영원히 끝날 것 같지 않았지만 우리와는 너무나 멀리 떨어져 있어서, 조작된 전쟁용 삐라를 통해서만, 그리고 종종 내 동년배 가족을 통해서, 장례식을 통해서, "영웅적으로 임무를 수행했다"고 적힌 사무적인 전사통지서를 통해서만 알 수 있었을 뿐이다. 리비아 해안에서, 우크라이나 대초원에서 펼쳐지는 죽음의 무도 danse macabre는 결코 멈출 것 같지 않았다.

우리는 모두 내일을 생각하지 않는 사람들처럼 하루하루 살아갔다. 극장에 갔고 음악회에 갔다. 공습경보의 사이렌 소리 때문에 공연이 중단되곤 했다. 이런 사건은 우스꽝스럽고 유쾌해 보였다. 연합군은 하늘의 주인이었다. 아마 결국 그들이 승리하고 파시즘은 막을 내릴 것이다. 하지만 그건 그들 일이었다. 돈이 많고 힘이 막강하고 '해방자' Liberators●와

● 제2차 세계대전 당시 연합군 측 폭격기 B-24의 별칭.

항공모함들이 있던 그들 일이었다. 하지만 우리는 그들과는 달랐다. 그들은 우리를 '다른' 사람들로 선언했다. 우리는 다른 사람들이었다. 그들을 지지했지만 아리아인들의 어리석고 잔인한 게임에서 아예 바깥으로 밀려나 있었다. 오닐이나 손톤 와일더의 연극을 논하고, 그리녜 산에 오르고, 서로 조금씩 사랑에 빠지고 지적 유희를 구상하고 실비오가 스위스 보 지방 출신 친구들에게 배워온 아름다운 노래를 부르느라 여념이 없었다. 그런데 바로 그 몇 달 동안 독일군이 점령한 전 유럽에서, 암스테르담의 안네 프랑크의 집에서, 키예프 근처 바비야르 계곡에서, 바르샤바, 테살로니키, 파리 그리고 리디체의 게토에서 그런 일이 벌어졌다. 우리는 우리 자신을 잠식해오는 이런 페스트에 대해 정확한 정보를 얻지 못했다. 그리스나 러시아 전선의 후방에서 귀환하는 병사들이 전하는 막연하면서도 불길한 징조밖에 없었다. 우리들의 무지가 우리들을 살아갈 수 있게 해주었다. 로프가 낡아 끊어져가고 있는데, 그것도 모르는 채 안전하다고 생각하고 등산을 계속하는 것과 같았다.

하지만 11월에 연합군이 북아프리카에 상륙했고 12월에는 러시아가 반격을 시작해 스탈린그라드에서 마침내 승리를 거두었다. 우리는 전쟁이 임박했음을, 역사가 다시 자신의 행진을 시작했다는 것을 알아차렸다. 불과 몇 주 사이 우리들 모두 지금까지 살아온 20여 년 동안 성숙했던 것보다 훨씬 더 성숙해졌다. 파시즘에 굴복하지 않았던 사람들, 변호사, 교수 그리고 직공들이 어둠 속에서 나왔다. 우리는 그들 속에서, 그때까지 성경과 화학, 산山에서 애써 찾았으나 소용이 없던 우리 스승의 모습을 발견하게 되었다. 파시즘은 20년 동안 그들을 침묵하게 만들었다. 그런데 이제 그들은 우리에게 파시즘은 그저 우스꽝스럽고 경솔한 악정에 불과한 것이 아니라 정의를 부정하는 체제라고 설명했다. 파시즘은 이탈리아를 부당하고 불길한 전쟁으로 끌어들였을 뿐만 아니라 혐오스러운 법과 질서의 수호자 역할을 고수했다. 그것의 토대는 노동자를 억압하고, 다른 이의 노동을 착취하는 사람들의 배를 불리고, 생각할 줄 알고 파시즘에 굴종하지 않는 사람에게 침묵을 강요하는 것이었고, 체계적이고 계산적인 거짓말이었다. 그들은 우리들의 냉소적인 거부만으로는 충분하지 않다고 말했다. 거부는 분노로 바뀌어야만 했다. 분노는 질서 있고 시의적절한 반란으로 고양되어야만 했다. 하지만 그들은 폭탄 제조방법이나 권총 쏘는 법 같은 건 가르쳐주지 않았다.

그들은 그람시, 살베미니*, 고베티**, 로셀리 형제*** 같은 처음 들어보는 사람들에 대해 이야기했다. 그들이 누구지? 그러니까 또 다른 역사, 고등학교 때 위에서 우리에게 주입시켰던 것과 평행선상에 있는 역사가 존재한다는 것일까? 격동의 그 몇 달 동안 우리는 최근 20여 년 동안 생긴 역사적 공백을 재구성하고, 인물들을 되살려내려는 헛된 노

●   Gaetano Salvemini(1873~1957): 이탈리아의 사회주의 사상가. 특히 남부 전문가로 후진농업지역과 선진공업지역 간의 격차를 줄여 민주적인 연방주의를 이루어야 한다고 주장했다.
●●   Piero Gobetti(1901~1926): 이탈리아의 사상가이자 사회운동가. 『자유주의 혁명』이라는 잡지를 창간하여 지식인과 노동자의 협력에 의한 자유주의 혁명을 주장하고 파시즘에 저항했다.
●●●   파시즘에 저항한 이탈리아의 사회지도자로 카를로 로셀리Carlo Rosselli와 넬로 로셀리Nello Rosselli를 말한다. 이들은 1930년대 '정의와 자유' Giustizia e Liberta라는 이탈리아 저항운동 조직의 지도자였다. 훗날 비시 정권 괴한들에게 암살당했다.

력을 했다. 그러나 새로운 인물들도 가리발디*와 나자리오 사우로** 같은 '영웅들'로만 남았을 뿐 밀도나 인간적인 실체는 지니지 못했다. 우리에게 철저히 준비할 수 있는 시간이 허락되지 않았다. 3월에 토리노에서 파업이 있었다. 위기가 다가왔음을 시사하는 것이었다. 7월 25일 파시즘이 내부로부터 붕괴되었고 서로 형제애를 느끼는 군중들이 광장에 넘쳐났다. 권력의 음모에 의해 자유가 선사된 나라에 일시적이고 불안한 기쁨이 퍼져나갔다. 그리고 9월 8일이 되었다. 밀라노와 토리노의 거리에 회녹색 군복을 입은 나치스 사단이 마치 뱀처럼 길게 꼬리를 물고 나타났다. 잔인하게 꿈에서 깨어났다. 이제 코미디는 끝이 났다. 이탈리아는 폴란드, 유고슬라비아, 노르웨이 같은 점령국이 되었다.

이렇게 우리는 오랫동안 언어에 취해 있다가 패배하고 분열된 조국에서 우리의 힘을 시험해보기 위해 전투에 뛰어들었다. 우리는 우리 선택이 정당한 것이라고 확신했으나 우리가 가진 수단에는 전혀 확신이 없었다. 가슴에는 희망보다는 절망이 훨씬 더 많았다. 우리는 운명을 따르기 위해 서로 헤어져 각자 다른 계곡으로 흩어졌다.

우리는 춥고 배가 고팠다. 우리는 피에몬테에서 가장 무장이 안 된 빨치산이었다. 아니 어쩌면 세상에서 가장 무장이 안 된 빨치산이었을

- Giuseppe Garibaldi(1807~1882): 이탈리아의 통일운동에 헌신한 군인·공화주의자. 시칠리아를 정복하여 공로를 인정받았다.
- Nazarior Sauro(1880~1916): 이탈리아의 민족주의적 통일운동가. 해군에 가담하여 영토 회복에 공을 세웠다.

지 모른다. 우리는 우리의 은신처가 안전하다고 믿고 있었다. 1미터나 쌓인 눈에 파묻혀, 그때까지 아직 한 발짝도 나가지 않고 있었으니까. 하지만 누군가 우리를 배신했다. 1943년 12월 13일 새벽 우리는 파시스트 공화국* 군인들에게 포위된 채 잠에서 깼다. 그들은 300명이었고 우리는 고작 열한 명이었으며 우리에게는 총탄이 없는 소형 기관총 한 대와 권총 몇 개가 전부였다. 여덟 명은 도망쳐 산으로 흩어졌지만 우리는 그렇게 하지 못했다. 군인들은 아직 잠에서 채 깨지도 않은 알도와 귀도, 나 이렇게 세 사람을 체포했다. 그들이 들어왔을 때 나는 베개 밑에 숨겨놓았던 리볼버 권총을 난로의 재 속에 재빨리 묻어버렸다. 게다가 난 그 권총의 사용법에도 자신이 없었다. 그 권총은 아주 작았고 자개로 상감되어 있었다. 영화에서 절망에 빠진 귀부인들이 자살할 때 사용하던 그런 권총의 일종이었다. 의사였던 알도는 자리에서 일어나 침착하게 담배에 불을 붙이고 말했다. "내 염색체에 좋지 않은 걸."

군인들이 몇 번 구타를 가하더니 "허튼짓하지 말라"고 경고했다. 그리고 그들이 타당하다고 생각하는 방식대로 우리를 심문한 뒤 곧 총살시킬 거라고 했다. 그들은 거들먹거리며 우리 주위에 정렬했고 우리는 산속의 길을 향해 걸었다. 행군은 여러 시간 계속되었는데 그때 나는 내가 무엇보다 중요하게 생각했던 두 가지 일을 할 수 있었다. 내 지갑 안에 들어 있던, 너무나 가짜 티가 나는(특히 사진은 정말 끔찍했다) 위조

* 무솔리니가 실각 후 로마에서 북쪽으로 조금 떨어진 마을 살로에 세운 괴뢰정권인 살로 공화국을 말한다. 히틀러의 원조로 겨우 유지되다가 로마가 연합군에게 함락된 이듬해 6월 무너졌다.

신분증을 조금씩 씹어 삼켜버렸다. 그리고 돌에 걸려 넘어지는 척하면서 주머니에 들어 있던, 주소가 가득 적힌 수첩을 눈 속에 묻어버렸다. 군인들은 용감하게 전투가를 불렀고 산토끼들에게 기관총을 쐈고 송어들을 죽이려고 시냇물에 수류탄을 던졌다. 계곡 밑에서는 여러 대의 버스가 우리를 기다리고 있었다. 그들은 우리를 차에 태운 뒤 따로따로 앉혔다. 내 주위에는 군인들뿐이었다. 그들은 서 있거나 앉아 있었는데 우리에게는 신경도 쓰지 않은 채 계속 노래를 불렀다. 바로 내게 등을 돌리고 있는 한 병사의 허리춤에 독일인이 쓰는, 손잡이 부분이 나무로 된 모르타르 수류탄이 매달려 있었다. 제때에 터지는 수류탄으로 안전장치를 풀고 끈을 잡아당기면 그들과 함께 나도 최후를 맞을 수 있었다. 하지만 용기가 나지 않았다. 군인들은 아오스타 교외에 있는 막사로 우리를 데려갔다. 그들 부대장은 포사라고 불렸다. 당시의 상황을 생각해보면, 지금 그는 수십 년째 멀리 떨어진 전쟁 묘지 어딘가에 묻혀 있고 나는 이렇게 멀쩡히 살아서 이 글을 쓰고 있다는 것이 참 이상하고, 부조리하고, 희극적이기까지 하다. 포사는 규칙을 깐깐히 지키는 사람이었다. 그래서 재빨리 규율에 합당한 감옥 체제를 정착시키기 위해 애썼다. 그렇게 해서 우리는 막사의 지하실에 갇히게 되었다. 우리는 침대와 양동이가 하나 있는 독방에 따로따로 수감되었다. 11시에 배급이 있었고 한 시간 동안 바깥 공기를 마실 수 있었는데 우리끼리 이야기를 주고받는 건 금지되어 있었다. 이는 몹시 고통스러운 것이었다. 우리 사이에, 그리고 각자의 마음속에 있는 끔찍한 비밀이 우리를 괴롭혔기 때문이다.

불과 며칠 전, 저항뿐 아니라 삶에 대한 모든 의지를 사라지게 만들고 우리를 체포의 위험에 노출시켰던 바로 그 비밀 말이다. 우리는 양심의 판결을 받아야만 했고 그 판결을 따랐다. 하지만 그 결과 우리는 파괴되고 궁핍해져서 모든 게 끝나버리기를, 우리 자신들의 삶마저도 끝나버리기를 간절히 바랐다. 하지만 그러면서도 다시 만나 대화하고, 여전히 이렇게 생생한 기억을 쫓아낼 수 있게 서로 도와주길 바라기도 했다. 이제 우리는 끝이었다. 우리는 그 사실을 알았다. 우리는 덫에 빠졌다. 각자 외따로 자기 덫에 빠져 있었던 것이다. 거기서는 밑으로 내려가는 것 말고는 빠져나올 방법이 없었다. 손바닥으로 감방의 벽을 재보면서 곧 그 사실을 확인할 수 있었다. 오래전 기상천외한 탈주 이야기로 가득 찬 소설들을 읽었기 때문이다. 하지만 감방 벽의 두께는 50센티미터였고 문은 묵직했으며 밖에는 보초들이 지키고 있었다. 작은 창문에는 창살이 있었다. 나는 손톱 다듬는 줄을 하나 가지고 있었는데 그것으로 창살을 하나 잘라낼 수 있었을 거였다. 어쩌면 모두 다 잘라내버릴 수 있을지도 몰랐다. 또 나는 몹시 말랐기 때문에 창문으로 나갈 수 있을지도 몰랐다. 그러나 창문 바로 맞은편에는 공중폭격으로 인한 파편으로부터 보호하기 위해 튼튼한 시멘트 벽이 있다는 것을 발견했다.

가끔씩 우리는 심문을 위해 불려 나갔다. 우리를 심문할 사람이 포사면 아주 운이 좋았다. 포사는 내가 그때까지 만나보지 못한 유형의 남자였다. 어리석었지만 교과서적인 파시스트였고 용감했다. 견고한 무지와 어리석음이 군인이라는 직업(그는 아프리카와 스페인에서 전투에 참전

했었고 그 사실을 우리에게 자랑했다)을 지탱했지만 부패하거나 비인간적이지는 않았다. 그는 평생 믿고 복종했다. 그는 현재의 파국적인 상황의 책임이 왕과, 그 무렵 베로나에서 총으로 암살당한 갈레아초 치아노에게 있다고 순진하게 믿었던 것이다. 바돌리오에게는 책임이 없었다. 포사 역시 군인이었고 왕에게 맹세했으며 그 맹세를 지켜야만 했다. 처음부터 파시스트 전쟁을 반대했던 왕과 치아노가 없었다면 모든 게 다 잘 되었을 것이고 이탈리아는 승리했을 것이다. 그는 내가 친구를 잘못 사귀어서 인생을 망친 운이 나쁜 사람이라고 생각했다. 그의 정신 속에 깊이 박혀 있는 계급주의적인 생각 때문에 대학 졸업자는 진짜 '혁명가'가 될 수 없을 거라고 확신하고 있었다. 그는 따분해서, 나를 교화하기 위해, 그리고 자기 자신이 중요 인물이 되기 위해 나에게 질문을 던졌다. 특별히 취조를 할 마음도 없었던 것이다. 그는 군인이었지 경찰이 아니었다. 그는 내가 당황할 만한 질문은 절대 하지 않았다. 내가 유대인이냐는 것조차 물어보지 않았다.

하지만 카니의 심문은 무시무시했다. 카니는 우리를 체포하는 데 공헌한 첩자였다. 그는 뼛속까지 첩자였다. 파시스트적인 신념이나 이해관계 때문에 첩자가 된 게 아니라 타고난 진짜 첩자였다. 사냥꾼이 자유로운 동물들을 쓰러뜨릴 때 느끼는 것과 비슷한 종류의 사디즘을 가진, 해를 끼칠 수 있는 첩자였다. 그는 유능했다. 우리와 인접해 있던 유격대에 근사한 신임장을 가지고 찾아가서, 아주 중요한 독일의 기밀 전략을 알고 있는 척하며 그 비밀들을 유격대에게 알려주었다. 나중에 그 정보들은 게슈타포가 조작한 거짓 정보들이라는 게 밝혀졌다. 그는 유격대의 방어 계획을 세웠고 총격전을 대비해 유격대원들을 치밀하게 훈련시켰다(이 훈련에 탄약 대부분을 써버렸다). 그리고 나서 계곡 밑으로 달아났다가 소탕작전에 나선 파시스트 부대의 선두에서 다시 모습을 드러냈다. 그는 30대 남자로 유약해 보이는 창백한 낯빛이었다. 그는 책상 위에 루거 권총을 잘 보이게 올려놓고 심문을 시작했다. 심문은 휴식도 없이 몇 시간씩 지속되었다. 그는 전부 다 알고 싶어했다. 고문을 하고 총살을 시켜버리겠다고 계속 위협했지만, 다행히 내가 알고 있는 것은 거의 없었다. 내가 아는 몇 안 되는 사람의 이름들은 나를 위해 간직하고 있었다. 그는 상냥함과 분노를 번갈아가며 가장했다. 그는 내가 유대인이라는 것을 알고 있으며(아마도 그저 허세였을 것이다) 내게는 잘된 일이라고 말했다. 내가 유대인이든 유격대원이든 마찬가지였다. 유격대원이라면 날 감옥에 가둬둘 것이고 유대인이라면 카르피의 수용소에 들어가게 될 것이다. 그들은 피를 좋아하는 사람들이 아니기 때문에 마지막 승리를 하는 날까지 수용소에서 지낼 수 있을 것이다. 나는 유대인이라는 것을 시인했다. 피곤함 때문이기도 했고 자존심을 지키려는 비이성적인 고집스러움 때문이기도 했다. 그의 말을 믿은 것은 절대 아니었다. 며칠 안으로 그 병영의 지휘부가 SS[•]에게 넘어갈 거라고 그가 말하지 않

[•] Schutz-staffel의 약자, 나치스 친위대. 1929년 히틀러의 경호대로 창설되었다. 그후 독일군 내에서도 나치스 이데올로기를 광신적으로 체현한 특수군으로서의 성격을 지니게 되었다. SS의 임무는 유대인을 포함한 나치스의 적들을 탐색하고 체포하는 것, 강제수용소의 관리와 방어 등이었다.

왔던가?

　내 감방에는 희미한 전등불이 하나 있었는데 밤에도 켜 있었다. 겨우 글씨를 알아볼 수 있을 정도로 빛이 희미했지만 그래도 나는 쉴 새 없이 독서했다. 내게 남아 있는 시간이 얼마 되지 않는다고 생각했기 때문이다. 나흘째 되던 날, 바깥 공기를 마시는 시간에 나는 몰래 커다란 돌멩이를 하나 구해 주머니에 넣었다. 옆 감방에 있는 귀도와 알도에게 연락하기 위해서였다. 성공했지만 몹시 피곤한 일이었다. 갱도에 갇힌 『제르미날』의 광부들처럼 감방을 갈라놓은 벽에 돌멩이로 암호를 쳐서 한 문장을 전하려면 한 시간이나 걸렸다. 대답을 들으려고 벽에 귀를 갖다 대면 머리 위 식당에 있는 민병들의 쾌활하고 유쾌한 노랫소리만 들렸다. "알리기에리의 …… 환상", "토미 기관총 곁을 떠나지 않을 거야." 혹은 몹시 가슴을 에는 노래도 있었다. "이쪽으로, 숲 속에 길이 있어."

　내 감방에는 쥐가 한 마리 있었다. 쥐는 곧 내 친구가 되었지만 밤이 되면 내 빵을 갉아먹었다. 방에는 간이침대 두 개가 있었다. 난 그중 하나를 분해해서 길고 매끄러운 뼈대를 빼냈다. 그것을 수직으로 세워놓고 밤이 되면 그 위에 조그만 빵덩이를 올려놓았다. 하지만 쥐 때문에 남은 거라고는 바닥에 떨어진 부스러기밖에 없었다. 나는 나 자신이 그 쥐보다 더 쥐 같다는 생각을 했다. 나는 숲 속에 난 길을, 밖에 쌓인 눈을, 서로 구별되지 않는 산들을, 내가 자유의 몸이 되면 돌아가서 할 수 있는 눈부시게 아름다운 일들을 생각했다. 그러면 목이 메어왔다.

몹시 추웠다. 나는 경찰 임무를 대신하는 민병이 올 때까지 문을 두드렸다. 그리고 그에게 포사와 만날 수 있게 해달라고 간청했다. 그 민병은 내가 체포되었을 때 나를 두들겨 팼던 바로 그 병사였다. 하지만 내가 '박사'라는 것을 알게 되자 사과했다. 이탈리아는 이상한 나라다. 포사를 만나게 해주지는 못했지만 그는 나와 다른 동료들을 위해 담요를 얻어주었고 매일 밤 잠들기 전에 보일러 곁에서 30분 정도 몸을 녹일 수 있게 해주었다.

새로운 규율은 바로 그날 밤부터 시작되었다. 나를 데리러 병사가 왔다. 그런데 그는 혼자가 아니었다. 병사 말고 다른 죄수가 한 사람 더 있었다. 나는 그런 죄수가 있는지도 몰랐다. 애석한 일이었다. 귀도나 알도와 함께할 수 있었다면 훨씬 좋았을 것이다. 어쨌든 누군가와 대화를 나눌 수 있었다. 병사는 우리를 보일러실로 데려갔다. 보일러실은 천장이 낮았고 여기저기 검게 그을려 어두침침했으며 보일러가 공간을 거의 다 차지하고 있었지만 따뜻했다. 위로가 되었다. 병사는 우리를 등받이가 없는 긴 의자에 앉혔고 자기는 열려 있는 문을 가로막을 수 있게 그 앞에 놓인 의자에 앉았다. 그는 무릎 사이에 소형 기관총을 끼고 앉았지만 몇 분이 지나면 곧 꾸벅꾸벅 졸기 시작했고 우리에게는 신경도 쓰지 않았다.

죄수가 호기심 어린 눈으로 나를 보았다. "당신들, 반역자들인가요?" 하고 그가 물었다. 그는 서른다섯 정도 되어 보였고 마른 체격에 약간 구부정했다. 곱슬머리는 어지럽게 헝클어져 있었고 수염은 제대로 깎지 않은 듯했으며 커다란 매부리코에 얇은 입술, 그리고 교활해 보이는 눈을 하고 있었다. 그의 두 손은 몸에 비해(몸과 균형이 맞지 않을 정도로) 아주 컸고 마디가 굵었으며 햇빛과 바람에 그을린 듯했다. 그는 두 손을 잠시도 가만히 놔두지 않았다. 몸을 긁적이다가 손을 씻을 때처럼 한 손으로 다른 손을 문지르기도 하고 손가락으로 의자나 허벅지를 두드리기도 했다. 나는 그 손이 가볍게 떨리는 것을 눈여겨보았다. 그가 숨을 내쉴 때는 포도주 냄새가 났다. 그래서 나는 그가 체포된 지 얼마 되지 않았다고 짐작할 수 있었다. 그의 말투에는 그 근방 계곡 사람들의 억양이 담겨 있었지만 농부 같지는 않았다. 나는 그가 묻는 말에 모호하게 대답했지만 그는 실망하지 않았다.

"병사는 잠들었소. 원한다면 하고 싶은 말을 해도 돼요. 내가 밖에다 소식을 전해줄 수도 있다오. 아마 난 곧 나가게 될 거요."

그 사람은 그렇게 신뢰할 만한 사람처럼 보이지 않았다. "왜 체포된 겁니까?" 내가 그에게 물었다.

"밀수품 때문이오. 난 저들과 나누고 싶지가 않았소. 이게 전부요. 결국은 합의하게 되겠지만 그사이 그자들이 나를 이 안에 집어넣은 거라오. 내 일에는 좋지 않게 된 거지요."

"모든 일에 좋지 않죠!"

"난 특별한 일을 하고 있소. 밀수를 하기도 하지만 그건 도라 강이 얼어붙을 때인 겨울 한철뿐이라오. 간단히 말하자면 난 여러 가지 일을 하는데, 그래도 남의 밑에서 일하지는 않아요. 우린 자유로운 사람들이니까. 내 아버지도 그랬고 할아버지도 그랬고, 오래전부터, 그러니까 로마인들이 이곳에 온 그때부터 그랬다오."

난 얼어붙은 도라 강에 대한 말이 무슨 말인지 이해할 수 없었다. 그래서 혹시 어부냐고 물었다.

"왜 도라 강이라고 하는지 알아요?" 그가 내게 대답했다. "황금 강이라는 뜻이오. 물론 강이 완전히 금이라는 뜻이 아니라 금을 실어 나른다는 거요. 그래서 강이 얼어붙으면 금을 고를 수가 없지요."

"바닥에 금이 있는 겁니까?"

"그래요, 모래 속에요. 강바닥 전체가 아니라 군데군데 여러 곳에 말이지요. 산에서 내려오는 물에 금이 실려와서 아무렇게나 강바닥에 쌓이는 거라오. 이쪽 굽이에는 금이 있지만 다른 쪽에는 하나도 없고. 금이 제일 많은 곳이 어딘지는 아버지에서 아들로 전해지지요. 그런 곳은 아주 은밀해서 사람들의 손길이 거의 닿지 않지만 그래도 그곳에는 밤에 가는 게 더 나아요. 아무도 호기심을 갖지 않게 말입니다. 그래서 작년처럼 강이 꽝꽝 얼어붙으면 작업을 할 수가 없어요. 얼음에 구멍을 낸다 해도 곧 다시 얼어버릴 거고 손이 시려서 물속에서 손이 견뎌내지도 못할 거요. 내가 만약 당신이고 당신이 나라면, 명예를 걸고 맹세하는데 우리들의 그 장소가 어디인지 설명해줬을 거요."

나는 그의 말에 상처를 받았다. 난 내가 어떻게 될지 잘 알고 있었지만 낯선 남자에게서 이런 말을 듣는다는 게 기분 나빴다. 자신의 실수를 알아차린 상대방은 자신의 말을 무마시키려 했으나 서툴렀다.

"내 말은 그러니까 그 일이 친구들에게도 말하지 않는 비밀이라는 겁니다. 나는 이 일로 먹고살아요. 이 세상에서 내가 가진 건 이것 말고 아무것도 없지만 은행가와도 바꾸고 싶지 않소. 봐요. 금이 그렇게 많은 게 아니에요. 아니 솔직히 말해 조금밖에 안 된다고 할 수 있지. 밤새 모래를 씻어도 2~3그램밖에 나오지 않으니까요. 하지만 바닥이 나는 법은 없어요. 당신이 원한다면 다음날이나 한 달 뒤, 그러니까 원하는 만큼 시간이 흐른 다음에 다시 가봐도 금이 잔뜩 쌓여 있을 거라구요. 오래전부터 그랬고 영원히 그럴 거예요. 초원에 풀이 자라듯이 말이오. 그러니까 우리보다 더 자유로운 사람들이 없는 거요. 그래서 그런지 여기 이 안에 갇혀 있으려니까 미칠 지경이구료.

그런데 모래를 씻는 일을 아무나 할 수 있다고 생각하면 안 돼요. 게다가 아주 보람찬 일이라오. 그 일을 가르쳐주신 분은 바로 내 아버지요. 내가 제일 영리했으니까 내게만 가르쳐주신 거지요. 다른 형제들은 공장에서 일하고 있습니다. 나한테만 밥그릇을 넘겨주신 셈이라오." 그러더니 커다란 오른손을 컵 모양으로 둥글게 오므려 기계 돌아가는 흉내를 냈다.

"매일 금을 많이 얻는 건 아니라오. 맑은 날 그리고 그믐쯤 가는 게 좋아요. 왜 그런지는 설명이 안 돼요. 하지만 정말이라오. 혹시 시험을 해봐야겠다는 생각이 들기도 하겠지만 말이오."

나는 아무 말 없이 그럴 수 있기를 기원했다. 물론 난 시험을 해볼 수 있을 것이다. 무엇인들 시험해보고 싶지 않겠는가? 매우 용기 있게 죽음을 기다리고 있던 그 며칠 동안 나는 모든 일을, 머리에 떠올릴 수 있는 모든 인간적인 경험들을 하고 싶은, 가슴이 찢어질 듯 아픈 바람을 가슴에 품고 있었다. 조금밖에 그리고 그것도 제대로 이용하지 못했던 것 같은 지금까지의 내 삶을 저주했다. 시간이 손가락 사이로 빠져나가는 것 같았고 1분 1초가 멈추지 않고 흘러나오는 피처럼 내 몸에서 빠져나가는 것 같았다. 물론 난 금을 찾을 것이다. 부자가 되기 위해서가 아니라 새로운 기술을 실험해보고 흙과 공기와 물을 다시 보고 싶어서다. 매일 더 깊어지는 심연이 흙과 공기와 물과 나를 갈라놓고 있다. 그리고 중요하고도 본질적인 그 형태, 바로 맥석에서 금속을 분리하는 기술인 샤이데쿤스트Scheidekunst를 통해 화학자로서 내 직업을 되찾아보고 싶었다.

"그걸 다 팔아본 적이 없다오." 남자가 계속 말했다. "금에 굉장히 애착을 느끼거든요. 조금씩 따로 모아뒀다가 1년에 두 번 그걸 녹여서 뭔가를 만들지. 예술가는 아니지만 그걸 손에 들고 망치로 두드리고 새기고 긁고 하면 기분이 좋다오. 난 부자가 되는 데에는 관심이 없소. 내가 중요하게 생각하는 것은 자유롭게 사는 거고 개처럼 끈에 묶여 살지 않는 거라오. 내가 원할 때 그렇게 일하고 싶소. '빨리 해'라고 명령하는 사람 없이 말이지. 그래서 그런지 이 감옥 안에 있는 게 괴롭구료. 뭣보다 하루를 그냥 허비하게 되니까 말이오."

병사는 꿈나라로 빠져들었다. 무릎에 끼고 있던 소형 기관총이 요란한 소리를 내며 바닥에 떨어졌다. 낯선 남자와 나는 재빨리 서로의 눈을 보았다. 우리는 곧 서로의 마음을 읽었고 의자에서 벌떡 일어났다.

하지만 우리가 채 한 걸음을 떼어놓기도 전에 병사가 기관총을 다시 주워 들었다. 그는 다시 자세를 고치더니 시계를 보았다. 그리고 베네토 방언으로 욕을 한 뒤, 이제 각자 방으로 돌아갈 시간이라고 거칠게 말했다. 우리는 복도에서 귀도와 알도를 만났다. 두 사람은 다른 보초병의 감시를 받으며 방금 우리가 앉아 있던, 먼지가 자욱하지만 따뜻한 보일러실의 의자 쪽으로 가고 있었다. 그들은 가벼운 목례로 내게 인사했다.

 내 방에 돌아오자 다시 쓸쓸함이, 작은 창문에서 들어오는 얼음같이 차갑고 깨끗한 산속의 공기와 내일에 대한 고뇌가 나를 맞았다. 귀를 기울이자 소등령이 내려져 사방이 고요한 가운데 잃어버린 친구와 도라 강의 속삭임이 들려왔다. 도라 강뿐만 아니라 친구들을 모두 잃었다. 젊음과 기쁨 그리고 아마도 삶까지 모두 잃은 거겠지. 도라 강은 얼음이 뒤섞인 자신의 심장 속에 금을 싣고 옆으로 무심히 흘러갔다. 불안정하지만 너무나 자유로운 자신의 생활로, 금이 끝없이 흐르는 그 강물로, 영원히 이어질 나날들로 돌아갈 수 있는 그 정체불명의 죄수에 대한 질투심 때문에 가슴이 조여드는 것 같았다.

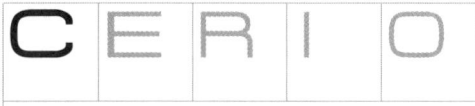

세륨

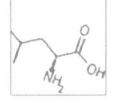

여기서 화학에 관한 사건들을 열심히 쓰고 있는 화학자인 내가 전혀 다른 시간을 경험했었다는 것은 다른 책에서 이미 이야기했다.

30년이라는 세월이 흐르고 나니, 1944년 내 이름에, 아니 좀더 정확히 말하면 내 수형번호 174517에 부합하는 인간을 되살려내기가 쉽지 않다. 당시 나는 가장 힘겨운 위기, 수용소라는 체제의 일부가 되는 그 위기를 극복해야만 했다. 내가 그저 살아남는 것을 넘어서 생각이라는 것을 하고, 그리고 내 주위 세계를 기록하고 심지어 아주 미묘한 작업을 전개하기까지 할 수 있었던 것은 이상한 냉담성을 발전시켰기 때문이다. 죽음이 일상적으로 편재하는 동시에 러시아 해방자들이 이제 우리와 80킬로미터밖에 떨어지지 않은 거리까지 접근해 극도로 흥분된 상태에서 말이다. 절망과 희망은 아무리 평범한 개인이라도 모두 파괴할 정도의 빠른 박자로 교차되었다.

당시 우리는 너무나 굶주려 있었기 때문에 정상이 아니었다. 우리의 배고픔은 한 끼를 걸렀으나 다음 식사는 거르지 않을 거라고 확신하는 사람들이 느끼는, 잘 알려진 (그리고 완전히 불쾌하다고만은 할 수 없는) 그 느낌과는 공통성이 전혀 없었다. 그것은 욕구였고 결핍이었으며 1년 전부터 우리를 따라다니다 우리들 내부 깊숙이 영원히 뿌리박힌 것이었다. 그것은 우리 세포 구석구석에 자리 잡고 우리의 행동을 좌우했다. 먹는다는 것, 먹을 것을 구한다는 것이 우리에게는 최고의 자극제였다. 그리고 생존의 다른 문제들은 멀찌감치 떨어져 그뒤를 이었다. 그리고 그보다 더 멀리에 집에 대한 추억과 죽음에 대한 공포가 자리 잡고 있었다.

나는 화학공장, 화학실험실의 화학자였다(이 이야기도 이미 했다). 그래서 먹을 것을 훔칠 수 있었다. 어릴 때 도둑질을 한 적이 없는 사람이라면 도둑질을 배우기가 쉽지는 않을 것이다. 나 역시 도덕적인 명령을 억압하고 필요한 기술을 습득하는 데 몇 달이 걸렸다. 그러다가 어느 순간 내가, 그래도 명망 있는 대학에서 교육 받은 내가『야성의 절규』의 버크, 그 유명하고 덕망 있는 개의 퇴화와 진화를 다시 살고 있음을 깨달았다(그 순간 웃음이 터져나왔고 한 줌의 야심이 충족되는 듯했다). 클론다이크 '수용소'로 추방당해 그곳에서 살아남기 위해 이리 떼의 두목이 된 그 빅토리아 시대의 다원주의자 개 말이다. 나는 버크와 이리들처럼 도둑질했다. 적절한 기회가 있을 때마다, 음흉할 정도로 약삭빠르게, 전혀 들키지 않고, 내 동료들의 빵을 제외한 모든 것을 훔쳤다.

이득이 될 만한 물건들을 훔칠 수 있다는 측면에서, 내가 일하던 실험실은 탐험해야 할 처녀지였다. 휘발유와 알코올, 흔해빠지고 별 쓸모 없는 전리품들이 있었다. 많은 사람들이 공장 곳곳에서 그런 것들을 훔쳤다. 훔쳐갈 것들은 아주 많았지만 액체를 담아갈 그릇이 필요했기 때문에 그만큼 위험도 컸다. 노련한 화학자라면 모두 다 알고 있듯이 포장이 제일 큰 문제였다. 전능하신 하느님도 그것을 알고 있어서 그분의 뜻에 따라, 세포막이나 달걀 껍질, 여러 겹의 오렌지 껍질, 그리고 (인간 역시 물로 이루어졌으므로) 우리 피부를 이용해 훌륭하게 그 문제를 해결했다. 당시에는 폴리에틸렌이 없었다. 폴리에틸렌은 유연하고 가볍고 놀랄 만큼 방수성이 뛰어나므로 그게 있었더라면 훨씬 편했을 것이다. 하지만 폴리에틸렌은 잘 썩지 않았다. 그래서 중합重合반응의 대가인 하느님이 그것에 특허 내길 주저했던 것도 괜한 일은 아니었다. 그분은 썩지 않는 것을 좋아하지 않았다.

적당한 포장 용기가 없었기 때문에 단단하고 잘 썩지 않고, 너무 크지 않으며, 무엇보다 새로운 것이 이상적인 장물이 될 수밖에 없었다. 그러니까 부피가 크지 않은 게 유일한 제일 높은 가치였던 것이다. 일을 마치고 수용소로 들어갈 때 몸수색을 당했으니까. 그리고 마지막으로 그런 장물은 반드시 모두에게 유용하거나 수용소라는 복잡한 세계를 구성하고 있는 사회 계층 중 적어도 한 계층 이상이 원하는 것이어야 했다.

나는 실험실에서 다양한 시도를 해보았다. 지방산 수백 그램을 훔쳤다. 그것은 방벽 너머에 있는 내 동료 몇 명이 파라핀을 산화시켜 얻어낸 것이었다. 나는 그 지방산 중 반을 먹었다. 정말로 허기가 가시기는 했지만 그 맛이 어찌나 고약하던지 나머지 반은 포기해야만 했다. 전기난로에 위생 솜을 눌러 튀김을 해보기도 했다. 약간 설탕 탄 맛이 나긴 했지만 너무 끔찍해 보여서 시판에 적합하다는 판단을 내릴 수가 없었다. 수용소의 간호사에게 면을 팔아본 적도 있었는데 면은 부피가 너무 큰 반면 값은 별로 나가지 않았다. 나는 또 글리세린이 지방 분리 제품이므로 어떤 식으로든 신진대사에 관여할 것이고 칼로리를 높일 수 있으리라는 단순한 추론에 근거해서 글리세린을 먹고 소화시켜보려고 애썼다. 어쩌면 칼로리를 높여줬을지도 모른다. 하지만 아주 불쾌한 부작용을 감수해야 했다.

선반 위에 정체불명의 항아리가 하나 있었다. 그 안에는 단단하고 평범하게 생긴 회색의 작은 원통형 막대 스무 개 정도가 들어 있었다. 레테르도 붙어 있지 않았다. 이건 정말 이상한 일이었다. 여기는 독일인의 실험실이었으니까. 그렇다. 물론 러시아인들이 불과 몇 킬로미터 떨어지지 않은 곳에 있었기 때문에 공기 속에서 파국을 감지할 수 있었다. 거의 눈에 보일 정도였다. 매일 폭격이 있었고 모두들 전쟁이 곧 끝나리라는 것을 알고 있었다. 그럼에도 불구하고 변함없는 몇 가지 사실들이 있었는데 그중 하나가 우리들의 배고픔이었다. 그리고 다른 하나는 그 실험실이 독일인의 것이고 독일인들은 결코 레테르 붙이는 일을 잊지 않는다는 것이었다. 실제로 실험실의 다른 항아리나 병에는 모두 타이프로 치거나 예쁜 고딕체로 분명하게 쓴 레테르가 붙어 있었다. 그러나 그 항아리에는 없었다.

그런 상황에서 내가 그 작은 막대의 성질을 확인하는 데 필요한 도구나 침착성을 갖출 수 없었음은 말할 필요도 없다. 어쨌든 그중 세 개를 주머니에 넣어 저녁에 수용소로 가져왔다. 그것은 25밀리미터 정도의 길이에 직경은 4~5밀리미터 정도 됐다.

난 그것을 내 친구 알베르토에게 보여주었다. 알베르토는 주머니에서 작은 칼을 꺼내 그것을 잘라보려고 했다. 그것은 단단해서 칼을 대도 꼼짝하지 않았다. 그는 그것을 긁어보았다. 날카로운 소리가 조그맣게 들리더니 노란 불꽃이 튀었다. 그러자 분석이 쉬워졌다. 그것은 라이터의 부싯돌을 만드는 철과 세륨의 합금이었다. 왜 이렇게 크지? 몇 주 동안 용접 팀과 함께 노동을 했던 알베르토는, 이것이 산소 아세틸렌 햇불 꼭대기에 점화용으로 붙어 있는 거라고 설명해주었다. 이쯤 되자 나는 훔쳐온 물건의 상품 가치에 대한 회의가 생기기 시작했다. 아마 불을 붙이는 데는 쓸모가 있겠지만 수용소에서 성냥은 (불법인 것은 물론) 귀한 물건도 아니었다.

알베르토가 나를 나무랐다. 그는 포기, 비관주의, 절망을 혐오스러워했고 죄악시했다. 그는 수용소 세계를 용납하지 않았고 본능적으로 그리고 이성적으로 그것을 거부했으며 자신이 타락하는 것을 허용하지 않았다. 그는 열정적이고 강한 사람으로 기적적이라고 할 만큼 자유로운 상태를 유지했다. 그래서 그의 말과 행동은 늘 자유로웠다. 그는 결코 고개를 숙이지 않았으며 허리를 굽히는 일도 없었다. 그의 행동과 말, 미소는 자유의 미덕을 지니고 있었다. 그것들은 수용소라는 두꺼운 천 속에 뚫린 구멍 같은 것이었다. 그를 가까이해본 사람들은 모두 그 사실을 알아차렸다. 그의 말을 알아듣지 못하는 사람들까지도. 그 수용소에서 알베르토만큼 사랑을 받은 사람은 없었던 것 같다.

그가 나를 나무랐다. 넌 결코 낙심해서는 안 돼. 그건 해롭고 그래서 부도덕하고 거의 꼴사나운 일이니까. 나는 세륨을 훔쳤다. 좋다. 이제 그것을 팔아버리고 없애버리는 게 문제였다. 그건 그가 알아서 할 것이다. 그것을 새로운 것으로, 상품가치가 뛰어난 물건으로 만들 것이다. 불을 인간에게 팔지 않고 선물로 준 프로메테우스는 어리석었다. 불을 팔았다면 돈을 좀 챙겼을 것이고 제우스의 분노를 가라앉혔을 것이다. 그랬다면 독수리에게 간을 쪼아 먹히는 불행은 피했을 것이다.

우리는 좀더 영리해져야 했다. 영리해질 필요가 있다는 이런 대화는 우리들 사이에서 새삼스러운 것이 아니었다. 알베르토는 내게 자주 그런 이야기를 했다. 알베르토를 만나기 전 자유의 세상에서 다른 사람들도 그런 말을 했다. 오늘날까지도 또 다른 많은 사람들이 내게 끝없이 그 말을 되풀이하지만 결과는 신통치 않다. 뿐만 아니라 그 때문에 내 안에서, 나와 공존함으로써 정신적이거나 물질적인 이득을 얻는(혹은 얻는다고 생각하는) 진짜 영리한 사람과 공생관계를 유지하려는 위험한 성향이 자라나는 역설적인 결과가 발생했다. 하지만 알베르토는 공생관계를 유지할 수 있는 이상적인 동료였다. 결코 자신의 영리함을 이용해 내게 해를 끼치지 않았기 때문이다. 수용소 안에 라이터를 만드는 비밀 공장이 있다는 사실을 나는 몰랐지만 그는 알고 있었다(그는 모든 사람에 대해 전부 알고 있었다. 그런데 그는 독일어도 폴란드어도 할 줄 몰랐고 불어만 아주 조금 할 뿐이었다). 알려지지 않은 기술자들이 여가시간에 중요 인사와 민간인 노동자들을 위해 라이터를 만들고 있었다. 지금 라이터를 만들려면 부싯돌이 필요했고 그건 일정 크기를 유지해야 했다. 그러니까 지금 내가 들고 있는 막대들을 가늘게 만들어야 했다. 얼마나 가늘게, 그리고 어떻게? "어렵게 생각할 것 없어." 그가 말했다. "내가 다 알아서 할게. 넌 남은 것들 훔쳐올 생각이나 해."

다음날 알베르토의 충고대로 하는 건 어렵지 않았다. 아침 10시경에 공습경보Fliegeralarm가 울렸다. 새로울 것도 없었지만 경보가 울릴 때마다 우리 모두 뼛속 구석구석까지 파고드는 불안으로 몸을 떨었다. 그 소리는 지상의 소리가 아닌 것 같았다. 공장에서 듣던 사이렌이 아니었다. 그 소리는 어마어마하게 커서 전 지역에 동시에 그리고 규칙적으로 울렸다. 발작을 일으킬 정도로 날카롭게 고음으로 올라갔다가 우르릉거리는 천둥소리처럼 낮아졌다. 그 소리는 우연히 고안된 게 아니었다. 독일에서 우연이란 존재하지 않을 뿐 아니라, 게다가 그것은 목적과 배경에 너무나 잘 맞아떨어졌기 때문이다. 나는 어느 사악한 음악가가 그 사이렌을 만들었을지도 모른다고 생각했다. 이 사이렌 속에 분노와 절규,

달빛 속의 늑대 울음소리와 태풍의 소리를 담았을 거라고. 그래서 그것은 아스톨포*의 나팔소리처럼 울려 퍼지는 것이다. 그 소리는 공황을 불러왔다. 폭격을 예고했기 때문만이 아니라 지평선 끝까지 메아리치는, 상처 입은 짐승의 울부짖음 같은, 그 소리가 천성적으로 지니는 끔찍스러움 때문이었다.

독일인들은 공중폭격 앞에서 우리보다 더 겁을 먹었다. 우리는 그 폭격이 우리를 직접 겨냥한 것이 아니라 우리의 적들을 표적으로 한다는 것을 알고 있었다. 그 몇 초 동안 나는 실험실에 혼자 있었다. 세륨을 전부 주머니에 집어넣고 밖으로 나와 내 구역으로 달려갔다. 요란한 폭격기 소리가 이미 하늘을 뒤덮었고 그 폭격기에서 잔인한 조롱의 말들이 적힌 노란 삐라들이 느릿느릿 물결치며 내려왔다.

Im Bauch kein Fett,

Acht Uhr ins Bett;

Der Arsch kaum warm,

Fliegeralarm!

배에 기름칠도 못하고

여덟 시에 잠자리에 들어

엉덩이가 녹을락 말락하는데

* Astolfo: 중세 프랑스 무훈시인 『롤랑의 노래』에 등장하는 영웅 중 하나. 그는 무시무시한 소리를 내 적을 쫓는 마법의 나팔을 지니고 다녔다고 한다.

공습경보다!

우리에게는 방공호 대피가 허락되지 않았다. 우리는 공장 주변, 아직 건물을 짓지 않은 넓은 공터에 모여 있었다. 폭탄이 떨어지기 시작했을 때 나는 얼어붙은 진흙과 시든 잡초 위에 누워 작은 막대를 더듬으며 내 운명, 그리고 나뭇가지 위의 나뭇잎 같은 우리들의 운명, 일반적인 인간의 기이한 운명에 대해 깊이 생각해보았다. 알베르토의 말에 따르면 라이터 부싯돌의 값은 하루 배급되는 빵에 해당된다고 했다. 그러니까 부싯돌 하나로 하루를 살 수 있는 것이다. 내가 훔친 막대는 적어도 40개는 되었다. 그 막대 하나에서 세 개의 부싯돌을 만들어낼 수 있었다. 전부 하면 120개, 나와 알베르토가 각각 두 달은 살 수 있었다. 두 달이면 러시아인들이 도착해서 우리를 구출해줄 수 있으리라. 이 세륨이 마침내 우리를 해방시켜줄 것이다. 세륨은 모호하고 이단적인 희토족 rare earth group family에 속해 있는데, 나는 실제 생활에서 적용되는 그 한 가지 용도를 제외하고는 이 원소에 대해 아는 것이 전혀 없었다. 그 이름은 라틴어나 이탈리아어로 이름이 비슷한 밀랍*과는 아무 관계도 없으며 발견한 사람의 이름을 딴 것도 아니다. 하지만 같은 해인 1801년 세륨과 세레스 소행성이 발견되었으므로 세륨의 이름은 소행성과 관련이 있다 (지난 시대 화학자들은 얼마나 겸손했던지!). 어쩌면 이것은 연금술적 결합

• 세륨은 이탈리아어로 '체리오'고 밀랍은 '체라'다.

에 대한 애정과 조롱이 함께 섞인 경의의 표시인지도 모른다. 태양이 황금이고 화성이 철이듯 세레스는 세륨이 되어야만 했다.

저녁에 작은 막대를 수용소로 가져갔다. 알베르토는 둥근 구멍이 뚫린 얇은 금속판을 가지고 있었다. 그 구멍은 막대를 라이터의 부싯돌이나 빵으로 변신시키기 위해 그것을 얼마나 가늘게 만들어야 할지 미리 정해 놓은 표준 치수였다.

그 뒤에 할 일은 신중하게 판단하는 것이었다. 알베르토는 다른 경쟁자가 비밀을 입수하지 못하도록 막대를 몰래 칼로 긁어서 가늘게 만들어야 한다고 말했다. 언제? 밤에. 어디서? 나무로 지은 임시 막사의 이불 속에서 대팻밥이 가득 든 자루 위에 놓고. 그렇게 하면 불이 날 수도 있었고 더 현실적으로는 교수형을 당할 위험이 있었다. 무엇보다 막사 안에서 성냥불을 켜는 사람들에게는 예외없이 그런 형벌이 내려졌다.

사람들은 자신이 한 짓이건 다른 사람들이 한 짓이건, 무모한 행동이 행복한 결말을 맞으면 나중에 그 행동을 평가하기를 주저한다. 그러니까 그 행동이 그리 무모하지 않았다고 말할 수 있는 걸까? 아니면 진짜로 어린이를, 바보를, 술 취한 망나니를 보호해주시는 신이 존재하는 것일까? 아니면 불행한 결말을 맞은 셀 수 없이 많은 다른 행동들보다 이런 행동들이 더 중요하고 소중하기 때문일까? 그래서 더 기꺼이 이야기할 수 있는 것일까? 하지만 당시 우리는 이런 의문에 답할 수 없었다. 수용소는 우리로 하여금 위험이나 죽음과 말도 안 되게 친밀해지도록 해주었다. 또 조금이라도 더 먹기 위해 교수형의 위험을 감수하는 것은 우리에게 너무나 논리적인, 뿐만 아니라 너무나 뻔한 선택처럼 보였다.

동료들이 자는 동안 우리는 매일 밤 칼로 막대를 긁었다. 그 광경은 눈물이 날 정도로 울적했다. 전등불 하나가 희미하게 나무로 지은 임시 막사 안을 비추고 있었다. 넓은 동굴 안처럼 어슴푸레한 실내에서 찡그리며 잠을 자거나 꿈을 꾸고 있는 동료들의 얼굴을 볼 수 있었다. 죽음의 그림자가 짙게 드리운 그 얼굴들이 음식을 먹는 꿈을 꾸며 턱을 움직이고 있었다. 뼈만 앙상한 그들의 팔이나 다리가 침대 가장자리에서 밑으로 축 늘어져 있었다. 신음을 하거나 잠꼬대를 하는 사람들도 있었다.

하지만 우리 두 사람은 깨어 있었고 잠에 굴복하지 않았다. 우리는 무릎으로 담요를 들어올리고 그 임시 담요 천막 밑에서 되는 대로, 손으로 만져가며 막대를 깎았다. 칼을 움직일 때마다 조그맣게 긁는 소리가 들렸고 노란 불꽃들이 튀는 게 보였다. 가끔씩 우리는 갈아놓은 막대가 표준 치수에 맞는지 구멍에 끼워본 다음, 맞지 않으면 계속해서 더 긁었다. 만약 막대가 구멍에 맞으면 가늘어진 그 실린더를 잘라 한쪽에 조심스럽게 모아놓았다.

사흘 밤을 그렇게 일했다. 아무 일도 일어나지 않았다. 우리가 그 난리를 피우고 있는 걸 아무도 눈치채지 못했고 담요나 자루에 불이 붙지도 않았다. 그런 식으로 우리는 러시아군이 도착할 때까지 버틸 수 있을 만큼의 빵을 얻었다. 우리를 하나가 되게 해준 신뢰와 우정에 위안을 받았다. 그뒤 내게 벌어진 일에 대해서는 다른 책에 썼다. 알베르토는 전선이 가까워졌을 때, 다른 많은 동료들과 함께 걸어서 수용소를 떠났다.

독일군들은 몇 날 며칠 밤을 눈과 얼음 속에서 그들을 걷게 했다. 따라오지 못하는 사람들은 모두 학살했다. 그런 다음 그들을 덮개 없는 화물차에 태웠다. 그 차는 얼마 남지 않은 생존자들을 부헨발트와 마우트하우젠 같은 새로운 노예의 땅으로 데려갔다. 그 행군에서 살아남은 사람은 출발 인원의 4분의 1도 안 되었다.

알베르토는 돌아오지 않았다. 그에 대한 흔적은 전혀 남아 있지 않다. 몽상가이기도 하고 사기꾼이기도 한 그의 고향 친구 하나는 알베르토의 어머니에게 위로가 될 만한 이야기를 들려주며 그 대가로 몇 년을 먹고살았다.

크롬

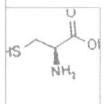

두번째 요리로 생선이 나왔지만 포도주는 적포도주였다. 관리소장인 베르시네는 포도주와 생선이 둘 다 맛있다면 그런 것은 전혀 문제도 안 된다고 했다. 그는 정통을 고수하는 사람들 대부분이 눈을 감은 상태에서는 백포도주와 적포도주 잔을 구별할 수 없을 거라고 확신했다. 니트로 부대에서 온 브루니는 생선과 백포도주가 잘 어울리는 이유를 알고 있는 사람이 있는지 물었다. 여러 가지 농담 섞인 의견들이 분분했다. 하지만 아무도 결정적인 대답은 하지 못했다. 코메토 노인이 인생은 설탕 봉지의 색깔, 여자와 남자 옷의 단추 잠그는 방향이 서로 다른 것, 곤돌라 뱃머리의 모양, 궁합이 잘 맞는 음식과 그렇지 않은 수많은 음식 등, 그 뿌리를 찾아낼 수 없는 관습으로 가득 차 있다고 덧붙였다. 그리고 지금 문제가 되고 있는 것은 바로 그중 특수한 하나의 사례일 뿐이었다. 그런데 그건 그렇고 순대Zampone는 왜 제비콩Lenticche을 곁들여 먹어야 하고 마카로니에는 치즈를 곁들여야 하지?

나는 그 자리에 있는 사람들 어느 누구도 내가 하려는 이야기를 아직 들어본 적이 없으리라는 것을 확인하기 위해 재빨리 머릿속을 훑었다. 그리고 끓는 아마亞麻기름*에 튀긴 양파 이야기를 시작했다. 사실 이곳은 니스 공장의 직원식당이어서 아마기름이 수세기 동안 우리 기술의 기본적인 원료가 되어 왔다는 것을 잘 알고 있었다. 이 기술은 오래되었고 그래서 고귀했다. 그에 관한 가장 오래된 자료는 「창세기」 6장 14절이다. 여기에는 노아가 하느님이 정확하게 말씀하신 대로 (아마도 붓과 아주 유사한 것을 이용해) 방주의 안과 밖을 역청**으로 다시 칠했다고 묘사되어 있다. 하지만 이것은 원래 바탕과는 다른 색을 칠해 외관을 바꾸고 바탕을 감추는 것을 목적으로 하는 기술이 늘 그렇듯, 사기성이 미묘하게 아로새겨져 있는 기술이었다. 이러한 관점에서 보면 그것은 화장과 장식과 관련이 있었다. 이 둘 모두 마찬가지로 모호하고 오래된 기술이다(「이사야서」 3장 16절). 그것의 유래가 수천 년은 되었으므로 니스 칠 작업 속에는 이미 오래전 사라져버린 습관과 방식의 원리들이 (현대

- • 아마의 씨에 함유된 건성 지방유. 건조성이 뛰어나서 니스, 페인트, 인쇄잉크 등을 제조하는 데에도 많이 쓰인다.
- •• 아스팔트. 석유를 정제할 때 얻어지는 고체나 반고체의 검은색·흑갈색 탄화수소 화합물. 흑색 니스(역청질 니스)를 만들 때 쓰이기도 한다.

로 오면서 그와 비슷한 기술들에게서 받아야 했던 그 수많은 유혹들에도 불구하고) 구석구석 숨어 있었다.

끓인 아마기름으로 되돌아가면, 나는 1942년 발간된 규정집에서 기름이 다 끓을 무렵 양파 두 조각을 기름에 넣으라는, 내가 발견한 사실을 식탁에 앉은 동료들에게 들려주었다. 이런 이상한 첨가물을 기름에 넣는 목적에 대해서는 다른 설명이 전혀 없었다. 나는 1949년 이에 관한 이야기를 내 선배이자 스승이었던 자코마소 올린도 씨에게도 들려주었다. 그는 당시 일흔이 넘은 나이였고 50여 년 전부터 니스 칠을 해왔다. 그는 백발이 성성하고 숱이 많은 수염 뒤로 선량한 미소를 지으며, 그가 젊었을 적에, 온도계가 아직 사용되지 않았을 때 개인적으로 기름을 끓이려면 어떻게 했는지 설명해주었다. 기름에서 나는 연기를 관찰하거나 그 안에 침을 뱉어보거나 더 합리적으로는 꼬챙이에 양파 한 조각을 꽂아 기름 속에 담가 온도를 가늠했다고 한다. 양파가 익기 시작하면 끓는 온도가 적당했던 것이다. 물론 세월이 흐르면서 이와 같은 조잡한 온도 측정방법은 그 의미를 잃어갔고 그것은 신비하고도 마술적인 습관으로 변했다.

코메토 노인이 비슷한 일화를 들려주었다. 그는 별다른 향수를 느끼지 않은 채 그의 전성기였던 천연수지 시대에 대해 이야기했다. 옛날에 건성유인 아마기름이 어떻게 이 전설적인 수지와 결합해서 상상을 초월할 정도로 내구성이 뛰어나고 윤이 나는 니스를 만들어냈는지 말이다. 그들의 명성과 이름은 이제, 한때는 크게 유행했으나 적어도 반세기 전부터 사라지게 된 가죽용 니스를 암시하는 '코펄 신발'이라는 표현 속에만 남아 있을 뿐이다. 오늘날에는 그와 같은 표현조차 거의 사라져버렸다. 천연수지는 영국인들이 아주 먼 야생의 땅에서 수입해왔다. 그래서 여러 종류의 천연수지를 구별하는 이름이 거기서 유래했다. 마다가스카르, 시에라리온, 카우리 수지(정확히 말하자면 이 지역의 수지들은 1967년경에 바닥을 드러냈다), 너무나 유명하고 질이 좋은 콩고 수지가 그것들이다. 이것들은 식물에서 나오는 천연수지로 융해점이 상당히 높아서 발견될 당시의 상태나 상품화된 상태에서는 기름에 녹지 않았다. 그것을 녹여 다른 것과 융화시키려면 거의 그 절반이 파괴될 정도로 뜨겁게 가열해야 했다. 그 과정에서 산도가 떨어지게 되고(탈脫카르보닐화하고) 융해점도 떨어지게 된다. 이와 같은 작업은 직접 손으로 하게 되는데, 200~300킬로그램의 적당한 가마솥과 이동 가능한 솥에 직접 열을 가해서 끓였다. 이렇게 끓이면서 간격을 두고 무게를 달았는데 수지가 연기, 수증기, 이산화탄소로 날아가 원래 무게의 16퍼센트를 잃게 되면 기름으로 용해될 수 있는 지점에 이르렀다고 판단했다. 1940년경에, 초기의 천연수지는 값이 비싼 데다가 전쟁 때문에 공급이 어려웠기 때문에, 천연수지를 적절하게 변형시킨 페놀수지와 말레인산 수지가 그 자리를 대신하게 되었다. 이 수지들은 값이 쌀 뿐만 아니라 기름과 직접 융화되었다. 코메토는 여기서 이름을 밝힐 수 없는 어떤 공장에서 1953년까지 제조법상으로 콩고 수지를 대신했던 페놀수지가 어떻게 천연수지로 처리되었는지, 그러니까 수지 자체가 이미 가지고 있는 기름과의 융화성을 얻기 위해 이것이 어떻게 유해한 페놀을 방출시키며 그 무게의 16퍼센트까지를 증발시킬 수 있었는지 설명해주었다.

이쯤에 이르자 나는 각 언어들이, 그 기원과 자신이 유래한 기술을 잃어버린 이미지와 메타포로 가득 차 있다는 사실을 기억하게 되었다. 승마가 값비싼 스포츠 수준으로 전락하게 된 뒤, '땅에 배를 대다', '재갈을 물다' 같은 표현•은 이미 이해할 수 없는 표현이 되었고 이상하게 들리기까지 한다. 수세기 동안 밀을 빻아 맷돌이라고도 불렸던, 돌을 겹쳐놓은 그 분쇄기가 사라진 후 '빻다', '맷돌을 먹다'라는 어구••는 아직까지 기계적으로 계속 사용되기는 하지만 그 원점을 잃어버렸다. 마찬가지로 자연은 워낙 보존하려는 경향이 강하기 때문에 우리에게 아직까지도 사라진 꼬리의 흔적인 꼬리뼈가 남아 있는 것이다.

브루니는 그 자신도 관련되었던 사건을 우리에게 들려주었다. 그가 이야기하는 동안 서서히 부드러우면서도 선명하지 않은 어떤 느낌 같은 것이 내 몸으로 스며드는 듯한 기분이 들었다. 후에 나는 그것을 분명히 밝혀보려고 애썼다. 미리 말해두어야 할 것은 브루니가 1955년부터 1965년까지 호숫가에 있는 큰 공장에서 일했다는 사실이다. 나 역시 그 공장에서 1946년부터 1947년까지 니스 도색 작업의 기본 원리들을 배

- • '땅에 배를 댄다'는 표현은 말이 전속력으로 달린다는 뜻으로 인간이 성공을 향해 질주한다는 의미로도 쓰인다. '재갈을 물다'라는 말은 말이 안달이 나서 재갈을 무는 것으로 애가 탄다는 뜻으로 쓰인다.
- •• '빻다'는 말은 성행위를 암시하는 은어이며, '맷돌을 먹다'라는 말은 게걸스럽게 먹어대는 모양을 나타낸다.

웠다. 브루니가 말하기를 그가 합성도료 부서의 책임자였을 때, 우연히 크롬산염 방수제 공식을 손에 넣게 되었다고 한다. 그런데 거기에는 모순된 성분이 포함되어 있었다. 그것은 바로 염화암모늄과 같은 것으로 철이 녹스는 것을 막아주는 게 아니라 그것을 부식시키는 경향이 훨씬 많은, 아몬 신전의 연금술에 사용된 그 역사 깊은 성분이었다. 그는 자신의 상관과 그 부서의 나이 많은 동료들에게 그것에 관해 물었다. 그들은 놀랐고 약간 충격을 받기도 했는데 그에게는 이렇게 답했다. 그 공식은 한 달 생산량이 적어도 20~30톤이 될 경우에 들어맞는 것으로 최소한 10여 년 전부터 존재해왔고, 그 공식에서 염화암모늄은 "항상 들어 있었다". 그리고 브루니가 한창 젊은 나이인 데다가 취직한 지도 얼마 안 돼 뭘 몰라서, 공장의 기술에 대해 비판하고 이런저런 바보 같은 질문을 해서 문제를 일으키려는 거라고 했다. 만약 염화암모늄이 공식에 있었다면 그것은 무엇인가에 소용이 된다는 뜻이었다. 무엇에 쓰는지는 아무도 알 수 없었지만 어쨌든 그것을 빠뜨리지 않게 주의해야 한다. 무엇에 쓰는지 "아무도 알지 못하기" 때문이다. 브루니는 합리적인 사람이었다. 그는 기분이 나빴다. 하지만 신중한 성격이기도 해서 그 충고를 받아들였다. 그래서 그 공식 속에는 여전히 염화암모늄이 들어 있고, 호숫가의 그 공장에서는 특별한 경우 외에는 여전히 염화암모늄을 사용한다. 하지만 오늘날 염화암모늄은 전혀 쓸모가 없다. 내가 직접 체험했기 때문에 확언할 수 있다. 바로 그 공식에 내가 관여했기 때문이다.

브루니가 말해준 일화, 크롬산염과 염화암모늄으로 된 방수제 공식이 나를 과거로 던져버렸다. 아직 고기와 석탄이 배급제였고 자동차를 가진 사람이 한 사람도 없었으며 이탈리아에서 희망도 자유도 결코 느낄 수 없었던 1946년의 추웠던 1월로.

난 세 달 전 포로생활에서 돌아왔지만 제대로 생활하지 못하고 있었다. 내 눈으로 보고 겪었던 많은 일들이 불처럼 마음속에서 타오르고 있었다. 산 사람보다 죽은 사람이 더 가깝게 느껴졌고 내가 인간이라는 것에 죄의식을 느꼈다. 인간들이 아우슈비츠를 지었고 아우슈비츠가 수백만의 사람들을, 내 많은 친구들을, 내 마음속에 남아 있는 한 여인을 집어삼켜버렸기 때문이다. 나는 이야기를 하면서 나 자신이 정화되는 것 같은 기분을 느꼈다. 그리고 잔치에 초대받은 사람들을 길에서 붙들고 자신의 불행한 이야기들을 들려줘 그들에게 고통을 안기려는 콜리지•의 늙은 선원 같았다. 난 간결하고 피가 묻어나는 시를 썼다. 말로 그리고 글로 어지러울 정도로 이야기했다. 그렇게 쓴 게 서서히 한 권의 책이 되어갈 정도였다. 나는 글을 쓰면서 잠시나마 평온을 느꼈고 내가 다시 인간이, 사람이 된 것 같은 기분, 순교자도 파렴치한도 성인도 아닌 다른 사람들과 똑같은 인간, 가정을 꾸리고 과거가 아니라 미래를 바라볼 수 있는 그런 인간이 된 듯한 기분을 느꼈다.

시와 소설로는 먹고살 수 없었기 때문에 난 힘들게 일자리를 구하

• Samuel Taylor Coleridge(1772~1834): 영국의 낭만주의 시인·평론가. 『늙은 선원의 노래』라는 서사시를 썼다. 뒤에 나오는 늙은 선원이란 이 서사시의 화자를 말한다.

러 다녔다. 호숫가에 있는 큰 공장에서 일자리를 찾았다. 공장은 아직 전쟁으로 파괴된 상태였고 그 몇 달 동안 진흙과 얼음에 포위되어 있었다. 동료들, 사장과 직공들은 일 외에도 생각해야 할 일들이 많았다. 러시아에서 돌아오지 않은 아들, 장작이 없는 난로, 밑창이 떨어져나간 신발, 재고품이 바닥난 백화점, 유리가 없는 창문, 얼어 터진 파이프, 고통, 궁핍, 그리고 전 지역에 퍼져 있는 가혹한 원한을 생각해야 했다. 내게는 너그럽게도 실험실의 뒤뚱거리는 책상 하나가 주어졌다. 책상은 소음이 요란하고 사방에서 바람이 들어오고 걸레와 통을 든 사람들이 오가는 실험실 한 귀퉁이에 놓여 있었다. 내게는 분명한 업무가 맡겨지지 않았다. 나는 화학자로서는 할 일이 없었고 완전히 소외된 상태였으므로(하지만 그 당시에는 이런 표현을 쓰지는 않았다) 나를 갉아먹고 있는 기억들을 아무렇게나 종이 위에 옮겨놓았다. 동료들은 크게 해될 일 없는 미치광이 구경하듯 몰래 나를 훔쳐보았다. 자연스럽게 원고가 내 손 안에서 두꺼워졌다. 거기에는 계획도 체계도 없었으며 복잡하게 뒤얽힌 이야기들만이 개미집처럼 바글거렸다. 가끔씩 직업적인 양심의 가책에 떠밀려 소장과 이야기를 해보았다. 그에게 내가 할 일이 없는지 물었지만 그는 너무 바빠서 내 양심의 가책 같은 것에 신경을 써줄 수가 없었다. 난 책을 읽고 연구를 해야 할 것이다. 니스나 페인트에 관해서는 ─ 그가 한 말에 신경 쓰지 않고 그대로 옮기면 ─ 난 문맹이나 다름없었다. 내가 할 일이 없다고? 그러면 하느님께 감사하고 도서관에 앉아 있으면 되었다. 내가 정말 내 존재를 쓸모 있게 만들고 싶어 안달이 났다면 번역해야 할 독일어 논문들이 얼마든지 있으니까.

어느날 소장이 나를 불렀다. 삐딱하게 나를 쳐다보면서 별일 아니지만 할 일이 있다고 했다. 그는 나를 가장자리에 담이 둘러쳐 있는 공터 한구석으로 데려갔다. 사각의 덩어리들을 되는 대로 쌓아놓은 담으로 아래쪽 덩어리들은 위에 놓인 덩어리에 짓눌려 있었는데 밝은 오렌지색 덩어리가 수천 개는 되는 듯했다. 소장이 내게 그 덩어리를 한번 만져보라고 했다. 덩어리는 아교같이 끈적거렸고 죽은 짐승의 내장처럼 기분 나쁜 점성이 있었다. 색깔은 그렇지 않은데 간 같다고 소장에게 말했다. 그러자 그가 나를 칭찬했다. 니스 도장 교본에 정말 그렇게 적혀 있었다! 그는 이와 같은 현상을 영어로 '리버링' livering,* 즉 '겔화'라고 설명했다. 일정한 조건에서 어떤 액상 니스는 간이나 폐 같은 밀도로 단단해졌다. 그러면 그 니스는 버려야 했다. 덩어리가 평행육면체 모양으로 된 것은 니스 통 때문이었다. 니스가 굳어져서 그 통을 잘라 내용물을 쓰레기 더미 속에 버렸던 것이다.

이 니스는 전쟁 중에 그리고 직후에 생산된 것이라고 말했다. 그 니스에는 염기성 크롬산과 알키드수지가 들어 있었다. 아마도 크롬산이 너무 염기성이든지 수지의 산도가 너무 높았을 것이다. 이런 것들이 바로 니스를 겔화시킬 수 있는 조건이었다. 바로 여기서 소장은 수북이 쌓인 오래된 실수의 결과물들을 내게 선물했다. 그 문제에 대해 생각해보

• 액상인 것이 불용성의 젤리상이 되는 것. 영어로 'liver'는 '간'이라는 뜻이므로 이렇게 말한 것이다.

고 검토와 시험을 해보고 왜 그런 문제가 생겼는지, 그런 상황이 되풀이되지 않으려면 어떻게 해야 하는지, 그리고 혹시 못 쓰게 된 제품을 원상으로 회복시킬 방법이 있는지 그에게 알려주어야 했다.

반은 화학자로, 반은 수사관으로 그렇게 맡게 된 그 문제가 내 마음을 끌어당겼다. 그날 밤(토요일 밤이었다) 나를 토리노로 데려다주는 그 을음투성이의 추운 화물열차 안에서 나는 그 문제를 다시 생각하고 있었다. 다음날 운명은 나를 위해 색다르고 놀라운 선물을 준비해두고 있었다. 젊고 생기 넘치는 여인을 만나게 해준 것이다. 외투를 뚫고도 느껴지는 온기를 지닌, 따뜻한 여인이었다. 안개 낀 축축한 가로수 길에서도 명랑했으며 지혜롭고 참을성이 많았고 아직 폐허 더미들이 쌓인 거리를 걸을 때에도 자신에 차 있었다. 불과 몇 시간 만에 우리는 우리가 서로에게 속해 있음을 알게 되었다. 이번 만남에서만이 아니라 일생을 그럴 거였다. 그리고 실제로도 그렇게 되었다. 불과 몇 시간 사이에 나는 다시 태어나 새로운 힘이 넘쳐나고 길고 긴 악몽에서 벗어나 깨끗이 상처가 치유된 것 같았다. 마침내 기쁨과 활력을 안고 삶 속으로 들어갈 준비가 되었다. 갑자기 내 주위의 세상도 상처에서 회복되었고, 나는 나와 함께 지옥에 떨어졌으나 거기서 살아나오지 못한 한 여인의 이름과 얼굴을 떨칠 수 있었다. 내 글쓰기는 얼마 전과 똑같았으나 전혀 다른 모험으로 변해 있었다. 그것은 이제 회복기 환자의 고통스러운 여정이 아니었다. 그것은 동정을 구걸하고 다정한 얼굴을 찾으려는 것이 아니라 빛나는 건축의 과정이 되었으며, 나는 이제 더 이상 고독하지 않았다. 무게를 달고 나누고 측정하고 어떤 실험에 대해 판단을 내리고 그 이유에 대한 대답을 찾으려고 최선을 다하는 화학자의 일이 내 일이 되었다. 나는 이제 글을 쓰면서 살아 돌아와 자신의 이야기를 하는 귀환자가 누릴 수 있는, 자유의 몸이 되었다는 안도감을 느꼈다. 그리고 동시에 복잡하면서도 강렬하고 새로운 기쁨을 맛보았다. 그것은 미분 계산이라는 엄숙한 질서 속으로 처음 걸어들어갔던 학생시절 경험했던 것과 비슷한 기쁨이었다. 꼭 들어맞는 바로 그 말, 그러니까 적합하고 짧고 힘 있는 언어를 찾으려 애쓰고 그것을 발견하거나 창조해내고 최대한 정확하게, 최소한 거추장스럽지 않게 묘사하는 일은 흥분되었다. 역설적이게도 가혹했던 기억의 짐이 재산이 되었고 씨앗이 되었다. 글을 쓰면서 그것이 식물처럼 자라나는 것 같은 기분이 들었다.

다음 월요일 화물열차에서 졸고 있는 사람들과 목도리를 친친 둘러맨 사람들에게 짓눌리면서도 나는 그 어느 때보다 기분이 좋았고 긴장되어 있었다. 아우슈비츠와 고독에 도전해 승리했던 것과 똑같이, 모든 것에, 모든 사람들에게 도전할 준비가 되어 있었다. 특히 호숫가에서 나를 기다리고 있는 꼴사나운 그 오렌지색 간 피라미드와의 유쾌한 전쟁을 치를 준비가 되어 있었다.

물질을 지배하는 것은 정신이다. 그렇지 않은가? 파시스트와 젠틸레*의 고등학교가 내 머릿속에 주입시켰던 게 바로 이것 아니었던가?

● Giovanni Gentile(1875~1944): 이탈리아의 철학자로 무솔리니 집권 당시, 1922~1925년까지 교육부 장관이었다. 파시즘을 공공연히 지지했다.

그리 오래되지 않은 옛날, 우리가 암벽을 오를 때와 똑같은 정신으로 나는 일에 뛰어들었다. 여전히 비아非我·버튼 몰더*·질료는 적이었다. 어리석은 물질은 인간의 어리석음만큼 적대적이었으며, 또 우둔한 수동적 태도 때문에 그것만큼 강력했다. 우리가 하는 일은 끝없는 이 전쟁에서 계속 승리하는 것이었다. 어리석은 걱정에 싸인 사자보다 겔화된 니스가 더 반항적이었고 더 다루기 힘들었다. 하지만 인정하자. 그건 덜 위험하기도 했다.

첫번째 전투는 자료실에서 치러졌다. 두 명의 파트너, 결합을 통해 오렌지색의 괴물들을 탄생시킨 두 명의 간통자는 크롬산chromate과 수지였다. 수지는 즉석에서 만들어졌다. 나는 모든 재료의 출생증명서를 찾아냈다. 의심스러운 점은 전혀 없었다. 산도는 다양했지만 규정대로 늘 6 이하였다. 산도 6.2인 재료가 발견되었는데 그것은 당연히 꽃 모양의 사인을 하는 검사관이 의무와 규정에 따라 폐기했다. 첫번째 심사에서 수지는 문제가 되지 않았다.

크롬산은 여러 소매상인에게서 구입했고 크롬산 역시 당연히 하나씩 검사했다. 구입규정 'PDA 480/0'에 따르면 그것은 적어도 크롬산화물 28퍼센트를 함유해야 했다. 그리고 바로 여기서 나는 1942년 1월부터 지금까지의 길고 긴 검사목록을 읽게 되었다(물론 내 평생 가장 따분한 독서 중의 하나였다). 그리고 모든 수치가 규정에 맞을 뿐만 아니라 한 걸

---

* 입센의 희곡 『페르 귄트』에 나오는 인물.

음 더 나아가 서로 똑같았다. 1퍼센트가 더 많지도 적지도 않은 딱 29.5퍼센트였다. 이런 혐오스러운 사실 앞에서 화학자로서의 내 모든 신경섬유가 뒤틀리는 것 같은 기분이 들었다. 사실 이와 같은 크롬산의 배합 방식에는 자연적인 변동이 있기 마련이고 여기에 불가피한 분석상의 실수가 덧붙여져, 서로 다른 재료에서 서로 다른 날에 얻어낸 여러 개의 수치가 정확하게 일치한다는 것은 거의 불가능하다는 점을 알아둘 필요가 있다. 어떻게 이러한 사실에 의혹을 품은 사람이 한 사람도 없었단 말인가? 사실 그 무렵 나는 아직 회사의 서류가 지닌 놀라운 둔감성을, 번득이는 모든 직관과 뛰어난 재능을 구속하고 악화시키고 둔감하게 만드는 그것들의 능력을 알지 못했다. 모든 분비물이 유해하거나 독성이 있다는 것은 학자들에게 잘 알려진 사실이었다. 지금 병리학적인 상황에서 회사의 분비물인 서류는 과도할 정도로 재흡수되어 그것을 분비해낸 유기체를 잠재우고, 마비시키고, 혹은 즉사시키고 있다.

어떤 일이 벌어졌는지 그 윤곽이 드러나기 시작했다. 모종의 이유 때문에 어떤 분석가가 결함이 많은 방법에, 혹은 불순한 시약이나 좋지 않은 습관에 배반당한 것이다. 그는 너무나 명백하게 의심이 가지만 형식적으로는 결점이 전혀 없는 그 결과들을 부지런히 나열했다. 그는 꼼꼼하게 분석 결과서마다 서명했다. 그의 서명은 눈덩이처럼 커졌고 연구실장, 기술부장과 사장의 서명으로 굳건해졌다. 난 그 힘겨웠던 시절을 배경으로 불행한 사람 하나를 상상해보았다. 젊은이들은 군대로 끌려가야 했으므로 그 사람은 젊은이는 아니다. 어쩌면 파시스트의 추격을 받은 사람일 수도 있고 혹은 유격대원들이 찾는 파시스트일 수도 있다. 분석이란 젊은이들이 하는 일이므로 그는 분명 불만스러웠을 것이다. 분석가란 정확한 판정을 내려야 하기 때문에 그는 보잘것없는 지식의 요새 안에서 실험실을 지켰을 것이다. 청렴결백한 간수, 꼼꼼하고 학자연하고 창조적이지 못한 그 성격 때문에 연구실 밖에서는 비웃음을 사고 인기가 별로 없었을 것이다. 익명의 세련된 글씨체로 보건대, 그의 직업은 그를 소모시킨 동시에, 강 하구까지 떠밀려가는 강물 속의 조약돌처럼, 미숙한 완벽성을 향해 흘러가게 했을 것이다. 시간이 흐르면서 자신이 하고 있는 행위와 쓰고 있는 기록의 진정한 의미에 대해 점점 더 무감각해졌다고 해도 놀랄 건 없으리라. 나는 그에 관해 알아보기로 결심했다. 하지만 그에 관해 아는 사람은 아무도 없었다. 내 질문에 무례하게 혹은 건성으로만 대답할 뿐이었다. 게다가 내 주위에서는 나와 내 일에 대해 조소가 담긴 악의적인 호기심을 느끼기 시작했다. 이 신참내기, 한 달에 7,000리라를 받는 이 좀팽이, 뭔지 모를 이야기를 밤마다 타자기로 쳐대며 그 소리로 기숙사의 밤을 장식하고, 과거의 실수에 코를 대고 킁킁거리며 한 세대가 남긴 더러운 옷가지들을 빨려는 이 미치광이 삼류 작가는 누구인가? 나는 심지어 내게 맡겨진 이 임무에, 내 발을 걸어 넘어뜨리려는 누군가의 혹은 무엇인가의 비밀스러운 목적이 있을지도 모른다고 의심하기 시작했다. 하지만 겔화된 니스 일은 이미 내 몸과 정신을 모두, 창자와 내장까지 tripes et boyaux 빨아들여버렸다. 결국 나는 내가 말했던 그 여자와 마찬가지로 이 일을 사랑하게 되었고 사실 그녀는 그 점을 약간 질투했다.

　구입규정 이외에도 신성불가침의 검사규정을 손에 넣는 일은 어렵지 않았다. 실험실 서랍에 지저분한 서류 뭉치가 있었다. 타자기로 치고 손으로 여러 번 수정한 것으로 각각의 서류에는 일정한 원료의 검사 방법이 적혀 있었다. 감청색 안료 파일은 파란색 점으로 얼룩져 있었고 글리세린 파일은 끈적거렸으며 어유 파일에서는 멸치 냄새가 났다. 나는 오래 사용해서 불그레한 색으로 변한 크롬산 파일을 꺼내 꼼꼼히 읽었다. 모든 게 양식에 맞았고 그리 오래되지 않은 과거에 내가 학교에서 배운 기본 원리에 들어맞았다. 이상해 보이는 건 딱 한 부분이었다. 안료를 분해하고 난 뒤 특정 시약 스물세 방울을 첨가하도록 한 규정이 있었다. 이 상황에서 시약 한 방울은 그렇게 고정된 수치를 가져오게 할 정도로 결정적인 요소가 아니었다. 그런데 규정된 분량은 터무니없을 정도로 많았다. 분석은 수없이 계속되었을 것이고, 어떤 경우라도 명세서에 적힌 그 결과를 도출시켰을 것이다. 나는 파일의 뒷면을 보았다. 마지막 검사 날짜가 1944년 1월 4일로 적혀 있었다. 겔화된 첫번째 덩어리가 탄생한 날은 2월 22일이었다.

　이 시점에서 빛이 보이기 시작했다. 먼지에 쌓인 서류들 속에서 나는 폐기된 검사규정 서류 더미를 발견했다. 그리고 바로 여기 크롬산 파일의 이전 기록에 '23'이 아니라 '2 혹은 3' 방울을 첨가하라는 지침이 담겨 있었다. 중요한 'o'(이탈리아어에서 'o'는 '혹은', '또는'이라는 뜻)가 반쯤 지워져 있었고 그 서류를 베낀 다음 파일에서는 아예 사라져버리고 말았다. 사건들이 정확하게 맞물려 있었다. 새로 만든 파일에는 옮겨 적을 때의 오류가 그대로 들어 있었다. 그 오류로 인해 그 다음 과정의 분석이 왜곡되었을 것이다. 과도하게 사용한 시약 때문에 생긴 잘못된 수치에서 나온 결과를 은폐한 채, 폐기해야만 할 다량의 도료를 생산할 수밖에 없었던 것이다. 이 도료들은 지나치게 염기성이어서 겔화될 수밖에 없었다.

하지만 그럴 듯한 가정을 확실한 것으로 바꾸고 싶은 유혹에 굴복한 사람에게는 또 다른 큰 위기가 기다리고 있는 법이었다. 그건 탐정소설을 즐겨 읽는 독자들이라면 다 아는 사실이다. 나는 늘 나른해 보이는 창고 직원 하나를 내 편으로 만들었다. 그에게서 1944년 1월 이후의 크롬산 샘플을 모두 얻어냈다. 그리고 사흘 동안 실험대에 붙어서 잘못된 방법과 정확한 방법에 따라 각각 그것들을 분석했다. 기록부에 결과들을 기록해가는 동안, 반복되는 작업에서 오는 따분함은, 어린 시절 숨바꼭질을 할 때 관목 뒤에 우스꽝스럽게 웅크리고 있는 친구를 발견해냈을 때와 같은 흥분된 즐거움으로 변해갔다. 잘못된 방법을 이용하면 계속 운명적인 그 숫자 29.5퍼센트가 나왔다. 정확한 방법을 이용하면 결과는 아주 천차만별로 나왔다. 4분의 1은 최소 규정보다 더 낮았기 때문에 그것들은 폐기되어야 할 제품들과 일치했다. 분석은 확실했고 오류의 원인도 발견했다. 이제 문제는 치료법을 찾는 것이었다.

그것은 곧 찾아낼 수 있었다. 멀리 떨어진 데카르트의 섬, 우리 같은 서투른 유기화학자이자 고분자화학자들에게는 잃어버린 낙원인 훌륭한 무기화학에서 해결책을 끌어냈기 때문이다. 물론 그 니스라는 병든 물체 안에 들어 있는, 자유 납 산화물에서 기인하는 과도한 염기를 중성화시킬 필요가 있었다. 산성은 다른 방향에서 유해한 것으로 증명되었다. 나는 염화암모늄염을 생각했다. 이것은 염화물을 불용성에서 불활성으로 만들며 암모늄을 자유롭게 해주며 납 산화물과 안정적으로 결합할 수 있었다. 적은 양으로 실험한 결과는 기대할 만했다. 이제 빨리 염화물을 찾아내서(목록에는 '악마 같은 염화물'로 명시되어 있었다), 분쇄 부서 책임자와 의견 일치를 보고, 소형 분쇄기에 눈으로 보거나 손으로 만져보기에도 혐오스러운 니스 덩어리 두 개를 집어넣고 추정상의 치료제의 무게를 달아 필요한 양만큼 첨가하고, 그 자리에 있는 사람들이 회의적인 눈으로 바라보는 가운데 분쇄기를 돌리는 것이었다. 분쇄기는 평상시와 다름없이 요란한 소리를 내며 마지못해 움직이듯 작동을 시작하다가 젤라틴 덩어리가 구멍을 막아버려 먹통이 되고 말았다. 그 침묵은 불길한 징조였다. 토리노로 돌아가 참을성 많은 그녀에게 여러 가지 가정들, 호숫가에서 일어난 일들, 이 사실들이 가져올 결과에 대한 애타는 기다림을 정신없이 이야기하며 월요일이 되길 기다리는 수밖에 없었다.

월요일이 되자 분쇄기는 다시 제 목소리를 찾았다. 뿐만 아니라 제대로 돌아가지 않거나 상태가 좋지 않다는 사실을 경고하는, 그 부서지는 듯한 굉음을 내지 않은 채 계속 유쾌하게 요란한 소리를 냈다. 내가 분쇄기를 멈추고 조심스럽게 분쇄기 뚜껑의 볼트를 풀었다. 뚜껑을 떼어냈다. 은총을 베푸시는 천사들이시여, 천사장들이시여! 니스는 유연하고 매끄럽고 완전히 정상이 되어 있었다. 재 속에서 다시 태어난 불사조처럼 새로 태어나 있었다. 난 훌륭한 사무용어로 보고서를 작성했고 이사회에서는 월급을 인상해주었다. 게다가 표창 형식으로 자전거 타이어 두 개를 받았다.

창고에는 이미 검사를 통해 승인되었기 때문에 공급자에게 다시 되돌려줄 수 없고 어떻게든 다 써버려야 하는 위험한 염기성 크롬산염이 상당량 남아 있었다. 그래서 그 공장에서는 공식적으로 니스 제조 시 응고 예방제로 염화물을 사용하게 되었다. 그뒤 나는 사직했고 10여 년이 흘렀고 전후 시절은 끝이 났다. 지나치게 염기성인 크롬산염은 시장에서 사라졌고 내 보고서는 죽어버렸다. 하지만 제조법들은 기도처럼, 명령이자 법이자 죽은 언어처럼 신성한 것이었다. 그리고 그 속에 있는 것들은 조금도 변할 수 없었다. 그래서 행복한 사랑과 나를 해방시킨 그 원고의 쌍둥이 형제나 다름없던 내 악마 같은 염화암모늄, 이미 완전히 쓸모없어지고 심지어 약간은 유해하기까지 한 내 염화암모늄은, 지금 그 호숫가의 크롬산 방수제 속에서 경건하게 분쇄되고 있다. 그 이유를 아는 사람은 아무도 없다.

 ZOLFO

황

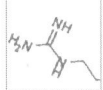

란차는 자전거를 거치대에 묶었다. 출근부에 도장을 찍고 보일러 쪽으로 가서 교반기를 켜서 작동시켰다. 나프타가 물안개처럼 분사되며 쿵 소리와 함께 불이 붙었고 유독한 불꽃이 역화(逆火)했다. 란차는 노(爐)에 대해 잘 알고 있었기 때문에 제때에 곁을 떠났다. 그러면 노의 불은 쉬지 않고 천둥 치듯, 긴박하게 포효하는 듯한 요란한 소리를 내며 계속 타올랐다. 그 소리가 조그맣게 윙윙거리는 모터와 변속기의 소리를 압도해버렸다. 란차는 아직도 잠에 취해 있었고 갑자기 잠을 깨우곤 하는 추위에 떨었다. 그는 노 앞에 웅크리고 앉아 있었다. 번득이는 섬광으로 계속 이어지는 빨간 불길 때문에, 초기 무성 영화에서처럼 뒤쪽의 벽 위에서 일그러진 거대한 그의 그림자가 춤을 추었다.

　30분이 지나면서 마땅히 그래야 하듯 온도계가 움직이기 시작했다. 반짝이는 강철 바늘이 누르스름한 문자판 위의 달팽이처럼 미끄러지면서 섭씨 95도에 가서 멈추었다. 이것 역시 당연한 것인데 온도계는 실제 온도와 5도 차이가 났다. 란차는 보일러, 온도계, 간단히 말해 세상과 자기 자신에 만족했고 막연한 평화를 맛보았다. 모든 일들이 원래대로 진행되었고 그만이 공장의 온도계가 고장났다는 사실을 알고 있었기 때문이다. 어쩌면 누군가는 불길을 더 살리려고 해봤을지도 모르고 또 작업계획표에 적혀 있는 대로 100도까지 온도를 올리려고 무언가를(그게 뭔지는 모르지만) 연구했을지도 모른다.

　온도계는 오랫동안 95도에 멈췄다가 다시 올라가기 시작했다. 란차는 불가에 앉았다. 따스한 온기 때문에 다시 잠이 몰려오기 시작해서 그의 의식의 방에 무엇인가 살며시 침입할 수 있었다. 하지만 눈 뒤쪽에 있는 그곳, 온도계를 감시하는 그 의식의 방은 침입 불가능했다. 그곳은 깨어 있어야 했다.

　황에 대해서는 아는 게 없었지만 그 순간에는 모든 게 규칙적으로 진행되었다. 란차는 달콤한 휴식을 맛보았고 잠을 예고하는 여러 가지 생각과 이미지들의 춤에 자신을 맡겼다. 비록 그것들에 압도되지 않으려 했지만. 더웠다. 그는 자기 고향을 보았다. 아내, 아들, 자신의 밭, 선술집을 보았다. 선술집의 뜨거운 숨결, 외양간의 무거운 숨결을 느꼈다. 폭풍우가 몰아칠 때마다 외양간에 빗물이 스며들었다. 지붕과 건초장에서 떨어지는 빗물이었다. 어쩌면 갈라진 벽에서 들어오는 것인지도 몰랐다. 기와는 (부활절에 직접 다 살펴보았는데) 모두 멀쩡했다. 또 다른 암소를 위한 자리가 필요했다. 하지만……(여기서 모든 계획은 어림잡아 보고 결론을 내리지 않은 계산 때문에 몽롱한 안개에 빠져 희미해졌다). 1분을 일할 때마다 그의 주머니에 10리라가 들어왔다. 불꽃은 그를 위해 포효하고 노는 그를 위해 돌아가는 것 같았다. 마치 돈 만드는 기계 같았다.

란차가 서 있었다. 180도에 이르렀다. 뚜껑을 열고 그 안에 B41을 던져야 한다. 공장 사람들 모두가 그게 황이라는 것을(전시라서 모든 게 부족했을 때 많은 사람들이 그걸 집으로 가져가 암거래로 농부들에게 팔았고 농부들은 황을 포도밭에 뿌렸다는 것을) 알고 있는데 계속 B41로 불러야 한다는 건 정말 우스운 일이었다. 어쨌든 박사는 박사였으니 그의 뜻을 따라야 했다.

그가 불을 껐다. 노의 속도를 늦추고 뚜껑을 열었다. 그리고 보호 마스크를 썼다. 그 때문에 그는 자신이 두더지 같기도, 멧돼지 같기도 하다고 생각했다. B41은 이미 무게를 달아 세 개의 두꺼운 종이 상자에 담아놓았다. 그는 그것을 조심스럽게 집어넣었다. 마스크를 쓰고 있었지만(어쩌면 어디에 구멍이 났는지도 모른다) 곧 황이 타면서 나오는 불쾌하고 슬픈 냄새를 맡을 수 있었다. 그는 어쩌면 지옥에는 황 냄새가 가득하다고 했던 신부의 말이 맞을지도 모른다고 생각했다. 게다가 개들조차도 이 냄새를 좋아하지 않았다. 모두 그 사실을 알고 있었다. 황을 넣는 일이 끝나면 그는 뚜껑을 닫았고 다시 모든 게 움직이기 시작했다.

새벽 3시에 온도계는 200도가 되었다. 진공으로 만들 시간이 된 것이다. 그는 검은색 레버를 올렸다. 그러면 원심 펌프가 내는 귀에 거슬리는 고음이 천둥같이 묵직한 연소기 소리를 눌러버렸다. '0' 위에 수직으로 놓여 있는 진동계의 바늘이 왼쪽으로 미끄러지듯이 기울기 시작했다. 20도, 40도, 됐다. 이 지점에 이르면 담배에 불을 붙일 수 있었고 한 시간 이상을 마음 편히 있을 수 있다.

백만장자가 될 운명을 타고난 사람도 있고 사고로 죽을 운명인 사람도 있다. 란차의 운명은 (그는 조금이라도 무료함을 달래기 위해 요란하게 하품을 했다) 밤을 낮 삼아 일하는 것이었다. 군대에서 그 사실을 알았을 리 없건만, 전시에 그는 하늘의 전투기에 총을 쏘기 위해 야간에 지붕 위에서 보초를 서는 굉장한 임무를 맡게 되었다.

갑자기 그가 벌떡 일어섰다. 귀를 기울였고 온 신경이 긴장했다. 펌프의 소음이 갑자기 느려지더니 억지로 작동하듯 더욱 천천히 움직였다. 실제로 진공계의 바늘이 위협적으로 치켜든 손가락처럼 0 위로 다시 올라갔다가 1도씩 오른쪽으로 기울어지기 시작했다. 분명했다. 보일러의 압력이 높아지고 있었다.

기계를 끄고 피해! 모두 정지시키고 피해! 하지만 그는 피할 수가 없었다. 그는 스패너를 움켜쥐고 진공관을 두드렸다. 긴 관을 모두. 어딘가 막힌 게 틀림없었다. 다른 이유가 있을 수도 있었다. 그는 관을 두드리고 또 두드렸다. 아무 소용이 없었다. 펌프는 계속 헛돌았고, 바늘은 진동계 3분의 1 지점에서 계속 흔들리고 있었다.

란차는 온몸의 털이 성난 고양이의 꼬리처럼 쭈뼛쭈뼛 서는 것 같았다. 그는 분노했다. 보일러를 향한, 황소 소리를 내며 불가에 앉아 있던 그 게으른 짐승을 향한 처절하고 광폭한 분노였다. 온몸의 가시가 곤두서 있어 어느 쪽으로 건드려야 하는 건지 어느 쪽을 잡아야 하는 건지 알 길이 없어, 결국 엉덩이를 걷어차버리고 싶은 생각밖에 들지 않는 거대한 고슴도치였다. 주먹을 움켜쥔 채 이성을 잃은 란차는 미친 듯이, 압력을 낮추기 위해 뚜껑을 열려고 했다. 볼트들이 느슨해지기 시작했다. 바로 이때 벌어진 틈에서 누르스름한 분비물이 짙은 연기와 함께 튀어나왔다. 란차는 재빨리 뚜껑을 닫았다. 전화를 걸어 박사를 부르고 소방대원을 부르고 성령들에게 어둠에서 나와 그를 도와주거나 조언해달라고 애원하고 싶은 마음이 무시무시할 정도로 간절했다.

보일러는 압력을 견딜 수 있도록 만들어진 게 아니었다. 그러므로 언제든 폭발할 수 있었다. 아니 적어도 란차는 그때 그렇게 생각했다. 그때가 낮이었거나 혼자가 아니었더라면 그는 그렇게 생각하지 않았을 것이다. 하지만 공포는 분노로 변했다. 그리고 분노가 가라앉자 냉정하고도 정리된 이성을 되찾게 되었다. 그러자 보다 명백한 사실이 떠올랐다. 그는 흡입 팬의 밸브를 열고 작동시켰다. 진공차단기를 닫자 펌프가 정지했다. 안도감과 원인을 파악했다는 자부심을 느끼며 진공계의 바늘이 길 잃은 양이 다시 우리로 돌아오듯 0으로 올라왔다가 다시 서서히 진공 쪽으로 기울어지는 것을 보았다.

웃고 이야기할 필요성을 강하게 느꼈기 때문에 그리고 온몸이 가벼워지는 것 같은 기분이 들어서 주위를 둘러보았다. 그는 땅바닥에서 잿기둥으로 변해버린 자신의 담배를 발견했다. 담배는 저절로 타들어가고 있었다. 5시 20분이었다. 빈 통을 쌓아놓은 창고 지붕 위로 날이 밝아오고 있었고 온도계는 210도를 가리켰다. 그는 보일러에서 샘플을 하나 꺼내 그것을 차갑게 식혔고 시약으로 시험해보았다. 시험관은 처음 몇 초 동안 투명하더니 우유처럼 하얗게 변했다. 란차는 불을 껐다. 교반기와 팬을 정지시키고 진공차단기를 열었다. 성난 듯한 긴 휘파람 같은 소리가 들렸다. 그 소리는 서서히 살랑이는 듯한 소리로, 속삭임으로 변해가다가 조용해졌다. 그는 흡수관을 돌리고 압축기를 작동시켰다. 그러자 하얀 연기와 예의 그 고약한 냄새 한가운데로 자랑스럽게, 분사되어 나온 수지가 용기에 모여 반짝이는 매끄러운 검은 표면을 형성했다.

    란차는 출입문 쪽으로 갔다. 그때 출근하던 카르미네를 만났다. 그에게 모든 게 정상이라고 말하고 작업대장을 넘겨준 뒤 자전거 바퀴에 바람을 넣기 시작했다.

티타늄

펠리체 판티노에게

부엌에는 마리아가 생전 처음 보는 옷차림을 한, 키가 매우 큰 남자가 있었다. 그는 신문지로 만든 종이배를 머리에 쓰고, 파이프 담배를 피우며 하얀 장롱에 칠을 하고 있었다.

그렇게 하얀 페인트가 어떻게 그리 작은 통 속에 담겨 있는지 이해할 수 없는 일이었다. 마리아는 그 안을 들여다보고 싶어 죽을 것만 같았다. 남자는 가끔 파이프를 장롱 위에 올려놓고 휘파람을 불었다. 그러다가 휘파람을 멈추고 노래를 부르기 시작했다. 가끔 두어 걸음 뒤로 물러나 눈을 감았다. 그리고 이따금 쓰레기통 쪽으로 가서 침을 뱉은 뒤

손등으로 입을 닦았다. 쉽게 말해 그는 너무나 이상하고 낯선 행동들을 많이 했기 때문에 그를 지켜보는 일은 정말 흥미로웠다. 장롱이 하얗게 칠해지자 그는 페인트 통과 바닥에 널려 있던 신문지들을 주워 모두 찬장 옆으로 가져갔다. 그러더니 찬장도 하얗게 칠하기 시작했다.

장롱이 너무나 윤이 나고 깨끗하고 하얘서 그걸 꼭 만져봐야 할 것 같았다. 마리아가 장롱에 다가가자 남자가 알아차리고 말했다. "만지지 마라, 만지면 안 된다." 마리아는 놀라서 걸음을 멈추고 물었다. "왜요?" 그 질문에 남자가 대답했다. "만질 필요가 없으니까." 마리아는 생각에 잠겼다가 다시 물었다. "왜 이렇게 하얀 거예요?" 무척 어려운 질문이라는 듯 남자도 잠시 생각에 잠겼다가 묵직한 목소리로 대답했다. "티타늄이니까."

마리아는 괴물이 등장하는 동화책을 읽을 때처럼 두려움으로 인한 전율이 기분 좋게 온몸을 타고 흐르는 것을 느꼈다. 마리아는 주의 깊게 남자를 살펴보았다. 그리고 남자의 손에 칼이 들려 있지 않을 뿐만 아니라 주변 어디에도 칼이 없다는 것을 확인했다. 하지만 어딘가에 숨기고 있을 수도 있었다. 그래서 물었다. "제 뭘 자른다는 거예요?"● 이 질문에 남자가 이렇게 대답할 수 있을 거였다. "네 혀를 잘라버리겠다." 하지만 그저 이렇게만 말했다. "널 자른다는 게 아냐. 티타늄이라고."

결론적으로 그는 매우 힘이 센 남자가 틀림없었다. 그렇지만 화가

● 마리아는 티타늄의 이탈리아어 발음 '티타니오'를 '티 탈리오'(너를 잘라버리겠다)로 잘못 알아들었다.

난 것 같지는 않았다. 아니 오히려 인자하고 친절해 보였다. 마리아가 물었다. "아저씨 이름이 뭐예요?" 남자가 대답했다. "펠리체." 그는 입에서 파이프를 빼지 않았다. 그래서 말을 할 때면 파이프가 위 아래로 춤을 췄지만 떨어지지는 않았다. 마리아는 남자와 장롱을 번갈아 쳐다보며 잠시 아무 말도 하지 않았다. 그녀는 남자의 대답이 전혀 마음에 들지 않았다. 그리고 왜 이름이 펠리체인지 물어보고 싶었다. 하지만 감히 그렇게 할 용기가 나지 않았다. 아이들은 절대 이유를 물어봐서는 안 된다는 것을 기억하고 있었기 때문이다. 마리아의 친구 알리체는 어린 아이였기 때문에 이름이 알리체●였다. 이 남자 같은 어른의 이름이 펠리체라는 게 정말 이상했다. 하지만 차츰차츰 이 남자를 펠리체라고 부르는 게 자연스러운 것 같다는 생각이 들었다. 뿐만 아니라 펠리체가 아닌 다른 그 어떤 이름으로도 부를 수 없을 것 같기도 했다.

　칠을 한 장롱이 너무 하얘서 부엌에 있는 다른 물건들이 누렇고 더럽게 보일 정도였다. 마리아는 장롱 옆에 가까이 가봐서 안 될 것 없으리란 생각이 들었다. 만지지 않고 그저 보기만 할 것이다. 하지만 마리아가 발끝으로 살금살금 장롱으로 다가가고 있을 때, 예기치 못한 무시무시한 일이 벌어졌다. 남자가 갑자기 돌아보더니, 마리아와 두어 발자국 정도밖에 떨어지지 않은 곳까지 다가왔다. 주머니에서 하얀 백묵을 꺼내더니 마리아가 서 있는 바닥에 둥근 원을 그렸다. 그리고 말했다.

● 알리체는 여자 이름이지만, 작은 멸치인 '앤초비'라는 뜻도 있다. 알리체와 펠리체의 발음이 비슷해서 이렇게 생각한 것.

"이 원 밖으로 나오면 안 된다." 그러더니 성냥을 켜서 입술을 이상하게 비틀며 파이프에 불을 붙였다. 그리고 다시 찬장을 칠하기 시작했다.

마리아는 쪼그리고 앉아서 오랫동안 둥근 원을 유심히 바라보았다. 하지만 그 원에 출구가 전혀 없다는 사실을 받아들여야만 했다. 그녀는 손가락으로 한 지점을 문질러 보았다. 그리고 실제로 백묵 자국이 지워지는 것을 확인했다. 하지만 남자가 이 방법이 유효하다고 생각하지 않으리라는 것을 너무나 잘 알고 있었다.

원은 분명 마법의 힘이 있었다. 마리아는 가만히 아무 말 없이 땅바닥에 앉아 있었다. 가끔씩 발을 뻗어 발끝으로 원을 건드려 보았고 거의 균형을 잃을 정도로 몸을 앞으로 내밀어 보았다. 하지만 손가락이 장롱이나 벽에 닿으려면 아직도 한 뼘 이상이 부족하다는 것을 금방 알게 되었다. 그래서 그녀는 찬장이, 의자들과 식탁이 점점 더 아름다워지고 하얘지는 모습을, 가만히 앉아 물끄러미 바라보았다.

한참 뒤에야 남자는 붓과 작은 통을 내려놓고 머리에서 신문지 종이배를 벗었다. 모자를 벗자 다른 남자들과 똑같은 머리가 드러났다. 잠시 후 남자는 발코니로 나갔다. 마리아는 그가 뭔가를 뒤적이는 소리를 들었고 옆방에서 왔다 갔다 하는 소리를 들었다. 마리아가 그를 부르기 시작했다. "아저씨!" 처음에는 조그맣게 그러다가 점점 크게 하지만 지나치게 크게 부르지는 않았다. 사실은 혹시 남자가 그 소리를 들을까봐 겁이 났기 때문이다.

마침내 그가 부엌으로 돌아왔다. 마리아가 물었다. "아저씨 이제 나가도 돼요?" 남자는 마리아와 둥근 원을 내려다보더니 큰 소리로 웃었다. 그리고 잘 알아들을 수 없는 여러 가지 말들을 했다. 하지만 화가 난 것 같지는 않았다. "그래, 물론이지. 이제 나와도 돼." 마리아는 당황한 눈으로 그를 보았다. 하지만 움직이지는 않았다. 그러자 남자가 걸레를 집어 마법을 풀기 위해 원을 깨끗이 지워주었다. 원이 사라지자 마리아는 일어서서 깡충깡충 뛰어 밖으로 나갔다. 마리아는 아주 행복했고 기분이 좋았다.

비소

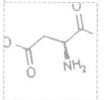 그는 손님치고는 이상한 외모였다. 초라하지만 진취적인 우리 연구소에 여러 가지 물질들의 분석을 맡기기 위해 남녀노소 다양한 사람들이 찾아왔다. 하지만 그들 모두 거대하고 수상쩍고 교활한 상거래의 그물 속에 들어 있다는 것을 한눈에 알 수 있었다. 사고파는 일을 직업으로 하는 사람은 쉽게 구별되었다. 그들의 시선은 빈틈이 없었고 얼굴은 긴장되어 있었으며, 사기를 당할까 두려워하거나 그에 대해 유념하고 있었으며, 해질녘의 고양이처럼 경계심을 늦추지 않았다. 그 직업은 인간의 영혼을 파괴하는 경향이 있었다. 궁정 철학자, 렌즈를 가는 철학자, 심지어 엔지니어이거나 전략가인 철학자도 있었지만, 내가 알기로 도매업자나 소매업을 하는 철학자

는 없었다.

에밀리오가 연구실에 없었기 때문에 내가 그를 접대했다. 그는 농부 철학자라고 할 수 있을 것 같았다. 건장하고 혈색이 좋은 두툼한 손은 노동과 관절염 때문인 듯 기형적으로 변해 있었다. 두 눈은 맑고 활기차 보였으며 눈 밑이 축 처져서 빈 자루처럼 살이 늘어져 있긴 했어도 젊어 보였다. 조끼를 입고 있었는데 조끼의 조그만 주머니에 시계 줄이 삐져나와 있었다. 그는 피에몬테 방언을 사용했고 이 때문에 난 곧 난처해졌다. 방언으로 말하는 사람에게 표준 이탈리아어로 대답하는 것은 예의바른 일이 아니었다. 표준말은 장벽 너머로 상류층 사람들, 존경할 만한 사람들, 나와 성이 같은 그 유명한 작가•가 칭하는 대로라면 '루이지니' 같은 사람들 쪽으로 나를 밀어버리고 마니까. 그러나 내 피에몬테 말은 문법과 발음이 정확하고 매끈하고 나약하고 교양이 넘치고 활기가 없어 거의 진짜 피에몬테 방언 같지 않았다. 순수하게 유전에 의한 것이 아니라, 희미한 불빛 아래 앉아 문법과 어휘를 부지런히 공부한 결과 습득한 언어처럼 들렸다.

여하튼 그 손님은 재치 있는 말투의 훌륭한 피에몬테 방언으로 내게 화학적으로 분석할 설탕이 있다고 말했다. 그는 그게 설탕인지 아닌지 혹은 그 안에 불순물이 들어 있는 것은 아닌지 알고 싶다고 했다. 무슨 불순물? 어떤 의심을 품고 있는지에 대해 내게 정확히 말해주면 실험

• 카를로 레비Carlo Levi를 말한다. 반파시즘 활동을 하다가 자신의 체험을 바탕으로 소설을 썼다. 루이지니는 레비의 걸작 『그리스도는 에볼리에서 멈추었다』에 등장하는 칼리아노 지방의 시장.

이 쉬워질 거라고 그에게 설명했다. 하지만 그는 내 실험에 어떤 영향을 미치고 싶지 않으며, 내가 할 수 있는 한 최선을 다해 분석해달라고 대답했다. 그의 의구심에 대해서는 나중에 말해줄 것이다. 그는 족히 500그램 정도 되는 설탕이 든 봉지를 내 손에 전해주고 다음날 다시 방문하겠다고 말한 뒤 인사를 하고 나가버렸다. 그는 승강기를 타지 않고 4층의 계단을 조용히 걸어 내려갔다. 걱정거리도 급한 일도 없는 남자가 틀림없었다.

우리 실험실은 찾아오는 손님이 아주 적었고 실험도 별로 하지 않았기 때문에 돈도 몇 푼 벌지 못했다. 그래서 우리는 현대적이고 신속하게 결과를 알려주는 실험도구들을 살 수가 없었고 자연히 우리의 실험은 아주 느렸다. 분석시간은 보통보다 훨씬 오래 걸렸다. 우리는 심지어 거리에 간판 하나 걸지 못했다. 그래서 활동범위는 좁아졌고 손님도 점점 줄어들었다. 분석을 위해 우리에게 남겨진 샘플들은 우리를 먹여 살리는 데 무시할 수 없는 공헌을 했다. 에밀리오와 나는 의뢰인들에게 몇 그램만 있어도 실험에 충분하다는 사실을 되도록 알리지 않았고 포도주나 우유 1리터, 파스타나 비누 1킬로그램, 아놀로티• 한 상자 등을 기꺼이 받았다.

그러나 이 설탕에는 병력이 있기 때문에, 다시 말해 노인이 불순물을 의심하고 있기 때문에 설탕을 그렇게 맹목적으로 사용하는 것은, 그

• 고기 간 것과 치즈 등을 넣어 만든, 이탈리아식 만두인 라비올리와 비슷한 파스타.

리고 그저 맛을 보는 것도 경솔한 행동이 될 수 있었다. 그래서 나는 약간의 설탕을 증류수에 녹여보았다. 용액이 뿌옇게 변했다. 불순한 무엇인가가 들어 있는 게 분명했다. 난 설탕을 불에 태워보기 위해 백금 도가니에 (눈짐작으로) 1그램을 달아 넣었다. 먼지가 떠다니는 연구실의 공기 속으로 집과 어린 시절을 상기시키는 설탕 탄내가 퍼졌다. 하지만 잠시 후 불꽃이 납빛이 되더니 전혀 다른 냄새, 금속성에 마늘 타는 듯한 냄새, 무기물 아니 반ᅲ유기물 냄새가 났다. 화학자에게 코가 없었더라면 정말 큰일이었을 것이다. 이 시점에서 실수를 한다는 건 거의 있을 수 없는 일이다. 용액을 여과시키고 산화시키고 키프Kipp를 집어 황화수소를 통과시키는 일. 바로 노란 황화 침전물이 생겼다. 그것은 무수아비산arsenic oxide, 無水亞砒酸이었다. 간단히 말해 비소라는 남성형 명사, 곧 미트리다테스 왕•과 마담 보바리가 먹은 그것이었다.

나는 피루빈산을 증류하고 노인이 놓고 간 설탕 생각을 하며 그날의 남은 시간을 보냈다. 나는 피루빈산을 만드는 현대식 방법을 알지 못한다. 당시 우리는 황산과 소다를 법랑 냄비에 녹여 황산수소염을 얻었고 그것을 맨바닥에 뿌려 고체로 만들었다. 그리고 나중에 커피 분쇄기로 갈았다. 그런 다음 위에서 말한 황산수소염과 타르타르산 혼합물에 250도로 열을 가했다. 이렇게 해서 타르타르산은 탈수되어 피루빈산이 되었고 증류되었다. 처음에 우리는 유리 용기를 이용해 이런 작업을 했

• Mithridates: 고대 아나톨리아 북부에 있었던 폰투스 왕국의 왕(BC 120~63 재위). 적에게 독살당할 것을 두려워해 면역성을 키우기 위해 매일 치사량에 못 미치는 독약을 먹었다고 전해진다.

으나 깨서는 안 될 만큼의 용기를 깨뜨리고 말았다. 그래서 우리는 고물상에게 연합군 보급품에서 나온 깡통 열 개를 구입했다. 폴리에틸렌이 출현하기 전에 휘발유 통으로 사용되었던 것들이다. 이것들은 용도에 딱 맞았다. 의뢰인이 품질에 만족해하며 다시 의뢰할 것을 약속했기 때문이다. 우리는 과감하게 결단을 내렸다. 그 지역의 대장장이에게 검은 철판으로 조잡한 원통형 반응기를 제작해달라고 주문했다. 손으로 돌려 움직이는 분쇄기도 설치해두었다. 우리는 그것을 단단한 벽돌로 쌓은 우물에 집어넣었다. 우물 바닥과 사면 벽에는 불법으로 계량기와 연결해 놓은 1,000와트의 저항 장치들이 준비되어 있었다. 이 글을 읽는 화학자 동료가 있다면, 콜럼버스가 아메리카 대륙을 발견하기 이전의, 그리고 고물상 같은 실험실에서의 이런 화학 실험에 너무 놀라지 말길. 그 무렵에 그렇게 살아간 것은 우리만이 아니었고 화학자들만 그런 것도 아니었다. 전 세계적으로 전쟁과 파괴로 얼룩진 6년이라는 시간은 시민의 습관을 퇴행시켰고 많은 필요성들을, 그중에서도 특히 예절의 필요성을 희박하게 만들었다.

　나선형 냉각기의 끝에서는 산이 황금빛의 굵은 방울이 되어 용기 안으로 떨어지면서 보석처럼 빛을 발했다. 간단히 말해 방울방울 떨어졌는데 그 방울 열 개면 1리라를 받았다. 그 일을 하는 동안 나는 노인이 비소와 독약을 사용할 음모를 계획할 사람으로 보이지 않을 뿐만 아니라, 그와 같은 음모의 희생자가 될 것 같아 보이지도 않는다고 생각했다. 결론을 내릴 수가 없었다.

노인은 다음날 다시 찾아왔다. 그는 실험 결과를 듣기도 전에 먼저 사례금을 지불하겠다고 고집했다. 결과를 알려주자 그의 얼굴에 찡그리는 듯한 복잡한 미소가 떠오르다가 다시 표정이 환해졌다. 그러더니 내게 말했다. "다행이오. 내가 계속 생각한 대로, 결국 결과가 그렇게 나왔구려." 그는 내 편에서 먼저 이 설탕에 얽힌 이야기를 해달라고 요청하기만을 기다리고 있는 게 분명해 보였다. 난 그를 실망시키지 않았다. 그의 사연은 다음과 같은 것이었는데, 본질상 구어로 말해야만 제맛이 나는 피에몬테 방언을, 묘비에나 사용하면 좋을 대리석처럼 차가운 이탈리아어로 옮겨 놓았기 때문에 조금 시시해졌다.

"난 구두 수선공이라오. 젊은 시절부터 시작했다면 그리 나쁜 직업은 아니지. 앉아서 일을 하니 별로 피곤하지도 않고 여러 사람들을 만나 이야기를 나눌 수도 있어요. 물론 큰 재산을 모으지도 못하고 하루 종일 다른 사람의 신발을 손에 들고 있어야 하지. 하지만 이것도 익숙해지고 낡은 가죽 냄새에도 익숙해지기 마련이라오. 내 가게는 파스트렝고 가와 이어지는 조베르티 가에 있소. 30년 전부터 거기서 일을 했소, 구두 수선공으로……. 산 세콘도의 구두 수선공이 바로 나요. 난 까다로운 발들을 다 알고 있지. 일을 하는 데는 망치와 실만 있으면 그만이고. 그런데 젊은이가 하나 나타났어요. 이 지방 출신이 아니었다오. 그 젊은이는 키가 크고 잘 생기고 야심에 가득 차 있었어요. 젊은이는 내 가게 지척에 가게를 냈고 기계들을 잔뜩 들여놓았지요. 넓히고 늘리고 꿰매고 밑창을 대는 기계였소. 뭐에 쓰는지도 모를 기계들도 있었다오. 난 그 기계들을 보러 가지 않았는데 사람들이 내게 이야기를 해줬지요. 그 젊은 이는 주소와 전화번호가 적힌 명함을 이웃들의 우편함에 넣었소. 그래 요, 전화번호까지요. 산파도 아닌데 말이오.

그 젊은이 사업이 금방 성공을 거뒀다고 생각하시겠지. 처음 몇 달 동안은 그랬소. 호기심 때문이기도 하고 우리에게 경쟁심을 불러일으키려는 생각 때문에 그 젊은이의 가게에 가는 사람들도 있었다오. 젊은이가 처음에 수선비를 깎아주기도 했으니까. 그렇지만 자기가 손해 보고 있다는 것을 알게 되어 가격을 다시 올릴 수밖에 없었다오. 그런데 들어 보세요. 이렇게 손해가 났다는 것을 내가 직접 그 젊은이에게 말해줬다 오. 그의 기분을 상하게 할 생각은 없었어요. 난 그 젊은이 같은 사람을 많이 봤으니까. 전속력으로 출발을 했다가 머리가 깨지고 마는 구두 수선장이들 말이오. 비단 구두 수선장이들뿐만 아니라오. 하지만 사람들 말에 따르면 그 젊은이는 내 악담을 한다는구려. 사람들이 그런 이야기들을 전부 내게 전해주었다오. 어떤 사람들이었는지 알겠소? 할머니들 이지요. 다리가 아파서 이제 걷는 것이 즐겁지 않고 그래서 신발이라고 는 한 켤레밖에 없는 할머니들 말이오. 할머니들은 우리 가게에 와서 내 가 신발을 다 수선해 줄 때까지 의자에 앉아 기다렸지요. 그사이 떠도는 이야기들을 들려주면서 이것저것 빠짐없이 이야기를 해줬지.

젊은이는 나를 저주했고 나에 관해 온갖 거짓말을 퍼뜨리고 다녔어 요. 내가 판지로 밑창을 대준다고 했대요. 매일 밤 곤드레가 되도록 술을 마신다고도 하고. 보험금 때문에 내 아내를 죽게 했다고도 했다는군.

내 손님의 구두 밑창에서 못이 튀어나와 그 손님이 나중에 파상풍으로 죽었다나. 그리고 이해하시겠지만 이런 일들이 있었기 때문에 어느날 아침, 그날 고칠 신발들 사이에서 이 설탕 봉지를 발견했을 때에는 놀랍지도 않더구료. 나는 곧 음모라는 것을 알았지만 확인을 하고 싶었소. 그래서 고양이에게 그걸 조금 줘봤소. 두 시간이 지나자 고양이가 구석으로 가더니 먹은 것을 토합디다. 그래서 나는 다시 설탕 그릇에 조금 넣었다오. 어제 내 딸과 함께 그것을 커피에 넣었는데, 두 시간 뒤에 우리 두 사람 모두 먹은 걸 토해버렸지. 이제 선생도 확인을 해줬으니 만족하오."

"고발하실 건가요? 증명서가 필요하십니까?"

"아니, 아니오. 말했지 않습니까. 그저 가여운 악마일 뿐이지. 난 그 젊은이를 파멸시키고 싶지 않아요. 직업상으로 봐도 세상은 넓고 각자에게 맞는 일이 있는 거라오. 그는 그 사실을 모르고 나는 알고 있는 거지."

"그럼요?"

"그래서 내일 내 단골 할머니 한 분에게 부탁해서 이 봉지를 그 젊은이에게 돌려보낼 거요. 명함도 함께 말이오. 아니, 차라리 내가 직접 다시 갖다주고 싶소. 그렇게 하면 어떤 표정을 짓는지 볼 수 있을테니까. 그러면서 두세 가지 알려주고 싶소." 그는 마치 박물관에 온 사람처럼 주위를 둘러보았다. 그러더니 덧붙였다. "선생들 직업도 멋지구려. 눈썰미와 인내심이 필요하겠군. 그게 없는 사람은 다른 일을 찾아보는 게 낫겠소."

그는 봉지를 들고, 작별 인사를 한 후, 천성이 그런 듯 조용히 위엄 있게 승강기를 타지 않고 계단으로 내려갔다.

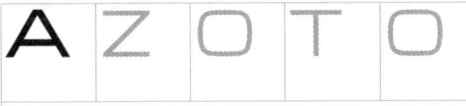

질소

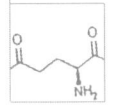

…… 마침내 우리가 늘 꿈에 그리던 의뢰인, 우리에게 자문을 구하려는 의뢰인이 왔다. 자문을 한다는 것은, 명성을 얻을 수도 있고 손을 더럽히지 않고 등이 휠 정도로 힘을 들이지 않고도, 얼굴이 검게 탈 위험도 약물에 중독될 위험도 없이 돈을 벌 수 있는 이상적인 일이었다. 가운을 벗고 넥타이를 매고 문제점을 말없이 조용히 들어주기만 하면 된다. 아마 델포이에서 신탁을 내리는 기분이 될 것이다. 어떠한 대답을 할지 잘 생각해두어야만 하고, 의뢰인이 신탁이라고 생각할 수 있도록 복잡하고 모호한 말로 대답해야 할 것이다. 그가 믿을 수 있을 법한, 그리고 화학자조합에서 정한 요금을 낼 수 있을 만한 대답을 해야 한다.

꿈에 그리던 의뢰인은 40대의 남자로 키가 작고 단단해 보였으며 뚱뚱한 체격이었다. 그는 클라크 게이블 같은 수염을 기르고 있었고 사방 여기저기에, 그러니까 귓속, 콧속, 손등, 손가락 위에 검은 털이 나 있었다. 손가락 위의 털은 거의 손톱에 닿을 것 같았다. 그는 향수를 뿌렸고 포마드를 발랐는데 천박한 모습이었다. 그는 사창가의 포주, 좀더 정확히 말하면 포주 역을 맡은 악역 배우 같았다. 혹은 변두리 빈민가에서 온 불한당 같기도 했다. 그는 내게 자신이 화장품 공장의 사장인데, 어떤 유형의 립스틱에 골치 아픈 문제가 생겼다고 했다. 좋다, 아마 샘플을 가지고 왔겠지? 아니었다. 이건 직접 현장에서 살펴봐야 할 특별한 문제였다. 우리 두 사람 중 하나가 공장을 방문하는 것이 좋을 것이다. 그렇게 하면 문제가 뭔지 알 수 있을 것이다. 내일 10시 어떨지? 내일.

자동차를 타고 가면 아주 근사했을 것이다. 하지만 내가 자동차가 있는 화학자라면, 그러니까 전쟁에서 살아 돌아온 초라한 귀환자, 틈틈이 글을 쓰는 작가, 게다가 갓 결혼한 신랑이 아니라면 여기서 고생스럽게 피루빈산을 침출할 일도 없고 이 수상쩍은 립스틱 제작자를 좇아다닐 일도 없었다. 나는 내가 가진 양복(두 벌밖에 안 되지만) 중 제일 좋은 것을 입었다. 그리고 공장 근처의 아무 뜰에나 자전거를 세워놓고 택시를 타고 공장을 방문하는 편이 좋겠다고 생각했다. 하지만 공장에 들어서자 나는 위신을 세울 필요가 전혀 없었음을 알게 되었다. 공장은 지저분하고 어수선하고 바람이 사방에서 숭숭 들어오는 오두막이었다. 그 안에서 거만하고 게으르고 지저분하지만, 짙은 화장을 한 열두어 명 되는 처녀들이 움직이고 있었다. 사장은 내게 거만한 태도로 중요한 인물처럼 보이려고 애쓰며 설명했다. 그는 립스틱을 '루주'로, 아닐린을 '아넬린'으로, 벤즈알데하이드를 '아델라이드'로 불렀다. 작업은 단순했다. 한 처녀가 밀랍과 지방을 법랑 냄비에서 함께 녹였다. 그리고 거기에 향료와 색소를 조금 첨가했고 그 다음 작은 주형틀 속에 부었다. 또 다른 처녀는 흐르는 물에 그 틀들을 식혔고 그러고 나서 그 틀에서 각각 20개의 루주가 든 주홍색 원통을 빼냈다. 그러면 다시 다른 처녀들이 그것을 모아 포장할 준비를 했다. 사장은 그 처녀들 중 한 아가씨를 거칠게 잡아, 한 손으로 목덜미를 움켜쥐더니 그녀의 입술을 내 눈앞에 갖다 댔다. 그러더니 그 아가씨의 입술 가장자리를 잘 보라고 했다. 자, 보시다시피 루주를 바르고 몇 시간이 지나면, 특히 날씨가 더울 때면 루주가 번져 젊은 여인들의 입 주위에도 잔주름을 만들어냅니다. 그러니까 입 주위에 붉은빛의 거미줄 같은 게 그려지는 거지요. 입술 윤곽이 사라져버려서 루주를 바른 효과가 전혀 나지 않습니다.

나는 당혹감을 느끼며 관찰했다. 정말 빨간 줄들이 있었다. 하지만 껌을 씹으며 태연하게 관찰을 당하고 있는 그 처녀 입술의 오른쪽에만 그런 현상이 있었다. 당연하지요, 사장이 설명했다. 그 처녀와 다른 처녀들의 입술 왼쪽에는 프랑스에서 생산된 최고급 루주가 발라져 있었다. 사장은 바로 그 루주를 흉내내고 싶었으나 실패했던 것이다. 루주는 그렇게 실제적인 비교를 통해서만 그 가치를 평가할 수 있었다. 아침마다 처녀들은 모두 입술 오른쪽에는 사장이 만든 루주를, 왼쪽에는 프랑스제를 발라야 했다. 그는 루주가 지워지는지 검사하기 위해 하루에 여덟 번씩 처녀들 모두와 입을 맞췄다.

나는 그 불한당에게 루주 제조법과 이 두 제품의 샘플을 달라고 했다. 제조법을 읽으며 나는 어디서 결함이 생긴 것인지 곧 알아차렸으나, 한 번 더 사실을 확인하고 좀더 우위에 서서 답변을 주는 게 좋을 것 같았다. 그래서 그에게 '분석을 위해' 이틀을 달라고 했다. 나는 자전거를 찾아 페달을 밟으며 이 일이 잘되면 자전거를 오토바이로 바꾸고 페달 밟는 일을 그만두게 될지도 모른다고 생각했다.

연구실에 돌아와서 나는 거름종이를 한 장 꺼내 그 위에 샘플 두 개로 각각 점을 찍었다. 그리고 이것을 섭씨 80도의 난로 위에 얹어놓았다. 15분이 지나자 왼쪽의 붉은 점은 주위에 기름진 얼룩이 후광처럼 번지기는 했으나 점 그대로 남아 있었다. 반면 오른쪽의 점은 색깔이 흐려졌고 옆으로 번져 동전만 한 크기의 커다란 분홍빛 얼룩이 되어 있었다. 내 의뢰인의 제조법에는 가용성 색소가 들어 있었다. 처녀들의 체온(혹은 내 난로의 열기)이 기름을 용해시키고 그 결과 색소가 번진 게 분명했다. 또 다른 루주에는 반대로 잘 퍼지지만 용해되지 않아 번지지 않는 붉은 색소가 들어 있는 게 틀림없었다. 나는 벤젠으로 그것을 녹이고 원심분리를 시켜 쉽게 사실을 확인할 수 있었다. 시험관 바닥에 침전물이 가라앉았다. 호숫가 공장에서 쌓은 경험 덕분에 그것의 정체도 알아낼 수 있었다. 그것은 값비싼 색소로 잘 퍼지지 않았다. 게다가 내 의뢰인인 그 불한당은 색소를 잘 풀리게 하는 데 적절한 장비 같은 것을 전혀 갖추고 있지 않았다. 좋다, 그건 기니피그 같은 그 처녀들의 하렘에서 키스로 실험을 하는 그가 골머리를 앓아야 할 문제다. 나는 내가 해야 할 직업적인 의무를 다했다. 보고서를 만들고 도장을 찍은 청구서와 실험 표본인, 거의 회화 작품처럼 보이는 그 거름종이도 첨부했다. 그리고 다시 공장에 찾아가서 서류를 넘겨주며 사례비를 받았다. 그리고 그 자리에서 일어날 준비를 했다.

그런데 불한당이 나를 붙잡았다. 그는 내 실험에 만족했고 그래서 내게 한 가지 거래를 제안하고 싶어했다. 내가 그에게 알록산 몇 킬로그램만 구해다 줄 수 있을까? 내가 그저 하청을 받아 그에게 알록산을 제공해주기만 하면 되고 보수는 많이 받을 수 있을 것이다. 어떤 잡지인지 지금은 기억나지 않는데, 알록산이 점막과 접촉하면 점막에 영원히 붉은색을 남길 거라는 글을 읽은 적이 있다. 그것은 기름과 중첩되는 게 아니라, 그러니까 루주 같은 바니시가 아니라 양모와 코튼을 염색하는 진짜 물감이기 때문이다.

나는 침을 삼켰다. 나는 일단 두고 보자고 대답했다. 알록산은 그렇게 일반적인 화합물도 아니었고 많이 알려진 것도 아니었다. 예전에 공부한 내 화학책에서 알록산에 할애한 양은 다섯 줄도 안 되었던 것 같다. 그런데 그 생각을 하다가 알록산이 요소에서 나오고 그래서 요산과 관련이 있다는 기억이 희미하게나마 떠올랐다.

나는 가능한 한 빨리 도서관으로 갔다. 바로 토리노 대학 화학연구소의 그 유서 깊은 도서관 말이다. 당시에는 메카처럼 이교도는 들어갈 수가 없었고 신자라 해도 나와 같은 사람은 들어가기가 힘들었다. 도서관 행정처가 지혜로운 원리를 따르고 있었다는 점을 염두에 두어야 한다. 이 원리란 예술과 학문을 방해하는 것은 아주 의미 있는 일이라는 것이다. 즉 절대적인 필요성이나 저항할 수 없는 열정에 떠밀린 사람은, 책을 열람하기 위해 요구되는 희생적인 시련을 기꺼이 받아들이리라는 것이다. 열람 시간은 짧았고 비합리적이었다. 불빛은 흐렸다. 목록은 엉망이었다. 겨울에도 난방조차 되지 않았다. 의자도 등받이가 없는 불편하고 요란한 소리가 나는 철제뿐이었다. 마지막으로 사서는 무능력하고 거만하고 후안무치의 못생긴 촌뜨기로 출입구에 앉아 도서관에 들어가고 싶어하는 사람들을, 그 외모와 포효로 공포에 질리게 했다. 도서관에 들어가는 시련을 극복하고 나서 나는 제일 먼저 서둘러 알록산 구조식을 다시 기억 속에서 떠올려보았다. 여기 그 초상화가 있다.

$$\begin{array}{c} \text{구조식 (알록산)} \end{array}$$

AZOTO 질소 259

O는 산소, C는 탄소, H는 수소, 그리고 N은 질소다. 사랑스러운 구조다, 그렇지 않은가? 단단하고 안정적이고 연결이 잘된 무엇인가를 연상시킨다. 사실 건축에서 '아름다운' 건축물들, 즉 균형이 맞고 단순한 건축들이 더욱 튼튼하듯 화학에서도 마찬가지다. 사실 대성당의 돔이나 다리의 아치들에서 일어나는 일이 분자들에서도 일어난다. 너무 동떨어지지도 형이상학적이지도 않은 설명을 할 수 있을 것이다. '아름답다'고 말하는 것은 '매력 있다'고 말하는 것과 같다. 인간은 집을 짓기 시작한 이후로 항상 적은 비용으로 최대한 오래 견딜 수 있게 건축하길 바랐다. 그리고 자신들의 건축물을 감상할 때 느끼는 미적인 즐거움은 그뒤에 생긴 것이었다. 물론 항상 그랬던 것은 아니다. 아름다움이 장식, 덧붙이기, 요란한 치장과 동일시되던 시대가 있었다. 하지만 그건 일탈의 시대였다고 할 수 있다. 어느 시대에나 인정받을 수 있는 진정한 아름다움이란 곧게 선 돌, 선체, 도끼날과 비행기 날개의 아름다움이다.

알록산 구조의 장점을 확인하고 제대로 이해하고 나자, 화학자로서 제2의 나, 그러니까 탈선을 좋아하는 내가 다시 선로로 돌아오게 되었다. 그것은 먹고사는 문제를 해결하기 위해 (내 식량을 준비할 목적으로— 그리고 이제는 내 식량만이 문제가 아니었다) 물질과 간음해야 하는 길이었다. 나는 조심스럽게 『첸트랄블라트』Zentralblatt 서가들을 살펴보았다. 그리고 한 해 한 해 차례로 검토하기 시작했다. 『헤미쉐스 첸트랄블라트』 Chemisches Zentralblatt 앞에서는 모자를 벗었다. 그것은 잡지 중의 잡지로, 화학이 존재하게 된 이후로 세계 각지에서 출간되는 잡지에 실린 화학적 주제의 출판물들을 모두, 놀랄 만큼 간결한 형태로 요약해 실어놓은 잡지였다. 처음 몇 년 동안의 것들은 300~400페이지 분량으로 두께가 얇았다. 지금은 매년 열네 권씩 나오는데 각 권이 1300페이지에 이른다. 어마어마한 저자 색인, 주제별 색인, 공식별 색인들이 첨부되어 있어서 그 안에서 고색창연한 화석들, 화학의 아버지 뵐러가 처음 유기화합물을 이야기한 부분이나, 생트 클레르 드빌이 처음 알루미늄을 추출해낸 것을 기록한 전설적인 논문들을 찾을 수도 있었다.

『첸트랄블라트』에서 『바일슈타인』Beilstein으로 튀어갔다. 『첸트랄브랄트』와 마찬가지로 계속 개정되고 있는 기념비적인 백과사전이었다. 그것은 호적부처럼 모든 새로운 합성물들이 그 조제방법과 함께 차례로 정리되어 있었다. 알록산은 거의 70년 전부터 알려져 있었지만 실험실 속 호기심의 대상으로서만 그랬다. 기록되어 있는 조제방법들은 순수하게 학문적인 가치를 지니는 것이었고, 전쟁 직후의 시장에서는 구할 수 없는 값비싼 원료로 실험한 것이었다. 가장 오래된 제조법이 그래도 유일하게 실험 가능한 것이었다. 공식을 따르는 게 그리 어려워 보이지 않았다. 요산의 산화작용으로 이뤄진 것이었다. 정말 그랬다. 요산은 통풍, 폭식가, 결석과 관계가 있었다. 그것은 분명 사용치 않는 원료였지만 다른 것들처럼 그렇게 금지된 것도 아니었다.

사실 너무나 깨끗하고 장뇌, 밀랍, 오래된 화학적 노동의 냄새가 나는 서가에서 계속 조사를 하다가, 인간과 포유동물의 분비물 속에서는 거의 찾아볼 수 없는 요산이 새의 분비물 중 50퍼센트를 차지하고 있으며 파충류 분비물의 90퍼센트를 차지한다는 것을 알게 되었다. 아주 훌륭했다. 나는 불한당에게 전화를 걸어 일이 어떻게 되었는지 말해주었다. 그는 내게 불과 며칠의 시간밖에 주지 않았다. 그 달 안에 알록산의 첫 샘플을 그에게 가져가야 했고 가격은 얼마나 할지, 한 달에 내가 그것을 얼마나 생산할 수 있을지 알려주어야 했다. 나는 여인의 입술을 치장하게 될 알록산이 닭이나 뱀의 분비물에서 나온다는 사실에 조금도 흔들리지 않았다. 화학자라는 직업은 불필요하거나 선천적으로 타고나지 않은 혐오감들을 극복하라고, 아니 무시해버리라고 가르친다(내 경우 이는 아우슈비츠의 경험으로 더욱 굳건해졌다). 재료는 재료일 뿐, 귀할 것도 불쾌감을 줄 것도 없으며, 무한한 변형 가능성을 지닌 것으로 그것의 처음 상태가 어떤 것이었는지는 전혀 중요하지 않다. 질소는 질소다. 그것은 공기에서 식물로, 식물에서 동물로, 동물에서 우리 인간에게로 기적적일 정도로 순환된다. 우리 몸속에서 질소가 그 기능을 다하면 우리는 그것을 배출하지만 그래도 여전히 질소는 무균상태로 무해하게 남아 있다. 우리, 그러니까 일반적으로 수분의 공급에 문제가 없는 우리 포유류는, 물에 녹는 요소분자 속으로 질소를 밀어 넣는 법을 배웠고 어떻게 요소를 배출해야 하는지도 알게 되었다. 다른 동물들에게는 수분이 귀하기 때문에(혹은 그들의 먼 조상들에게 그랬기 때문에) 그 동물들은 물에 녹지 않는 요산의 형태로 질소를 모아놓았다가, 이것을 수분이 필요치 않은 고체상태로 배출하는 독창적인 방법을 고안해냈다. 오늘날 도시의 쓰레기들을 치울 때 적은 비용으로 옮기거나 매장할 수 있도록 그것들을 압착시켜 덩어리로 만드는 방법과 유사하다고 생각할 수 있다.

설명을 더 해야겠다. 나는 분노하기는커녕 분비물을 통해 화장품을 만들어낼 수 있다는 생각, 바꿔 말해 '분비물에서 나온 황금'aurum de stercore이라는 생각에 즐거웠고 화학자들이 소변에서 인을 추출해내던 그 시대로 돌아간 듯 마음이 따뜻해졌다. 이것은 선례가 없는 즐거운 모험이었고 게다가 고귀하기까지 했다. 원료를 고귀하게 만들고 원상으로 회복시키고 재건하기 때문이다. 그것이 바로 자연이 하는 일이다. 자연은 숲 바닥의 썩은 나뭇잎들에서 예쁜 양치류가 자라게 하고 퇴비 더미에서 목초가 자라게 한다. 그래서 라틴어 '라이타멘'laetamen은 '기쁨'을 의미하지 않는가?• 고등학교에서 그렇게 가르쳤다. 베르길리우스도 그렇게 가르쳤다. 그렇게 그 사실이 나를 위해 다시 생각났다. 그날 저녁 나는 집에 돌아와 이제 갓 결혼한 아내에게 알록산과 요산 사건을 설명했다. 그리고 다음날 일 때문에 출장을 가야 한다고 말했다. 즉 자전거를 타고 교외의 농장(당시에는 아직도 교외에 농장들이 있었다)들을 돌며 닭똥을 구해야 했다. 아내는 망설이지 않았다. 그녀는 시골을 좋아했다. 그리고 아내는 남편과 함께해야 한다며 나와 같이 가고 싶어했다. 경제적인 이유 때문에 소박하게, 서둘러 다녀온 신혼여행을 보충하는 것이라고 할 수도 있었다. 하지만 너무 많은 환상을 가져서는 안 된다고 아내는 내게 충고했다. 있는 그대로의 닭똥을 찾는 건 틀림없이 쉽지 않을

• 라틴어 'laetamen'에서 퇴비라는 말이 유래했고, 'laetamen'은 '땅을 기쁘게 하다'라는 뜻이다.

테니까.

정말 닭똥을 찾기란 아주 어려웠다. 첫째 이유는, 폴리나(사람들은 닭똥을 그렇게 불렀다. 도시에 사는 우리들은 그렇게 부른다는 것도 몰랐고 그것이 질소 때문에 밭에 뿌리는 거름으로 아주 귀하다는 것도 몰랐다)는 그냥 공짜로 주는 게 아니라 비싼 값에 파는 물건이었기 때문이다. 둘째는 그것을 사는 사람은 직접 닭장에 기어들어가서 바닥에 떨어진 닭똥들을 주워 모아야 했다. 셋째는 실제로 그렇게 모은 것은 바로 거름으로 쓸 수 있지만 그 이상의 작업을 하기에는 적절하지 않았다. 그것은 닭똥과 흙과 돌과 닭 모이와 깃털과 이(닭 날개 속에 모여 있었다)가 뒤범벅되어 있었다. 어쨌든 적지 않은 돈을 내고 고생을 한 데다 몸까지 지저분해진 내 용감한 아내와 나는, 자전거 짐받이에 축축한 닭똥 1킬로그램가량을 싣고 저녁에 코르소 프란치아로 돌아올 수 있었다.

다음날 나는 재료를 검사했다. 불순물이 매우 많기는 했지만 어쨌든 거기서 무엇이든 유출해낼 수 있을 것 같았다. 하지만 그와 동시에 한 가지 생각이 떠올랐다. 바로 그 무렵, 지하철(토리노에는 1940년부터 지하철역이 있었지만 실제 지하철은 아직 운행되지 않는다) 갤러리에서 뱀 전시회가 열리고 있었다. 전시회를 보러 가면 어떨까? 뱀은 깨끗한 동물로 깃털도 없고 이도 없고 흙을 파헤치지도 않았다. 그리고 왕뱀은 닭보다 훨씬 컸다. 아마도 90퍼센트는 요산일 그들의 분비물을 풍부하게, 너무 잘게 부서지지 않은 상태로, 또 퍽 깨끗한 상태로 얻을 수 있을 것이다. 이번에는 나 혼자 갔다. 아내는 이브의 후손이었기 때문에 뱀을 좋아하지 않았다.

 갤러리 책임자와 거기서 일하는 사람들은 놀란 듯, 혹은 비웃는 듯 묘한 표정으로 나를 맞았다. 나를 증명할 서류가 있는지? 어디서 온 건지? 대체 내가 누구이기에 마치 아무 일도 아닌 것처럼 그렇게 당당하게 뱀의 똥을 달라고 그들에게 요구하는 것인지? 어쨌든 그 이야기는 할 필요도 없이 단 1그램도 줄 수가 없다고 했다. 왕뱀들은 절제를 하기 때문에 한 달에 두 번 먹이를 먹었고 반대로 두 달에 한 번 먹을 때도 있었다. 특히 운동을 거의 하지 않을 때는 더 그랬다. 그들의 귀하디귀한 분비물은 금값이었다. 게다가 그들과 뱀을 출품한 사람들과 주인들 모두 큰 제약회사들과 독점계약을 맺고 있었다. 그러니 그저 거기서 나와 더 이상 시간 낭비를 하지 않는 게 좋을 거였다.

 나는 쓸 만한 폴리나를 대충 솎아내는 데 하루를 보냈고 다시 이틀 동안 거기 함유되어 있는 산을 알록산으로 산화시키려고 고군분투했다. 고대 화학자들의 능력과 끈기는 초인적이었던 게 틀림없다. 아니면 유기화합물 조제에 대한 나의 무지가 한이 없었는지도 모른다. 나는 지저분한 수증기와 권태와 굴욕감, 그리고 검고 흐릿한 액체밖에 얻지 못했다. 그 액체가 필터를 막아버려 꼼짝도 할 수 없게 되었고 화학책에서 증명한 것같이 투명하게 정화될 기미 같은 것은 전혀 보이지 않았다. 분비물은 분비물이었을 뿐이며 낭랑하게 울리는 알록산이라는 이름은 그저 낭랑한 이름일 뿐이었다. 그것은 늪에서 빠져나올 수 있는 수단이 되지 못했다. 그러면 내가 보기에는 재미있지만 아무도 관심을 가져주지 않는 책을 쓰고 있는 낙심한 작가인 내가 이 늪지에서 나갈 수 있는 방법은 어떤 것일까? 무기화학이라는, 변색했지만 그래도 안전한 구조 속으로 되돌아가는 게 나을 것이다.

주석

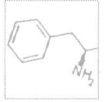 **가난하다는 것은 불행한 일이다.** 나는 분젠버너의 불꽃 위에 말라카 해협에서 온 주괴鑄塊를 갖다 댄 채 이런저런 생각을 하고 있었다. 주석은 천천히 녹았고 물을 담은 대야에 방울방울 떨어지며 지지직 소리를 냈다. 대야의 바닥에서 금속이 뒤얽히며 매혹적인 그림을 만들어냈다. 주석이 떨어질 때마다 새로운 모양이 되었다.

금속에는 우호적인 것과 적대적인 게 있다. 주석은 우호적이다. 몇 달 전부터 에밀리오와 내가 주석을 염화주석으로 바꾸어 그것을 거울 제작자들에게 팔아서 생계를 유지하고 있기 때문만은 아니다. 보다 심오한 다른 이유들이 있다. 주석은 철과 결합되어 철을 부드러운 주석 판

으로 바꾸어놓을 뿐 아니라 유해한 철의 성질을 제거해준다. 페니키아인들이 그것을 팔았고 아직도 믿어지지 않을 정도로 먼 나라에서(정확히 말하면 말라카 해협이다. 잠자는 손다 섬, 행복의 섬, 아르키펠라고스라고도 불렀다) 그것을 생산해 정제하고 배에 싣고 있다. 또 구리합금이 되어 최고로 존중을 받고 그 영속성과 안정성으로 잘 알려진 청동을 만든다. 그리고 유기화합물, 그러니까 마치 우리처럼 낮은 온도에서 용해된다. 마지막으로 주석이 우호적인 것은 그것만이 갖는 독특한 두 가지 성질 때문이다. 이 성질들을 나타내는 표현은 괴상하고도 거의 믿기지 않을 정도다. 그것은 (내가 아는 한) 인간의 눈이나 귀로는 보지도 듣지도 못한 것인데, 그래도 대대로 모든 학술 서적을 통해 전해 내려오는 바로 주석의 '눈물'과 '페스트'라는 것이다.

좀더 쉽게 염산과 반응시키기 위해 주석을 알갱이로 만들어야 했다. 그러니까 그렇게 하는 게 좋았다. 난 호숫가 공장이라는 날개, 독수리의 날개 밑에 있었다. 크고 튼튼했지만 난 그 날개의 보호를 벗어나고 싶었고 내 날개로 날고 싶었다. 내가 원한 일이다. 이제 날아갈 수 있다. 난 자유로워지길 원했고 이제 자유로워졌다. 난 화학자로 일하고 싶었고 이제 화학자로 일하고 있다. 그래서 지금 난 독과 루주와 닭똥 사이에서 구르고 있는 것이다. 배를 곯지 않으려면 주석을 알갱이로 만들어 염산을 붓고 응고시키고 그것을 다른 용기에 옮겨 결정화시키는 일을 해야 한다. 배고픔이 뭔지 잘 알고 있으니까.

에밀리오는 자기 부모님의 아파트에 실험실을 차렸다. 그의 부모님은 경솔하지만 신앙심이 깊고 인내심이 많은 분들이었다. 물론 그분들이 침실을 사용하게 해주었을 때 그 결과에 대해서는 전혀 예상하지 못하셨겠지만, 그렇다고 다시 원상 복구 시킬 수도 없었다. 이제 현관은 농축시켜놓은 염산 병을 쌓는 창고가 되었고 부엌의 가스레인지는 (음식을 만드는 시간을 제외하고는) 비커와 6리터짜리 삼각 플라스크로 염화주석을 농축시키는 데 이용되었다. 온 집안에는 연기가 자욱했다.

에밀리오의 아버지는 흰 콧수염이 난 건장하고 선량한 노인이었으며, 목소리가 우레같이 컸다. 그는 평생 모험적이거나 그렇지 않으면 최소한 기이한 여러 직업들을 가졌다. 그리고 일흔의 나이에도 걱정스러울 정도로 실험에 대한 욕심이 많았다. 그 무렵에는 코르소 잉길테라에 있는 옛 시립 도살장에서 도살된 소의 피에 대한 독점권을 갖고 있었다. 벽은 피가 엉겨붙어 갈색으로 변해버리고 바닥은 썩은 소똥으로 질척하고 토끼만 한 쥐들이 드나드는, 지저분한 동굴 같은 곳에서 그는 많은 시간을 보냈다. 송장遂狀과 장부마저 피에 젖어 있었다. 그는 소의 피를 이용해서 단추, 풀, 튀김, 블러드소시지, 벽에 칠하는 페인트, 광택제를 만들었다. 그는 카이로에서 보내오는 아랍어 잡지와 신문만을 보았다. 그는 카이로에서 오랫동안 살았고 자식 셋을 거기서 낳았으며 성난 군중에 맞서 권총을 손에 들고 이탈리아 영사관을 지키기도 했다. 그의 마음은 아직까지 그곳에 남아 있다. 그는 매일 자전거를 타고 포르타 팔라초에 가서 약초와 수숫가루, 고구마를 사왔다. 이 재료와 소 피를 섞어 실험적인 음식을 만들었는데 매일 다른 요리였다. 우리에게 그 요리를 자랑하면서 맛보게 했다. 하루는 커다란 쥐를 한 마리 집으로 가져와서 머리와 다리를 자르고 아내에게 그게 기니피그라고 말한 뒤 구우라고 했다. 자전거에는 체인 보호장치가 없었고 허리가 약간 뻣뻣했기 때문에 아침마다 바지 끝을 접어올린 채 자전거를 탔는데 하루 종일 그것을 내리지 않았다. 그리스의 코르푸에서 베네치아 출신의 부모에게서 태어난, 부드러우면서도 냉정한 에스더 부인과 그는 부엌에 식초를 보관하듯, 마치 그것이 이 세상에서 가장 자연스러운 일인 양, 아파트에 우리 실험실을 차리게 해주었다. 우리는 산이 든 병들을 들고 4층까지 승강기를 타고 올라갔다. 에밀리오 아버지의 모습이 너무나 점잖고 위압적이어서 같은 건물에 사는 이웃 중 어느 누구도 감히 우리 일에 반대할 수가 없었다.

우리 실험실은 마치 고물상이나 포경선의 선창과 흡사했다. 부엌으로 현관으로 심지어 목욕탕으로 그 영역을 넓혀간 것을 제외하면 원래 실험실은 방 하나와 발코니가 전부였다. 발코니에는 에밀리오가 분해된 상태로 구입한 DKW 오토바이가 있었다. 그는 늘 조만간 그것을 조립할 거라고 말했다. 주홍색 연료통은 난간 위에 놓여 있었고 모기장 안에 들어 있는 모터는 우리의 발산물 때문에 녹이 슬고 있었다. 그리고 내가 도착하기 전 시대의 유물인 암모니아 통들도 몇 개 있었다. 내가 오기 전 에밀리오는 암모니아 가스를 물통에 녹여 팔아서 근근이 살아왔고 그 악취로 이웃을 괴롭혔다. 사방에, 발코니와 방 안에 믿을 수 없을 정도로 많은 잡동사니들이 흩어져 있었다. 그것들은 너무나 오래되고 무엇인지 제대로 알아볼 수 없을 정도로 낡은 것들이었다. 아주 주의 깊게 살펴보아야만 가정용품과 실험도구들을 구별할 수 있었다.

실험실 한가운데 나무와 유리로 된, 후드가 달린 통풍장치가 있었다. 우리는 이것을 무척 자랑스럽게 여겼는데, 독가스로 목숨을 잃을 수도 있는 상황에서 우리를 보호해줄 유일한 장치였기 때문이다. 물론 염산에 실제로 독성이 있는 것은 아니다. 그것은 멀리서 소리를 지르며 우리에게 다가오기 때문에 우리가 쉽게 방어할 수 있는, 쉽게 눈에 띄는 적들 중의 하나였다. 후각이 있는 사람이라면 금방 몸을 피할 수 있을 정도로 강한 냄새가 났다. 그것은 다른 어떤 냄새와도 혼동되지 않았다. 그 냄새를 한번 맡고 나면, 에이젠슈타인 영화에 나오는 그 말들처럼 코에서 하얀 연기가 짧은 깃털처럼 새어나오게 되고 레몬을 먹었을 때처럼 이가 신 느낌이 들 것이다. 우리가 그렇게 좋아하는 후드가 있었지만 염산의 증기가 방마다 스며들어가서 벽지 색이 변했고 손잡이와 금속 덧문들은 불투명하고 거칠거칠해졌다. 그리고 이따금씩 음울하고 둔탁하게 울리는 쿵 소리가 우리를 깜짝 놀라게 했다. 녹이 슨 못이 빠져버려 어느 방엔가 걸려 있던 그림이 바닥에 떨어진 것이다. 에밀리오는 다시 새 못을 박고 그림을 제자리에 걸었다.

그렇게 우리는 염산으로 주석을 용해시켰다. 그런 다음에는 용액이 특정한 비중에 이를 정도로 농축시킨 후 냉각시켜서 결정체로 만들었다. 염화주석은 작고 사랑스러운 무색의 투명한 각기둥으로 분리되었다. 결정화가 느리게 진행되었기 때문에 용기가 많이 필요했고, 염산은 모든 금속을 부식시켰기 때문에 유리나 도자기로 된 용기여야 했다. 주문이 밀려들 때는 보충할 그릇들을 총동원해야 했다. 다행히 에밀리오네 집은 그런 면에서 부유했다. 수프 그릇, 에나멜을 입히고 쇠로 된 압력솥, 아르누보 스타일의 샹들리에, 요강 등등이 넘쳐났다.

다음날 아침이면 염화주석을 모아 수분을 제거해야 했다. 손으로 그것을 건드리지 않게 조심해야 했는데, 만약 손에 묻었다가는 구역질 나는 냄새가 몸에서 없어지지 않았다. 염은 그것 자체로는 아무 냄새도 나지 않지만 피부에는 어떤 식으로든 반응을 일으킬 수 있었다. 어쩌면 케라틴의 황 결합을 일으키기 때문일 수도 있었다. 그래서 몸에서 화학자라는 걸 온 세상이 알아차릴 정도로 금속의 악취가 며칠 동안 계속 발산되었다. 염은 운동 경기에서 졌다고 훌쩍거리며 울어버리는, 마음에 들지 않는 상대방처럼 공격적이면서도 부드러웠다. 그것을 강제로 말리려고 할 필요가 없었다. 적당한 때에 공기 중으로 수분이 날아가도록 내버려두면 되었다. 만약 그것에 열을 가하면, 헤어드라이어를 이용하거나 난방기 위에 올려놓는다거나 하는 가장 온화한 방법을 쓰더라도 결정체의 수분이 사라져 결정체가 뿌옇게 되었고, 어리석은 고객들은 더 이상 그것을 원치 않았다. 그런 결정체도 고객들이 사용하기에는 아무 문제가 없기 때문에 어리석다는 것이다. 수분이 적을수록 주석이 더 많이 담겨 있다. 그러니까 수율이 더 높은 것이다. 하지만 고객들은, 특히 화학에 대해 전혀 모를 때는 자기의 생각이 항상 옳다고 여겼다. 거울 제작자들의 경우가 바로 그런 경우였다.

제우스의 금속인 주석에게 풍부하게 넘쳐나는 좋은 성질은 염소 화합물에는 하나도 남아 있지 않았다(게다가 대개 염소 화합물은 조악한 부산물이었고, 흡습성이 있었으며 그다지 질이 좋지 않았다. 단 하나의 예외인 일반 소금을 제외하면 말이다). 소금은 활력적인 환원제였다. 말하자면 두 개인 자신의 전자에서 자유로워지기를 갈망하고 그래서 조금만 핑계가 생겨도 그렇게 했다. 그것은 종종 파괴적인 결과를 초래하기도 해서 바지로 흘러내려 신월도로 자른 듯 바지를 정확히 잘라버리는 데는 농축액 한 방울이면 충분했다. 당시는 전쟁 직후였기 때문에 나들이 옷인 그 바지 말고는 다른 바지가 없었고 집에 돈도 거의 없었다.

에밀리오가 자유로운 직업인으로 누리는 모험과 긍지를 자랑하며 고집하지 않았더라면 나는 호숫가의 그 공장을 떠나지 않았을 것이고 영원히, 불량품 니스를 수정하는 일을 하고 있었을 것이다. 나는 무모한 배짱으로 사표를 냈고 건방져 보이는 사행시로 사직서를 써서 동료들과 상사들을 당황스럽게 했다. 내가 어떤 모험을 하고 있다는 것을 충분히 인식하고 있었지만 실수를 할 수 있는 자격 조건은 시간이 흐르면서 점점 더 엄격해진다는 것을, 그러므로 그 열매를 누리고 싶은 사람은 너무 오래 기다려서는 안 된다는 것을 알게 되었다. 한편으로 그게 실수였다는 것을 알아차리기까지도 너무 시간을 끌면 안 되었다. 매달 말 우리는 계산을 했는데, 염화주석만으로는 사람이 먹고살 수 없다는 게 점점 더 분명해졌다. 아니 적어도 갓 결혼했고 뒤에 든든한 아버지가 없는 나로서는 불가능한 일이었다.

우리가 금방 항복한 것은 아니었다. 우리는 근 한 달 동안 머리를 짜내, 우리를 먹여살릴 제품으로, 오이게놀에서 바닐린(바닐라 향의 원료)을 만들어보려고 했다. 우리는 피루빈산 몇 백 킬로그램을 만들어냈다. 원시적인 도구로, 그리고 살인적일 정도로 많은 시간 동안 일을 해서 얻어낸 것이었다. 그후 나는 백기를 들었다. 다른 직업을 찾는 게 좋을 것 같았다. 하다못해 다시 니스 일로 돌아가더라도.

에밀리오는 전반적인 실패와 나의 포기를 고통스럽지만 씩씩하게 받아들였다. 그는 상황을 나와는 다르게 받아들였다. 그의 혈관 속에는 먼 옛날 해적들에게 넘쳐났던 열정과 상인으로서의 창의성, 새로운 것에 대한 끊임없는 열광으로 가득 찬 아버지의 피가 흐르고 있었다. 그는 실수를 두려워하지 않았고 반 년에 한 번씩 직업을 바꾸고 이사를 하고 삶의 형태를 바꾸는 것도, 가난뱅이가 되는 것도 두려워하지 않았다. 사회적 지위에 대한 고정관념도 없었고 회색 작업복을 입고 세발자전거를 타고서 우리가 열심히 일해 만든 염화물을 손님에게 배달하러 가도 전혀 어색해하지 않았다. 그는 내 의사를 받아들였고 다음날 벌써 다른 아이디어를 생각해냈으며 나보다 훨씬 더 노련한 사람들과 다른 일을 함께할 계획을 하고 있었다. 그래서 즉시 실험실을 철수하기 시작했다. 그는 조금도 슬퍼하지 않았다. 반면 나는 너무나 슬퍼서 울고 싶었고 여행가방이 닫히는 모습을 볼 때는 달을 보고 울부짖는 개처럼 통곡하고 싶었다. 우리는 사무엘 씨와 에스터 부인의 도움을 받아(정확히 말하면 우리를 돕는 게 아니라 피곤하게 하거나 방해하는 거였지만) 우리의 우울한 임무를 수행했다. 몇 년 전부터 온 집안을 다 뒤졌지만 찾을 수 없었던 생활용품들, 아파트 구석구석에 거의 지질학적으로 파묻혀 있던 신기한 물건들이 빛을 보았다. 소형 기관총 베레타 38A의 노리쇠(에밀리오가 유격대원으로 계곡을 돌아다니며 유격대에 예비부품들을 배급할 때 쓰던 것이었다), 그림이 들어간 코란, 긴 자기 파이프, 손잡이를 은으로 상감 세공한 검, 누렇게 변한 종이 뭉치 같은 것들이었다. 이 종이들 속에서 1785년의 포고령이 모습을 드러내 나는 허겁지겁 그것을 내 것으로 만들었다. 그 법령에는 앙코나 지방의 종교재판소장으로, 특히 이단적인 행위를 방지하는 임무를 맡은 F. 톰 로렌초 마테우치가 매우 거만하게, 그리고 별로 명쾌하지 않게 "모든 유대인들은 기독교인들로부터 그 어떤 종류의 교습도 받아서는 안 된다는 것을 명령·금지·지시한다. 특히 춤 교습은 더더욱 안 된다"라고 되어 있었다. 가장 힘든 일, 그러니까 통풍장치를 분해하는 일은 다음날로 미뤘다.

에밀리오의 생각과 달리 우리 힘만으로는 그 장치를 분해할 수 없다는 게 금방 드러났다. 목수 두 명이 필요한 힘겨운 일이었다. 에밀리오는 목수들에게 후드를 부수지 않고 그 자리에서 빼낼 수 있게 필요한 연장을 가져오라고 미리 주문했다. 간단히 말해 후드는 하나의 상징, 전문적인 직업과 사회적 지위뿐만 아니라 기술의 상징이었다. 그러므로, 언제가 될지는 모르지만, 미래에 새로운 삶을 찾아 유용하게 쓸 수 있도록 손상되지 않은 채 그대로 뜰에 보관되어야만 했다.

비계가 세워졌고 도르래 장치가 설치되었고 조절 밧줄이 팽팽하게 당겨졌다. 에밀리오와 내가 정원에서 그 장렬한 의식을 바라보고 있는 사이, 후드는 창문에서 장엄하게 밖으로 나와 무겁게 공중에서 빙빙 돌았다. 그것의 윤곽이 마세나 가의 회색빛 하늘을 배경으로 선명하게 드러났다. 그것은 도르래 쇠줄에 기술적으로 고정되어 있었는데 어느 순간 쇠줄이 삐거덕거리더니 뚝 끊어져버렸다. 후드는 4층에서 우리 발밑으로 떨어졌다. 나무와 유리가 산산조각 났다. 오이게놀과 피루빈산 냄새가 났다. 후드와 함께 다시 시작해보려는 우리들의 의지도, 용기도 산산조각 나고 말았다.

후드가 떨어지는 그 짧은 순간에, 우리는 방어 본능 때문에 재빨리 뒤로 펄쩍 뛰어 물러났다. 에밀리오가 말했다. "소리가 더 요란할 줄 알았는데."

우라늄

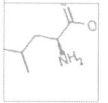

갓 입사한 사람을 고객상담센터로 발령낼 수는 없는 일이다. 그 일은 매우 미묘하고 복잡해서 전문직이나 마찬가지였다. 성공적으로 그 일을 수행하기 위해서는 고객들에게 신뢰감을 줘야만 했다. 그러니까 우리 스스로도 우리 자신과 우리가 파는 제품에 대한 무한한 신뢰를 갖는 건 필수였다. 그러므로 이것은 건강에 유익한 활동이다. 그것은 자신을 알리고 특징을 강화시키는 데 도움이 되었다. 그것은 어쩌면 공장 화학자가 치러야 하는 10종 경기 중 가장 건강에 도움이 되는 것이기도 했다. 이 종목은 유창한 말솜씨, 임기응변, 빠른 머리 회전, 남을 이해하고 자신을 이해시키는 능력을 최고로 훈련시키게 된다. 게다가 그 덕에 이탈리아 여행과 세계일주를 할 수 있고 여러 부류의 사람들과 접촉할 수도 있다. 나는 또 고객상담센터의 또 다른 희한하고 유익한 결과에 대해 언급해야만 한다. 오랫동안 미치광이 행세를 하던 사람이 결국 미치광이가 되어버리듯, 이 직업에 몇 년만 종사하면서 동료들을 존경하고 좋아하는 척하다가는 진짜로 그렇게 되어버린다는 것이다.

대부분 고객과 처음 접촉할 때 당신은 상담자보다 우위를 차지하거나 그렇게 하려고 해야 한다. 하지만 조용히 정중하게, 그를 놀라게 하거나 지나치게 압승을 거두지 않으면서 우위를 차지해야 한다. 우위에 있다고 느껴야 하지만 지나치게 우위에 있으면 안 되고 상대가 도달 가능하고 이해할 수 있는 상태여야 한다. 예를 들어 화학자가 아닌 사람과 화학에 관해 대화하면 큰일 난다. 하지만 반대의 경우, 즉 당신을 압도하는 고객을 만나는 경우 더욱 심각한 위험을 초래한다. 이런 일은 아주 쉽게 일어날 수 있다. 아주 여유 있게 게임을 즐기는 고객들이 있기 때문이다. 그러니까 그 사람은 당신이 파는 물건들을 실제로 쓰는 사용자여서, 아내가 남편의 장단점을 알듯 그 물건의 장점과 단점을 훤히 꿰고 있다. 반면 당신은 쉽고 전혀 흥미를 느끼지 않으며 종종 낙관적인 지식, 오로지 실험실이나 조제 중에 얻게 된 지식만 갖고 있는 경우가 대부분이다. 가장 유리한 상담은 어떤 식으로든 당신이 은혜를 베푸는 사람으로 보이게 하는 것이다. 내 제품은 고객이 오래전부터 느껴오던 필요성이나 소망을 충족시킬 수 있는데, 아마도 고객이 그 사실을 미처 깨닫지 못하신 모양이라고 설득하는 것이다. 그리고 모든 것을 고려해보면 그는 연말에 경쟁 제품, 잘 알려져 있듯이 처음에는 좋지만 나중에는 별로 별 할 말이 없게 만드는 그 경쟁사의 제품보다 싸다는 것을 알게 될 것이다. 하지만 다른 방식으로 고객에게 은혜를 베풀 수 있다(여기서 고객상담센터 지원자의 상상력이 드러나게 된다). 당신 일과 별로 관계가 없거나 혹은 전혀 관계가 없는 기술적인 문제를 해결해주는 방법이다. 그에게 주소를 알려주고, 괜찮은 음식점에서 식사에 초대하고, 도시를 구경시켜주고 아내나 애인을 위해 기념품 사는 것을 도와주거나 조언해주고, 마지막 순간에 경마 입장권을 구해주는 방법(그렇다, 이런 일도 할 수 있다)이 있다. 볼로냐 출신의 내 동료는 계속 두꺼운 개정판이 나오는 음담패설 모음집을 가지고 있었다. 그는 도시와 지방으로 출장 영업을 떠나기 전에 매뉴얼과 함께 그 모음집을 다시 훑어본다. 그는 기억력이 별로 좋지 않기 때문에 각각의 손님들에게 들려줄 이야기들을 메모해가야 했다. 같은 사람에게 똑같은 농담을 두 번 하는 것은 심각한 실수니까.

이런 것들은 모두 경험을 통해서 배울 수 있지만, 아테네 여신처럼 태어날 때부터 기술자나 세일즈맨인 사람이 있듯이, 태어날 때부터 고객상담센터 직원인 사람들이 있다. 내 경우는 거기에 해당되지 않았고, 슬프지만 난 그 점을 자각하고 있었다. 사무실에서 혹은 외근을 나가 상담직원 역할을 해야 할 경우가 생기면 난 주저하고 후회하며 인간적 열정이 전혀 없이 마지못해 그 일을 했다. 더 안 좋은 것은 참을성 없고 거친 고객을 만나면 나 역시 인내심을 잃고 거칠어지는 경향이 있다는 점이다. 그리고 애초에 상담직원의 편이어서 고분고분하고 친절한 공급자들에게는 나도 똑같이 대했다. 간단히 말해 나는 좋은 상담직원은 아니었다. 그리고 이미 그렇게 되기에 너무 늦은 게 아닌가 걱정되었다.

타바소가 내게 말했다. "○○○에 가서 보니노 국장을 만나게 해달라고 하게. 아주 훌륭한 사람이지, 이미 우리 제품을 모두 다 꿰뚫고 있어. 지금까지는 아무 문제가 없었지. 그 사람이 특별한 능력을 지닌 사람은 아니야. 세 달 전부터 우리가 찾아가보질 못했어. 별로 어려운 일이 아니란 걸 알게 될 거야. 혹시 가격 문제에 대해 말하면 일반적인 원칙을 고수하면 돼. 자네도 위에 보고를 해야 하고 가격 문제는 자네 소관이 아니라고 말하게."

그가 내게 알려주었다. 내가 써넣어야 할 서류들을 주었고 상의 옷깃에 달 배지를 건네주었다. 그것은 이방인이라는 나의 특성을 나타내는 것이고 경비들의 거부반응에 면역이 되도록 해주는 것이다. 나는 대기실로 안내되었다. 5분도 지나지 않아 보니노가 나타났고 나를 자기 사무실로 데려갔다. 이건 최상의 신호였다. 일이 항상 이렇게 진행되지는 않는다. 약속을 했어도 냉정하게 상담직원을 30~40분씩 기다리게 하는 사람들도 있다. 상담직원을 자기 아래 놔두고 자기가 우위에 있다는 것을 알리기 위해 고의로 그렇게 하는 것이다. 바분원숭이가 동물원의 커다란 웅덩이에서 상당히 교묘하고 음란한 기술로 달성해내는 목적과 똑같은 것이었다. 원숭이들과의 유사성은 행동 면에서 훨씬 더 광범위했다. 상담직원들의 전략과 전술은 성적인 구애의 용어로 묘사될 수 있다. 두 경우 모두 쌍방 간의 관계에 의한 것이다. 세 사람 사이의 구애나 접촉은 상상도 할 수 없는 것이다. 두 경우 모두 처음에는 춤이나 의례적인 인사말로 시작하는데 구매자는 상담직원이 전통적인 의식을 엄격히 따를 경우에만 그를 받아들인다. 만약 이렇게 되었을 경우 구매자는 춤에 동참하게 되고, 서로 기쁨을 느끼게 되면 두 파트너 모두 눈에 띄게 만족해하며 결합에, 즉 구매에 이르는 것이다. 일방적으로 한쪽에서 폭력을 행사하는 경우는 드물다. 이런 상황이 성적 영역에서 차용된 용어들로 묘사되는 게 우연은 아니다.

보니노는 통통하고 키가 작으며 게을러 보이고 어딘지 모르게 개처럼 보이는 남자였다. 수염도 제대로 깎지 않은 채 이빨 빠진 입으로 미소를 띠고 있었다. 나는 내 소개를 하고 그 상황에 맞는 춤을 추기 시작했지만 그가 즉시 내게 말했다. "아 그래요, 선생이 책을 쓴 바로 그분이지요." 내 약점을 고백해야만 한다. 이런 예상치 못한 시작이, 내가 속한 회사에는 별 도움이 되지 않는다 해도 그다지 기분 나쁘지는 않았다. 사실 이 시점에서 대화는 변질되는 경향이 있었다. 아니 적어도 방문 목적에서 벗어나 직업적인 시간을 허비하게 하는 변칙적인 사고 속에서 길을 잃어버릴 수도 있었다.

"정말 멋진 소설이더군요." 보니노가 계속해서 말했다. "휴가 때 그 책을 읽었습니다. 집사람에게도 읽게 했지요. 아이들에게는 그러지 않았습니다. 혹시 너무 강한 인상을 남길까봐서요." 일반적으로 이런 의견은 나를 화나게 했지만 지금은 상담직원의 옷을 입고 있기 때문에 너무 궤변을 늘어놓을 필요가 없었다. 나는 품위 있게 감사 표시를 했고 내가 가야 할 대화의 방향으로, 즉 우리 회사의 니스에 관한 문제로 대화를 다시 돌려보려고 애썼다. 보니노는 저항했다.

"선생이 보시다시피 나 역시 선생 같은 위험에 처한 적이 있었습니다. 그자들이 코르소 오르바사노가에 있던 병영의 마당에 우리를 가두었습니다. 하지만 바로 그때 나는 그가 들어오는 것을 보았습니다. 내가 말하는 사람이 누군지 잘 알 겁니다. 그래서 아무도 내게 신경 쓰지 않는 틈을 타서 담을 넘어 밖으로 뛰어내렸습니다. 담은 족히 5미터는 되었지요. 그렇게 해서 달아났습니다. 그리고 바돌리아니*와 발수사Val Susa로 갔지요."

나는 지금까지 바돌리아니를 바돌리아니라고 칭하는 바돌리아노의 이야기를 들어본 적이 전혀 없었다. 나는 방어자세를 취했고 뿐만 아니라 나 자신이, 마치 오랫동안 잠수하기 위해 준비하는 사람처럼 깊이 숨을 들이마시고 있는 것에 놀랐다. 보니노의 이야기가 그리 금방 끝나지 않을 게 분명했다. 하지만 나 스스로 그동안 얼마나 긴 이야기들로 내 옆에 있던 사람, 이야기를 듣고 싶어하는 사람들이나 그렇지 않은 사람들을 괴롭혀왔는지 다시 생각해보게 되었다. "이방인을 사랑하라, 너희도 이집트 땅에서는 이방인이었기 때문이다"(「신명기」 10장 19절)라는 구절을 생각해냈다. 그래서 나는 의자에 앉아 느긋한 자세를 취했다.

● 무솔리니 몰락 후, 무솔리니의 총사령관인 바돌리오를 지지했다가 그후에는 국왕을 지지했던 사람들. 복수형 명사이고 단수형으로 만들면 '바돌리아노'가 된다.

보니노는 훌륭한 이야기꾼이 아니었다. 그는 본론에서 벗어나기도 했고 같은 말을 반복하기도 했으며 옆길로 새기도 했고 그 옆길에서 또 다른 옆길로 새기도 했다. 그리고 그는 어떤 문장의 주어를 빠뜨리고 대신 인칭대명사로 그걸 대체해버리는 희한하면서도 나쁜 버릇이 있었다. 이 때문에 그의 이야기는 더욱 더 혼란스럽기만 했다. 그가 말을 하는 동안 나는 내가 들어와 있는 방을 무심하게 살펴보았다. 그 방은 오래전부터 그의 사무실이었던 게 틀림없었다. 그 방의 주인 자신처럼 아무렇게나 방치되어 있고 어수선했다. 유리창은 비위에 거슬릴 정도로 더러웠고 벽은 그을음에 뒤덮여 있었으며 방안 공기는 퀴퀴한 담배 냄새가 음울하게 배어 있었다. 벽에는 녹슨 못들이 박혀 있었다. 그중 몇 개는 얼핏 보아 없어도 될 것 같았고 몇 개의 못에는 누렇게 변한 종이들이 걸려 있었다. 그 종이들 중 하나는 내가 앉은 자리에서도 읽을 수 있었는데 이렇게 시작되었다. "주제: 걸레, 항상 많이 사용하기 때문에……." 다른 곳에서는 이미 사용한 면도날, 복권, 건강보험 서류, 그림엽서들이 눈에 띄었다.

"…… 그런데 그가 앞쪽으로 가지 말고 그의 뒤로 가라고 말했지요. 권총을 겨누고 내 뒤에 있는 사람은 바로 그였거든요. 그러다가 그자의 동료가 왔어요. 모퉁이 뒤에서 그를 기다리고 있던 자였지요. 두 사람이 양쪽에 서서 나를 아스티 가(街)로 데려갔어요. 잘 아시다시피 거기에 알로이시오 슈미트가 있지 않았습니까. 그가 가끔 나를 불렀습니다. 내게 말하기를 이미 네 동료들이 다 불었으니 말하라고 했습니다. 영웅적인 행동을 해도 소용없다구요…….."

보니노의 책상에는 경합금으로 모조한, 보기 흉한 피사의 사탑이 놓여 있었다. 조개껍질로 만든 재떨이도 있었는데 담배꽁초와 체리 씨가 수북했다. 또 설화석고로 만든 베수비오 화산 모양의 펜꽂이도 있었다. 그건 조그마한 책상이었다. 넓게 보아도 사방이 0.6평방미터도 채 안 되었다. 경험이 풍부한 상담직원이라면 이러한 슬픈 책상의 과학을 모두 이해하고 있을 것이다. 의식적으로는 아니겠지만 어떤 조건하에서 반사적으로, 좁은 책상은 가차 없이 그 자리의 주인이 별로 중요하지 않은 사람임을 드러냈다. 입사한 지 8~10일 이내에 책상을 차지하지 못한 사람으로 말하자면 그 사람은 직장을 잃은 것이나 마찬가지였다. 껍질이 없는 소라게처럼 몇 주 이상 살아남으리라고 기대를 할 수도 없다. 반대로 난 자기 분야에서 성공을 거둬 표면이 폴리에스테르로 되어 윤이 나는 6~7평방미터 크기의 책상을 사용하는 사람들을 알고 있었다. 물론 그런 책상은 사용하기에는 지나치게 크지만 그들의 힘의 크기를 보여주는 상징물로는 적절하다. 책상 위에 놓여 있는 물건들은 양적으로 중요한 것은 아니다. 겉으로 보기에 몹시 무질서하게 책상 위에 문구들을 일부러 잔뜩 쌓아 놓음으로써 자신의 권위를 표현하는 사람도 있고 반대로 아주 교묘하게 신경 써서 책상을 텅 비게 깨끗하게 해놓음으로써 자신의 지위를 과시하는 사람도 있다. 소문대로라면, 팔라초 베네치아에서 무솔리니가 했던 것처럼 말이다.

"…… 그런데 그 사람들 중 내 혁대에 권총이 있다는 사실을 눈치챈 사람은 아무도 없었습니다. 그들이 나를 고문하기 시작했을 때 나는 권총을 뽑았습니다. 그자들을 모두 벽 쪽으로 돌아서게 하고 나왔지요. 그런데 그가……."

그라니 누구? 나는 당황스러웠다. 이야기는 점점 더 뒤죽박죽되어가고 있었고 시간도 흘러가고 있었다. 고객의 말이 항상 옳을 수도 있지만, 그렇다 해도 자신의 영혼을 팔고 회사의 명령을 충실히 따르는 데도 한계가 있었다. 이 한계를 넘어서면 우리는 우스꽝스러워지는 것이다.

"…… 갈 수 있는 한 멀리 갔습니다. 30분 후에 난 벌써 리볼리 쪽에 도착했어요. 길을 따라 걸었지요. 바로 그때 길옆 밭 위에 독일군 비행기 한 대가 착륙해 있는 것을 보았습니다. 착륙거리가 50미터 이내인 비행기 '황새'였습니다. 비행기에서 두 사람이 내렸는데 아주 친절했습니다. 그들은 내게 스위스로 가려면 어느 쪽으로 가야 하냐고 공손히 물었어요. 나는 그쪽 지역을 잘 알고 있었기에 금방 대답해주었습니다. 밀라노까지 직진하다가 밀라노에 도착하면 좌로 회전하라구요. 당케, 그들이 대답했습니다. 그리고는 비행기로 올라갔습니다. 하지만 잠시 후 한 사람이 뭔가 생각하다가 의자 밑을 뒤적였습니다. 그러더니 돌을 들고 비행기에서 내려 내 쪽으로 왔습니다. 그는 내게 돌을 건네주며 말했습니다. "이건 당신을 귀찮게 한 대갑니다. 잘 간직하세요. 우라늄입니다." 아시겠지요. 그때는 전쟁이 끝나갈 무렵이었습니다. 이미 그들은 그 전쟁에 패했다는 것을 느끼고 있었어요. 그래서 이제 원자폭탄을 만들 시간이 없었고 그래서 우라늄은 그들에게 쓸모가 없어진 거지요. 그들은 그저 목숨을 보존해 스위스로 달아날 생각밖에 하지 않았습니다."

얼굴 표정을 관리하는 데에도 한계가 있었다. 보니노는 내 표정에서 뭔가 자기 말을 불신하는 것 같은 낌새를 알아차린 게 분명했다. 그가 말을 중단하고 약간 기분 나쁜 듯 말했다. "선생은 제 말을 믿지 않는 겁니까?"

"무슨 말씀입니까, 믿습니다." 내가 단호하게 대답했다. "그런데 정말 우라늄이었습니까?"

"물론이지요. 누구라도 알아봤을 겁니다. 믿을 수 없을 정도로 무거웠고 손을 대면 뜨거웠으니까요. 게다가 전 아직도 그걸 집에다 보관하고 있습니다. 발코니의 창고에 두었습니다. 아이들이 손을 대지 못하게 말입니다. 전 가끔씩 그걸 친구들에게 보여주곤 합니다. 그런데 아직도 뜨거워요. 지금도 뜨거워요." 그는 잠시 주저하다가 덧붙였다. "제가 어떻게 할지 아십니까? 내일 그 일부분을 선생께 보내드리지요. 그러면 믿으실 겁니다. 아마도 선생은 작가시니까 제가 들려드린 이야기에 선생 이야기를 덧붙여 언젠가 글로 써주십시오."

나는 감사 인사를 한 뒤 본분을 다해 내 전화번호를 적어주었고, 새로운 제품을 설명했고 매우 중요한 주문에 대해 메모했고 인사를 한 뒤 그 일을 마무리 지었다고 생각했다. 하지만 그 다음날 1.2평방미터짜리 내 책상 위에서 작은 소포 꾸러미가 내 눈길을 기다리고 있었다. 난 호기심을 느끼며 그 물건을 풀었다. 담뱃갑 반 정도 되는 작은 금속 덩어리가 들어 있었다. 물론 약간 무겁고 특이한 분위기였다. 표면은 하얀 은빛으로 약간 누르스름한 광택이 나기도 했다. 뜨거울 것 같지는 않았지만, 화학과는 관련이 없어도 우리와 오랫동안 친숙한 구리, 아연, 알루미늄 같은 어떤 금속과도 혼동이 되지 않을 것 같았다. 혹시 합금일까? 아니면 정말 우라늄일까? 우리 지방에서는 금속 우라늄을 본 사람이 아무도 없었다. 논문에는 은빛의 흰색이라고 묘사되어 있었다. 이 같은 작은 덩어리가 계속 온기를 띠고 있을 수는 없을 것이다. 어쩌면 집채만큼 큰 덩어리만이 분열 에너지를 통해 온기를 유지할 수 있을지 몰랐다.

적당히 틈이 나자마자 나는 실험실로 갔다. 그곳은 상담직원인 화학자는 사용하지 않는, 왠지 불편한 곳이었다. 실험실은 젊은이들의 장소였다. 그러므로 그곳에 들어가면 다시 젊은 시절로 돌아간 듯한 기분을 느끼게 된다. 열일곱 살 때와 똑같은 모험, 발견, 예기치 못한 일에 대한 열망을 느끼게 된다. 물론 열일곱 살이 지난 지가 꽤 된 데다가 오랫동안 유사화학자 para-chemist 활동만 해온 경력 때문에 굴욕을 느꼈고 위축되고 불편함을 느꼈다. 또한 시약과 실험 도구들의 배치에 대해서 무지했고 기본적인 반응들을 제외하고는 모든 걸 완전히 잊어버린 상태였다. 그렇지만 바로 이런 이유 때문에, 다시 찾은 실험실은 기쁨의 원천이었고 거기서 강렬한 매력이 발산되었다. 그것은 젊음으로 충만한, 불확실하지만 힘으로, 그러니까 자유로 충만한 매력이다.

몇 년 동안 사용하지 않았다고 해서 직업적인 떨림, 어떤 상황에서도 내가 화학자라는 것을 알릴 수 있는 전형적인 몇 가지 행동마저 잊은 것은 아니었다. 손톱으로, 주머니칼로 낯선 재료를 시험해보고, 냄새를 맡아 보고, '차가운지', '뜨거운지' 알아보기 위해 입술을 대보고, 유리창에 흔적을 남길 수 있는지 아닌지 시험해보고, 역광에 관찰해보고, 손바닥에 그것을 올려놓고 무게를 저울질해보았다. 저울 없이 재료의 정확한 무게를 재는 일이 그렇게 쉬운 것은 아니었다. 어쨌든 우라늄은 비중이 19였다. 납보다 훨씬 무거웠고 구리의 두 배였다. 보니노가 비행기 조종사 – 우주비행사인 나치스들에게서 받은 선물은 우라늄이 아닐 수도 있었다. 나는 그 작은 남자의 광적인 이야기 속에서 끈질기고 집요하게 전해 내려오는 발수사 지역의 UFO 전설의 메아리를, 중세시대 혜성들이 그랬듯 불길한 예언을 담은 비행접시의 흔적을 발견하기 시작했다. 심령술사가 불러낸 영혼들처럼 갈 곳을 잃고 목적 없이 방황하는 전설을.

그런데 우라늄이 아니면 뭐지? 소형 톱으로 금속을 얇게 잘라냈다 (별 어려움 없이 자를 수 있었다). 그리고 그 조각을 분젠버너 불꽃에 갖다 댔다. 예기치 않은 일이 벌어졌다. 불꽃에서 갈색 연기가 한 줄기 피어오르더니 소용돌이치며 말려 올라갔다. 나는 잠시 동안 관능적인 향수와 함께 내 마음 속에서, 오랫동안 무기력하게 시들어 있던 분석가로서의 빛이 되살아나는 것을 느꼈다. 나는 작은 에나멜 용기를 찾아 물을 가득 부은 뒤, 검댕이 피어오르는 불꽃 위에 그것을 갖다 댔다. 용기 바닥에 익히 알고 있는 갈색 침전물이 생기는 것을 보았다. 나는 질산을 한 방울을 떨어뜨리고 손으로 만져보았다. 차츰 검푸른 색깔로 변해가는 것을 보고, 그 금속이 용의 이빨을 씨로 뿌린 카드모스의 먼 후손인 카드뮴이라는 것을 확신할 수 있었다.

보니노가 어디서 카드뮴을 발견했는지는 그다지 흥미롭지 않다. 아마도 자기 공장의 카드뮴 도금 부서에서 구했을 것이다. 매우 흥미롭지만 알 수 없는 것은 그 이야기의 출처다. 아마도 그가 지어낸 이야기일 것이다. 나중에 알게 되었듯이 그는 아무에게나 자주 그 이야기를 했지만 우라늄을 진짜 보여주면서 이야기를 구체화시키지는 않았다. 왜냐하면 시간이 흐르면서 이야기의 세부사항들은 더욱 더 다채로워졌지만 그만큼 더 믿기 어려운 것이 되어버렸기 때문이다. 물론 진실을 규명하기는 불가능했을 것이다. 하지만 나는 그가 부러웠다. 나는 상담직원의 그물망에 얽혀 있고, 사회와 회사에 대한 의무, 또 그와 유사한 의무의 망에 갇혀 있다. 하지만 그는 장벽을 허물고 과거의 주인이 되어 그것을 자기 마음에 맞게 세워놓고 그 주위에서 영웅의 옷을 꿰매고 수퍼맨처럼 과거를, 자오선을, 위도선을 넘나들 수 있는 사람의 자유, 무한한 창작의 자유를 가지고 있다. 나는 그런 그가 부러웠다.

ARGENTO

은

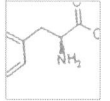

사람들은 대개 등사기로 민 안내장은 읽어보지도 않고 쓰레기통에 집어던진다. 하지만 난 이 안내장이 다른 것들과 같은 운명을 맞이하지 않으리라는 것을 곧 깨달았다. 그것은 졸업 25주년을 기념하는 대학 동창 모임 초대장이었다. 초대장의 문체 때문에 나는 생각에 잠겼다. 수신자를 친근하게 '너'라고 부르며 초대장을 작성한 사람은, 마치 25년이라는 세월이 흐르지 않은 것처럼 나이에 맞지 않는 대학생풍의 용어들을 뽐내고 있었다. 초대장은 의도하지 않은 희극성을 드러내며 이렇게 끝맺었다. "…… 새롭게 우정을 다지고 우리의 일상생활에서 경험한 화학적 사건들을 서로 이야기하며 화학과 은혼식을 거행하자." 화학적 사건이 뭐지? 50대에 들어선 우리

혈관 속에 침전되어 있는 콜레스테롤들? 우리 몸속 세포막들 간의 균형 상태들?

이 초대장을 쓴 사람이 누굴까? 나는 스물다섯에서 서른 명 정도 되는, 살아 있는 동창생들을 머리에 하나씩 떠올려보았다. 아직도 살아 있을 뿐 아니라 다른 직업의 땅으로 떠나지 않은 동창생들 말이다. 무엇보다 먼저 여자 동창생들은 제외시켰다. 모두 한 가정의 어머니들로 화학과 관련된 일을 그만두었고 이야기할 만한 '사건들'을 가지고 있는 사람이 단 한 명도 없었다. 출세한 사람들, 출세 중인 사람들, 피보호자들, 피보호자였다가 보호자가 된 사람들도 제외했다. 이들은 다른 이들과의 비교를 좋아하지 않는 사람들이었다. 또 실패한 사람들도 제외했다. 이들 역시 다른 사람들과 비교되는 것을 좋아하지 않았다. 그런 모임에 실패자가 올 수도 있지만 그것은 동정이나 도움을 청하기 위해서다. 그런 사람이 이런 모임을 계획하기는 어렵다. 그렇게 세세하게 하나씩 제외시켜 나가다 보니 그럴듯한 이름 하나가 튀어나왔다. 체라토. 정직하고 서투르지만 열의에 넘치는 체라토, 그는 삶에서 선물 받은 것도 별로 없었고 그 쪽에서 삶에 선물한 것도 거의 없었다. 나는 전쟁이 끝난 후 그를 가끔 잠깐씩 만났다. 그는 실패자는 아니었지만 무기력한 사내였다. 실패자란 출발을 했다가 좌절하거나, 목표를 세워놓지만 거기에 도달하지 못해서 괴로워하는 사람이다. 체라토는 아무런 목표도 세우지 않았고 그 무엇에도 자신을 노출시키지 않았으며 집에 꼭 틀어박혀 있었다. 물론 그는 틀림없이 '황금' 같은 학창시절에 집착하고 있었을 것이다.

그 이외의 시간은 그에게 남의 시대였기 때문이다.

　　동창 저녁 모임의 가능성 앞에서 나는 이중적인 반응을 보였다. 이것은 중성적인 사건이 아니어서 자석을 나침반 가까이 가져갔을 때처럼 나를 끌어당기는 동시에 거부했다. 가고 싶기도 했고 가고 싶지 않기도 했다. 하지만 잘 살펴보면 두 가지 결정의 동기들이 그리 고상한 것은 아니었다. 다른 동창들과 나를 비교해보니 내가 그들보다 더 자유롭고 돈과 일반적인 허상에 덜 얽매여 있으며 덜 이용당하고 덜 지쳐 있다는 것을 느낄 수 있었고 이 점이 나를 유혹했기 때문에 가고 싶었다. 하지만 가고 싶지 않은 이유는 다른 친구들의 나이, 즉 내 나이를 확인하고 싶지 않았기 때문이다. 그들의 주름살, 흰머리, 메멘토 모리를 보고 싶지 않았다. 난 우리의 수를 세어보고 싶지도 않았고 없는 사람이 누구인지 세어보고 싶지도 않았다.

　　하지만 체라토에게는 호기심이 생겼다. 우리는 가끔 함께 공부하기도 했다. 그는 진지했고 스스로에게 가혹했으며 영감도 없이, 기쁨도 느끼지 못한 채(그는 기쁨이라는 것을 모르는 사람 같았다) 공부를 하며 광부가 굴을 파듯 계속 교재의 책장을 넘겨갔다. 그는 파시즘과 타협하지 않았고 인종법 시행에 훌륭하게 반항했다. 그는 둔했지만 신뢰할 수 있는 확신 있는 젊은이였다. 나는 경험을 통해 바로 이런 신뢰감이야말로 불변의 미덕이며, 세월이 흐른다고 얻어지는 것도 잃는 것도 아니라는 것을 배웠다. 신뢰할 수 있는 솔직한 얼굴, 확고한 눈길을 타고난 사람이 있다. 그런 사람은 평생 그렇게 살아간다. 찡그린 얼굴에 트릿한 표정을 타고난 사람은 평생 그렇다. 세 살 버릇은 여든까지 간다. 이런 현상은 주목할 만하다. 이것은 사람들이 습관이 서로 다르고 권태를 느끼기도 하고 할 말이 바닥난 상황에서도 어떻게 우정이나 결혼 생활을 수십 년 동안 지속할 수 있는지 설명해준다. 난 이 사실을 체라토에게서 확인하고 싶은 생각이 들었다. 나는 참가비를 내고 익명의 준비위원회에 편지를 써서 저녁 모임에 참가하겠다는 의사를 밝혔다.

 그의 외모는 그리 변하지 않았다. 그는 키가 컸고 뼈대가 굵었으며 피부는 갈색이었다. 머리숱은 아직도 많았고 면도를 깨끗이 하고 있었으며 이마와 코와 턱은 겨우 형태만 잡아놓은 것처럼 둔해 보였다. 지금도 예전처럼 행동이 어색했다. 그의 동작은 거칠면서도 자신감이 없었는데 이로 인해 그는 실험실에서 유리 실험도구들을 박살내기로 유명한 학생이기도 했다.
 여느 때와 다름없이 처음 몇 분 동안은 서로의 근황을 물었다. 나는 그가 결혼은 했지만 자식이 없다는 것을 알게 되었고 동시에 그가 이런 화제를 좋아하지 않는다는 것도 알았다. 그리고 여전히 사진 화학 분야에서 일하고 있었다. 이탈리아에서 10년, 독일에서 4년을 일하다가 다시 이탈리아로 돌아왔다. 물론 이런 저녁 모임을 생각해낸 것도, 그 초대장을 쓴 사람도 그였다. 그는 조금도 부끄러워하지 않으면서 그 사실을 시인했다. 그의 직업과 관련된 메타포를 이용해 말해본다면, 그의 학창시절은 총천연색영화였고 그 나머지는 흑백영화다. '사건들'로 말하자면(나는 그 표현의 꼴사나움을 그에게 알리고 싶은 마음을 꾹 눌렀다) 그는 진심으로 거기에 흥미가 있었다. 그의 경력은, 그것이 비록 흑백이긴 했어도 여러 가지 사건들로 넘쳐났다. 그런데 자네 직업도 그런가? 물론이지, 나는 동의했다. 화학적 사건이든 아니든 말이다. 물론 최근에는 화학적 사건들이 빈도와 강도 면에서 우세하기는 했다. 이러한 사건들 때문에 능력이 없다는 Nicht dazu gewachsen 생각, 무기력하고 불충분하다는 생각이 들지, 안 그래? 그것들은 둔하고 느리지만 수와 무기 면에서 어마어마할 정도로 우세한 적군과 벌이는 끝없는 전투 같은 인상, 매년 차례차례 전투에서 패배하는 것 같은 인상을 준다. 여기서 상처받은 자존심을 치유하기 위해서는 적의 전열에서 균열을 알아차릴 수 있는 그 얼마 되지 않는 기회에 만족해야 한다. 기회가 오면 돌진해서 재빨리 일격을 가해야 한다.

체라토 역시 이런 끝없는 전투에 대해 잘 알고 있었다. 그도 불충분했던 우리의 준비 상황을 경험했고, 행운과 직관과 전략과 한없는 인내심으로 그것을 대체해야만 한다는 것을 알았다. 나는 나와 다른 사람들의 경험을 책에 담아 사람들에게 보여주고 싶었다고 말했다. 우리 일의 강렬하고 씁쓸한 맛을 이 직업의 문외한들도 느낄 수 있도록 하기 위해서 말이다. 우리 일은 아주 특별하고, 모든 직업 중 매우 가치 있는 것이기 때문이다. 내 생각엔 세상 모든 사람들이 의사, 창녀, 선원, 살인자, 백작부인, 고대 로마인, 음모자, 폴리네시아인이 어떻게 사는지 다 알아야 하면서도 정작 물질의 변형자인 화학자가 어떻게 살아가는지 전혀 모른다는 건 정말 부당한 처사라고 말했다. 하지만 내 책에서는 일부러 위대한 화학, 어마어마한 설비와 현기증 날 정도의 생산을 해내는 화학은 빼려 한다고 말했다. 그것은 공동의, 그러니까 익명의 작품이기 때문이다. 나는 그보다는 고독하고 무기 하나 없이 맨발이며, 인간적인 규모의 화학 이야기에 훨씬 더 관심이 많았다. 그런 이야기는 거의 예외 없이 내 이야기이기도 했다. 하지만 그것은 또, 자신들 시대의 무관심 속에서 팀이 아니라 혼자, 두뇌와 손으로, 이성과 환상으로 연구를 수행했던 화학의 창시자들에 관한 이야기이기도 했다.

나는 그에게 내 책에 도움을 주고 싶은지 물어보았다. 그가 응한다면 그는 이야기를 하나 들려줘야 한다. 그리고 한 가지 제안을 하자면 그것은 바로 우리 종족다운 이야기여야 한다. 한 주 내내 혹은 한 달 내내 어둠 속에서, 점점 더 짙어져가는 듯한 어둠 속에서 고군분투하다가 모든 것을 집어던지고 직업을 바꾸고 싶은 생각마저 들게 했던 그런 일에 관한 이야기. 그러다가 그 어둠 속에서 희미한 빛이 보이고 손으로 더듬더듬 더듬어가다 보면 그 빛이 더 밝아지고 마침내 질서가 혼돈의 뒤를 따르게 된다는 이야기. 실제로 그런 경우가 있으므로 내가 원하는 이야기를 찾아볼 수도 있을 거라고 그가 진지하게 말했다. 하지만 일반적으로 어둠은 늘 어둠일 뿐이어서 희미한 빛은 보이지 않아 머리를 벽에 짓찧게 되고 천장은 점점 더 낮아져 결국은 기어서 동굴에서 나와야 했다. 들어갈 때보다 더 늙은 모습으로. 그가 거만하게 레스토랑 천장의 프레스코화 쪽으로 눈을 돌리며 기억을 더듬는 동안 나는 재빨리 곁눈

질로 그를 살펴보았다. 그가 멋있게 나이를 먹었다고 생각했다. 외모에 전혀 변화가 없을 뿐만 아니라 더욱 원숙해져 있었다. 그는 예전처럼 심각했고 악의나 비웃음이 섞인 위안을 거부하고 있었지만, 이것이 더 이상 기분을 상하게 하지는 않았다. 그는 스무 살 때보다 쉰이 넘은 지금이 더 받아들이기 편한 사람이었다. 그가 내게 은에 관한 이야기를 시작했다.

"요점만 말할게. 곁들이는 자네가 덧붙이도록 하게. 예를 들면 이탈리아인이 독일에서 어떻게 살았는가 하는 것 같은 사실 말일세. 나는 X-레이 감광지를 제작하는 부서의 책임을 맡고 있었어. 자네도 이것에 대해 조금은 알지? 중요한 문제는 아니야. 그건 그리 민감한 재료는 아니지. 그래서 별 문제를 일으키지는 않지(문제와 민감성은 비례하니까). 그래서 그 부서는 아주 평온했어. 하지만 아마추어가 사진을 찍다가 필름에 문제가 생겼을 때, 열에 아홉은 사용자가 자기 스스로에게 잘못이 있다고 생각하지. 그렇지 않은 경우는 기껏해야 비난의 편지 몇 장 보내고 말 뿐이야. 그나마 주소가 정확하지 않아 편지가 자네의 손까지 오는 경우는 거의 없지. 하지만 혹시 바륨을 사용했거나 역행성 요로조영술을 하고 난 뒤 X-레이가 잘못된다면 그 결과도 잘못 나오겠지. 그러면 X-레이 감광지들은 모두 폐기되어야 해. 그런데 그것으로 끝나는 게 아니야. 문제란 늘 자기만의 오르막길을 갖고 있어서 올라갈수록 문제가 점점 더 커지고 결국 고통스러운 불행으로 되돌아오게 돼. 선임자가 그 부서에서 작업이 시작될 때부터 끝날 때까지 지켜야 하는 광적인 청소의 의례들을 전부 다 세세히 설명해주었지. 그것들을 내 눈앞에서 정당화하려고 말이야. 독일인 특유의 교훈적인 재능이 돋보였다구. 자네가 그 점에 흥미가 있는지는 모르겠네. 한번 생각해보면……"

내가 그의 말을 중단시켰다. 세세한 주의사항들, 광적인 청결, 수천 번의 청소, 이런 것들은 나를 고통스럽게 만든다. 물론 어떤 경우에는 이런 것들이 매우 중요하다는 것을 잘 알고 있다. 그렇지만 또 너무나 자주, 광기가 상식을 압도해버리고 타당한 다섯 개의 규정이나 금지사항 곁에 무분별하고 불필요한 열 개의 규정이 똬리를 틀고 있다는 것 역시 알고 있다. 사람들은 오로지 게으른 정신과 미신 때문에 혹은 일이 복잡해지는 것을 병적으로 두려워해서 그런 규정을 없애려 하지 않을 뿐이다. 군대에서 규정이 억압적인 규율을 숨기는 데 이용되는 것과 별로 다르지 않다(군대와 같은 상황이 아닐 때에도 마찬가지다). 체라토는 내게 포도주를 따라주었다. 그의 큰 손이 머뭇거리며 포도주 병의 목 주변을 맴돌았다. 그 병이 마치 그의 손을 피하기 위해 테이블 위에서 흔들거리기라도 하듯. 잠시 후 내 잔에 포도주를 따를 때에도 몇 번인가 병과 잔이 부딪쳤다. 그는 정말 그런 일이 있었다고 내게 분명히 말했다. 예를 들면 그가 말한 그 부서의 여공들에게 가루분을 사용하는 게 금지되었다. 그런데 한번은 한 처녀가 주머니에서 가루분갑을 떨어뜨렸다. 그것은 바닥에 떨어지면서 뚜껑이 열렸고 가루분이 약간 날렸다. 그날 생산품들은 특별히 철저한 검사를 받아야만 했다. 하지만 제품은 모두 아무런 문제가 없었다. 그래도 가루분은 계속 사용이 금지되었다.

"…… 하지만 내가 자네에게 자세히 이야기해줄 필요가 있어. 그렇지 않으면 이 이야기를 이해할 수 없을 거야. 거기에는 털에 대한 종교가 있었어(이 종교는 근거가 있지, 자네에게 분명히 말할 수 있어). 그 부서의 공기는 항상 기압이 약간 높았고 신경 써서 여과해 주입한 것이었지. 특별 제작된 가운을 옷 위에 입고 머리에도 모자를 써야 했어. 가운과 모자는 매일 세탁했지. 혹시 달라붙어 있을지도 모를 털과 실 보푸라기를 제거하기 위해서였다네. 출입구에서 양말과 신발을 벗고 먼지방지 슬리퍼로 갈아 신어야 했어.

자, 이게 이야기의 배경일세. 이제, 이 부서에는 5~6년 동안 큰 사건이 일어나지 않았었다는 것을 덧붙여야겠군. 감광도가 변질되었다는 몇몇 병원의 항의를 제외하고는 말이지. 하지만 이런 문제는 늘 유통기한을 넘긴 제품에서 나타났지. 자네도 알다시피 문제란 훈족들처럼 소리 없이, 전염병처럼 몰래 표면으로 떠오르는 거라네. 그 문제는 비엔나의 진단센터에서 보낸 한 통의 속달 우편에서 시작되었다네. 편지는 아주 정중했어. 항의라기보다는 주의에 더 가깝다고 해야 할 걸세. 그리고 증거로 방사선 사진이 첨부되어 있었어. 입자들과 흑백의 대조는 정상이었지만 가늘고 긴 완두콩 크기만 한 하얀 얼룩이 여기저기 흩어져 있었다네. 우리는 사과의 편지를 보냈네. 우리가 전혀 의도하지 않았던 그 결과에 대해 사과했지. 하지만 첫번째 란츠크네흐트$_{\text{Landsknecht}}$•가 페스

• 병사라는 뜻. 만초니의 『약혼자들』에 등장하는 독일 용병을 가리킨다.

트로 죽은 후에도 환상을 품지 않는 게 좋았지. 페스트는 페스트니까. 눈 가리고 아옹 하는 식은 아무런 도움이 안 되었어. 그 다음 주에 다시 두 통의 편지가 도착했지. 하나는 리에주Liège에서 온 것으로 피해를 입었으니 보상해달라는 것이었고, 다른 하나는 소련에서 온 것으로, 그 편지를 보낸 중계회사의 이름이 무슨 이니셜로 되어 있었는데 어찌나 복잡하던지 다 잊어버렸어(아마도 내가 기억에서 지워버렸을 거야). 번역한 편지는 모두의 머리카락을 쭈뼛 서게 만들었지. 물론 결함은 앞의 것과 똑같이 완두콩 형태의 얼룩이었어. 편지의 내용은 아주 심각했다네. 그들은 세 번의 수술을 연기해야만 했고 교대 순서가 제대로 지켜지지 않았고 문제가 된 감광지만 수천 킬로그램에 달했으며, 어딘지는 모르지만 어느 재판소에서 전문적인 분석을 맡아 국제적인 분쟁을 조정하게 될 거라는 내용이었어. 그리고 그 재판소에서 즉시 전문가를 우리에게 파견하라는 명령을 내릴 거라고 했어.

이럴 경우 소 잃고 외양간이라도 고치려고 애를 써봐야 하지만 항상 성공하는 것은 아니야. 용지가 출고될 때 하나도 빠짐없이 제대로 검사를 받은 건 틀림없지. 그러니까 결함은 그뒤에, 즉 우리나 고객이 보관하는 동안 나타난 거라고 할 수 있었어. 사장이 나를 불렀지. 나는 그와 이 사태에 대해 두 시간 동안이나 논의했다네. 사장은 매우 정중했지만 천천히, 질서정연하게 즐거움을 만끽하며 내 가죽을 벗겨버릴 것만 같았어.

우리는 실험실에서의 검사 문제에 대해서는 의견의 일치를 보았기 때문에 창고에 쌓여 있던 용지를 한 묶음씩 전부 재검사했다네. 최근 두 달 동안에 생산된 것은 정상이었어. 다른 묶음에서 결함을 발견했는데 모든 묶음이 다 그런 것은 아니었지. 100여 개 정도의 묶음 가운데 약 6분의 1가량에 완두콩 모양의 얼룩이 생겨 있었지. 그다지 예리하지 않은 젊은 화학자인 내 조수가 관찰을 통해 희한한 사실을 발견해냈어. 결함이 있는 묶음은 어떤 규칙에 따라 그 결함이 이어지고 있었어. 즉 다섯 개가 정품이면 한 개는 불량품인 거야. 이건 어떤 신호 같아 보였지. 나는 끝까지 검사해봤어. 정말 그랬지. 수요일에 제작된 용지는 거의 예외 없이 불량품이었어.

자네도 잘 알다시피 문제가 해결되지 않고 지연되는 것은 가장 해롭지. 불량의 원인들을 찾는 동안에도 생산은 계속해야 했어. 하지만 원인은(혹은 원인들은) 이미 제거되었다고, 지금 생산하고 있는 제품이 다른 문제의 전조가 되지 않을 거라고 어떻게 확신할 수 있겠나? 물론 두 달 동안 생산을 멈추고 면밀하게 검사할 수도 있겠지. 하지만 제품을 받지 못한 전 세계 도매상들에게 뭐라고 말하겠나? 그로 인한 적자는? 그리고 명성은? '오점 없이 깨끗한 명성'Unbestrittenen Ruf은? 그리고 또 다른 복잡한 문제가 있어. 구성이나 기술에 변화를 줄 경우 그것을 사용할 수 있을지 없을지, 결함을 없애는지 혹은 더 크게 만드는지 알려면 두 달을 더 기다려야 한다는 걸세.

나는 물론 내게 아무런 잘못도 없다고 생각했지. 난 모든 규정을 준수했고 한 번도 해이해진 적이 없었어. 내 주위에 있는 다른 사람들 역시 모두 자신들이 나처럼 아무 잘못이 없다고 생각했지. 좋은 원료를 제공하는 사람들, 브로민화은으로 감광유제를 조제하고 시험하는 사람들, 인화지를 만들고 포장하고 창고에 보관하는 사람들 모두 말이야. 나는 내게 아무 잘못도 없다고 생각했지만 그게 아니었어. 엄밀하게 내게 잘못이 있는 거지. 한 부서의 책임자는 그 부서를 책임져야 하니까. 손해가 있으면 잘못이 있다는 얘기고, 잘못이면 잘못을 저지른 사람이 있는 거지. 말하자면 이건 바로 원죄 같은 거야. 자네가 아무 일도 하지 않았는데 자네는 죄인이 되어 그 값을 치러야 하는 거지. 돈으로 치르는 것은 아니야. 하지만 이게 더 나쁘지. 자네는 잠도 잘 수 없고 식욕도 잃게 돼. 위궤양이나 습진을 앓기도 하고 결국에는 직업적인 노이로제에 걸리게 되지.

우리에게 항의전화와 편지가 빗발치는 동안 나는 수요일 문제에 대해 미친 듯이 열중해서 궁리했어. 거기에 무슨 의미가 있는 게 틀림없었어. 화요일 밤에는 내가 좋아하지 않는 수위가 교대 근무를 섰지. 턱에 흉터가 있고 나치스같이 생긴 사람이야. 나는 이 문제를 사장과 이야기해봐야 할지 어떨지 알 수가 없었어. 다른 사람에게 잘못을 전가하는 것은 언제나 좋지 않은 방법이니까. 그래서 나는 급료 지불 장부를 보여달라고 했어. 그리고 거기서 그 나치스가 불과 세달 전에 여기로 왔다는 것을 알게 되었어. 그런데 완두콩 문제는 열 달 전에 제작된 인화지에서 나타나기 시작했거든. 그러면 열 달 전에는 무슨 일이 일어났던 것일까?

대략 열 달 전에 우리는 엄격한 심사를 통해 새로운 업자를 선정해서 감광지를 빛으로부터 보호해줄 수 있는 검은색 종이를 납품받았지. 하지만 불량 제품들은 그 이전 업자와 새 업자에게서 받은 종이들을 뒤죽박죽 사용해 포장되어 있었어. 열 달(정확히는 아홉 달) 전에 또 한 무리의 터키 여공들이 입사했어. 난 그녀들과 한 명씩 면담을 해서 그녀들을 놀라게 했지. 난 그들이 수요일이나 화요일 밤에 다른 날과는 다른 어떤 일을 하지 않았는지 알고 싶었어. 목욕을 했나, 하지 않았나? 뭔가 특별한 화장품을 사용했나? 춤을 추러 가서 평상시보다 땀을 더 흘린 게 아니었나? 혹시 화요일 밤에 남자와 잔 건 아닌지 물어보고 싶었지만 그건 차마 하지 못했어. 어쨌든 직접적이든 통역을 통해서든 그런 면담에서 얻어낸 건 아무것도 없었어.

 자네도 짐작하겠지만 그 사건에 대한 소식은 온 공장에 다 퍼져버렸어. 사람들은 이상한 눈으로 나를 보았지. 그건 내가 이탈리아인으로서는 유일한 부서책임자이기 때문이기도 했어. 그들이 내 등 뒤에서 뭐라고 수군거리는지 상상이 가고도 남았어. 그런데 수위 한 사람이 내게 결정적인 도움을 주었어. 그는 이탈리아에서 전투를 했기 때문에 이탈리아어를 조금 할 줄 알았어. 뿐만 아니라 비엘라 지역 유격대에게 포로로 잡혔다가 다른 포로와 교환이 되었다더군. 그는 원한 같은 것은 품고 있지 않았어. 말이 많았는데 워낙 뒤죽박죽이어서 끝을 맺는 일이 거의 없었지. 그런데 아리아드네의 실이 되어준 것은 그의 그 지루한 수다였어. 어느날 그가 말하기를 자기는 낚시를 좋아하는데 거의 1년 전부터 근처에 있는 작은 강에서 고기를 한 마리도 잡지 못했다는 거였어. 그러니까 산 쪽으로 5~6킬로미터 올라간 지점에 피혁 공장이 들어서고부터 라고 했지. 그 공장이 들어서고 얼마 되지 않아 강물이 갈색으로 변했다 는 거야. 나는 그 당장에는 수위의 말에 별 신경을 쓰지 않았어. 그런데 며칠 뒤 기숙사 내 방 창가에서, 세탁된 가운을 싣고 공장으로 들어오고 있는 작은 트럭을 보았을 때 수위의 말을 다시 생각해보게 되었어. 피혁 공장이 열 달 전부터 가동하기 시작했고 세탁소는 바로 그 강물, 낚시꾼 이 더 이상 낚시를 할 수 없는 그 강물을 이용해서 세탁한다는 것을 알게 되었지. 하지만 그 물을 여과하고 이온교환정수기로 정수한 뒤 세탁했 지. 가운은 낮에 세탁해서 밤 동안 건조실에서 말린 뒤, 작업 사이렌이 울리기 전에 아침 일찍 공장으로 다시 가져와야 했다네.

    나는 피혁 공장으로 갔어. 피혁 통을 언제 어디서, 어느 정도의 간격 으로 어느날 비우는지 알고 싶었거든. 그들은 날 무례하게 되돌려 보냈 지. 하지만 난 보건국 의사와 함께 이틀 뒤 다시 공장을 찾아갔어. 그러 니까 가장 큰 피혁 통을 매주 월요일 밤과 화요일 새벽에 걸쳐 비운다는 거였어! 그 안에 어떤 물질이 들어 있는지는 내게 알려주고 싶어하지 않 았지. 하지만 자네도 잘 알다시피 유기 피혁액은 폴리페놀이 함유되어 있어. 그것들은 이온교환수지로는 걸러낼 수가 없지. 그러니 브로민화 은에 폴리페놀이 어떤 영향을 미쳤을런지 자네가 그 일에 관여하지 않 았더라도 쉽게 상상할 수 있을 거야. 나는 공장에서 피혁액 샘플을 하나 얻어서 실험실로 돌아왔지. 그리고 X-레이 감광지 샘플이 노출되어 있 는 암실에서 용액을 1:10,000으로 희석시켰지. 효과는 며칠 뒤에 나타났어. 인화지의 감광도가 완전히 말 그대로 사라져버린 거야. 실험실장은 자기 눈을 믿지 않았지. 그는 이렇게 강력한 반응 억제제를 한 번도 본 적이 없다고 했어. 우리는 동종 요법으로 치료하는 의사들처럼 용액을 더욱 묽게 희석시켰지. 100만 분의 1 정도로 희석된 용액을 사용하자 완두콩 모양이 나타났어. 이건 두 달 동안 잠복기를 거친 뒤에나 나오는 것이었지. 완두콩 효과Bohneffekt는 완전히 증명되었어. 결국, 세탁 중 가운 속에 스며들어갔다가 가운에서 눈에 보이지 않는 잔털에 실려 날아온 몇천 개의 폴리페놀 입자만으로도 완두콩 얼룩이 생길 수 있다는 게 분명해진 거야."

우리 주위의 다른 친구들은 자식 이야기, 휴가와 월급 이야기로 떠들썩했다. 우리는 결국 그들과 헤어져 술집으로 향했다. 거기서 점점 더 감정적이 되어서, 새롭게 우정을 다지기로 약속했다. 사실 우리 사이엔 우정 같은 건 존재하지도 않았었다. 우리는 계속 연락하기로 했고 우리 둘 중 하나가 오늘과 같은 이야기들을 들려주기로 했다. 애초에 아무 의도도 없던 물질이 재앙과 장애에 부딪혀, 마치 인간이 소중하게 여기는 질서에 반항하기라도 하듯, 사악한 의도를 드러내는 이야기 말이다. 자신의 승리보다는 타인의 파멸에 더 목말라 하는 무모한 불한당들의 이야기, 소설에서처럼 저 땅끝에서 와서 선량한 주인공 영웅들의 위업을 훼방놓는 그 악당들의 이야기를.

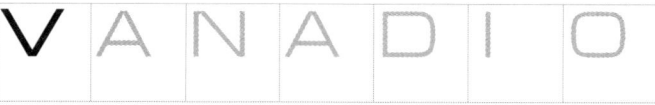

바나듐

정의에 의하면 니스는 불안정한 물질이다. 사실 그것은 사용 중 어느 순간 액체에서 고체가 되어야만 한다. 이런 고체화는 적절한 순간, 적절한 장소에서 일어나야만 한다. 그렇지 않으면 불쾌하거나 희·비극적인 존재가 될 수 있다. 창고에 니스를 보관하는 동안 고체가 되는 경우도 있는데(이것을 우리는 잔인하게 '원숭이'라고 부른다) 이렇게 되면 제품은 폐기된다. 혹은 10~20톤 정도 되는 반응기에서 합성하는 중에 기본 수지가 고체가 되는 경우도 있다. 이것도 결국 비극으로 끝날 수 있다. 하지만 반대로 사용하고 난 뒤에도 니스가 전혀 굳지 않는 경우도 있다. 그러면 그것은 웃음거리가 된다. '마르지 않는' 니스는 총알이 발사되지 않는 권총이나 새끼를 낳을 수 없는 암소와 같기 때문이다.

고체가 되는 과정에서 대부분의 경우 공기 중의 산소가 일익을 담당한다. 산소가 수행할 수 있는 생명에 관련된 활동이나 파괴적인 활동 등 다양한 활동 중에서 우리가, 니스 제조업자들이 특히 관심을 갖는 것은 기름 입자와 같은 어떤 작은 입자들에 대한 산소의 반응과 그들끼리 연결되어 입자들을 치밀하고 단단한 망으로 변화시켜놓는 능력이다. 예를 들면 공기 중에서 아마기름을 '마르게 하는' 것이 바로 그것이다.

우리는 니스에 사용하는 수지 원료를 수입했다. 단순히 공기 중에 살짝만 노출되어도 고체가 되는 그런 수지여서 걱정했다. 수지만 검사했을 때에는 정상으로 건조되었다. 그런데 (대체 불가능한 요소인) 유연油煙 같은 것과 함께 분쇄되자 오히려 건조력이 차츰 약해지다가 아예 사라져버렸다. 벌써 흑색 니스 몇 톤이 한쪽에 쌓여 있었다. 다양한 수정 작업을 해보았지만 그 니스를 바른 뒤에는 처량하게도 마치 파리 잡는 끈끈이처럼 지독한 끈적거림만이 남았다.

이와 같은 경우, 고소장을 작성하기 전에 신중을 기해야 할 필요가 있다. 이 니스의 공급자는 존경받는 독일의 대기업 W였다. 전쟁이 끝난 뒤 연합군이 전지전능한 이게파르벤•을 여러 부분으로 해체했는데, W

• IG-Farben: 1925년 바이엘 사가 주축이 되어 바이엘, 바스프, 회히스트, 아그파 등의 주식회사가 합동으로 설립한 세계적 종합화학공업 회사. 제1차 세계대전에서는 폭발물·의약품·독가스를 대량으로 생산하여 막대한 이윤을 얻었다. 나치스 체제에 적극 협력하여 독일 패전 직전까지 엄청난 성장을 했으며 전후에 자사의 독가스를 아우슈비츠의 수용자들에게 생체실험한 것이 폭로되어 비난을 받았다. 그후 여러 회사로 분할되기는 했으나 여전히 건재하고 있다.

는 그중 하나였다. 이와 같은 회사의 사람들은 자신들의 잘못을 인정하기 전에 자신의 위신과 상대를 지치게 할 수 있는 자신의 능력을 모두 저울 위에 올려놓고 재본다. 그러나 논쟁을 피할 방법은 없었다. 다른 수지 원료는 같은 유연에 훌륭하게 반응했다. 문제의 수지는 W에서만 생산하는 특별한 재료였다. 그리고 우리는 계약에 묶여 있었고 날짜를 어기지 않고 계속 그 검은 니스를 공급해야만 했다.

나는 문제의 요점들을 제시하며 정중하게 항의편지를 썼다. 며칠 뒤 답장이 도착했다. 길고 현학적인 편지로 뻔한 임시방편책을 알려주었다. 하지만 우리는 이미 그 방법들을 사용해보았으나 신통한 결과를 얻지 못했다. 그리고 편지에는 수지 산화 메커니즘에 대한 불필요하고 너무나 당연한 설명이 담겨 있었다. 편지는 우리의 다급한 상황을 무시하고 있었다. 그리고 기본적인 문제에 대해서는, 그와 관련된 검사를 시행 중이라는 답변만 했을 뿐이다. 유연과 같은 종류에 대한 수지의 반응을 좀더 세심하게 검사하여 확인해달라는 부탁을 W에게 하며 다른 원료를 당장 주문하는 것 말고 우리가 할 수 있는 일은 없었다.

우리의 주문을 확인하는 두번째 답장이 도착했다. 처음 편지와 거의 마찬가지의 긴 내용이었고 역시 L. 뮐러 박사라는 서명이 되어 있었다. 처음 편지보다 약간 문제에 접근해 있었고 우리의 불평이 정당하다는 것을 (아주 조심스럽지만 솔직하게) 인정했다. 그리고 이전보다는 덜 뻔한 충고가 담겨 있었다. 'ganz unerwarterweise', 즉 전혀 예기치 않은 방법으로 그들 실험실에 사는 도깨비들이 문제의 물품에 나프텐산 바나듐 0.1퍼센트를 첨가하면 원상으로 회복된다는 것을 알아냈다고 했다. 바나듐은 그때까지 니스의 세계에서는 한 번도 들어본 적이 없는 첨가제였다. 그 밀러 박사라는 낯선 인물은 우리에게 자신들이 확인한 사실을 즉시 시험해보라고 권했다. 만약 효과가 확인된다면 그들의 실험이 양편 모두를 피곤하게 만들고 결과도 알 수 없는 국제적 논쟁과 원료의 반품을 피할 수 있을 것이다.

밀러. 내 과거 속에도 밀러가 있었다. 하지만 밀러는 이탈리아의 몰리나리처럼 독일에서 아주 흔한 이름이다. 밀러와 몰리나리는 똑같았다. 왜 계속 그 생각을 하는 걸까? 그럼에도 불구하고 기술적인 용어들로 가득 찬 무거운 문장의 편지 두 통을 다시 읽으면서, 내 안에서 마음을 진정시킬 수 없게 하는 것들, 나무좀벌레처럼 흰개미가 나무에 구멍을 낼 때처럼 내 마음속을 긁어대는 것들에 대한 의혹을 떨쳐버릴 수가 없었다. 하지만 집어치우자. 독일에는 밀러가 20만 명은 될 것이다. 그만두고 보완해야 할 니스나 생각하자.

…… 그러다가 갑자기 미처 보지 못했던 편지의 마지막 한부분으로 다시 눈길이 갔다. 실수로 잘못 쓴 단어가 아니었다. 두 번이나 그렇게 썼다. '나프테나테'의 철자를 원래대로 'naphthenate'라고 쓰지 않고 'naptenate'로 쓴 것이었다. 지금, 나는 이미 내게서 멀어진 그 세계에서의 만남들에 대한 병적일 정도로 정확한 기억을 간직하고 있다. 그러니까 추위와 희망과 공포로 가득 찬 잊을 수 없는 실험실에서 'beta-Naphthylamin'이 아니라 'beta-Naptylamin'이라고 말하던 또 다른 밀

러가 있었다.

러시아군이 바로 코앞에 와 있었다. 하루에 두세 번은 연합군의 전투기가 날아와 부나 공장•을 뒤흔들어놓았다. 성한 유리창이 한 장도 없었고 물·증기·전력이 부족했다. 하지만 부나 고무를 계속 생산하라는 명령이 있었고 독일군들은 그 명령에 왈가왈부하지 않았다.

나는 다른 두 명의 전문직 포로들과 실험실에 있었다. 로마의 부자들이 그리스에서 수입해온 교육 수준이 높은 노예와 흡사했다. 일을 하는 것은 불가능할 뿐만 아니라 불필요했다. 우리는 공습포격경보가 울리면 기구들을 분해했다가 경보가 끝나면 재조립하는 것으로 거의 대부분의 시간을 보냈다. 하지만 명령에 이의를 제기할 수는 없었고 가끔 감독관 몇몇이 폐허와 쌓인 눈을 뚫고 우리가 있는 곳까지 왔다. 실험실의 작업이 규정대로 진행되고 있는지 확인하기 위해서였다. 가끔 돌같이 굳은 얼굴의 SS 대원이 오기도 했고 어떤 때는 생쥐처럼 겁이 많은 지역 의용군 노병사가, 또 어떤 때는 민간인이 오기도 했다. 가장 자주 나타났던 민간인이 뮐러 박사였다.

그는 꽤 중요한 인물이었던 게 틀림없다. 모두들 먼저 그에게 인사를 했으니까. 그는 키가 크고 살이 찐 40대 남자로 외모는 품위 있다기

• 부나는 원래 부타젠과 나트륨의 첫 글자를 딴 것으로 일종의 합성고무이다. 아우슈비츠 제3수용소에는 이 합성고무를 만들기 위한 공장이 있었는데 이를 부나 공장이라고 불렀고, 이 수용소는 그곳 사람들 모두가 이 공장에서 일했기 때문에 부나 수용소라 불렀다.

보다는 상스러워 보였다. 그는 나와 딱 세 번 이야기를 나누었다. 세 번 모두 그런 곳에서는 보기 드물게 몹시 수줍어했다. 마치 뭔가를 부끄러워하는 것 같았다. 처음에는 그저 작업에 대한(바로 '나프틸라민'의 사용에 대해) 질문만 했다. 그리고 두번째에는 내게 왜 그렇게 수염이 기냐고 물었다. 그 질문에 나는 우리는 모두 면도기를 가지고 있지 않을 뿐만 아니라 손수건 한 장 없다고 말했다. 그리고 우리는 월요일마다 단체로 수염을 깎는다고 대답했다. 세번째는 내게 타자기로 깨끗하게 친 쪽지 한 장을 주었다. 목요일에도 면도를 할 수 있고 '에펙텐마가친'Effektenmagazin에서 가죽 신발 한 켤레를 얻을 수 있게 허가해주는 쪽지였다. 그는 내게 정중하게 물었다. "왜 그렇게 불안해하나?" 그 당시 생각도 독일어로 하던 나는 혼자 이렇게 결론지었다. 'Der Mann hat keine Ahnung', 즉 그는 아무것도 모른다고.

항상 의무가 먼저다. 나는 서둘러 우리의 평상시 납품업자들 중에서 나프텐산 바나듐 샘플을 구해보았다. 하지만 그게 쉽지 않다는 것을 알게 되었다. 그 제품은 일반적으로 제작되는 게 아니었다. 주문에 의해서만 소량으로 제조되었다. 나는 주문을 마쳤다.

'pt' 문제로 다시 돌아가자 나는 강한 흥분 상태에 빠졌다. 인간 대 인간으로 '다른 사람들' 중의 한 사람에게 책임을 묻는다는 것은 수용소 생활 이후 가장 생생하게 지속적으로 품고 있던 내 갈망이었다. 그것은 독일 독자들이 보낸 편지들에 의해 부분적으로나마 충족되었다. 그러나 한 번도 본 적이 없는 사람들 쪽에서 보여주는 솔직하고 일반적인 회개와 연대감의 표명들로만 만족을 느낄 수 있는 것은 아니었다. 나는 그 사람들의 다른 면을 알지 못했고 감정적인 면 외에는 그 사람들은 그 문제에 전혀 관련이 없을 수도 있었다. 내가 밤마다 현실처럼 생생하게 (독일어로) 꿈을 꾸며 기대하고 있던 만남은 수용소에 있었던 사람들 중 누군가와의 만남이었다. 우리를 자기들 마음대로 하고 마치 우리에게 눈이 없는 것처럼 우리의 눈을 바라보지 않았던 그 사람들이었다. 복수하기 위해서가 아니었다. 나는 몽테크리스토 백작이 아니었다. 그저 균형을 되찾고 싶었고 "그래서?"라고 말하고 싶었다. 만약 이 뮐러가 내가 아는 뮐러라면 그는 완벽한 적은 아니었다. 그것이 한순간에 불과했을지라도 그는 어느 정도 동정심, 혹은 직업적 연대감이라는 기본을 갖추고 있었기 때문이다. 어쩌면 그게 아니었을지도 모른다. 그는 그저 동료와 도구의 잡종 같은 그 이상의 존재가, 그러니까 결국 화학자라는 인간이 실험실에서 요구하는 '안슈탄트'Anstand, 즉 예의를 갖추지 않고 실험실에 드나든다는 사실에 분개한 것일 뿐인지 모른다. 하지만 그 주위에 있던 다른 사람들은 이런 감정조차 느끼지 못했다. 그는 완벽한 적은 아니었다. 하지만 잘 알다시피 완벽은 이야기 속에나 등장하는 것이지 우리가 사는 삶에 속한 것은 아니다.

나는 W의 대리인과 접촉했다. 나는 그 사람과 꽤 허물없는 사이였다. 나는 그에게 뮐러 박사에 대해 조심스럽게 조사해달라고 부탁했다. 나이가 몇인지? 인상착의는? 전쟁기간 동안 어디에 있었는지? 그리 오래지 않아 답이 왔다. 나이와 인상착의는 일치했다. W의 뮐러 박사는 처음에 고무 기술을 숙련하기 위해 슈코파우에서 일했고 그뒤에는 아우슈비츠 옆의 부나 공장에서 일했다. 나는 그의 주소를 입수해 개인적으로 『이것이 인간인가』독일어판을 한 권 보냈다. 그리고 그가 진짜 아우슈비츠의 뮐러인지, 그리고 혹시 '실험실의 세 사람'을 기억하고 있는지 물어보는 편지를 동봉했다. 물론 이렇게 무례하게 연락한 것과 잊고 있던 기억을 되살리게 한 것을 용서해달라고 했고, 나는 건조되지 않는 수지 때문에 골치를 앓는 고객이기도 하지만 실험실의 세 사람 중의 하나라고 말했다.

    나는 답장을 기다리기 시작했다. 그 와중에도 회사 측에서, 거대한 추가 느릿느릿 움직이듯, 품질이 독일제만큼 좋지는 않은 이탈리아의 바나듐에 관한 화학적이고 형식적인 편지들이 계속 오가고 있었다. "그러니 혹시 제품의 설명서를 급히 보내주시고 항공편으로 50킬로그램을 부쳐주시기 바랍니다. 그 비용은 공제하십시오." 등등. 기술적인 측면에서 문제점은 잘 해결된 듯이 보였다. 하지만 결함이 있는 수지 원료의 운명은 밝지 않았다. 할인 받는다는 조건으로 그것을 그냥 보관하고 있어야 할지, W가 비용을 부담해서 재발송해야 할지, 혹은 중재를 기다려야 할지 알 수가 없었다. 그러는 동안 관습대로 우리는 'gerichtlich vorzugehen', 즉 법적으로 처리하겠다고 상대를 위협했다.

    나는 '사적인' 답신을 계속 기다려야 했다. 그래서 화가 났고 W와 논쟁할 때와 마찬가지로 초조했다. 뮐러에 대해 내가 알고 있는 게 뭐지? 아무것도 없었다. 그가 모든 것을 완전히 지워버렸을 가능성도 있고 마음을 굳게 먹고 그렇게 하지 않았을 수도 있다. 그에게는 내 편지와 책이 무례하고 성가신 침입, 이제는 완전히 가라앉아버린 침전물을 다시 휘저어놓으려는 서투른 권유, 안슈탄트에 대한 공격이었다. 그가 절대로 답장하지 않을 수도 있었다. 안타까운 일이다. 그는 완벽한 독일인이 아니었다. 하지만 완벽한 독일인이 존재할까? 완벽한 유대인은? 그것들은 추상적인 생각이다. 윤곽이 없는, 유령 같은 파트너가 내 앞에 나타나 서서히 혹은 일순간에 모습을 드러내서, 깊이와 개인적 특성, 예외성과 모순성을 지닌 '미트멘쉬' Mitmensch, 곧 같은 인간이 되었을 때, 그때의 그 보편적인 것에서 구체적인 것으로의 이행은 항상 고무적인 충격을 동반한다고 할 수 있다. 이제 거의 두 달이 지났다. 답장은 오지 않을 것이다. 안타까운 일이다.

　1967년 3월 2일 날짜가 찍힌 편지가 도착했다. 윗부분에 아름다운 고딕체로 회사 이름이 적힌 고급 종이에 쓴 것이었다. 그것은 다음 편지를 예고하는 짧고 신중한 편지였다. 그렇다. 그는 바로 부나의 뮐러였다. 그는 내 책을 읽었고 거기 등장하는 사람들과 장소를 알아보고 만감이 교차했다. 그는 내가 살아남았다는 사실을 알고 기뻐했다. 그는 '실험실의 다른 두 사람' 소식을 물었다. 여기까지는 이상할 게 전혀 없었다. 두 사람의 이름을 책에서 언급했으니까. 하지만 그는 내가 언급하지도 않았던 골드바움에 대해서도 물었다. 그는 이번 일을 계기로 당시의 메모들을 다시 읽었다고 덧붙였다. 그가 원하는 개인적인 만남, "im

Sinne der Bewätigung der so furchtbaren Vergangenheit" (나에게도 선생에게도 유용하고, 그 끔찍했던 과거를 극복하는 데 꼭 필요한) 만남이 이루어질 때 그 기록들에 대해 이야기를 나눌 수 있을 거라고 했다. 마지막으로 그는, 자신이 아우슈비츠 수용소에서 만난 여러 포로들 중 가장 강하고 지워지지 않는 인상을 남긴 사람은 바로 나였다고 밝혔는데 이것은 분명 아부일 수 있었다. 편지의 말투로 보아 이 남자는 내게 뭔가를 기대하고 있는 듯했다.

이제 내가 답장을 쓸 차례였다. 나는 당혹스러웠다. 이런 이유 때문이었다. 모험은 성공했고 적도 잡았다. 제조업계의 동료라고도 할 수 있는 그 적이 내 앞에 있다. 그는 회사 이름이 새겨진 종이에 편지를 썼고 심지어 골드바움까지 기억하고 있다. 그의 정체는 아직도 너무 흐릿하지만 그가 나에게서 무언가 사면 같은 것을 원하고 있다는 사실은 분명하다. 극복해야 할 과거를 가진 것이 내가 아니라 그이기 때문에. 내가 그에게 원한 것은 불량 수지 제품 값을 깎아달라는 것뿐이었다. 매우 재미있는 상황이었지만 비정상적인 상황이기도 했다. 판사 앞에 연행된 범죄자의 상황과도 부분적으로만 일치했다.

제일 먼저, 어떤 언어로 답장을 써야 할까? 물론 독일어로 쓰지는 않을 것이다. 독일어로 쓸 경우 우스꽝스러운 실수들을 범할 텐데 그건 내가 맡은 역할이 허락하지 않았다. 항상 자기 터전에서 싸우는 게 훨씬 좋았다. 나는 이탈리아어로 편지를 썼다. 실험실의 그 두 사람은 세상을 떴는데 어디서 어떻게 죽었는지 알지 못하고, 골드바움 역시 철수 행군

중에 추위와 기아로 숨을 거두었다고. 그는 회사에서 주고받은 바나듐에 관한 서신과 책을 통해 나에 대한 기본적인 사항들을 알고 있었다.

나는 그에게 묻고 싶은 게 많았다. 너무 많았고 그에게나 내게나 너무 무거운 질문들뿐이었다. 아우슈비츠는 왜? 판비츠*는 왜? 어린아이들은 왜 가스실로 가야 했는지? 하지만 나는 아직 어떤 한계를 넘어설 시기가 되지 않았다고 느꼈다. 그래서 그에게 그저 내 책에 함축적이거나 명백히 드러나 있는 판단들을 수용할 수 있는지만 물어보았다. 이게 파르벤이 자발적으로 노예 노동력을 이용했다고 생각하지 않는지. 당시 부나 공장에서 7킬로미터 떨어진 곳에서 매일 1만 명을 집어삼켰던 아우슈비츠의 '시설들'을 알고 있었는지. 마지막으로 그가 "그 시절의 메모들"에 대해서 언급했는데 그것을 한 부만 복사해서 보내줄 수 있는지.

"그가 원하는 개인적 만남"에 대해서는 말하지 않았다. 그런 만남이 두려웠기 때문이다. 완곡한 말만 찾고 부끄러움, 반감, 입조심 등에 대해 이야기하는 건 쓸모없는 짓이다. 말하기가 두려웠다. 난 내가 몽테크리스토 백작이라고 생각해본 적이 없을 뿐만 아니라 호라티우스-쿠리아티우스**라고 생각해본 적도 없었다. 아우슈비츠에서 죽은 사람들을

---

* 아우슈비츠 제3수용소에서 화학 실험을 담당할 수인을 선발하는 책임을 맡았던 시험관. 레비는 판비츠 앞에서 구두 화학 시험을 보고 합격하여 실험실에서 일하게 되었다.
** 고대 로마에서 서로 패권을 다투던 두 도시국가 로마와 알바는 전쟁 대신 결투를 통해 승패를 가리기로 했다. 각각 호라티우스가의 3형제와 쿠리아티우스가의 3형제가 뽑혀 서로 겨루었고 호라티우스가의 아들 하나가 살아남았다. 하지만 호라티우스가의 딸은 쿠리아티우스가의 아들과 약혼한 사이였고 그녀는 자신의 오빠를 원망했다. 호라티우스가의 아들은 그 누이동생까지 죽였고 아버지는 그런 아들을 칭찬했다.

대표할 능력도 없는 것 같았고, 뮐러를 학살의 대표자로 생각한다는 것도 무의미한 일인 것 같았다. 나는 나 자신을 잘 알았다. 내게는 논쟁의 기술이 없었다. 난 논쟁 상대에게 주의를 빼앗겼고 논쟁 상대라기보다 인간으로서 그에게 더 많은 흥미를 느꼈다. 나는 상대의 말을 경청했고, 위태롭게도 그의 말을 믿어버렸다. 그러고 나면 나중에 분노와 정당한 판단이 되살아났지만 그때는 이미 논쟁이 내리막길에 들어서 있어서 그게 아무 소용도 없었다. 편지로 계속 하는 것이 내게는 더 좋았다.

뮐러는 회사 차원에서 바나듐 50킬로그램을 발송했으며 W는 우호적으로 해결되리라 확신한다는 공식적인 편지를 보냈다. 그와 거의 동시에 내가 기다리고 있던 편지가 집으로 도착했다. 하지만 그것은 내가 기대하던 편지가 아니었다. 그것은 전형적이고 모범적인 편지가 아니었다. 이 이야기가 소설이라면 나는 이 시점에서, 해방을 맞은 독일인이 보낸 겸손하고 따스하고 기독교적인 편지와 고집스러운 인종주의자가 보낸 야비하고 거만하고 차가운 편지, 이런 두 종류만을 소개할 수 있었을 것이다. 하지만 이 이야기는 꾸며낸 게 아니다. 현실은 허구보다 훨씬 더 복잡하고 덜 정돈되어 있으며, 더 거칠고 덜 원만하다. 그것이 같은 차원에 놓여 있기란 거의 불가능했다.

편지는 여덟 페이지나 될 정도로 길었다. 그 안에는 나를 전율케 하는 사진이 한 장 들어 있었다. 사진 속의 얼굴은 바로 **그** 얼굴이었다. 나이가 들었고 동시에 실력이 뛰어난 사진사에 의해 품위 있게 찍힌 그 얼굴이, 저 위에서 내게 산만하면서도 일시적인 동정심으로 "왜 그렇게 불안해하나?"라고 말하는 것 같았다.

 그것은 글을 써본 경험이 별로 없는 사람이 쓴 것이라는 게 금방 눈에 띄었다. 미사여구와 진짜 이야기가 반반이었고 여담과 과장된 찬사로 가득 차 있었으며 감정적이고 현학적이며 서툴렀다. 그것은 간결하고 총체적인 판단을 모두 거부하고 있었다.

 그는 아우슈비츠의 사건들을 세세히 구별하지 않고 전 인류의 탓으로 돌렸다. 그는 그 사건들에 대해 유감을 보였으며 알베르토와 로렌초 등 "어둠의 무기들을 무력하게 만들었던", 내 책에서 언급된 사람들을 생각하면서 위안을 찾았다. 이 문장은 내가 쓴 것이지만 그가 다시 인용하자 위선적이고 잘 어울리지 않는 말처럼 들렸다. 그는 자신의 이야기를 했다. "처음에는 히틀러 체제에 대체적으로 열광하는 분위기에 끌려" 국가사회주의청년동맹에 가입했다. 이 동맹은 차츰 SAsturmabteilung(나치스 돌격대)에 편입되었다. 그는 거기서 탈퇴할 수 있었다. 그리고 그는 "그러니까 탈퇴도 가능했다"라고 말했다. 전시에는 고사포高射砲 부대에 동원되었다. 그리고 그때서야 폐허로 변한 도시 앞에서 전쟁에 대한 '분노와 수치심'을 느꼈다. 1944년 5월에 그는 화학자로서 자신의 특성을 살릴 수 있었다(나처럼!). 그래서 이게파르벤의 슈코파우 공장에 배정 받았다. 아우슈비츠 공장은 그 공장을 흉내내 확장한 것이었다. 그는 슈코파우에서 우크라이나 처녀들이 실험실에서 일할 수 있도록 교육시키는 일을 맡았다. 실제로 나는 이 처녀들을 아우슈비츠에서 만났었다. 이들과 뮐러 박사가 이상하게 친근해 보였던 게 이제서야 설명된 셈이다. 그는

1944년 11월이 되어서야 처녀들과 같이 아우슈비츠로 옮기게 되었다. 당시 아우슈비츠라는 이름은 그에게나 그가 아는 사람들에게나 별다른 의미가 없었다. 하지만 그곳에 도착했을 때 그는 기술소장(아마도 엔지니어 파우스트였을 것이다)과 잠깐 만나 인사를 나누었는데 이 소장이 그에게 "부나의 유대인들에게는 허드렛일만 맡겨야 하며 동정심은 용인되지 않는다"라고 경고했다.

그는 판비츠 박사 바로 밑에서 일하게 되었다. 판비츠는 내 직업적 능력을 확인하기 위해 내게 '화학 시험'을 치르게 했던 그 인물이다. 뮐러는 자신의 상관에 대해 좋지 않게 생각했다고 분명히 밝혔다. 그리고 판비츠가 1946년 뇌종양으로 숨졌다는 것을 알려주었다. 부나 실험실의 조직책임자는 바로 그 뮐러였다. 그는 그 실험에 대해 전혀 모르는 것은 아니었다고, 그리고 우리 세 명의 전문가, 특히 나를 선발한 게 바로 자기였다고 밝혔다. 믿을 수 없지만 불가능한 것도 아닌 이 정보에 따르면 그는 그러니까 내 생명의 은인이었다. 그는 나와 자신이, 거의 친구들 사이에서나 있을 법한 우정을 느끼는 관계였다고 확언했다. 나와 과학적인 문제들에 대해 대화를 나누었고, 자신은 이런 상황 속에서 "다른 사람들의 단순한 야수성에 의해 파괴되는 인간의 고귀한 존엄성"에 어떤 것들이 있는지에 대해 숙고했다고 단언했다. 난 그와 같은 대화에 대해 전혀 기억하지 못할 뿐만 아니라(그런데 그 시절에 대한 내 기억력은 앞서 말한 것처럼 생생했다), 파괴와 상호 간의 불신과 치명적인 피곤을 배경으로 그와 같은 대화를 나눈다는 것은 상상하기도 힘든, 완전히 현실을 벗어난 것이었다. 그것은 그저 정말 사후의 순박한 희망 사항으로만 설명될 뿐이다. 아마도 그는 그때의 일을 많은 사람들에게 이야기했을지도 모르고, 이 세상에서 그 말을 믿지 않는 유일한 사람이 바로 나라는 점을 그는 알지 못할 지도 모른다. 어쩌면 그는 자기 자신을 위해 편안한 과거를 진심으로 성실하게 구성해냈는지도 모른다. 그는 수염과 구두에 관한 두 가지 세부사항을 기억하지 못했지만 그와 비슷한, 내 생각으로도 그럴 듯한, 다른 사건들을 기억하고 있었다. 그는 내가 성홍열을 앓았다는 것을 알고 있었다. 그리고 그는 나에 대해 걱정했고, 특히 포로들이 걸어서 철수하게 된다는 사실을 알게 되었을 때 내가 살아남기를 바랐다. 1945년 1월 26일 그는 SS에서 국민돌격대로 배정되었다. 국민돌격대는 무능력자, 노인과 어린아이들같이 오합지졸들이 모인 부대로 소련군의 진군을 막아야 했다. 천만다행으로 앞에서 말한 기술소장이 그를 구해서 후방으로 달아날 수 있게 허락해주었다.

이게파르벤에 대한 내 질문에는 딱 잘라서 이렇게 대답했다. 그렇다, 거기서 포로들에게 일을 시켰지만 그것은 그들을 보호하기 위해서였을 뿐이라고. 실제로 그는 자신의 (정신이상자의 것 같은!) 의견을 분명히 밝혔다. 8평방킬로미터에 이르는 면적에 거대한 건물들로 이루어진 부나-모노비츠 전 공장은 "유대인들을 보호하고 그들이 생존할 수 있게 하는 데 기여"할 목적으로 건축되었으며 포로들에게 동정심을 갖지 말라는 명령은 'eine Tarnung', 즉 위장이었다는 것이다. 'Nihil de principe', 즉 원칙적으로는 아무런 책임이 없었다. 이게파르벤에게 그 어떤 비난도 할 수 없었다. 나의 그 뮐러는 지금 그 회사를 이어받은 W의 직원이었다. 그리고 대개는 자기가 먹는 밥그릇에 침을 뱉지 않는 법이다. 아우슈비츠에 잠깐 머무르는 동안 그는 "유대인 학살을 목적으로 하는 그 어떤 활동에 대해서도 알지 못했다". 앞뒤가 맞지 않고 모욕적이지만 무시할 수 없는 말이었다. 당시에 침묵하는 다수자였던 독일인들 사이에서 가장 흔한 전략은 최대한 적게 알려고 하는 것, 그래서 어떤 것도 묻지 않는 것이었다. 그 역시 그 누구에게도, 자기 자신에게조차 설명을 요구하지 않았던 게 분명하다. 맑은 날이면 화장터 소각로의 불길을 부나 공장에서도 볼 수 있었는데도 말이다.

독일이 결정적으로 패하기 얼마 전 그는 미국인들에게 체포되었다. 그리고 며칠 동안 전쟁 포로수용소에 갇혀 있었다. 그는 본의 아니게 빈정거리듯, 그 수용소의 시설이 "원시적"이었다고 했다. 실험실에서 만났던 그때처럼, 뮐러는 그러니까 편지를 쓰는 순간에도 계속 'keine Ahnung', 즉 아무것도 알지 못했다. 그는 1945년에 자기 가족에게로 돌아갔다. 내가 부탁했던 메모의 내용은 사실상 이것이었다.

그는 내 책에서 유대 정신을 극복하여 자신의 적을 사랑하라는 기독교 신자의 계율을 잘 지키고 있으며 인간에 대한 믿음이 있다는 증거를 발견했다. 그리고 편지를 끝맺으며 독일이나 이탈리아에서 우리가 만날 필요가 있다고 다시 한 번 주장했다. 그는 내가 원하는 때에 원하는 곳으로 나를 만나러 올 준비가 되어 있었다. 리비에라가 좋을 것 같았다. 바로 이틀 뒤 회사 쪽으로 그 장문의 사적인 편지와 서명뿐 아니라 날짜도 동일한 W의 공식적 편지 한 통이 도착했다. 물론 우연은 아니었다. 타협의 편지였다. 그들은 자신들의 잘못을 인정했고 어떤 제안도 받아들일 수 있다고 밝혔다. 그들은 결점이라고 해서 모두 다 해를 끼치는 것만이 아님을 알렸다. 이번 사건은 나프텐산 바나듐의 장점을 드러냈다. 앞으로 바나듐을 어떤 고객이 사용하든 수지에 직접 섞어서 제공하겠다고.

어떻게 하지? 뮐러라는 인물은 'entpuppt', 곧 자기 껍질에서 나왔고 윤곽이 선명하게 드러났으며 완벽하게 초점이 맞았다. 그는 파렴치한 사람도 영웅도 아니었다. 미사여구와 선의든 악의든 거짓말을 여과하고 나면 전형적인 회색 인간, 장님의 왕국에 사는 적지 않은 애꾸눈 중의 한 사람이 남았다. 그는 나를 적을 사랑할 줄 아는 미덕을 갖춘 남자로 만들어 내게 어울리지 않는 명예를 안겨주었다. 아니, 그가 내게 부여한 그런 명예와 나는 거리가 멀고 그가 엄격한 의미의 적도 아니지만, 나는 그를 사랑할 마음이 전혀 없었다. 나는 그를 사랑하지 않았다. 그를 만나고 싶지도 않았다. 하지만 그에 대한 어느 정도의 존경심도 느꼈다. 애꾸눈으로 살아간다는 것도 쉬운 일이 아니었다. 그는 겁쟁이도 아니었고 귀머거리도 냉소주의자도 아니었다. 그는 적응하지 못했다. 과거와 계산을 했는데 그 계산이 자신의 생각에 꼭 들어맞지 않았다. 그는 약간의 속임수를 쓰더라도 계산을 맞추려고 애를 썼다. 전 SA에게 그 이상을 요구할 수 있을까? 나는 독일인들을 비교해볼 기회가 여러 번 있었는데, 해변이나 공장에서 만났던 다른 정직한 독일인들과 비교해볼 때 그에게 더 호감이 갔다. 나치즘에 대해 그는 소심하고 애매한 판결을 내렸지만 변명을 하려고 애를 쓰지는 않았다. 그는 대화를 하려고 했다. 그는 양심이 있었고 그 양심을 달래기 위해 발버둥쳤다. 첫 편지에서 그는 "과거의 극복", "Bewältigung der Vergangenheit"에 대해서 말했다. 후에 나는 이것이 틀에 박힌 문장이며 일반적으로 '나치즘에서 해방'되었다고 알려진 오늘날 독일의 완곡어법이라는 것을 알게 되었다. 하지만 그 단어에 포함되어 있는 '발트' walt는 '지배', '폭력', '폭행'을 뜻하는 단어들에도 나타난다. 그래서 나는 '과거 왜곡'이나 '과거에 행한 폭력'으로 번역해도 그 단어의 깊은 의미에서 그다지 멀어지지 않을 거라고 생각한다. 하지만 이렇게 진부한 문구 속에서 피난처를 찾는 것이, 다른 독일인들의 미사여구로 치장된 무신경함보다는 훨씬 더 나았다. 과거를 극복하려는 그의 노력은 어색하고 약간 우스꽝스럽고 짜증나고 슬펐지만 그래도 무례하지 않았다. 그런데 그가 내게 신발 한 켤레를 얻을 수 있게 해준 건 아니었나?

편지를 받은 뒤 첫 일요일에 나는 당혹스럽지만 가능한 한 진지하고 치우치지 않고 품위 있는 답장을 쓰려고 준비했다. 초고를 잡았다. 나를 실험실에 들어가게 해준 것에 감사했다. 적을 용서할 준비가 되어 있으며 아마 그들을 사랑할 수 있을 것 같지만 그것은 그들이 후회의 표시를 보이는 경우에만, 그러니까 그들이 적으로 남아 있기를 포기한 경우에만 가능했다. 반대의 경우, 여전히 적으로 남아 있고, 남에게 고통을 가하려는 고집스러운 의지를 고수하는 사람이라면 그를 용서해서는 안 되었다. 그 사람을 구원할 수 있고 그와 대화를 나눌 수 있겠지만(나누어야만 한다!) 우리에게 의미 있는 일은 그를 심판하는 것이지 용서하는 것이 아니다. 뮐러는 은근슬쩍 자신의 행동에 대해 구체적으로 판결해달라고 한 부분에 대해서는, 나는 재치 있게도 내가 알고 있는 그의 독일인 동료 두 사람의 이야기로 답을 대신했다. 그 두 사람이 우리에게 한 행동 중에는 뮐러가 했다고 주장하는 일보다 훨씬 더 용감한 것들이 포함되어 있었다. 나는 인간이 모두 영웅으로 태어나는 것은 아니며 모두가 그처럼 솔직하고 무방비 상태인 세상이라도 그럭저럭 살아갈 만은 하리라는 사실을 인정했다. 하지만 그런 세상은 비현실적이다. 현실 세계에는 무장한 이들이 존재했고 그들이 아우슈비츠를 만들었으며 솔직하고 무방비 상태인 사람들은 무장한 이들의 길을 닦아야 했다. 그러니까 아우슈비츠에 대해서는 모든 독일인이, 아니 모든 인간이 대답해야만 한다. 아우슈비츠 이후에는 무방비로 있는다는 게 더 이상 허용되지 않았다. 리비에라에서의 만남에 대해서는 언급하지 않았다.

바로 그날 저녁 뮐러가 독일에서 내게 전화했다. 연결 상태가 좋지 않고 게다가 이제 전화에서 들려오는 독일어를 알아듣는다는 게 그리 쉽지 않았다. 그의 목소리는 어색했고 금이 간 듯 갈라졌고 긴장과 흥분이 섞인 말투였다. 그는 6주 정도 후에 시작되는 오순절 동안 피날레 리구레에 올 예정이라고 했다. "우리가 만날 수 있을까요?" 갑작스러운 질문에 나는 그렇게 하겠다고 대답했다. 나는 그에게 세부 도착 일정을 미리 정확히 알려달라고 부탁했고 이제 쓸모없게 되어버린 편지 초고를 한쪽으로 치웠다.

    8일 후 나는 뮐러 부인으로부터 로타르 뮐러 박사가 60세를 일기로 갑자기 세상을 떠났다는 소식을 들었다.

탄소

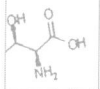
여러분은 어느 순간부터 이것이 화학 논문이 아니라는 것을 눈치챘을 것이다. 나의 주제넘음이 그 정도에 이르지 못했다. "내 목소리는 약하고 심지어 약간은 세속적이기까지 합니다."• 모든 글쓰기, 뿐만 아니라 인간의 모든 작품이 자서전이라고 할 수 있는 부분적이고 상징적인 의미가 아니라면, 그렇다고 자서전도 아니다. 하지만 어떻게 보면 역사라고 할 수 있다.

이것은 작은 역사다(그렇게 되길 바란다). 어떤 직업과 그 직업에서

• 원문은 "ma voix est faible, et même un peu profane"이다. 이 문장은 잔다르크를 찬양하는 볼테르의 시 『오를레앙의 처녀』(1762)의 첫구절에서 따온 것이다. 그 구절 전체는 다음과 같다. "저는 성인들을 찬양하는 데 적임자가 아닙니다. 내 목소리는 약하고 심지어 세속적이기까지 합니다. 하지만 신성한 위업을 이루었다는 잔다르크의 이야기를 당신에게 노래해드려야겠군요."

의 실패와 성공, 불행의 역사며 자신이 평생 하던 일을 곧 끝내야 한다고 느낄 때, 기술을 더 이상 사용할 수 없을 때, 누구든 이야기하고 싶어하는 그런 역사다. 화학자로서 삶의 이 지점에 이르렀을 때 주기율표나 바일슈타인과 란돌트의 기념비적인 흔적을 앞에 마주한다면, 어떤 화학자라도 거기서 자신의 직업의 과거가 남긴 슬픈 파편들이나 기념물들을 발견할 수 있지 않겠는가? 논문을 뒤적이는 일밖에 할 일이 없을 때 추억은 송이송이 무리지어 나타나게 된다. 우리들 중에는 브로민이나 프로필렌, -NCO 그룹이나 글루탐산에 자신의 운명을 돌이킬 수 없이 꽁꽁 묶어놓은 이들이 있다. 그리고 화학을 공부하는 학생이라면 누구나 어떤 화학 논문을 보든 그 논문의 어느 페이지에 혹시 단 한 줄의 문장이나 공식이나 말에 자신의 미래가 해독할 수 없는 글씨로 적혀 있다고 생각할 수 있다. 그 글씨는 성공이나 실수나 잘못, 승리나 패배를 경험한 후, '나중에야' 분명해질 것이다. 더 이상 젊지 않은 화학자들은 모두 그 똑같은 논문, '페어행니스폴'verhängnisvoll, 곧 숙명적인 페이지를 다시 펼쳐보면서 애정이나 혐오감을 느끼게 되며 기분이 좋아지거나 절망한다.

그러므로 모든 원소는, 젊은 시절 방문했던 계곡이나 해변처럼 각자에게 다른 것을 말하게 된다. 어쩌면 탄소는 예외로 해야 할지도 모른다. 탄소는 모두에게 모든 것을 말한다. 그리고 이것은 아담이 특수한 조상이 아닌 것과 마찬가지로 특수한 게 아니다. 그렇지 않았다면 오늘날 전 생애를 흑연과 다이아몬드에 바친 주상고행자柱上苦行者 같은 화학자가 있었을 것이다. 하지만 나는 바로 이 탄소에게 해묵은 빚이 있었다. 중요한 시기에 진 것이다. 최초로 내가 품은 문학적 꿈은 생명의 원소인 탄소에 있었다. 내 목숨이 별 가치가 없었던 시간과 장소에서 끊임없이 꾸었던 꿈. 그러니까 나는 탄소 원자의 역사를 이야기하고 싶었다.

특정 탄소 원자에 대해 말하는 것이 옳을까? 화학자로서는 몇 가지 의심이 남아 있다. 왜냐하면 지금(1970)까지 그것을 볼 수 있는 방법, 혹은 어찌되었던 홑원자로 떼어낼 수 있는 기술들이 발견되지 않았기 때문이다. 하지만 작가로서는 아무런 의심이 없다. 그러므로 이 이야기를 시작하는 것은 작가로서 하는 것이다.

우리의 주인공은 수억 년 전부터 산소 원자 세 개와 칼슘 원자 하나와 결합해서 바위 모양의 석회암 속에 있었다. 그는 이미 길고 긴 우주의 역사를 경험했지만 우리는 그 역사를 알 수 없다. 그에게는 시간이 존재하지 않는다. 혹은 날마다 그리고 계절마다 게으르게 변하는 온도 아래에서만 존재했다. 다행스럽게도 그가 있는 곳은 지표면에서 그리 멀지 않다. 상상만으로도 끔찍할 정도로 단조로운 그의 삶을 이루는 것은 가혹하게 교차되는 추위와 더위밖에 없다. 추위와 더위는 어떨 때는 약간 폭이 좁게 혹은 약간 넓게 하지만 항상 같은 주기로 진동한다. 잠재적으로라도 생명을 가진 존재인 그에게 이렇게 갇힌 생활은 가톨릭의 지옥 생활에 버금가는 것이다. 이 순간까지 그에게는 서술의 시제인 과거시제보다 묘사의 시제인 현재시제가 어울린다. 그것은 영원한 현재 속에 응고되어 있고 불안정한 열의 미세한 진동만이 겨우 거기에 흔적을 남길 뿐이다.

그의 이야기는 여기서 끝나버릴 수도 있었다. 하지만 서술자에게는 천만다행으로, 원자는 석회암의 표면에 자리 잡고 있다. 인간의 손과 곡괭이가 닿을 수 있는 위치다(곡괭이와 그와 비슷한 현대적인 기구에게 존경을. 그것들은 오랜 세월에 걸친, 인간과 원자 사이의 대화에서 가장 중요한 매개체가 되었다). 단순히 내 임의대로 1840년에 존재하기로 결심한 서술자인 나는 언제라도 곡괭이질 한 번으로 원자를 바위에서 떼어내고 그것을 석회로 쪽으로 보내 변화하는 사물의 세계 속으로 떨어뜨릴 수 있다. 원자가 석회에서 분리될 수 있도록 열을 가한다. 원자는 곧 땅에 발을 디디게 되고 그다지 화려하지 않은 운명을 향해 다가가게 되는데 그에 관해서는 별로 이야기하고 싶지 않다. 원자는 예전 친구인 세 개의 수소 중 두 개와 견고하게 달라붙어 있다. 그는 굴뚝에서 나와 공중으로 날아가게 된다. 한때는 전혀 움직임이 없던 그의 이야기는 몹시 요란스러워진다.

그는 바람에 붙들려 땅으로 곤두박질쳤다가 10킬로미터 높이로 들어올려졌다. 매에게 집어삼켜져 매의 폐 속으로 빨려 들어갔지만 매의 피 속으로 스며들지 못하고 밖으로 쫓겨났다. 세 번을 바닷물에 용해되었고 한번은 폭포 속에 떨어졌다가 다시 쫓겨났다. 8년 동안 바람에 실려 여행했다. 높은 곳으로 올라가기도 하고 밑으로 떨어지기도 하고, 바다 위, 구름 속, 숲과 사막과 끝도 없는 빙하지대를 여행했다. 그러고는 생포되어 유기체의 모험에 빠지게 되었다.

사실 탄소는 독특한 원소다. 그다지 에너지 소모를 하지 않고 안정된 긴 사슬 속에 스스로 들어가 결속될 수 있는 유일한 원소다. 그리고 땅 위의 삶(지금까지 우리가 알고 있는 유일한 삶)에서는 바로 그 긴 사슬이 필요하다. 그래서 탄소는 생명체의 중요한 원소다. 그러나 그것의 승격과 살아 있는 세계로의 진입이 그리 쉽지는 않다. 그래서 강제적이고 복잡한 여정을 따라야만 하는데, 그 여정은 최근에 와서야 해명되었다(그런데 아직도 명확하게 밝혀진 것은 아니다). 만일 탄소가 우리 주위에서 매주 수십억 톤의 규모로 유기화를 진행시키지 않는다면, 잎이 초록빛을 띠는 현상은 기적이라는 이름에 대한 완전한 권리를 얻을 수 있을 것이다.

1848년 우리의 주인공 원자는 자신을 가스 상태로 지탱해주는 두 개의 원자와 함께, 바람의 안내를 받아 길게 늘어선 포도나무를 따라가고 있었다. 운 좋게도 나뭇잎을 스쳐 지나가다가 그 안에 스며들어 햇빛에 의해 그 잎에 달라붙게 되었다. 여기서 내 언어는 애매하고 암시적이 될 수밖에 없다. 나의 무지 때문만은 아니다. 이산화탄소, 빛, 초록 식물, 이 삼중주에 의한 찰나의 작업, 이런 결정적 사건은 지금까지 명확한 언어로 묘사된 적이 없다. 아마도 이런 상태가 앞으로 그리 오랫동안 지속되지는 않을 것이다. 이것은 거추장스럽고 느리고 무거운, 인간의 작품인 '유기'화학과는 전혀 다르기 때문이다. 이 섬세하고 기민한 화학은 20~30억 년 전 우리의 조용한 자매들인 식물에 의해 '창조'되었다. 식물들은 실험도 토론도 하지 않았다. 이 화학반응에서 필요한 온도는 우리가 살고 있는 환경의 온도와 동일하다. 이해한다는 게 이미지를 만들어내는 것과 같다면 크기가 100만분의 1밀리미터, 주기가 100만분의 1초, 그리고 본질상 눈에 보이지 않는 주인공들이 벌이는 이 현상을 이미지로 표현하기란 불가능할 것이다. 언어적 묘사는 그 어떤 것이든 적합하지 않다. 이런 표현을 쓰나 저런 표현을 쓰나 매한가지일 것이다. 그러므로 이야기를 계속하는 게 좋겠다.

탄소 원자는 잎 속으로 들어가 다른 수많은(그러나 여기서는 불필요한) 질소와 산소 원자들과 충돌한다. 그는 자신을 움직이게 하는 크고 복잡한 분자에 달라붙고 그와 동시에 꾸러미 모양의 눈부신 햇빛 아래에서 하늘로부터 결정적인 메시지를 받는다. 순간 거미에게 잡힌 곤충처럼 자신의 산소에서 분리되어 수소와 인(이었을 것이다)과 결합되고 마지막으로 사슬에 삽입된다. 길고 짧은 건 중요하지 않다. 그건 생명의 사슬이었다. 이 모든 일은 주위의 온도와 압력이 그대로 유지된 채 순식간에 조용히 일어났다. 친구들이여, 우리가 이 방법을 배운다면 우리는 바로 신sicut Deus이 될 것이며 세상의 모든 배고픔도 해결될 것이다.

하지만 우리를, 그리고 우리와 우리의 기술을 부끄럽게 만드는 것, 더 나쁜 것이 더 많다. 지금까지 우리가 말했던 탄소의 기체 형태인 이산화탄소다. 생명의 첫번째 재료면서 성장하는 모든 것을 얻어내는 영원한 창고이고 모든 육체의 마지막 운명인 이산화탄소는 공기의 주요 구성요소는 아니다. 오히려 우스꽝스러운 잔여물이며 '불순물'인데, 아르곤보다 서른 배나 희박하지만 아무도 눈치채지 못했다. 이것은 공기 중에 단지 0.03퍼센트만이 포함되어 있다. 예를 들어 만약 이탈리아가 공기라면 전체 이탈리아인 중에 생명을 구성하는 데 적합한 사람은 메시나 지방에 있는 밀라초 주민의 수인 1만 5,000여 명에 불과할 것이다. 이것은 인간적인 차원에서는 아이러니한 곡예고 곡예사의 장난이며 이해할 수 없는 전능·오만의 과시다. 이와 같은 공기의 불순물에서 우리가 태어나다니. 동물들과 식물들, 그리고 40억 년 동안 의견의 일치를 보지 못한, 수천 년 역사를 닌 우리 인류, 그 전쟁과 수치와 고귀함과 자존심이 태어나다니 말이다. 하지만 어쨌든 지구상의 우리 존재 자체란 기하학적인 차원에서 보면 우스울 만큼 미미할 것이다. 2억 5,000만 톤에 이르는 전 인류를 새로 나타난 땅을 덮을 똑같은 두께를 가진 층으로 나눈다면 '인간의 높이'는 맨눈으로 볼 수 없을 것이다. 인간이 얻은 두께는 불과 1만 6,000분의 1밀리미터밖에 안 될 테니까.

이제 우리의 원자는 삽입된다. 건축적 의미에서 보면 구조의 일부분이다. 그는 다섯 친구들과 관계를 맺고 그들과 결합한 것이다. 이야기의 효율성을 위해서만 그들을 구별할 수 있을 정도로 친구들은 우리의 원자와 똑같다. 반지 모양의 아름다운 구조로 거의 정육각형이다. 하지만 이것은 물에 용해될 때 복잡한 교환을 통해 균형을 맞추려는 경향이 있다. 이것은 이미 물속에서, 아니 좀더 분명히 말한다면 포도나무의 수액 속에서 용해되고 있다. 용해된다는 것은 변화할 운명을 타고난(거의 '변화를 원하는'이라고 말할 수 있다) 모든 실체의 의무이자 특권이다. 그리고 만약 누군가 왜 고리 모양인지, 왜 육각형인지, 왜 물에 녹는지 정말 알고 싶다면, 안심하시라. 이것들은 우리의 이론이 설득력 있는 말로 답변해줄 수 있는 그리 많지 않은 질문들 중 하나로, 그 답은 누구라도 쉽게 납득할 만한 것이다. 하지만 여기서 설명하기에는 적당하지 않다.

쉽게 말해 우리의 원자는 포도당 분자의 일부분으로 들어갔다. 이 분자는 어육도 수육도 조육鳥肉도 아닌 중간적인 운명으로 원자가 동물 세계와 처음 접촉할 수 있게 해준다. 하지만 그것보다 더 중요한 책임, 즉 단백질 건물의 일부가 될 수 있는 책임은 맡기지 않는다. 그래서 아주 천천히 식물의 수액을 따라 이파리에서 줄기와 넝쿨을 지나 몸통까지 여행한다. 그리고 여기서 거의 다 익어가는 포도송이로 내려온다. 그 뒤에 이어지는 것은 와인 제조자와 관련이 있다. 우리의 관심은 그저 알코올 발효를 피해(우리에겐 다행이다. 그 과정을 어떻게 말로 옮겨야 할지 모르기 때문이다) 성질의 변화 없이 포도주가 되었다는 것을 정확히 하는 것뿐이다.

사람에게 먹히는 게 포도주의 운명이고 산화되는 것이 포도당의 운명이다. 하지만 즉시 산화되지 않고 포도주를 마신 사람의 간 속에서 얌전히 몸을 말아 웅크린 채 일주일 이상 머문다. 갑작스럽게 힘이 필요할 때 사용할 예비식량처럼. 다음 일요일 겁에 질려 달아나는 말을 쫓아가면서 써버리게 될 힘이다. 육각형 구조와는 작별이다. 불과 몇 초 사이에 타래가 풀려 다시 포도당이 되었으며 흘러내리는 피에 끌려 허벅지 근육의 섬유질까지 갔다. 그리고 거기서 잔인하게 피로의 슬픈 전령인 두 개의 젖산 분자로 나뉘었다. 몇 분이 지난 조금 뒤에서야 숨가쁜 호

흡을 한 폐가 침착하게 젖산을 산화시키는 데 필수적인 산소를 준비했다. 그렇게 해서 새로운 이산화탄소는 대기 속으로 돌아왔고 태양이 포도넝쿨에 허용했던 에너지 꾸러미는 화학 에너지 상태에서 기계적 에너지의 상태로 옮겨 갔다. 그래서 게으른 열의 상태에 몸을 맡기고, 달리기와 주자走者의 피로 움직이는 공기를 따뜻하게 만들었다. '삶은 이렇다.' 삶이 이렇게 묘사되는 경우는 매우 드물지만 말이다. 끼어들기, 자신의 이익에 따라 빠져나오기, 고귀한 태양열에서 낮은 온도의 열로 추락해 에너지의 아래 단계에서 기생하기. 이렇듯 최종적으로는 균형의 상태, 즉 죽음으로 이끄는 이러한 아래쪽으로의 여정에서 삶은 부침을 겪으며 거기에 둥지를 튼다.

우리의 원자는 다시 이산화탄소에 있다. 이 점에 대해서는 변명이 필요하다. 이것 역시 강제적인 여정이다. 다른 것들은 상상하거나 창조에 맡기면 된다. 땅 위에서 벌어지는 일만 살펴본다. 다시 바람이 불어 이번에는 원자를 더 멀리 실어간다. 아펜니노 산맥을 넘고 아드리아 해를 지나 그리스, 에게 해와 키프로스를 지난다. 우리는 레바논에 와 있다. 춤은 되풀이된다. 우리가 관심을 기울이고 있는 원자는 이제 오랫동안 살아남을 수 있는 구조 속으로 들어갔다. 존경할 만한 삼나무의 몸통이다. 마지막 삼나무 중의 한 그루다. 이미 묘사했던 그런 상황들을 다시 거치게 된다. 우리의 원자가 일부분을 차지하고 있는 포도당은 염주알처럼 긴 세포 사슬에 포함되어 있다. 이제 바위에서의 매혹적이고 지질학적인 부동성은 더 이상 존재하지 않는다. 수백만 년의 시간도 없다.

CARBONIO 탄소

하지만 삼나무는 수명이 길기 때문에 수세기 정도는 이야기할 수 있다. 그 나무에 원자를 1년 동안 놔둘지 혹은 500년 동안 놔둘지는 우리의 뜻에 달려 있다. 20년 후에(이제 1868년이 되었다) 나무좀벌레 하나가 삼나무에 관심이 생겼다고 해보자. 벌레는 몸통과 껍질 사이에 자신 특유의 고집과 맹목적인 모습으로 격렬하게 굴을 팔 것이다. 굴을 파면서 벌레는 성장했고 그 굴은 점점 커졌다. 여기서 벌레는 원자를 집어삼켰고 자기 몸속에 이 이야기의 주인공을 끼워 넣었다. 그리고 번데기가 되었다. 그리고 봄이 되자 못생긴 회색 나비 모양으로 깨어나 지금은 햇빛에 몸을 말리며 눈부신 대낮의 햇살에 혼란스러워하며, 그 빛에 매혹되어 있다. 우리의 원자는 거기에, 곤충의 눈 속에 있다. 원자는 대충 거칠게만 보이는 시력에 기여해서 벌레가 공간 속에서 방향을 잡도록 해준다. 벌레는 새끼를 배고 알을 낳고 죽는다. 작은 시체는 숲 속의 땅에 누워 있고 그 체액은 모두 사라진다. 하지만 키틴질의 껍질은 거의 파괴되지 않고 오랫동안 남아 있다. 눈과 햇살이 다시 그 껍질에 내려앉지만 그것을 없애지는 못한다. 껍질은 낙엽과 흙에 묻혀 있다가 허물, '무언가'가 된다. 하지만 원자들의 죽음은 우리와 달라서 결코 되살려낼 수 없는 게 아니다. 세상 어디에나 있는 것들, 지치지도 않고 눈에 보이지도 않는 수풀 속의 송장벌레들, 부식토의 미생물들이 활동한다. 이미 아무것도 보지 못하는 눈이 박힌 그 껍질은 분해되었다. 전前 술꾼, 전 삼나무, 전 나무좀벌레는 다시 날개를 얻었다.

그렇게 1960년까지 지구를 세 바퀴 날아다니게 내버려두자. 인간의 기준에서 보면 너무나 길게 보이는 이 간격에 대해 변명하자면, 이 원자에게 이 시간의 간격은 평균보다 훨씬 짧다는 것을 지적할 수 있을 것이다. 평균은 200년이다. 200년마다 이미 안정된(정확히 말하면 석회석, 석탄, 다이아몬드 혹은 어떤 플라스틱) 물질 속에 응결되지 못한 모든 탄소 원자는 광합성이라는 좁은 문을 통해 생명의 사이클 속을 들어갔다 나왔다 한다. 다른 문도 있을까? 물론이다. 인간이 만들어낸 합성도 몇 가지 있다. 그것들은 인간-창조자에게 귀족 작위와 같은 것이다. 하지만 양적인 면에서 보면 그것은 무시해도 좋은 정도다. 아직은 식물의 초록 잎 문보다 훨씬 더 좁은 문이다. 의식적으로든 그렇지 않든 인간은 지금까지 이 땅 위에서 자연과 경쟁하지 않으려고 애써왔다. 즉 인간에게 영양을 공급하고 입을 것을 제공하고 몸을 덮히고 그 밖에도 현대 사회의 매우 복잡한 수백 가지 욕구를 충족시키는 데 없어서는 안 될 탄소를 공기 중의 이산화탄소에서 떼어내려고 애쓰지 않았다. 필요하지 않았기 때문에 그런 것이다. 인간은 이미 유기화된, 적어도 환원된 엄청난 양의 탄소가 묻힌 보고를 찾아냈고 지금도 찾고 있다(그런데 몇십 년이나 더 찾을 수 있을까?). 탄소는 동물과 식물 세계 외에도 석탄과 석유층에 비축되어 있다. 이렇게 비축된 탄소 역시 오래전에 했던 광합성 작품의 유산이다. 그러므로 광합성은 탄소가 살아갈 수 있는 유일한 길일 뿐만 아니라 태양 에너지가 화학적으로 이용될 수 있는 유일한 길이라고 단언할 수 있다.

이 이야기가 완전히 내 마음대로 지어낸 것이기는 하지만 그래도 그것이 진실임을 증명할 수 있다. 수없이 다양한 이야기들을 더 들려줄 수도 있는데 그 이야기들 모두가 진실일 것이다. 변환의 본성, 그 순서와 데이터는 말 그대로 진실이다. 원자의 숫자가 워낙 많기 때문에 어떤 기괴한 이야기를 꾸며내더라도 그것과 일치하는 원자 하나 정도는 늘 발견할 수 있을 것이다. 나는 꽃의 색깔이나 향기가 된 탄소 원자의 이야기를 들려줄 수 있다. 또 조그마한 해초에서 작은 갑각류로 큰 물고기로, 차츰차츰 바다 속에서 무언가를 집어삼킨 것이 다시 더 큰 것에게 잡아먹히는, 끝없이 되풀이되는 놀라운 삶과 죽음의 무도 속에서 이산화탄소로 돌아가는 또 다른 탄소들의 이야기를 할 수 있다. 누렇게 바랜 공문서에서, 혹은 유명한 화가의 캔버스에서 예의바르게 반영구적인 생명을 얻은 탄소들도 있고, 꽃가루 입자의 일부분이 되는 영광을 얻어 바위에 화석으로 그 흔적을 남겨 우리의 호기심을 자극하는 것들도 있다. 또 신비한 형태의 전령인 인간 정자의 일부분이 되어 우리 개개인을 탄생시키는 분열·복제·융합의 섬세한 과정에 참여하는 것들의 이야기도 있다. 하지만 나는 이 모든 이야기들 대신에 그중 하나, 가장 비밀스러운 탄소 이야기를 할 것이다. 처음부터 그 주제가 절망적이고 그것을 표현할 방법이 빈약하다는 것을 아는 사람답게 겸손하고 신중하게 이야기할 것이다. 언어로 사실들을 다시 옷 입히는 직업은 본질적으로 실패하게 되어 있기 마련임을 아는 사람답게 말이다.

다시 탄소가 우리들 사이에, 우유 한 잔 속에 들어 있다. 탄소 원자는 길고 아주 복잡하지만 그럼에도 불구하고 그 사슬의 대부분이 인간의 몸속으로 받아들여지게 되는 그런 사슬 속에 삽입되어 있다. 인간이 우유를 마신다. 그런데 살아 있는 모든 구조는 원래는 살아 있던 다른 물질들의 기여에 대해 그것이 어떤 것이든, 극심한 불신을 품는다. 사슬은 잘게 끊기고 그 단편들 하나하나는 받아들여지거나 거부된다. 우리에게 중요한 하나의 탄소는 내장의 문턱을 넘어 혈액 속으로 들어간다. 이리저리 이동하다가 신경세포의 문을 두드리고 그 안으로 들어가 그 세포의 일부분인 또 다른 탄소의 자리를 빼앗는다. 이 세포는 뇌에 속해 있다. 그리고 이것은 나의 뇌, 글을 쓰고 있는 **나**의 뇌다. 문제가 된 세포, 그리고 그 속에 들어 있는 문제의 원자는, 아무도 묘사하지 않았던 엄청나게 섬세한 놀이인 내 글쓰기에 속해 있다. 지금 이 순간 미궁처럼 복잡한 줄거리를 벗어나 내 손으로 하여금 종이 위의 어떤 여정을 따라 달려가며 기호들의 소용돌이를 그리게 해주는 것은 바로 이 세포다: 위로, 아래로, 두 차원의 에너지 사이로 이중 도약을 한 이 세포는 내 손을 이끌어 종이 위에 점 하나를 찍게 만든다, 바로 이 마침표를.

부록1 **프리모 레비와 필립 로스의 대담**●

1986년 9월, 나는 지난 봄 런던에서 했던 프리모 레비와의 대담을 보충하기 위해서 토리노에 도착했다. 나는 그가 화학 연구원으로 고용되었다가, 은퇴할 때까지 총감독으로 근무했던 니스 공장을 보여달라고 했다. 이 회사는 총 50명 정도를 고용하고 있었는데, 이들은 거의가 연구실에서 일하는 화학자들, 아니면 공장 안에서 일하는 숙련된 기술자들이었다. 생산 기기들, 일련으로 늘어선 저장 탱크, 연구 빌딩, 사람 크기 정도의 컨테이너에 담겨 배에 선적할 준비를 마친 완제품들, 폐기물 등을 청소하기 위한 시설, 이 모든 것들이 토리노로부터 10킬로미터 정도 떨어진, 20평방킬로미터의 땅에 둘러싸여 있었다. 송진을 말리고 니스

● 이 대담은 1986년 11월 『뉴욕타임즈 북리뷰』에 발표되었다. 대담 원고는 필립 로스가 직접 정리한 것이다.

를 섞고 먼지들을 날려 보내는 기계들의 소음은 결코 정신을 산만하게 할 정도로 크지 않았고, 그 냄새(레비가 말해준 바에 따르면, 이 냄새는 그가 은퇴하고 나서 2년 후까지도 그의 옷에 배어 있었다고 한다) 역시 결코 구역질 날 만한 것이 아니었다. 또 오염방지 과정에서 나온 검고 끈적끈적한 폐기물로 가득 찬 30미터짜리 쓰레기통 역시 특별히 보기 싫지 않았다. 물론 이곳을 세상에서 가장 불쾌한 산업 환경이라고 할 수는 없었다. 하지만 레비의 자전적 서사들을 특징짓는, 지성으로 가득 찬 그 문장들과도 꽤 거리가 멀어 보였다.

그러한 글쓰기의 정신으로부터 얼마나 멀리 떨어져 있든, 그 공장은 분명 레비의 마음에 아주 가까이 닿아 있는 장소다. 내가 그 소음, 그 얼룩, 파이프와 양동이와 저장탱크와 계기판들의 모자이크 속에서 어떤 의미를 읽어낼 수 있었건(없었건) 간에, 나는 『멍키스패너』에 등장하는 그 숙련된 기계공인 파우소네, 레비가 "내 또 다른 자아"라고 불렀던 그 파우소네가 레비에게 했던 말을 기억해냈다. "너한테 이 말을 꼭 해야겠어. 작업장을 이리저리 둘러보는 건 정말 즐거운 일이야."

실험실로 이어지는 야외 정원을 걸어가면서, 그는 이런 말을 했다. "나는 12년 동안이나 공장에서 떨어져 지냈어요. 이건 나한테는 정말 엄청난 모험이 될 거예요." 실험실은 레비가 총감독으로 있던 시절에 지어진 것으로, 단순하게 설계된 두 동짜리 건물이었다. 그는 그와 함께 일했던 사람들이 지금은 거의 모두 퇴직하거나 죽었을 거라고 했고, 정말로 아직까지 그곳에 있던 소수의 사람들은 레비와 마주치자 마치 유령이라도 나타난 듯 놀랐다. 한때 레비의 것이었던 중앙 사무실에서 누군가가 그를 맞으러 나오자, 그는 나에게 이렇게 속삭였다. "유령이 또 하나 나타났군요." 생산 과정에 들어가기 전 원 소재가 꼼꼼히 검토되는 실험실의 한 부서로 가면서, 나는 레비에게 지금 이 복도에 희미하게 스며들어 있는 이 화학물질의 향을 구분할 수 있냐고 물어보았다. 마치 병원 복도 같은 냄새가 났던 것이다. 그가 고개를 살짝 들어서 콧구멍을 공기 중으로 내밀었다. 그러고는 미소를 띠며 말했다. "나는 개처럼 그걸 알아차리고 분석할 수 있어요."

나는 그가 내적으로 생동감이 넘치는 사람이라고 생각했다. 그건 숲의 가장 명민한 지성에 의해 생기를 얻은 자그마한 숲속 생물의 쾌활함과도 같았다. 레비는 작고 말랐다. 처음에 그의 겸손한 처신 때문에 아주 섬세한 외모라는 인상을 받기도 했는데, 딱히 그런 것은 아니었다. 겉보기에 그는 마치 열 살짜리 아이만큼이나 민첩했다. 그의 몸에서, 그의 얼굴에서, 당신은 그가 소년이었을 적의 얼굴과 몸을 그대로 볼 수 있다(이건 대부분의 사람들에게서 볼 수 없는 모습이다). 그의 민활함은 거의 손에 잡힐 듯 생생했고, 그의 예리함은 마치 방향지시등처럼 내부로부터 반짝거렸다.

작가들이 세상 다른 모든 사람들과 마찬가지로 두 부류로 나뉜다는 사실을 알게 되는 것이, 사람들이 애초에 생각하듯 그렇게 놀라운 일은 아닐 것이다. 그 두 부류란 바로 당신에게 귀를 기울이는 사람과 그렇지 않은 사람이다. 레비는 귀를 기울이는 쪽이다. 그것도 온 얼굴로, 완벽한 모델이 될 만한 얼굴, 턱 끝에 살짝 하얀 수염이 달린, 예순일곱의 나이에 목신 판*인 동시에 전문가처럼 보이기도 하는 젊음을 간직한 얼굴, 참을 수 없는 호기심이 어린 동시에 존경받는 '박사'의 모습도 보이는 얼굴로 말이다. 저 옛날 『멍키스패너』에서 파우소네가 레비에게 했던 다음과 같은 말이 정말 꼭 들어맞았다. "넌 정말 나한테 무슨 얘기든 털어놓게 만드는 사람이야. 너 말고는 다른 누구에게도 해본 적 없는 얘기들 말이야." 사람들이 항상 그에게 이야기들을 털어놓는다는 것, 그리고 심지어 그 모든 것이 글로 쓰여지기 전에도 충실하게 기록된다는 것은 어쩌면 당연한 일이다. 사람들의 이야기에 귀를 기울일 때면 그는 놀라울 정도로 집중해서 꼼짝 않고 듣는다. 마치 저 돌 벽 너머 천장에서 무언가 알려지지 않은 비밀을 엿듣는 다람쥐처럼.

그가 태어나기 얼마 전에 지어진 널찍하고 튼튼해 보이는 아파트에서(이 집은 실제로 그가 태어난 곳이다. 전에는 그의 부모님이 살던 집이었다), 레비는 부인 루치아와 함께 살고 있다. 아우슈비츠에서의 수감 기간, 또 해방 후 몇 달 동안의 모험 기간을 제외하면 그는 평생을 이 아파트에서 살았다. 시간의 흐름을 이기지 못하고 그 부르주아적 견고함이 살짝 바랜 이 건물은 아파트 건물들이 죽 늘어선 넓은 대로에 자리 잡고 있었다. 이 건물 대열은 나에겐 마치 맨해튼 웨스트엔드 로의 북이탈리아판 쌍둥이처럼 보였다. 각자의 노선을 따라 달리는 자동차와 버스,

---

* 판Pan은 그리스 신화에 등장하는 염소의 뿔과 다리, 수염과 귀를 가진 산양과 목동, 숲의 신을 말한다. 음악을 좋아해 늘 목신의 피리를 불고, 쾌활한 장난꾸러기로 알려져 있다.

전차의 물결이 끊이지 않고, 그러면서도 한 편에는 길 양쪽으로 좁은 보도블록을 따라 밤나무들이 줄지어 서 있는 모습이 그랬다. 교차로에 서면 도시와 경계를 맞대고 있는 초록 언덕이 보이는 것도 그랬다. 레비가 "강박적인 토리노식 기하학"이라고 부른 그 길을 따라 곧바로 15분을 걸어가면 도시의 상업적 중심부인 그 유명한 아케이드가 나왔다.

레비 집안의 넓은 아파트에는, 전후에 레비 부부가 처음 만나 결혼을 하고부터 늘 그랬듯이, 레비의 어머니도 함께 살고 계셨다. 레비의 어머니는 아흔한 살이셨다. 아흔다섯 살인 레비의 장모도 멀지 않은 곳에 살고 계셨다. 그리고 그 바로 옆 아파트에 물리학자인 스물여덟 살의 아들이 살고 있었고, 또 거기서 몇 블록만 더 가면 식물학자인 서른여덟 살의 딸이 살고 있었다. 내가 개인적으로 아는 현대 작가들 중에 자기 가족, 자기가 태어난 장소, 자기 동네, 선조들의 세계, 그리고 특히 가까운 곳의 직장(이곳은 피아트의 본고장인 토리노에서도 아주 산업화된 지역이었다)과 이렇게 자기 뜻에 따라, 이렇게 오랜 시간 동안, 이렇게 직접적이고 단단한 접촉을 유지하고 있는 사람은 아무도 없었다. 우리 세기의 모든 지적이고 재능이 뛰어난 예술가들 중에서(레비의 독특함 중 하나는 그가 화학자-작가라기보다는 예술가-화학자에 가깝다는 점이다), 레비는 아마도 그 자신을 둘러싼 삶의 총체성에 가장 깊숙이 자리 잡고 있는 사람일 것이다. 프리모 레비의 경우에는 아마도 이런 공동체적인 상호 교류의 삶이 아우슈비츠에 관한 그의 걸작과 더불어, 그의 심오할 만큼 세련되고 지성적인 태도를 뒷받침하는 가장 중요한 요소일 것이다. 그를 지탱해주는 모든 관계들로부터 그를 갈라놓고 그와 그의 동족을 역사의 바깥으로 밀어내버리기 위해 어떤 짓도 서슴지 않았던 사람들에 대한 태도 말이다.

『주기율표』에는 화학자가 가장 흡족해하는 과정 중 하나를 묘사하는 문단이 나오는데 그것은 바로 이런 간단한 문장들로 시작한다. "증류는 아름답다." 다음에 나오는 이야기도 바로 이와 똑같은 증류다. 우리가 광범한 주제에 대해 나눈 생기 넘치는 대화들을 그 핵심들로 환원시킨 것이다. 우리는 영어로 대화했는데, 그 대화는 주로 주말 내내 레비 아파트의 현관 옆에 숨어 있는 조용한 서재의 문 뒤에서 이루어졌다. 거기엔 오래된 꽃무늬 소파가 있었고, 아주 편안한 의자가 있었다. 책상에는 천으로 덮인 타자기가 있었다. 책상 뒤 책장에는 레비의 색색깔 공책들이 완벽하게 진열되어 있었다. 방을 사방으로 둘러싸고 있는 책장들에는 이탈리아어, 독일어, 영어로 된 책들이 꽂혀 있었다. 가장 많은 것을 생각하게 하는 물건은 가장 작은 물건들 중에 있었다. 바로 벽에 겸손하게 걸린 스케치로, 반쯤 부서진 아우슈비츠의 철조망을 그린 것이었다. 벽에 더 눈에 띄게 전시되어 있는 물건들은 바로 레비 자신이 절연된 구리선으로 재주도 좋게 꼬아 만든 재미난 작품들이었다. 이 구리선은 레비가 자기 실험실에서 만든 바로 그 절연용 니스(에나멜)로 칠한 전선이었다. 에나멜 전선으로 만든 나비도 있었고 부엉이도 있었고 자그마한 벌레도 있었고, 책상 뒤의 벽 저 높이에는 제일 큰 작품 두 개가 걸려 있었다. 하나는 코바늘로 무장한 전사 새였고 또 하나는……. 그

형체가 뭘 나타내려고 하는 건지 내가 잘 알아보지 못하자 레비가 설명해주었다. "코로 휘파람을 부는 남자예요." "유대인인가요?" 내가 살짝 묻자 그가 웃으며 대답했다. "맞아요, 맞아. 당연히 유대인이죠."

필립 로스 선생님은 화학자로서 경험한 "강렬하고 씁쓸한 맛"에 관한 책, 『주기율표』에서 젊은 시절의 사랑스런 동료인 줄리아에 대한 이야기를 하셨죠. 줄리아는 선생님이 "일에 열광하는" 이유를 20대 초반인데도 여자들에게 수줍음을 타고 여자친구도 없어서라고 말했어요. 하지만 제 생각엔 줄리아가 잘못 생각한 것 같아요. 사실상 일에 대한 열광의 뿌리는 훨씬 더 깊습니다. 일은 선생님에게 굉장히 중요한 주제 같아요. 『멍키스패너』에서뿐만 아니라 아우슈비츠수용소를 다룬 첫 책에서도 그랬어요.

'Arbeit Macht Frei'(노동이 자유케 하리라). 나치스들이 아우슈비츠 정문에 새겨놓은 말이죠. 하지만 아우슈비츠에서의 일은 쓸모도 의미도 없는, 노동에 대한 끔찍한 패러디일 뿐입니다. 고통스러운 죽음으로 이끄는 형벌과도 같은 노역이었죠. 선생님의 모든 글쓰기 작업은 아우슈비츠에서 선생님에게 노동을 맡긴 사람들의 우스운 냉소주의에 의해 상처 입은 'Arbeit'라는 말을 자유롭게 해방시키면서, 그 작업에 인간적인 의미를 부여하기 위한 힘겨운 노동으로 간주할 수 있을 겁니다. 파우소네가 선생님에게 이렇게 말했잖아요. "제가 시작한 모든 일은 첫사랑과 같습니다." 그는 일하는 것을 매우 좋아했고 또 자신의 일에 대해 말하는 것을 즐겼습니다. 그는 자신의 힘거운 일로부터 진정으로 자유로워진 '노동하는 인간'이었습니다.

프리모 레비 제가 일에 열중하는 걸 여자들에 대한 수줍음 탓으로 돌린 줄리아의 생각이 잘못된 것 같지는 않아요. 이러한 수줍음 혹은 금욕은 진짜였고 고통스럽고 무거운 것이었으니까요. 당시에는 일에 대한 열광이 아니라 이게 훨씬 더 중요했습니다. 게다가 『주기율표』의 「인」에서 묘사했던 밀라노 공장에서의 일은 제가 신뢰하지 않는 거짓 노동이었습니다. 이미 이탈리아의 휴전으로 인한 파국적인 상황을 공기 중에서 감지할 수 있었습니다. 그러한 분위기를 무시하기 위해 위선적이고 무의미한 과학적 노동에 몰두한다는 건 어리석은 일이었죠.

당시 나의 성적인 수줍음에 대해 진지하게 분석해본 적은 없지만 아마 상당 부분은 인종법에서 기인했을 겁니다. 다른 제 유대인 친구들도 그런 문제로 괴로워했고 우리의 '아리아인' 동창생들은 우리를 비웃었어요. 그들은 할례는 본질적으로 거세와 다를 바 없다고 말했지요. 그리고 우리는 적어도 무의식적으로는 그 말을 믿는 경향이 있었습니다(우리 가족을 지배했던 청교도주의가 이런 면에서 도움을 주었습니다). 그러니까 **당시** 노동이란 제게는 진정한 열정이라기보다는 성적인 대리물이었다고 봐야 할 거예요.

그렇긴 하지만, 저는 수용소 이후 제 두 가지 일(화학과 글쓰기)이 제 인생에서 본질적인 중요성을 지녔고 지금도 그렇다는 것을 너무나 잘 알고 있습니다. 저는 정상적인 인간은 목적이 있는 활동을 하도록 생물학적으로 만들어졌다고 믿고, 그래서 게으름 혹은 (아우슈비츠에서의 'Arbeit'처럼) 목적 없는 일은 고통과 기능의 퇴화를 불러온다고 믿습니다. 제 경우 그리고 제 분신인 파우소네의 경우, 일은 '문제의 해결책' 같은 것입니다.

하지만 아우슈비츠에서 저는 이상한 현상을 종종 목격했습니다. 사람들에게 '일을 훌륭하게 완수해야 한다'는 생각이 너무나 뿌리 깊게 박혀 있어 비굴한 일을 강요받았을 때조차도 그 일을 완벽하게 하려고 애를 쓴다는 겁니다. 여섯 달 동안이나 제게 몰래 음식을 가져다줘서 제 목숨을 구해준 이탈리아 벽돌공은 독일인들과 그들의 음식, 그들의 언어, 그들이 일으킨 전쟁을 증오했습니다. 하지만 독일인들이 그에게 벽을 쌓게 했을 때 그는 곧고도 단단한 벽을 쌓았습니다. 명령에 복종하기 위해서가 아니라 직업적인 자존심 때문이었습니다.

필립 로스 『이것이 인간인가』는 「열흘간의 이야기」라는 글로 끝나는데요. 그 이야기에서 선생님은 일기 형태로 1945년 1월 18일에서 27일까지, 나치스들이 약 2만 여 명의 '건강한' 포로들을 데리고 서쪽으로 퇴각한 뒤에, 수용소의 임시 병동에서 환자들과 죽어가는 사람들과 함께 어떻게 버텨냈는지를 그리고 있습니다. 제게는 그게 지옥에 간 로빈슨 크루소 이야기 같았어요. 거기서 프리모 레비는 어찌해볼 수도 없을 정도로 척박한 섬에 갇혀, 어수선하게 남아 있는 쓰레기들 속에서 삶에 필요한 것을 찾아내는 로빈슨이었습니다. 다른 책에서와 마찬가지로 이 장에서 제게 깊은 인상을 남긴 것은, 생각한다는 것이 선생님의 생존에 기여했다는 겁니다. 현실적이고 인간적이고 과학적인 정신으로 생각한다는 것 말이에요. 선생님의 생존은 동물적인 본능적 힘이나 특별한 행운에 의해 결정된 것이 아니라 선생님의 직업 속에, 노동 속에, 직업적인 상황 속에 그 뿌리를 내리고 있는 것 같았습니다. 정확한 인간, 실험을 하고 질서의 원리를 찾는 인간, 자신이 가치 있다고 생각했던 모든 것이 부정적으로 전복되는 것을 지켜본 인간의 내면에 말입니다. 그렇게 지옥의 기계에 의해 번호가 매겨진 인간이지만 그래도 항상 이해하려는 질서정연한 지성을 지닌 인간인 것입니다. 아우슈비츠에서 선생님은 스스로에게 이렇게 말했죠. 저항하기에 "나는 생각이 너무 많다", "너무 문명화되었다"라고요. 하지만 제 생각에는 너무 많은 생각을 하는 문명화된 인간은 생존할 수밖에 없을 것 같습니다.

프리모 레비 정확해요. 정곡을 찔렀습니다. 1945년 1월 그 잊을 수 없는 열흘 동안 저 자신이 로빈슨 크루소 같다고 느꼈습니다. 하지만 중요한 차이가 있습니다. 로빈슨은 개인적인 생존을 위해 일했습니다. 저와 제 프랑스 동료들은 마침내 올바르고 인간적인 목적을 위해, 그러니까 병든 우리 동료들의 목숨을 살리기 위해 일을 한다는 의식이 있었고 그래서 행복했습니다.

생존의 이유로 말하자면 그것은 저 스스로에게 수없이 제기해보았던 의문이고 수많은 사람들이 제게 물어보았던 질문입니다. 전 계속 이렇게 말합니다. 제가 건강한 상태에서, 그리고 독일어를 알고 있는 상황에서 수용소에 들어갔다는 기본적인 룰 말고는 일반적인 룰 같은 것은 없었습니다. 이것과는 별개로 영리하면서도 어리석은 사람들, 용감하면서도 비굴한 사람들, '사색가'이면서도 광기 어린 사람들이 살아남는 것을 보았습니다(『이것이 인간인가』에서 묘사했던 엘리아스의 경우를 예로 들 수 있습니다). 제 개인적인 경우 적어도 두 번 정도 행운이 중요한 역할을 했습니다. 한 번은 아까 말한 이탈리아 벽돌공을 만났을 때이고, 또 한 번은 딱 한 번 난 병이 바로 적절한 순간에 났던 것이죠.

그렇기는 해도 로스 씨가 말한 것, 그러니까 생각하고 관찰한다는 것이 제 생존의 요인이기도 했어요. 사실입니다. 비록 제가 보기에는 맹목적인 경우가 많았지만 말입니다. 저는 특이할 정도로 정신이 살아 있는 상황에서 아우슈비츠를 경험한 것 같아요. 이것이 제 직업적인 훈련에서 기인한 것인지, 혹은 제가 지닌 의외의 생명력이나 건강에 대한 본능에서 기인한 것인지는 알 수 없습니다. 사실 저는 제 주위의 세계와 인간들에 대한 기록을 멈춰본 적이 없습니다. 오늘날까지 믿을 수 없을 만큼 생생히 그 이미지들을 간직하고 있을 정도니까요. 저는 이해하고자 하는 강렬한 열망을 지니고 있었고 끊임없이 호기심에 사로잡혔습니다. 어떤 사람들에게는 냉소적으로 보일 수도 있는 호기심이었고 그로테스크한 이야기이긴 하지만 새로운 환경 속으로 옮겨진 자연주의자의 호기심이었습니다.

필립 로스 『이것이 인간인가』에서, 독일인들에 의해 자행된 "생물학적·사회적 거대한 실험"에 대한 선생님의 고통스러운 기억을 묘사하고 분석할 때 그것을 아주 정확하게 조종하는 것은 한 인간을 변화시키거나 파멸시키는 방법들, 화학 반응으로 어떤 물질을 분해시키듯 특성을 상실하게 만들 수 있는 여러 방법들에 대한 관심입니다. 『이것이 인간인가』는 가장 잔인한 실험의 희생양으로, 생체-표본으로 끌려들어간 도덕적 생화학 이론가의 기억과 같은 것입니다. 미친 과학자의 실험실에 갇혀 있던 포로가 이성적인 과학자의 표본이었던 셈이죠.

『멍키스패너』(사실 이 작품은 '이것이 인간이다'라는 제목이 너무나 잘 어울릴 것 같습니다)에서 선생님은 당신의 세헤라자데인 노동자 파우소네에게 이렇게 말합니다. "세상의 눈에는 내가 화학자이고, 나는 내 혈관 속에 작가의 피가 흐르는 걸 〔……〕 느껴." 그 결과 선생님은 "한 육체 속에 영혼 두 개를, 너무 많은 영혼"을 갖게 됩니다. 제 생각에는 두 개가 아니라 단 하나의, 능력 있고 전혀 분열되지 않은 영혼이라고 말하고 싶습니다. 생존자와 과학자의 영혼만 뗄 수 없는 것이 아니라 작가와 과학자도 서로 떼어놓을 수 없으니까요.

프리모 레비 이건 질문이라기보다는 고맙게 받아들여야 할 분석이군요. 저는 할 수 있는 한 이성적으로 수용소 생활을 했습니다. 그리고 문학적인 의도를 갖지 않은 채 다른 사람들에게, 그리고 저 자신에게 제가 휩쓸려 들어갔던 사건들을 설명하려 애쓰며 『이것이 인간인가』를 썼습니다. 모델이 된 것, 혹은 제 문체라고 할 수 있는 것은 공장에서 만들어지는 「주간보고서」의 그것이었습니다. 그것은 간결하고 정확하고 회사의 모든 계층이 받아들일 수 있는 언어로 써야 했어요. 물론 과학적인 언어로 써서는 안 되었지요. 게다가 저는 과학자가 되고 싶었지만 전쟁과 수용소가 그것을 가로막았습니다. 그래서 저는 직장생활을 하는 동안 기술자로 만족해야 했습니다.

제가 "분열되지 않은 하나의 영혼"을 가졌다는 당신의 말에 동의합니다. 그래서 다시 한 번 감사드립니다. "두 개의 영혼은 너무 많다"는 제 말은 반은 농담이지만 나머지 반은 아주 진지한 사실들을 암시합니다. 저는 거의 30여 년을 공장에서 생활했습니다. 사실 화학자로 살아간다는 것과 작가로 살아간다는 것 사이에는 모순이 전혀 없습니다. 오히려 상호보완이 되지요. 하지만 공장에서 생활한다는 것, 거기다 한 공장을 지휘한다는 것은 화학과는 거리가 먼 수많은 일들을 의미합니다. 사람들을 채용하고 해고하고 사장과 고객과 납품업자와 싸우고 사고를 수습하고 전화를 받아야 합니다. 한밤중에도 친구들과 식사를 할 때도 전화가 왔어요. 관료들을 상대해야 하기도 했지요. "영혼을 파괴하는 임무들"은 그 밖에도 수없이 많았습니다. 이런 모든 일들이 글쓰기와는 잔인할 정도로 양립이 안 되었지요. 글쓰기는 어느 정도 영혼의 평화를 요구하니까요. 그래서 정년퇴직을 해야 할 나이에 이르러 회사를 그만두고 제1번 영혼을 포기하게 되었을 때 저는 너무나 안도했어요.

필립 로스 『이것이 인간인가』 다음에 『휴전』을 쓰셨지요. 주제는 아우슈비츠에서 이탈리아로의 귀향이었습니다. 정말 이런 고통스러운 여행에, 특히 다시 귀국을 기다리며 소련에서 장기간 체류하는 이야기에는 전설적인 측면들이 있습니다. 『휴전』에서 놀라운 사실은, 그것이 매우 윤택하다는 것이었습니다. 물론 납득 가능한 이유에서 비탄과 위로 받을 수 없는 절망의 기조를 유지하고 있기는 하지만요. 선생님에게 있어 삶과의 화해는 원시적인 카오스의 상태처럼 보이곤 하는 세계에서 이루어졌습니다. 하지만 이상하게도 선생님은 모두와 관계를 맺고 모든 것을 즐기고 배운 것처럼 보였습니다. 허기와 추위와 고뇌에도 불구하고, 심지어 고통스러운 기억들에도 불구하고 선생님이 "무한히 열려 있는 휴식기, 신의 섭리에 의한 것이지만 단 한 번 뿐인 운명의 선물"이라고 쓰신 바 있는 그 몇 달 동안 그보다 더 즐거운 날들을 경험하신 건 아닐까 하는 생각까지 들 정도였습니다.

선생님은 뿌리 내리는 일을 — 직업 속에, 인종 속에, 어떤 장소에, 언어에 — 무엇보다 가장 필요로 하는 분 같습니다. 그런데도 선생님께서는 아주 외로울 때 그리고 더할 수 없이 뿌리가 뽑힌 것 같은 기분을 느낄 때 선생님은 그런 상황을 '선물'로 간주하셨지요.

프리모 레비   제 친구가 오래전에 제게 말했습니다. 그 친구는 아주 훌륭한 의사지요(나탈리아 긴즈부르그의 오빠입니다. 긴즈부르그의 소설을 아십니까? 긴즈부르그의 친정도 레비 가문이지만 우리와 친척은 아닙니다). "아우슈비츠 이전과 이후의 자네 기억은 흑백이야. 아우슈비츠와 귀향 여행의 기억은 총천연색이지." 그 친구 말이 맞습니다. 가족과 집과 공장은 그 자체로 편안한 것들입니다. 하지만 이것들은 제게서 무엇인가를 빼앗아갔습니다. 저는 그것을 지금도 그리워하고 있습니다. 그것은 바로 모험입니다. 제 운명은 전쟁으로 파괴된 유럽의 무질서의 한가운데에서 제가 모험을 찾아내길 바랐습니다.

당신은 전문가시니 이쪽 일이 어떻게 진행되는지 잘 아실 겁니다. 『휴전』은 『이것이 인간인가』를 발표하고 14년 후에 썼습니다. 그러니까 훨씬 더 의식적이고 문학적이고 언어면에서도 훨씬 더 많은 공을 들였습니다. 사실들을 이야기했지만 그것은 여과된 사실입니다. 이 책 이전에 수많은 다른 버전의 이야기들을 발표했습니다. 저는 모든 모험을 여러 계층의 사람들에게(특히 중학생들에게) 수없이 이야기했고, 그러면서 차츰차츰 이야기는 더 호의적인 반응을 불러일으킬 만한 방향으로 수정되어갔습니다. 『이것이 인간인가』가 성공하기 시작했을 때, 그래서 작가로서의 미래가 얼핏 보이기 시작했을 때 저는 초안을 준비했습니다. 글을 쓰면서 즐기고 싶었고 미래의 제 독자들을 즐겁게 해주고 싶었습니다. 그래서 더욱 희한하고 색다르고 즐거운 일화들에 중점을 두었습니다. 저는 책의 초반부와 결말 부분에, 당신이 말한 것 같은 "위로 받을 수 없는 비탄과 절망"의 부분들을 선물로 넣었습니다.

또 한 가지 기억해야 할 것은 이 책이 1961년에 쓰어졌다는 겁니다. 당시는 후르시초프, 케네디, 요한 23세의 시대였습니다. 해빙기였고, 희망이 가득한 시대였지요. 이탈리아에서는 처음으로 소련이라는 말을 객관적인 용어로 사용할 수 있게 되었습니다. 우익들에게 공산주의자라고 불리거나 이탈리아 공산당에게 분열적 반동분자라고 비난받지 않으면서 말이죠.

'뿌리 내리기'에 대해 말씀드릴게요. 사실 저는 뿌리를 깊이 내리고 살았고 운 좋게도 그 뿌리는 뽑힐 일이 없었습니다. 제 가족은 대부분이 비극에서 살아났습니다. 그리고 저는 지금도 제가 태어난 집에서 살고 있습니다. 제가 글을 쓰는 책상은, 전해오는 이야기에 따르면 제가 태어났다고 하는 바로 그 장소에 있습니다. 그래서 제가 **더할 수 없을 정도로 뿌리 뽑히게 되었을 때**, 저는 물론 고통스러웠습니다. 그렇지만 그 고통은 매력적인 모험, 사람들과의 만남, 아우슈비츠라는 병에서 '회복'되면서 느끼는 감미로움으로 상쇄되었습니다. 러시아에서의 제 '휴전'은 오랜 세월이 흐른 뒤에서야, 역사적인 실체 속에서 그러니까 제가 그것을 되살려내어 글로 써서 정화시켰을 때에야 비로소 제게 선물이 되었습니다.

필립 로스　『지금이 아니라면 언제?』는 제가 읽었던 선생님의 작품들과는 다른 면이 있었습니다. 역사적인 실제 현실을 정확히 다루었음에도 불구하고 이 책은 러시아와 폴란드계 유대인 소규유격대의 피카레스크적인 모험만을 순수하게 이야기했습니다. 이 유격대원들은 동부전선에서 그들의 전열 뒤에 독일군이라는 복병을 두고 있는 상황이었습니다. 선생님의 다른 책들은 그다지 '환상적'이지 않은 줄거리를 가지고 있다고 말할 수도 있을 텐데, 오히려 그 기교적인 면에서 매우 환상적이어서 저는 놀랄 수밖에 없었습니다. 『지금이 아니라면 언제?』 뒤에 숨어 있는 창조적인 추진력은 자전적인 작품에 생명력을 주었던 것들보다 더 제한적이고 더 부분적이고, 그래서 작가의 자유를 좀더 구속하는 것 같다는 인상을 줍니다.

　저는 다음과 같은 점에 관해 선생님께서 어떤 생각을 하시는지 궁

금합니다. 그러니까 만일 선생님께서 저항하는 유대인들의 용기에 대해 글을 쓰신다면 선생님께서 거기에 필요한 무엇인가를 **해야 할** 필요성을 느끼시는지, 책의 주제가 유대인으로서의 선생님의 운명이라 해도, 다른 곳에서는 등장할 수 없는 정치적·도덕적 주장을 선생님께서 책임지고 해야 할 것 같은 기분을 느끼시는지 하는 것입니다.

프리모 레비 『지금이 아니라면 언제?』는 뜻밖의 운명을 만나게 된 책입니다. 제가 그 책을 쓰게 된 동기는 다양합니다. 여기서 그 중요도에 따라 열거해보겠습니다.

저는 저 자신과 일종의 내기 같은 것을 했습니다. 이런 겁니다. 솔직하게 이야기했든 위장을 했든 자서전을 쓰긴 했는데 내가 소설을 구성하고 등장인물들을 창조하고 내가 가보지 못한 곳을 묘사할 능력이 있는 완벽한 이름의 작가라고 할 수 있을까? 한번 증명을 해봐!

저는 평범하지 않은 배경 속에 자리 잡은 '웨스턴' 장르를 즐겁게 쓰고 싶었습니다. 저는 본질적으로 낙관적인 이야기, 희망이 가득 차 있고 때로는 유쾌하기도 한 이야기를 독자들에게 들려주어 그들을 기쁘게 해주고 싶었습니다. 그것이 비록 비극을 배경으로 하고 있다고 해도 말이지요.

저는 아직도 이탈리아에서 우세한 고정관념을 깨버리고 싶었습니다. 유대인은 온순하고, 학구적이며(신앙심이 깊든 그렇지 않든), 싸움을 좋아하지 않고, 수세기 동안 반항 없이 박해를 받았던 비굴한 사람들이라는 것이지요. 또 제 생각으로는 그렇게 절망적인 상황에서도 나치스에게 저항할 힘과 지성을 가졌던 유대인들에게는 존경을 표해야 마땅할 것 같았습니다.

저는 또 유대인들의 세계를 다루는 최초의 이탈리아 작가가 되고자 하는 야심을 키우고 있었습니다. 간단히 말해 이탈리아에는 어쩌면 알려지지 않았을 수도 있는 아시케나지 유대주의 문화와 언어, 정신성과 역사를 주제로 하는 책이 수많은 독자들의 손에 들어갈 수 있도록 이탈리아에서의 제 인기를 '이용'하고 싶었습니다.

이러한 이유들이 이 책이 출판된 여러 나라의 다양한 차원에서 유용한 것으로 인정을 받았습니다. 이탈리아에서 이 책은 여러 가지 면에서 완전한 성공을 거두었습니다. 독자와 평단의 첫 반응만으로 보자면 영국과 독일에서도 마찬가지였다고 말할 수 있습니다. 프랑스에서는 거의 주목을 받지 못했습니다. 미국에서는 잘 알다시피 웬만큼 성공을 거두었습니다. 즉 이 책이 지닌 유대성Yiddishkeit이 제대로 평가된 것입니다. 간단히 말해 아직도 이야기될 정도로 너무나 잘 알려진 주제입니다. 게다가 미국 독자들은 '유대인'yid이 아니지만 책을 읽고 이야기에 귀를 기울이며 '유대인'이 되려고 애썼던 작가가 쓴 책이라는 사실을 알고 있습니다.

개인적으로 나는 이 책에 만족합니다. 무엇보다 이 책을 기획하고 글을 쓰면서 저 자신이 즐거웠기 때문입니다. 제가 글을 쓰기 시작한 뒤 처음으로, 그리고 유일하게 제 등장인물들이 살아서 제 주위를 맴돌고 그들이 직접 자신들의 모험을 이야기하고 대화를 나누는 것 같은 인상을(거의 환각이지요) 받았습니다. 이 글을 쓰는 데 바친 1년은 행복한 한 해였습니다. 그래서 객관적 성과와는 무관하게 이 책은 저를 해방시켜 주었습니다.

필립 로스 이제 니스 공장 이야기를 해보도록 하겠습니다. 현대 작가들 중 상당수가 교사나 기자로 근무했고 50세 이상 작가들 대부분이 이런 저런 나라에서 군복무를 했습니다. 의료 활동을 하면서 책을 쓴 작가들이나 종교인이었던 인상적인 작가들을 열거할 수도 있습니다. T. S. 엘리엇은 출판인이었고, 잘 알려져 있다시피 월리스 스티븐슨과 프란츠 카프카는 보험회사 직원이었습니다. 하지만 제가 아는 바로는 니스 공장의 총감독이었던 작가는 단 두 분뿐입니다(이탈리아의 토리노에 선생님이 계시고 오하이오의 셔우드 앤더슨이 있습니다). 앤더슨은 작가가 되기 위해 니스 공장을 (그리고 가족을) 버렸습니다. 하지만 선생님은 경력을 그대로 유지하면서 작가가 되신 것 같습니다. 니스 공장을 경험하지 못한 사람들보다, 그리고 그런 관계가 함축하는 모든 것들을 경험해보지 못한 사람들보다 더 운이 좋았던 거라고 생각하시나요? 오히려 그것이 글쓰기에 더 좋은 조건이 되었던 걸까요?

프리모 레비 제가 니스 공장에 가게 된 것은 정말 우연이었습니다. 정확히 말해 저는 니스에 대해 별로 아는 게 없었습니다. 우리 공장은 1900년대 초부터 구리로 만든 전기 컨덕터용 에나멜 절연체를 전문적으로 생산했습니다. 당시 저는 이 분야에서 세계적이라 할 수 있는 전문가들 30~40명 틈에 있었습니다. 제 서재에서 보신 동물들은 에나멜 전선으로 만든 겁니다.

솔직히 말씀드리면 전 셔우드 앤더슨이란 이름을 들어보지 못했습니다. 어제 그 작가에 관한 간단한 전기를 읽어보았습니다. 저는 앤더슨처럼 제 시간을 모두 글쓰기에 바치기 위해 가정과 공장을 버릴 생각 같은 건 해보지 않았습니다. 저는 어둠 속으로 떨어지는 게 두려웠고 무엇보다 그렇게 되면 연금을 탈 권리를 상실하게 되지 않습니까.

아까 니스공이었던 작가를 두 명만 간단히 언급하셨는데 제가 세번째 작가의 이름을 덧붙여야겠습니다. 바로 가톨릭으로 개종한 유대인이며 트리에스테 출신의 작가 이탈로 스베보(1861~1928)입니다. 스베보는 트리에스테에서 장인이 운영하던 니스 공장, 소치에타 베네치아니의 영업 감독이었습니다. 그 공장은 불과 몇 년 전 문을 닫았습니다. 1918년까지 트리에스테는 오스트리아에 속해 있었습니다. 그리고 이 회사는 오스트리아 해군의 전함 용골에 이용되는 우수한 니스를 공급하는 것으로 유명했습니다. 1918년 이후 트리에스테는 이탈리아 영토가 되었고 니스는 이탈리아 해군과 영국 해군에 공급되었습니다. 영국 해군과 거래를 하기 위해 스베보는 그 당시 트리에스테에서 교사생활을 하던 제임스 조이스에게 영어를 배우게 되었습니다. 그렇게 조이스는 스베보의 친구가 되었고 스베보가 작품을 발표할 수 있도록 도와주었습니다. 아까 말한 니스 이름은 모라비아입니다. 이탈리아 유명작가의 필명과 우연히 일치하는 것은 아닙니다. 트리에스테에서 생산한 제품의 이름이나 로마 출신 작가 모두 그들 외가 쪽 성에서 이런 이름을 따오게 된 겁니다. 우리 이야기와 별 관련 없는 이런 잡담을 늘어놓아 죄송합니다.

그렇습니다. 아까 말했듯이 저는 후회하지 않아요. 공장을 감독하느라 제 시간을 허비했다고 생각하지 않습니다. 우리 공장 밀리탄차 덕택에, 그리고 거기서 내가 해야 했던 그 강제적이거나 명예로운 일들 덕택에 저는 진짜 현실적인 세계와 동떨어지지 않을 수 있었던 것 같습니다.

부록 2 **프리모 레비 작가 연보**

1919년 프리모 레비는 7월 31일 토리노에서 태어나, 자기가 태어난 집에서 평생을 살아간다. 레비의 조상들은 스페인과 프로방스 출신으로 이탈리아 피에몬테 지방에 자리 잡은 유대인들이었다. 레비는 『주기율표』의 첫 장에서 유대인들의 관습과 생활 방식 그리고 은어들을 묘사했지만, 조부들에 대한 것 이외에는 개인적으로 유대인들에 관해 간직하고 있는 기억은 없었다. 친할아버지는 토목기사로 벤네 바지엔나에 살았다. 할아버지는 그곳에 집과 작은 농장을 소유하고 있었고, 1885년 사망했다. 외할아버지는 직물 상인이었고 1941년 사망했다. 아버지 체사레는 1878년에 태어났고 1901년 전기공학부를 졸업했다. 외국(벨기에, 프랑스, 헝가리)에서 일한 뒤 1917년, 1895년생인 열일곱 살 연하 에스테르 루차티와 결혼했다.

1921년 동생 안나 마리 탄생. 프리모는 평생 동생과 강한 유대감을 지닌 채 살았다.

1925~1930년 초등학교에 다님. 건강이 좋지 않았다. 초등학교를 마친 뒤 1년 동안 개인 교습을 받는다.

1934년 파시즘에 반대하는 저명한 교사들이(아우구스토 몬티, 프랑코 안토니첼리, 움베르토 코스모, 지노 지니, 노르베르토 보비오 등) 재직하기로 유명한 다첼리오 고등학교에 입학. 다첼리오 고등학교는 이미 '정화'되어 정치적으로 불가지론不可知論의 입장을 취했다. 레비는 수줍음을 많이 타는 모범생이었다. 화학과 생물학에 관심을 보였고 역사나 이탈리아어에는 별 다른 관심이 없었다. 특별히 눈에 띄는 학생은 아니었지만 단 한 과목도 낙제하지 않았다. 고등학교에 입학하자마자 몇 달 동안 체사레 파베제가 이탈리아어를 가르쳤다. 레비와 파베제는, 파베제가 세상을 뜰 때까지 우정을 나눈다. 톨레 펠리체, 바르도네키아, 코녜에서 긴 방학을 보낸다. 산에 대한 애정이 싹트기 시작한다.

1937년 10월 대학입학자격시험에서 이탈리아어 시험을 다시 보게 된다. 토리노 대학 과학부의 화학과에 입학한다.

1938년 파시스트 정부가 최초의 인종법을 공포한다. 유대인들이 공립학교에 다니는 것이 법으로 금지된다. 그렇지만 이미 대학에 등록해 다니고 있던 사람들은 학업을 계속할 수 있었다. 레비는 유대인과 비유대인으로 결성된 반파시스트 서클에 나가기 시작한다. 아르톰 형제와 친구가 된다. 토마스 만, 올더스 헉슬리, 스턴, 베르펠, 다윈, 도스토예프스키의 책을 읽는다.

대학의 자유는 이런 소리를 들었을 때의 상처와 겹쳐졌다. "조심해. 넌 다른 학생들과 달라. 아니 다른 학생들보다 훨씬 가치가 없어. 넌 탐욕스럽고 이방인이고 더럽고 위험하고 믿을 수 없는 인물이야." 나는 공부에 더욱 몰두하며 의식적으로 반항했다.

인종법은 나뿐 아니라 다른 사람들에게도 신의 섭리 같은 것이었다. 그것은 파시즘의 어리석음과 불합리를 증명했다. 파시즘이 지닌 범죄자의 얼굴(말하자면 범죄자 마테오티의 얼굴)은 이미 잊혀졌다. 그것의 어리석은 측면만을 볼 수 있게 되었다. 〔……〕 우리 가족은 다소 무감각하게 파시즘을 받아들였다. 아버지는 마지못해 당에 가입하긴 했어도 어쨌든 검은 셔츠를 입었다. 나는 바릴라 소년단(파시즘 체제하의 소년 훈련 조직)이었고 그뒤 애국청년단원이었다. 인종법은 다른 사람들에게 그랬듯 내게도 오히려 자유 의지를 되찾게 해주는 계기가 되었다.

1941년 7월 레비는 최우등으로 대학을 졸업한다. 그의 졸업증서에는 '유대인'이라고 기재되었다. 레비는 부지런히 일자리를 찾았다. 가족의 생계가 막막했고 아버지가 말기 암 투병 중이었기 때문이다. 그는 란초의 석면 광산에서 불법적인 일자리를 구한다. 공식적으로는 사무직이 아니었지만 화학연구소에서 일한다. 레비가 열심히 몰두한 문제는 폐기물에서 소량으로 발견되는 니켈을 분리하는 것이었다(『주기율표』의 「니켈」장을 보라).

1942년 밀라노, 반데르 스위스 제약 공장에서 경제적으로 좀 더 나은 일자리를 구한다. 이 공장에서 당뇨병 치료를 위한 신약 개발 업무를 맡는다. 이때의 경험은 『주기율표』의 「인」에서 이야기하고 있다.

11월 연합군이 북아프리카에 상륙한다.

12월 소련군이 스탈린그라드를 성공적으로 방어한다. 레비와 그의 친구들은 파시즘에 저항하는 몇몇 요인들과 접촉해 정치적으로 급속히 성숙해진다. 레비는 행동당에 가입한다.

1943년 7월 파시스트 정권이 몰락하고 무솔리니가 체포된다. 레비는 미래의 국민해방위원회를 구성할 당들의 연락망으로 활발히 활동한다.

9월 8일 바돌리오 정부가 휴전을 선언하지만 "전쟁은 계속 된다". 독일 무장군이 이탈리아 북부와 중부를 점령한다.

레비는 발 다오스타에서 활동하는 유격대에 합류하지만 12월 3일 새벽 다른 동료들과 브루손에서 체포된다. 레비는 카르피-포솔리 임시수용소로 보내진다.

1944년 2월 포솔리 수용소는 독일군의 감독을 받는다. 독일군은 레비와 다른 노인, 여자, 어린이들을 포함한 포로들을 아우슈비츠로 가는 화물수송 열차로 보낸다. 여행은 5일 동안 지속된다. 아우슈비츠에 도착해 남자들은 여자와 아이들과 격리되어 30호 바라크로 보내진다. 레비는 자신이 아우슈비츠에서 생존한 것은 주변 상황이 운 좋게 돌아갔기 때문이라고 생각한다. 독일어에 능통했던 그는 간수들의 명령을 잘 이해할 수 있었다. 게다가 1943년 말, 스탈린그라드에서의 패배 이후 독일에서는 노동력이 급격히 부족해져서 돈이 전혀 들지 않는 노동력인 유대인들을 더 이용하게 되었다.

물자 부족, 노역, 허기, 추위, 갈증들은 우리의 몸을 괴롭혔지만, 아이러니하게도 우리 정신의 커다란 불행으로부터 신경을 돌릴 수 있게 해주었다. 우리는 완벽하게 불행할 수 없었다. 수용소에서 자살이 드물었다는 게 이를 증명한다. 자살은 철학적 행위이며 사유를 통해 결정된다. 일상의 절박함이 우리의 생각을 다른 곳으로 돌려놓았다. 우리는 죽음을 갈망하면서도 자살할 수 있다는 생각은 하지 못했다. 수용소에 들어가기 전이나 그후에는 자살에, 자살할 생각에 가까이 간 적이 있다. 하지만 수용소 안에서는 아니었다.

수용소에 머무르는 동안 레비는 다행히 병에 걸리지 않았다. 하지만 1945년 1월 소련 군대가 진군하고 있는 가운데 독일군이 수용소를 비우며 병자들을 운명에 맡긴 채 버려두고 떠나던 바로 그때 성홍열에 걸렸다. 다른 포로들은 부헨발트와 마우트하우젠 수용소로 재이송당했고 거의 다 사망했다.

아우슈비츠에서의 내 경험은 내가 받았던 종교 교육 중 그나마 남아 있던 것을 거의 일소해버리는 것과 같았다. 〔……〕 아우슈비츠가 있다. 그런데 신은 그곳에 있지 않았다. 이런 딜레마의 해결점은 아직 찾지 못했다. 찾고 있지만 찾지 못했다.

1945년   레비는 몇 달 동안 이동 중인 소련군이 머문 카토비체에서 생활한다. 간호사로 일한다.
       6월 귀향이 시작된다. 이 여행은 터무니없게도 10월까지 이어진다. 레비와 그 동료들은 미궁 같은 여정을 통과해야만 했다. 처음에는 벨로루시, 루마니아, 헝가리, 오스트리아를 거쳐 마침내 고국에 도착한다(10월 19일). 이때의 경험을 레비는 『휴전』에서 이야기한다.

1946년   전후에 피폐해진 이탈리아에 힘들게 복귀한다. 레비는 토리노 근교 아빌리아나에 있는 두코-몬테카티니 니스 공장에 일자리를 구한다. 자신의 처참한 경험을 떨쳐버리지 못한 그는 열정적으로 『이것이 인간인가』를 쓴다.

『이것이 인간인가』에서 가장 크고 무겁고 중요한 이야기를 쓰려 애썼다. 분노의 테마가 부각되어야만 할 것 같았다. 거의 법적인 차원의 증언이었다. 고발을 하려는 의도가 담겨 있었던 게 틀림없지만—분노, 보복, 처벌을 야기시키려는 목적이 아니라—그저 증언을 하려 했을 뿐이다. 그래서 어떤 주제들은 다소 한 옥타브 낮은 주변적인 것으로 보이기도 했다. 그런 것들은 나중에 세월이 많이 흐른 뒤에 다루었다.

1947년　　　　두코를 그만둔다. 독립해 친구와 잠깐 사업을 하지만 쓰라린 경험만 한다.

　　　　　　　　9월 루치아 모르푸르고와 결혼한다. 레비는 에이나우디 출판사에 원고를 보내지만 형식적인 말과 함께 출판이 거부된다. 프랑코 안토니첼리의 소개로 책은 데실바 출판사에서 2,500부만 출판된다. 훌륭한 평가를 받았지만 판매 면에서 성공을 거두지 못했다. 레비는 작가-증언자로서의 자신의 임무를 다했다고 결론내리고 화학자로서의 일에 몰두한다.

　　　　　　　　12월 레비는 토리노와 세티모 토리네제 사이에 있는 조그만 니스 공장 시바의 연구소에서 화학자로 일할 기회를 받아들인다. 불과 몇 달 뒤 그는 총감독이 되었다.

1948년　　　　딸 리사 로렌차가 태어난다.

1956년　　　　토리노에서 열린 수용소 전시회에서 놀라운 성공을 거둔다. 레비는 자신의 수용소 경험을 묻는 젊은이들에게 에워싸인다. 그는 자신의 표현 수단에 대한 신뢰를 되찾아 『이것이 인간인가』를 에이나우디 출판사에 다시 보낸다. 이번에는 출판사에서 이 책을 '에세이' 시리즈에 넣어 출판하기로 한다. 그뒤 책은 중쇄를 거듭했고 여러 나라에서 번역된다.

1957년　　　　아들 로렌초가 태어난다.

1959년　　　　『이것이 인간인가』가 영국과 미국에서 번역된다.

1961년　　　　『이것이 인간인가』 프랑스어판과 독일어판이 나온다.

1962년 『이것이 인간인가』의 성공에 용기를 얻어 수용소 생활에서 돌아오던 모험으로 가득 찬 여행을 다룬 일기 『휴전』의 초고를 쓰기 시작한다. 전작과는 달리 이 작품은 계획에 의해 쓴다. 레비는 밤과 휴일, 휴가 때 글을 써서 한 달에 한 장씩 정확하게 완성시킨다. 단 한 시간도 근무 시간을 빼서 쓰지 않았다. 그의 생활은 가정, 공장, 글쓰기 이 세 영역으로 정확히 구분되어 있었다. 철저히 화학자로서 활동한다. 독일과 영국으로 몇 차례 출장을 다녔다.

『휴전』은 『이것이 인간인가』를 발표하고 14년 후에 썼습니다. 그러니까 훨씬 더 의식적이고 문학적이고 언어면에서도 훨씬 더 많은 공을 들였습니다. 사실들을 이야기했지만 그것은 여과된 사실입니다. 이 책 이전에 수많은 다른 버전의 이야기들을 발표했습니다. 저는 모든 모험을 여러 계층의 사람들에게(특히 중학생들에게) 수없이 이야기했고, 그러면서 차츰차츰 이야기는 더 호의적인 반응을 불러일으킬 만한 방향으로 수정되어갔습니다.

1963년 4월 에이나우디 출판사에서 『휴전』을 출판하고 매우 호의적인 평가를 받는다. 이탈로 칼비노가 표지글과 추천사를 썼다.
9월 베네치아에서 『휴전』이 제1회 캄피엘로 상을 수상한다.

1964~1967년 연구실과 공장의 업무를 통해 영감 받은 생각들을 정

리해서 과학기술을 배경으로 한 소설을 써서 『일 조르노』와 다른 신문에 발표한다.

1965년　　폴란드에서 거행한 아우슈비츠 해방 20주년 기념식을 위해 아우슈비츠를 방문한다.

> 다시 아우슈비츠를 찾았으나 그것은 생각보다 그리 극적이지 않았다. 너무 소란스러웠고 주의를 집중하기도 힘들었으며 모든 것이 너무나 질서정연했고 건물 정면은 너무 깨끗했으며 대부분의 대화들이 형식적이었다.(1984년 인터뷰에서)

1967년　　레비는 그동안 쓴 단편들을 『자연스러운 이야기』라는 제목으로 출간한다. 다미아노 말라바일라라는 필명을 사용한다.

1971년　　레비는 두번째 단편집 『형식의 결함』을 발표하는데 이번에는 본명을 사용한다.

1972~1973년　　소련으로 수차례 출장간다(『멍키스패너』, 『멸치 1』, 『멸치 2』 참고).

> 나는 톨리야티를 방문했다. 그리고 소련인들이 우리 숙련공들을 존경어린 마음으로 대한다는 것에 주목했다. 나는 이런 사실에 호기심을 느꼈다. 그 숙련공들과 구내식당에서 나란히 앉아 식사를 하게 되었다. 그들은 기술적인 유산과 위대한 인류를 대표했다. 그러나 그들은 익명의

존재들로 남겨질 뿐이었다. 아무도 그들에 대해 글을 쓰지 않기 때문에……. 『멍키스패너』는 어쩌면 바로 그곳, 톨리야티에서 탄생했는지 모른다. 게다가 그곳이 소설의 배경이기도 하다. 도시 이름은 한 번도 밝혀진 적이 없지만.

1975년 레비는 퇴직을 결심하고 시바 총감독 자리를 떠난다. 다시 2년 동안 고문으로 일하게 된다. 레비는 슈바이빌러에서 그동안 쓴 시들을 모아『브레마의 선술집』이라는 제목의 시집을 낸다.
회고록·명상록의 성격을 띤『주기율표』를 출판한다.
1978년 철탑, 다리, 석유시추 장비들을 제작하기 위해 전 세계를 떠도는 피에몬테 출신의 노동자를 다룬『멍키스패너』출판. 주인공은 사람들과의 만남, 모험, 자신의 일에서 매일 부딪히게 되는 어려움들을 이야기한다.

이 책은 '창조적인' 노동 혹은 간단히 말해 노동에 대한 재평가를 겨냥한다. 존재하는 수천 명의 파우소네의 노동이든, 다른 직업과 다른 사회적인 노동이든 노동은 창조적일 수밖에 없다……. 파우소네는 내가 책에서 암시했듯이, 실존하지 않으면서도 존재한다. 그는 내가 알았던 실존 인물들을 응집시킨 인물이다…….

7월『멍키스패너』로 스트레가 상을 수상한다.

1980년　　　『멍키스패너』프랑스어판 출간. 저명한 인류학자 클로드 레비스트로스는 이렇게 썼다.

> 매우 즐겁게 읽었다. 내가 특히 노동에 대한 대화를 좋아하기 때문이다. 이런 면에서 프리모 레비는 위대한 민속학자다. 게다가 책도 정말 재미있다.

1981년　　　줄리오 볼라티의 제안으로 에이나우디 출판사에서 개인 작가 선집, 즉 그의 문화적 형성에 영향을 주었던 작가들이나 그가 단순히 동료라고 느끼고 있는 작가들의 작품을 모은 책을 준비한다. 이 책은『뿌리 찾기』라는 제목으로 출판된다. 1975년부터 1981년까지 쓴 단편들을『릴리트와 단편들』이라는 제목으로 출판한다.

> 단편들을 모아보려고 했다. 그리고 이따금 단편들을 끝내면서 단편들을 분류해보니,『이것이 인간인가』와『휴전』의 테마를 다시 다룬 첫번째 그룹의 단편들이 모아졌다. 두번째로는『자연스런 이야기』와『형식의 악습』의 테마를 다룬 것들이었고 세번째 그룹에는 실제 등장인물이 등장한다.

1982년　　　4월『지금이 아니면 언제?』발표. 출간하자마자 대성공을 거둔다. 이 작품으로 6월에는 비아레조 상을, 9월에는 캄피엘로 상을 수상한다. 두번째로 아우슈비츠를 방문한다.

우리 일행은 몇 명 되지 않았다. 이번에는 깊은 감동을 받았다. 나는 처음으로 아우슈비츠에 있던 수용소 가운데 하나로 가스실이 있었던 비르케나우 기념관을 방문했다. 철로가 보존되어 있었다. 녹슨 철로는 수용소 안으로 이어져 일종의 텅 빈 공간 가장자리에서 끝났다. 앞에는 화강암 벽돌로 만든 상징적인 기차가 있었다. 벽돌마다 나라의 이름이 하나씩 적혀 있었다. 기념관은 이것이었다. 선로와 벽돌들. 나는 감각을 되찾았다. 가령 그 장소의 냄새 같은 것 말이다. 무해한 냄새. 석탄냄새인 것 같았다.

8~9월 이스라엘 레바논 침공. 사브라와 샤틸라 팔레스타인 구역에서 대학살. 레비는 특히 9월 24일 『라 레프블리카』에 발표된 잠파올로 판사와의 대담에서 자신의 입장을 밝힌다.

우리 디아스포라 유대인들은 두 가지, 즉 도덕적인 것과 정치적인 면에서 베긴에 반대할 수 있다. 먼저 도덕적인 것은 다음과 같다. 아무리 전쟁 중이라 해도 베긴과 그의 동료들이 보여주었던 잔인한 오만함을 정당화할 수 없다. 정치적인 주장도 이와 마찬가지로 분명하다. 이스라엘은 지금 완전한 고립의 상태 속으로 추락하고 있다. 〔······〕 우리는 보다 냉철한 이성으로 현재 이스라엘 지도부의 실수에 판결을 내리기 위해 이스라엘과의 감정적인 연대감을 억눌러야만 한다.

『지금이 아니면 언제?』가 프랑스어로 번역된다. 줄리오 에이나우디의 권유로 '작가가 번역한 작가' 시리즈를 위해 카프카의 『심판』을 번역하기 시작한다.

1983년   레비스트로스의 『가면을 쓰는 법』 번역. 카프카의 『심판』 번역 출간. 레비스트로스의 『먼 곳으로부터의 시선』 번역. 번역 문제에 대해서는 『타인의 작업』에 수록된 「번역한 것과 번역된 것」을 참조.

1984년   6월 토리노에서 물리학자 툴리오 레제를 만난다. 두 사람 사이의 대담은 녹음되어 코무니타 출판사에서 『대화』라는 제목으로 12월에 출판된다.

10월 1975년 슈바이빌러에서 이미 출판되었던 27편의 서정시와 『라 스탐파』에 발표했던 34편의 시, 그리고 스코틀랜드의 무명 시인, 하이네와 키플링 시를 번역해 모은 시집 『불확실한 시간에』를 가르잔티 출판사에서 출판한다.

11월 『주기율표』가 미국에서 번역되어 출판, 비평가들의 극찬을 받는다. 특히 솔 벨로우의 다음과 같은 평가가 커다란 반향을 일으킨다.

우리는 항상 꼭 필요한 책을 찾는다. 『주기율표』 몇 페이지를 넘기자 나는 바로 거의 감사와 기쁨에 빠져 이 책에 몰입하게 되었다. 이 책에는 과도한 겉치레 따위는 전혀 없다. 모든 게 없어서는 안 될 본질적인 것들이다. 놀라울 정도로 순수하고 번역도 뛰어나다.

솔 벨로우의 이러한 평가에 영향을 받아 레비의 책들이 여러 나라에서 번역된다. 이에 덧붙여 닐 애컬슨(『뉴욕타임즈 북리뷰』), 앨빈 로젠펠트(『뉴욕타임즈 북리뷰』), 존 그로스(『뉴욕타임즈』)의 매우 호의적인 서평이 뒤를 이었다.

1985년 1월 주로 『라 스탐파』에 발표했던 50여 편의 글을 모아 『타인의 작업』이라는 제목으로 발표한다.

2월 『아우슈비츠 소장 루돌프 회스의 자전적 기억』 문고판의 서문을 쓴다.

4월 미국에서 어빙 하우의 서문이 실린 『지금이 아니면, 언제?』가 번역되는 것과 때를 맞춰, 그리고 여러 대학의 강연을 위해 미국을 방문한다.

1986년 4월 아우슈비츠의 경험에서 우러난 사유를 집대성한 책 『익사한 자와 구조된 자』 출판. 『멍키스패너』와 『릴리트』에서 발췌된 단편들이 미국에서 '유예의 순간' Moment of reprieve이라는 제목으로 번역 출판된다. 『지금이 아니면 언제?』가 독일에서 번역된다. 런던과(여기서 필립 로스를 만난다) 스톡홀름을 방문한다.

9월 토리노에서 로스의 방문을 받는다. 그에게 『뉴욕

타임즈 북리뷰』에 실릴 대담 제의를 받아 동의했었다.

1987년   3월 『주기율표』 프랑스어판과 독일어판 출판. 레비는 외과 수술을 받는다.

4월 11일 토리노 자택에서 사망했다.

부록3 **작품 해설**

이 책은 현대 이탈리아를 대표하는 작가 중 한 사람인 프리모 레비의 자전적 소설집이다. 스물한 장으로 이루어진 각 장에 주기율표상의 원소명을 붙여 배열한 것으로 독특한 구성을 이루고 있다. 독자는 이 책을 읽어가면서 이러한 구성이 단지 즉흥적 착상이 아니라, 어떤 필연적 동기에 의한 것임을 알게 될 것이다.

저자는 「철」이라는 장에서, 청춘 시절의 자신에게 화학이나 물리학이 "파시즘의 해독제"였다고 말한다. 그것은 "분명하고 경계가 뚜렷하며, 단계마다 검증이 가능하고 라디오와 신문처럼 거짓말과 공허함이 난마같이 뒤얽힌 것이 아니었기" 때문이다. 저자에게 "주기율표는 한 편의 고귀한 시"인 것이다.(이 책 65쪽) 즉 저자에게 반파시즘 정신과 과학적 합리주의는 굳게 서로 결합되어 있으며, 게다가 그 결합은 한 편의

'시'와 같은 질서와 아름다움을 갖추고 있다. 그런 점에서 이 작품은 문학자이자 화학자였던 프리모 레비라는 인물의 독자적인 내면 세계를 가장 잘 표현하고 있다고도 할 수 있다.

프리모 레비는 아우슈비츠에서 살아 돌아온 인물이다. 자신의 수용소 체험을 냉철하고 극명하게 성찰한 작품 『이것이 인간인가』를 통해 작가로 데뷔했다. 이 작품도 『주기율표』와 동시에 한국어판이 출간되었다. 이 두 권의 책은 서로 보완관계에 있다고 할 수 있다. 한 쪽을 읽는 것이 다른 한 쪽을 보다 깊게 이해하는 데 도움이 되며, 독서의 감명을 배가시키기 때문이다.

한국에서 프리모 레비는 거의 알려져 있지 않지만, 세계적으로 증언 문학을 대표하는 유명한 작가 중 한 사람이다. 그의 수용소 경험에 관한 기록인 『이것이 인간인가』는 1950년대 말부터 베스트셀러가 되어 세계 여러 나라에서 번역·출간되었다. 이 작품은 빅터 프랭클의 『밤과 안개』, 엘리 비젤의 『밤』, 안네 프랑크의 『안네의 일기』 등과 함께 나치즘과 유대인 학살이라는 사건의 진실을 전하는 증언 문학의 고전적 명작이라고 할 수 있다.

전후 프리모 레비는 화학 공장에서 기술자로 근무하면서 소설, 에세이, 시를 꾸준히 썼고, 작품 『휴전』(1963)으로 제1회 캄피엘로 상, 『멍키스패너』(1975)로 스트레가 상, 『지금이 아니면, 언제?』(1982)로 비아레조 상을 수상하는 등, 현대 이탈리아 문학계에서 높은 평가를 받았다.

그는 또한 평화를 위한 산증인으로서 아우슈비츠의 경험을 젊은 세대에게 전하는 활동에도 열심이었다. 그렇게 전후 이탈리아에서 일종의 문학적 영웅으로까지 여겨지던 그였지만, 1987년 4월 그도 마침내 토리노의 자택에서 자살하고 말았다.•

중세 이후 유럽의 기독교 사회에서 '유대인'은 종교적·신분적 의미에서 차별의 대상이었다. 반유대주의의 역사는 기독교가 로마 제국의 국교가 된 4세기까지 거슬러 올라간다. 그때 기독교도와 유대교도 사이의 결혼 및 성교를 금지하는 최초의 반유대 정책이 발령되었다. 14세기 흑사병이 성행할 때는 유럽 각지에서 유대교도에 대한 학살이 확산되었다. 13세기부터 16세기에 걸쳐 영국, 프랑스, 중부 유럽 등지의 유대교도들은 개종과 추방 사이에서 선택을 강요받았다. 1492년에는 '레콩키스타'Reconquista(국토회복운동)를 완성한 스페인으로부터 이슬람교도와 유대교도가 추방되었다. 종교개혁을 주도한 마틴 루터의 사상에는 반유대주의가 짙게 드러나 있다. 19세기 후반부터는 러시아나 동유럽에서 포그롬이 반복되었다.

근대 이전의 이러한 반유대주의의 근저에는 예수가 처형된 것이 '유대인'의 책임이라는 편견이 자리하고 있다. 「요한복음」 19장이나 「마태복음」 27장에는 로마 총독 빌라도가 예수를 용서하려고 했는데,

---

• 자세한 내용은 『이것이 인간인가』의 해설 및 졸저 『시대의 증언자 쁘리모 레비를 찾아서』를 참조해 주기 바란다.

당시 유대교 제사장과 일반 유대인들이 열광적으로 사형을 요구했다는 이야기가 나온다. 이것은 확정된 사실이 아니라 어디까지나 하나의 전승담에 지나지 않는다. 또한 당시 유대교도들이 예수의 처형을 요구했다고 해도 그것이 지금의 '유대인' 전체를 적대시할 이유가 될 수 없음은 말할 것도 없다. 그러나 '유대인이 예수를 살해했다'는 미신과 적의는 유럽 기독교 사회에 아직도 집요하게 뿌리를 내리고 있다.

중세 유럽의 유대교도들은 직업이나 주거 등에서 심한 차별을 받았다. 그들은 기독교도에게는 교의에 따라 금지되어 있는 직업 분야를 담당하였다. 그 대표적인 것이 금융업이다. 한때 기독교는 '이자를 목적으로 한 금전의 대여'를 금지했기 때문에, 유대교도들이 금융업에 종사하게 되었다. 이윽고 상업의 발달과 함께 일부 유대인 금융업자가 부를 축적하게 되자 기독교도들은 그들을 질투와 적의의 대상으로 여겼다. 세익스피어의 명작 『베니스의 상인』은 그러한 과정을 웅변적으로 이야기해준다. '유대인은 피도 눈물도 없는 고리대금업자'라는 편견은 이렇게 주조되었다.

프리모 레비의 선조는 1492년에 이탈리아 반도에서 추방된 세파르팀Sephardim(스페인 출신 유대인)이다. 그들은 남프랑스의 프로방스 지방을 거쳐 1500년경 북이탈리아의 피에몬테 지방으로 왔다. 토리노에서 거부당한 그들은 피에몬테 남부의 농업지대에 정착했다. 이탈리아에서는 동유럽이나 러시아와 같은 심한 포그롬의 기록은 없지만, 기독교도로부터의 "은근히 드러나는 적대감과 조롱"의 벽이 그들을 가로막고 있었다.

　서유럽에서는 프랑스 혁명과 나폴레옹 전쟁을 거쳐 19세기 중엽부터 유대교도의 신분해방이 진행되었다. 토리노에서도 1848년 신분이 해방된 유대인에게 도시로 이주하는 것을 허용하였다. 전반적으로 보면, 이탈리아에서 유대인의 지위는 유럽의 다른 지역에 비해 훨씬 양호했다고 할 수 있다. 동화同化도 급속하게 진행되었다. 역사가 라울 힐베르크도 『유럽 유대인의 절멸』에서 "19세기의 이탈리아만큼 유대인이 일상생활 속으로 급속히 흡수되어간 곳은 없었다"라고 지적하고 있다.

　프리모 레비가 태어나고 3년이 지난 1922년에 무솔리니의 파시즘 정권이 등장했는데, 이 정권도 당초에는 유대인 배격에 대해 그다지 신경을 쓰지 않았다. 정치가, 군 장성, 관료는 물론 파시스트당 당원 중에도 유대인들이 특별한 지위를 점하고 있었기 때문이다. 이것이 독일과의 큰 차이다.

　그러나 독일에서 나치스가 정권을 탈취하자, 망명 유대인들의 유입국 중 하나가 된 이탈리아 정부는 독일로부터 반유대 정책을 실시하라는 강한 압력을 받았다. 1937년 11월 독일, 이탈리아, 일본의 삼국방공협정체결에 이어서, 1938년 9월 이탈리아에서도 뉘른베르크 법을 모방한 인종법이 포고되었다. 이 시점에서 이탈리아에는 전인구의 0.1퍼센트 정도에 해당하는 약 5만 7,000명의 유대인이 살고 있었다. 그중 약 1만 명은 독일, 오스트리아에서 온 망명자였다.

　인종법 반포 이전까지 프리모 레비는 스스로가 유대인이라는 의식이 극히 희박했다. 그것은 태생의 머나먼 기억이나 사라져가는 습관과 문화의 다른 이름에 지나지 않았다. 그는 스스로를 유대인이라 생각하는 것 이상으로 이탈이아인이라고 생각했으며, 또 그 이상으로 '이성'만을 따르는 '인간'의 일원이라고 생각했을 것이다. '인간'이라는 보편성 앞에서 '유대인'이라는 것은 '주근깨'가 있고 없는 정도의 차이라고 믿고 있었다. 그런데 인종법 반포 이후 기독교도였던 학우들이나 교수들은 대부분 그에게서 멀어져 갔다. 이탈리아 사회라는 유기체로부터 '불순물'이 석출되듯이 그는 한 사람의 '유대인'으로 석출되어갔던 것이다.

하지만 파시스트에 의해 '유대인'이라고 분류되어 아우슈비츠로 보내진 프리모 레비는, 전유럽으로부터 모여든, 서로 말도 통하지 않고 생활습관도 다른 '유대인'들 속으로 내던져진 후, 그곳에서 자신의 아이덴티티를 재발견했다. 말하자면 그는 아우슈비츠로 인해 '유대인'이 되었던 것이다.

이 책의 첫 장인 「아르곤」에 대해서 현대 이탈리아를 대표하는 여성 작가 나탈리아 긴즈부르그는 "초상화 박물관 같다"는 인상적인 찬사를 보냈다. 이것은 프리모 레비가 묘사한 한두 세대 앞선 친척들의 초상화집이다. 거기에는 19세기의 동화와 해방의 시대를 살아온 피에몬테 지방의 유대인 공동체에 대한 기억이 유머 넘치는 필치로 그려져 있다. 특히 헤브라이어와 피에몬테 방언이 뒤섞인 그들 특유의 언어, 그리고 그 언어가 비유대인들에게는 이해하기 어려운 '은밀한 기능'을 가지며 '감탄할 만한 희극적 힘'을 지니고 있다는 기술은 대단히 흥미롭다.

옛날에는 '유대인'이라는 것을 '주근깨' 정도의 차이라고 생각했던 레비가 아우슈비츠 체험을 거친 후 대부분 기록되지 않고 잊혀져가는 자신의 문화적 내력과 맥락에 눈을 돌리고 그것을 생생하게 묘사했던 것이다. 그것은 단일한 맥락에서 단성적單聲的으로만 서사되어온 역사상歷史像과는 비교할 수도 없을 정도로 다성적多聲的이고 풍요로운 역사상을 우리들에게 보여준다.

하지만 나탈리아 긴즈부르그는 앞의 찬사에 이어서 다음과 같이 쓰고 있다. "과거 존재했던 어떤 세계가 영원히 사라지고 만 것은 이 세계의 사람들이 죽고 나서 오랜 시간이 흘렀기 때문만은 아니다. 나치스의 수용소가 그들과 똑같은 인간인 이 사람들을 몰살시켰기 때문이기도 하다. 〔……〕 이런 세계는 이제 어떤 장소에서도 재생될 수 없을 것이다."

이 피에몬테 지방의 유대교 공동체는 지상에서 사라지고 말았다. 「아르곤」은 말살되어버린 하나의 문화에 부치는, 분노를 달래는 진혼곡이기도 한 것이다.

이 책은 프리모 레비라는 '유대인'이 아이덴티티로 인한 방황과 그에 대한 탐구를 이야기라고 할 수 있는데, 그것은 내향적이고 개별적인 정신 세계에 갇혀 있지 않다. 오히려 우리는 이 작품에서 유럽 인문주의와 자유주의 사상 중 가장 양질의 유산을 계승하려는 보편적인 휴머니즘의 모습을 발견하게 된다. 이를 잘 표현하고 있는 것이 「철」이라는 장이다.

「철」의 주인공인 산드로 델마스트로는 프리모 레비의 학우다. 인종법 반포 이후 교수나 다른 학우들이 레비에게 등을 돌렸지만, 산드로만은 태도를 바꾸지 않았다. 그와 레비는 파시즘에 대한 혐오를 공유하면서 함께 공부도 하고 등산과 스키를 즐기기도 했다. 그것은 즐거움인 동시에 이후 다가올 시련에 대한 준비이기도 했다. 레비가 수용소에서 살아남을 수 있었던 이유 중 하나는 그때 몸과 정신을 단련했기 때문이다.

하지만 산드로는 살아남을 수 없었다. 저항운동에 참가한 그는 1944년 4월 파시스트 군대에 체포되어 도주를 기도했다가 사살되었다.

파시즘이나 인종차별에 오염되지 않은 진정한 우정, 이성으로 지탱된 과학 정신, 정의와 자유에 대한 사랑, 스스로가 운명의 주인공으로 살아가는 것의 기쁨……. 그런 보편적인 가치를 비유대인인 산드로와 유대인인 프리모 레비가 공유했던 것이다. 그런 일이 있었기 때문에 레비는 수용소에서도 '인간'에 대한 희망을 버리지 못하고 해방된 뒤에도 아우슈비츠에서 붕괴한 '인간'이라는 척도를 재건하려고 고투할 수밖에 없었던 것이다.

「아르곤」과 「철」 외에도 이 책에 수록된 단편은 제각각 매력을 발산하고 있다. 「바나듐」은 전쟁이나 식민지배의 책임이라는 현대 세계의 중요한 문제를 한층 깊이 있게 사고하게 해준다. 개인적으로 나는 「금」

에 대해서도 특별한 애착을 갖고 있다.

2002년 봄, 프리모 레비를 주제로 하는 다큐멘터리 작품*을 촬영하기 위해 나는 일본 NHK 방송팀과 함께 토리노를 방문했다. 우리들은 레비가 체포된 알프스 산중의 현장을 방문해 빨치산 생존자인 노인을 인터뷰했다. 해질녘이 되어 아오스타 계곡으로 내려오자, 눈앞에 도라 강이 격한 소리를 내며 흐르고 있었다. 나는 강가에 서서 「금」의 마지막 단락을 낭독했다.

> 내 방에 돌아오자 다시 쓸쓸함이, 작은 창문에서 들어오는 얼음같이 차갑고 깨끗한 산속의 공기와 내일에 대한 고뇌가 나를 맞았다. 귀를 기울이자 소등령이 내려져 사방이 고요한 가운데 잃어버린 친구와 도라 강의 속삭임이 들려왔다. 도라 강뿐만 아니라 친구들을 모두 잃었다. 젊음과 기쁨 그리고 아마도 삶까지 모두 잃은 거겠지. 도라 강은 얼음이 뒤섞인 자신의 심장 속에 금을 싣고 옆으로 무심히 흘러갔다. 불안정하지만 너무나 자유로운 자신의 생활로, 금이 끝없이 흐르는 그 강물로, 영원히 이어질 나날들로 돌아갈 수 있는 그 정체불명의 죄수에 대한 질투심 때문에 가슴이 조여드는 것 같았다. (이 책 203쪽)

● 〈아우슈비츠의 증인은 왜 자살했나—작가 프리모 레비를 찾아서〉는 2003년 2월 5~6일 NHK 교육방송에서 방영되었다. 이 다큐멘터리는 그해 일본 방송비평회 주최 제40회 갤럭시 상 대상을 수상했다.

낭독을 마치고 올려다보자 밤하늘에는 반달이 떠 있었다. '강바닥에서 사금을 채취할 수 있는 것은 이런 밤일까……?' 얼마나 매혹적인 순간이었던지. 이 얼마나 불가사의한 문학의 힘인가.

프리모 레비라는 특별한 인물이 남긴 평화를 위한 증언과 함께 독특한 매력으로 가득한 그의 문학이 한국의 독자에게 전달될 수 있게 된 점을 진심으로 기쁘게 생각한다.

2006년 12월
서경식